U0947516

民事诉讼法学

侯登华　张晓茹◎主编

M I N S H I S U S O N G F A X U E

中国·武汉

图书在版编目（CIP）数据

民事诉讼法学 / 侯登华，张晓茹主编. -- 武汉：华中科技大学出版社，2019.3

ISBN 978-7-5680-4754-8

Ⅰ. ①民…　Ⅱ. ①侯…　②张…　Ⅲ. ①民事诉讼法—法的理论—中国　Ⅳ. ①D925.101

中国版本图书馆CIP数据核字（2019）第004582号

民事诉讼法学　　侯登华　张晓茹　主编

Minshi Susongfaxue

策划编辑：郭善珊
责任编辑：李　娜
封面设计：梁元高
责任校对：梁大钧
责任监印：徐　露
出版发行：华中科技大学出版社（中国·武汉）　电话：（027）81321913
武汉市东湖新技术开发区华工科技园　邮编：430223
录　　排：北京欣怡文化有限公司
印　　刷：北京富泰印刷有限责任公司
开　　本：710mm × 1000mm　1/16
印　　张：27.5
字　　数：518千字
版　　次：2019年3月第1版　2019年3月第1次印刷
定　　价：86.00元

華中出版

本书若有印装质量问题，请向出版社营销中心调换
全国免费服务热线：400-6679-118，竭诚为您服务

编 委 会

主 编 侯登华 张晓茹

撰 稿（以撰写章节先后为序）

刘 鹏 中国社会科学杂志社编辑，法学博士

张晓茹 北京航空航天大学法学院副教授，法学博士

许红霞 河南大学法学院副教授

陈 巍 北京航空航天大学法学院副教授，法学博士

郑金玉 河南大学法学院副教授，法学博士

邱星美 中国政法大学教授，法学博士

阮竹君 山东大学（威海）讲师

闫庆霞 暨南大学法学院副教授，法学博士

侯登华 北京科技大学法律系教授，法学博士

前 言

民事诉讼法是我国法律体系中的一个重要法律部门，也是教育部确定的全国高等学校法学专业核心课程。本课程的基本内容包括：民事诉讼法律关系，民事诉讼中的诉权、诉和反诉，民事诉讼法的基本原则和基本制度，民事诉讼管辖制度，民事诉讼主体制度，民事诉讼证据和证明制度，法院调解制度，普通程序，简易程序，第二审程序，再审程序，特别程序，民事执行程序和涉外民事诉讼程序，等等。

本书由来自各高校法学院系的民事诉讼法教师编写，吸收了 2012 年《中华人民共和国民事诉讼法》（以下简称《民事诉讼法》）及 2015 年《最高人民法院关于适用〈中华人民共和国民事诉讼法〉的解释》（以下简称《民诉法司法解释》）规定的最新的制度，也充分借鉴了以往民事诉讼法教材的成功经验，并具有自己突出的特点：立足于中国现行的民事诉讼法制度，对中国现行民事诉讼法律制度与原理进行阐述；重视现行立法上的依据，凡在写作中遇有法律、法规、规章，特别是最高人民法院有关司法解释依据的地方，都一律标明这些法依据的内容；注重实践性，目前有的同类教材，理论有余，司法实践性不足，学生学了一大堆理论，依旧不懂如何参与民事诉讼活动，本书在实践内容上下功夫；本书同样注重理论性，对民事诉讼法学相关题域中基本理论脉络和理论转向的问题作出基本的把握和介绍，就相关的理论脉络和理论问题给出最为基本的必读的参考文献；本书保证知识点的全面性，内容方面严格遵从国家教育部颁布的《全国高等学校法学专业核心课程教学基本要求》的要求，在保证知识点全面的同时，语言精练，概括性强。

本书由侯登华教授和张晓茹副教授担任主编，撰稿人及分工如下（以撰写章节先后为序）：刘鹏（第一、二、三章）、张晓茹（第四、十六章）、许红霞（第五、十、十四章）、陈巍和刘鹏（第六章）、郑金玉（第七、八、九章）、邱星美（第十一、十二章）、阮竹君和陈巍（第十三、二十一章）、闫庆霞（第十五、二十章）、侯登华（第十七、十八、十九章）。

本书的编写与出版得到了北京科技大学教材建设经费的资助。

目　录

第一章　民事诉讼与民事诉讼法 …… 1

第一节　民事纠纷与民事诉讼 …… 1

第二节　民事诉讼法 …… 8

本章小结 …… 12

第二章　民事诉讼法律关系 …… 14

第一节　民事诉讼法律关系概述 …… 14

第二节　民事诉讼法律关系的要素 …… 17

第三节　民事诉讼法律关系的发生、变更和消灭 …… 20

本章小结 …… 22

第三章　民事诉讼中的诉权、诉与反诉 …… 24

第一节　民事诉讼中的诉权 …… 24

第二节　民事诉讼中的诉 …… 29

第三节　民事诉讼中的反诉 …… 38

本章小结 …… 40

第四章　民事诉讼法的基本原则和民事审判的基本制度 …… 42

第一节　民事诉讼法的基本原则概述 …… 42

第二节　民事诉讼法的基本原则 …… 44

第三节　民事审判的基本制度 …… 49

本章小结 …… 56

第五章　民事案件的主管和管辖 …… 58

第一节　主管 …… 58

第二节　管辖概述 …… 62

第三节　级别管辖 …… 65

第四节　地域管辖 …… 68

第五节　裁定管辖 …… 77

第六节　管辖权异议 …… 81

本章小结 …… 82
第六章　民事诉讼当事人 …… 84
第一节　民事诉讼当事人概述 …… 84
第二节　原告与被告 …… 90
第三节　共 同 诉 讼 …… 92
第四节　诉讼代表人 …… 98
第五节　民事公益诉讼 …… 101
第六节　第 三 人 …… 102
本章小结 …… 107
第七章　民事诉讼代理人 …… 110
第一节　民事诉讼代理人概述 …… 110
第二节　法定诉讼代理人 …… 114
第三节　委托诉讼代理人 …… 118
本章小结 …… 123
第八章　民事诉讼证据 …… 127
第一节　民事诉讼证据概述 …… 127
第二节　民事诉讼证据种类 …… 131
第三节　民事诉讼证据理论上的分类 …… 152
本章小结 …… 155
第九章　民事诉讼证明 …… 159
第一节　民事诉讼证明的基本理论 …… 159
第二节　民事诉讼证明过程 …… 178
本章小结 …… 187
第十章　民事诉讼保障制度 …… 191
第一节　期间和期日 …… 191
第二节　送达 …… 194
第三节　保全 …… 198
第四节　先予执行 …… 204
第五节　对妨害民事诉讼的强制措施 …… 207
第六节　诉讼费用 …… 213
本章小结 …… 224

第十一章 第一审普通程序 ······ 226
第一节 普通程序概述 ······ 226
第二节 起诉与受理 ······ 227
第三节 审理前的准备 ······ 233
第四节 开庭审理 ······ 237
第五节 撤诉和缺席判决 ······ 242
第六节 延期审理、诉讼中止和诉讼终结 ······ 245
本章小结 ······ 247
第十二章 简易程序 ······ 249
第一节 简易程序概述 ······ 249
第二节 简易程序的适用范围 ······ 252
第三节 简易程序的具体规范 ······ 253
第四节 小额诉讼程序 ······ 258
本章小结 ······ 262
第十三章 第二审程序 ······ 264
第一节 第二审程序概述 ······ 264
第二节 上诉的提起与受理 ······ 267
第三节 上诉案件的审理 ······ 271
第四节 上诉案件的裁判 ······ 278
本章小结 ······ 281
第十四章 再审程序 ······ 283
第一节 再审程序概述 ······ 283
第二节 人民法院决定再审 ······ 286
第三节 当事人申请再审 ······ 288
第四节 人民检察院抗诉和检察建议再审 ······ 295
第五节 再审案件的审判 ······ 299
本章小结 ······ 302
第十五章 民事诉讼中的法院调解 ······ 305
第一节 法院调解概述 ······ 305
第二节 法院调解的原则 ······ 308
第三节 法院调解的程序 ······ 310
第四节 法院调解书的制作 ······ 312

第五节 法院调解的效力 …… 313
本章小结 …… 315
第十六章 民事诉讼中的法院裁判 …… 317
第一节 民事判决 …… 317
第二节 民事裁定 …… 323
第三节 民事决定 …… 325
本章小结 …… 326
第十七章 特别程序 …… 328
第一节 特别程序概述 …… 328
第二节 选民资格案件的审理程序 …… 330
第三节 宣告公民失踪案件的审理程序 …… 332
第四节 宣告公民死亡案件的审理程序 …… 335
第五节 认定公民无民事行为能力、限制民事行为能力案件的审理程序 …… 340
第六节 认定财产无主案件的审理程序 …… 344
第七节 确认调解协议案件的审理程序 …… 346
第八节 实现担保物权案件程序 …… 352
本章小结 …… 355
第十八章 督促程序 …… 357
第一节 督促程序概述 …… 357
第二节 支付令的申请、受理、审查和处理 …… 359
第三节 被申请人异议及督促程序的终结 …… 361
本章小结 …… 364
第十九章 公示催告程序 …… 366
第一节 公示催告程序概述 …… 366
第二节 公示催告申请的提起与受理 …… 367
第三节 公示催告案件的审理 …… 369
本章小结 …… 374
第二十章 民事执行程序 …… 376
第一节 民事执行程序概述 …… 376
第二节 执行管辖 …… 378
第三节 执行根据 …… 379
第四节 执行异议 …… 381

第五节 执行担保和执行承担……384
第六节 委托执行和协助执行……386
第七节 执行开始和执行措施……390
第八节 执行中止、执行终结和执行和解……398
第九节 执行监督……400
本章小结……401
第二十一章 涉外民事诉讼程序……404
第一节 涉外民事诉讼程序概述……404
第二节 涉外民事诉讼的一般原则……407
第三节 涉外民事诉讼管辖……410
第四节 涉外民事诉讼的期间和送达……416
第五节 司法协助……419
本章小结……423
参考文献……425

第一章　民事诉讼与民事诉讼法

本章知识要点：民事纠纷有多种解决机制，民事诉讼是一种重要的、根本性的解决民事纠纷的机制，而民事诉讼法是国家制定的调整民事诉讼活动、规范民事诉讼关系的法律规范的总和。本章主要介绍民事纠纷的概念，民事纠纷的解决机制，民事诉讼的概念，民事诉讼法的概念、体例、任务、效力等。学习重点是民事纠纷的解决机制、民事诉讼的概念和民事诉讼法的概况。

第一节　民事纠纷与民事诉讼

一、民事纠纷及其解决机制

（一）民事纠纷

民事纠纷，又称民事争议，是指平等主体之间发生的、以民事权利义务为内容的法律纠纷。民事纠纷是一种常见的法律纠纷，它的产生源于不同民事主体对同一民事权利有不同的意见。

与刑事犯罪、行政纠纷等法律纠纷相比，民事纠纷具有以下三个特点：

1. 民事纠纷发生于平等主体之间

民事纠纷发生于平等主体之间，是指纠纷主体在民事活动中处于平等地位，彼此之间不存在命令与服从的关系。根据《中华人民共和国民法总则》（以下简称《民法总则》）第 2 条和《中华人民共和国民事诉讼法》（以下简称《民事诉讼法》）第 3 条的规定，民事纠纷可发生于公民之间、法人之间、其他组织之间以及他们相互之间，这三类纠纷主体在民事活动中的法律地位是完全平等的。

2. 民事纠纷的内容是关于民事权利和民事义务的争议

我国民法规定了各种民事权利和民事义务，当事人在实际行使权利、履行义务的过程中难免会发生争议，于是就出现了形形色色的民事纠纷。不论民事纠纷的表现形式如何，其争议的内容必须是我国民法所规定的民事权利和民事义务，此外的一切纠纷都不是民事纠纷。

3. 民事纠纷一般具有可处分性

民事纠纷一般具有可处分性，是指法律允许当事人通过处分自己的民事权利的方式来解决民事纠纷。例如，乙欠甲 5000 元，因乙逾期不还欠款而发生纠纷。债权人甲可以部分免除乙的债务，以鼓励乙清偿剩余的债务；甲也可以全部免除乙的债务。这两种方式都可以解决民事纠纷。当事人对民事纠纷的处分，我国法律一般不予限制，除非出现下列两种情况：其一是损害社会公共利益；其二是损害他人合法权益，包括国家利益、集体利益和个人的权益。出现这两种情况时，司法机关应当对当事人的处分权进行监督和限制。例如，与人身相关的民事纠纷，如婚姻无效纠纷、监护权纠纷、收养关系纠纷等，往往涉及社会公共利益，当事人对这些纠纷的处分权受到较大限制。

民事纠纷具有可处分性的原因源于民事纠纷的前两个特点。与民事纠纷相比，刑事犯罪和行政纠纷都属于公法上的纠纷，涉及国家公权力的行使和公民的基本权利，所以在处理刑事犯罪和行政纠纷的过程中，法律原则上禁止双方当事人自由处分纠纷，只有在例外的情况下才准许其为之，比如，《中华人民共和国刑事诉讼法》(以下简称《刑事诉讼法》) 第 277 条规定的可以和解的公诉案件。

（二）民事纠纷的解决机制

民事纠纷的解决机制，是指国家、社会和个人以合法、有效的方式解决民事纠纷的程序和方法体系。在现代社会，民事纠纷的发生不仅有损于私人的权益，而且会影响到社会和谐和经济秩序，有些民事纠纷甚至会引起刑事犯罪。因此，民事纠纷必须得到很好的解决，国家和社会有必要建立完善的民事纠纷解决机制。

我国现行解决民事纠纷的机制主要有：

1. 和解

和解，是指纠纷当事人通过平等协商、互谅互让的方式达成协议，以解决民事纠纷的一种方式。这里所说的和解，是指诉讼外和解。我国没有单独制定关于诉讼外和解的法律规范，《民法总则》第 4 条至第 7 条可以作为规范和解活动的规定，即民事活动应当遵循平等、自愿、公平和诚信原则。

实践中的和解，主要有以下三个特点：

（1）和解主要由当事人自行进行，一般没有第三方介入。为了在协商中处于有利地位，当事人可以委托律师等进行和解活动。

（2）和解的程序及和解协议的内容由当事人自行决定，不一定严格遵循程序法和实体法。程序法和实体法在和解中仅发挥法的指引作用，不发挥规范作用。

（3）和解协议的效力相当于合同的效力，权利人权利的实现完全取决于义务人的自愿履行，如果义务人反悔或者不履行和解协议，权利人无权强制义务人履行义务，只得再次寻求救济。

2. 调解

调解，是指在第三方的介入下，纠纷当事人互谅互让、达成协议，以解决民事纠纷的一种方式。这里所说的调解，是指诉讼外调解；介入调解的第三方，可以是人民调解委员会，也可以是行政机关。

（1）人民调解。人民调解，是指人民调解委员会通过说服、疏导等方法，促使当事人在平等协商基础上自愿达成调解协议，解决民间纠纷的活动。

人民调解解决民事纠纷的特点是：

① 由群众性组织解决民间纠纷。《中华人民共和国人民调解法》（以下简称《调解法》）第 7 条规定，人民调解委员会是依法设立的调解民间纠纷的群众性组织。所谓民间纠纷，通常指发生在公民与公民之间、公民与法人和其他社会组织之间涉及民事权利义务争议的各种纠纷。

② 人民调解的启动需当事人自愿。《调解法》第 17 条规定，当事人可以向人民调解委员会申请调解；人民调解委员会也可以主动调解。当事人一方明确拒绝调解的，不得调解。

③ 人民调解的程序不具有严格的顺序性和阶段性。《调解法》明确规定了调解的受理、调解员的产生规则、调解的原则、调解的方式、当事人在调解程序中的权利和义务等具体的程序规则。与民事诉讼程序相比，人民调解程序注重对当事人的说服和疏导，因此不具有严格的顺序性和阶段性。

④ 人民调解的依据是法律、法规和国家政策。人民调解员根据纠纷的不同情况，可以采取多种方式调解民间纠纷，充分听取当事人的陈述，讲解有关法律、法规和国家政策，耐心疏导，在当事人平等协商、互谅互让的基础上提出纠纷解决方案，帮助当事人自愿达成调解协议。

⑤ 人民调解的结果——人民调解协议具有法律效力。经人民调解委员会调解达成的调解协议，具有法律约束力，当事人应当按照约定履行。经人民调解委员会调解达成调解协议后，当事人之间就调解协议的履行或者调解协议的内容发生争议的，一方当事人可以向人民法院提起诉讼。

（2）行政调解。行政调解，是指当事人在行政机关的主持、说服、疏导之下达成协议，以解决民事纠纷的一种方式。依据有关法律，我国的一些行政机关在行使行政管理权的同时，有权对相关的民事纠纷进行调解，目的是为了迅速、便捷地解决民事纠纷，保护权利人。例如，《中华人民共和国道路交通安全法》第 74 条规定："对交通事故损害赔偿的争议，当事人可以请求公安机关交通管理部门调解，也可以直接向人民法院提起民事诉讼。"

3. 仲裁

仲裁，是指当事人根据法律规定或者约定，将民事纠纷提交仲裁机构进行仲裁，以解决民事纠纷的一种方式。我国法律规定的仲裁，主要包括民商事仲裁和劳动争议仲裁。

（1）民商事仲裁，又称经济仲裁，狭义的仲裁，是指当事人双方自愿达成仲裁协议，将民事纠纷提交仲裁机构进行仲裁，以解决民事纠纷的一种方式。在我国，民商事仲裁由《中华人民共和国仲裁法》（以下简称《仲裁法》）予以规定。

民商事仲裁解决民事纠纷的特点是：

①由仲裁委员会解决民商事纠纷。仲裁委员会具有民间性质，它解决的民事纠纷特定为"平等主体的公民、法人和其他组织之间发生的合同纠纷和其他财产权益纠纷"。

②民商事仲裁程序的启动需双方当事人意思表示一致。当事人采用仲裁方式解决纠纷，应当双方自愿，达成仲裁协议或者仲裁条款。没有仲裁协议，一方申请仲裁的，仲裁委员会不予受理。

③民商事仲裁程序需依照法定的顺序和要求进行。仲裁机构依据《仲裁法》和依法制定的仲裁规则进行仲裁，在仲裁的受理、进行和裁决等方面，不得违反法定的仲裁程序，否则仲裁裁决会被人民法院裁定撤销或者不予执行。

④民商事仲裁的依据是法律，而不是国家政策或道德规范。仲裁应当根据事实，符合法律规定，公平合理地解决纠纷。

⑤民商事仲裁的结果——仲裁裁决具有强制执行的效力。仲裁委员会制作的仲裁裁决书或者仲裁调解书，当事人应当履行。一方不履行的，另一方当事人可以依照民事诉讼法的有关规定向人民法院申请执行，受申请的人民法院应当执行。

（2）劳动争议仲裁，是指劳动争议发生后，当事人将劳动争议提交劳动争议仲裁委员会进行仲裁，以解决民事纠纷的一种方式。在我国，劳动争议仲裁由《中华人民共和国劳动争议调解仲裁法》（以下简称《劳动争议调解仲裁法》）予以规定。

劳动仲裁解决民事纠纷的特点是：

①由劳动争议仲裁委员会解决劳动争议。劳动争议仲裁委员会按照统筹规划、合理布局和适应实际需要的原则设立，由劳动行政部门代表、工会代表和企业方面代表组成。

②劳动争议仲裁程序的启动无需双方当事人意思表示一致，发生劳动争议后，劳动者或者用人单位皆可向劳动争议仲裁委员会申请仲裁。

③劳动争议仲裁程序需依照《劳动争议调解仲裁法》和仲裁规则进行。

④劳动争议仲裁的依据是法律。劳动争议仲裁应当根据事实，遵循合法、公正、及时、着重调解的原则，依法保护当事人的合法权益。

⑤劳动争议仲裁的结果——劳动争议仲裁裁决具有法律效力。当事人对发生法律效力的调解书、裁决书，应当依照规定的期限履行。一方当事人逾期不履行的，另一方当事人可以依照民事诉讼法的有关规定向人民法院申请执行，受理申请的人民法院应当依法执行。

4. 公证

依据《中华人民共和国公证法》第 2 条，“公证是公证机构根据自然人、法人或者其他组织的申请，依照法定程序对民事法律行为、有法律意义的事实和文书的真实性、合法性予以证明的活动”。公证的功能主要是预防民事纠纷，保障自然人、法人或者其他组织的合法权益。在一定程度上，公证也能解决民事纠纷，这是因为：

（1）当事人可以在和解的基础上申请公证，经过公证的民事法律行为、有法律意义的事实和文书，应当作为认定事实的根据。即使因一方不履行和解协议而发生仲裁或者诉讼，因为经过了公证，也会减轻或者免除债权人的证明责任。

（2）对经公证的以给付为内容并载明债务人愿意接受强制执行承诺的债权文书，债务人不履行或者履行不当的，债权人可以依法向有管辖权的人民法院申请执行。

5. 民事诉讼

民事诉讼解决民事争议，即由人民法院通过司法途径、司法程序来解决民事争议。

民事诉讼解决纠纷的特点是：

（1）由人民法院解决民事纠纷。人民法院是国家司法机关，在解决民事纠纷方面具有绝对权威，它解决民事纠纷的范围也极其广泛。

（2）民事诉讼程序的启动无需双方自愿，只需一方起诉，人民法院受理即可。

（3）解决纠纷的程序——法律对民事诉讼的原则、制度和程序有严格、具体的规定。如果人民法院和当事人违反法定的诉讼程序，不仅会影响到裁判的正确性，而且有损于民事诉讼法的权威。

（4）解决纠纷的依据——人民法院在民事诉讼中需严格依据民事实体法，即以事实为依据，以法律为准绳。

（5）解决纠纷的结果——人民法院作出的具有给付内容的民事判决、裁定具有强制执行的效力。

在五种解决民事纠纷的机制中，民事诉讼最具权威、最为有效、最为根本，在当事人寻求其他四种机制仍无法解决纠纷时，民事诉讼可为当事人提供最后的救济机会。

二、民事诉讼的概念

民事诉讼，是指人民法院、当事人、其他诉讼参与人和人民检察院，在依法审理和解决民事案件的程序中所形成的诉讼关系，以及所进行的诉讼活动的总和。民事诉讼的概念，应该从内容、形式、主体和对象几个方面来理解。

（一）民事诉讼的内容

民事诉讼的内容是诉讼关系和诉讼活动的总和。

民事诉讼的内容首先是诉讼关系的总和。所谓诉讼关系，是指人民法院与当事人、其他诉讼参与人依据民事诉讼法所形成的诉讼权利与诉讼义务关系。诉讼关系的概念，是由德国法学家比洛夫（Oskar Biilow）于19世纪末提出的。他在一篇论文中写道："迄今为止，尚无人怀疑诉讼法乃确定法院与当事人之间的权利义务。这本身足以说明，诉讼是一种权利与义务关系，即法律关系。"这种法律关系不是民事法律关系，而是由民事诉讼法所确定的诉讼法律关系。由诉讼关系着手，可以将众多分散的、个别的、偶然的诉讼活动统一起来，构成一个完整的民事诉讼概念，是我们学习、研究民事诉讼的一个重要方法。检索我国的民事诉讼法就会发现，当事人与人民法院、其他诉讼参与人与人民法院之间确实存在诉讼权利与诉讼义务的对应关系。例如，原告有权起诉，法院有义务审查原告的起诉并决定是否受理；法院有权维持法庭秩序、指挥诉讼进行，而当事人有义务服从法院的指挥，等等。在众多的民事诉讼法律规范中，我们还可以找到许多类似的对应关系，这种法律关系是民事诉讼的一个本质特征。

民事诉讼的内容还是诉讼活动的总和。所谓诉讼活动，是指人民法院、当事人和其他诉讼参与人所实施的各种诉讼上的行为，其中，人民法院实施的诉讼行为也叫作审判行为。这些诉讼行为会引起诉讼关系的发生、变更和消灭，从而推动民事诉讼的进行。例如，起诉是当事人实施的诉讼行为，受理起诉是法院实施的诉讼行为，这两个诉讼行为的结合使得民事诉讼关系发生。

诉讼关系与诉讼活动的总和，正确地揭示了民事诉讼的本质。诉讼关系是静态的、抽象的法律关系，诉讼活动是动态的、具体的诉讼行为。抽象的诉讼关系不是凭空产生，而是通过具体的诉讼活动产生的；具体的诉讼活动不是分散的，而是统一在抽象的诉讼关系之中。

（二）民事诉讼的形式

民事诉讼的形式是审理和解决民事案件的程序。从形式上看，民事诉讼表现为具体的诉讼程序，即人民法院、当事人和其他诉讼参与人审理和解决民事案件的程序。所以，民事诉讼也可称为民事诉讼程序。

我国民事诉讼程序的特点主要有三个：

1. 诉讼程序应严格依据民事诉讼法进行

诉讼法是公法，其所包含的法律规范主要是强制性和禁止性的，人民法院和当事人在民事诉讼中不能任意改变民事诉讼法的规定。

2. 诉讼程序具有阶段性

我国民事诉讼主要分为两个阶段，即审判阶段和执行阶段。在这两个主要的阶段中，又可划分出若干个更具体的阶段。诉讼程序的阶段性，决定了人民法院和当事人需在特定的诉讼阶段进行特定的诉讼活动。

3. 诉讼程序具有多元性

我国民事诉讼程序可分为审判程序和执行程序两大程序。在审判程序中，又包括第一审普通程序、简易程序、第二审程序、特别程序、审判监督程序、督促程序、公示催告程序七个子程序。多元化的诉讼程序，可以满足当事人不同的法律需求，为解决多元化的民事纠纷提供了可能。

（三）参与民事诉讼的主体

参与民事诉讼的主体是人民法院、当事人、其他诉讼参与人和人民检察院。在参与民事诉讼的主体中，人民法院是宪法规定的国家审判机关，在民事诉讼中处于领导、指挥的地位，负责民事案件的审理、裁判和执行。当事人大多是民事纠纷的主体，案件的处理结果与其有法律上的利害关系。其他诉讼参与人是指证人、鉴定人、勘验人和翻译人员，他们参与民事诉讼是为了协助解决案件事实认定和语言翻译等问题。人民检察院是国家的法律监督机关，其参与民事诉讼的目的是对民事诉讼进行法律监督。

（四）民事诉讼审理和解决的对象

民事诉讼审理和解决的对象是民事案件。民事纠纷发生后，当事人可以选择各种纠纷解决机制。一旦其选择提起民事诉讼，该纠纷被人民法院受理后，民事纠纷就转化为民事案件。人民法院、当事人和其他诉讼参与人进行民事诉讼所解决的对象已经不是一般的民事纠纷，而是进入民事司法领域的民事案件。

第二节　民事诉讼法

一、民事诉讼法的概念

民事诉讼法，是指国家制定的调整民事诉讼活动、规范民事诉讼关系的法律规范的总和。

民事诉讼法有狭义和广义之分。狭义的民事诉讼法，又称形式意义上的民事诉讼法，是指国家颁布的关于民事诉讼的专门性法律。我国没有制定民事诉讼法典，现行狭义的民事诉讼法特指1991年4月9日第七届全国人民代表大会第四次会议通过的《民事诉讼法》。迄今为止，该法经过三次修改：根据2007年10月28日第十届全国人民代表大会常务委员会第三十次会议《关于修改〈中华人民共和国民事诉讼法〉的决定》第一次修正，根据2012年8月31日第十一届全国人民代表大会常务委员会第二十八次会议《关于修改〈中华人民共和国民事诉讼法〉的决定》第二次修正，根据2017年6月27日第十二届全国人民代表大会常务委员会第二十八次会议《关于修改〈中华人民共和国民事诉讼法〉和〈中华人民共和国行政诉讼法〉的决定》第三次修正。广义的民事诉讼法，除《民事诉讼法》外还包括宪法和其他法律中有关民事诉讼的规定。例如，《中华人民共和国宪法》第130条规定："人民法院审理案件，除法律规定的特别情况外，一律公开进行……"这是有关公开审判的宪法性规范。广义的民事诉讼法还包括最高人民法院关于民事诉讼的司法解释，如《最高人民法院关于适用〈中华人民共和国民事诉讼法〉的解释》（以下简称《民诉法司法解释》）、《最高人民法院关于适用〈中华人民共和国民事诉讼法〉若干问题的意见》（以下简称《民诉法适用意见》）、《最高人民法院关于民事诉讼证据的若干规定》（以下简称《民事证据规定》）、《最高人民法院关于适用〈中华人民共和国民事诉讼法〉执行程序若干问题的解释》（以下简称《执行问题解释》）等，这些司法解释是我们学习民事诉讼法的重点内容之一。

二、民事诉讼法的体例

我国民事诉讼法是以宪法为根据，结合我国民事审判工作的经验和实际情况制定的。总的来看，我国民事诉讼法采用总则—分则式的四编结构，这种体例的特点是：

1. 总则编的设置

总则即一切诉讼程序的通则。我国民事诉讼立法抽象提炼出各种诉讼程序（审判程序、执行程序、涉外民事诉讼程序）的共同性规定作为总则编，采用总则编统领分则编的立法体例。这种立法体例逻辑周延、清晰，避免了许多不必要的重复，多为大陆法系国家所采用。我国《民事诉讼法》的总则编由立法任务、基本原则、基本制度和具体制度构成。

2. 完备的审判程序编

《民事诉讼法》第二编为审判程序编。我们可以在理论上将审判程序编分为通常诉讼程序和特殊诉讼程序。通常诉讼程序是审理诉讼案件的程序，包括第一审普通程序、简易程序、第二审程序和审判监督程序；特殊诉讼程序一般是审理非讼案件的程序，包括特别程序、督促程序、公示催告程序和企业法人破产还债程序。

3. 将执行程序编列入民事诉讼法

《民事诉讼法》第三编为执行程序编。通常认为，审判程序确认民事权利，执行程序实现民事权利。同时，执行程序中也会遇到民事权利义务的争议，同样需要得到确认。将审判程序与执行程序结合起来立法，有利于民事审判和执行工作的顺利进行，有利于发挥审判权与执行权之间配合和制约的作用。

4. 独立的涉外民事诉讼程序编

《民事诉讼法》第四编为涉外民事诉讼程序的特别规定。考虑到涉外民事诉讼在诉讼主体、诉讼标的物和法律关系等方面的特殊性，民事诉讼法将涉外民事诉讼的特殊性规定列为单独的一编，对于涉外民事诉讼程序编没有规定的，适用总则编、审判程序编和执行程序编的有关规定。

三、民事诉讼法的任务

民事诉讼法的任务，是指国家设立民事诉讼制度所期望达到的目标，它是制定民事诉讼法的原则、制度和程序的直接依据。

《民事诉讼法》第 2 条明确规定了我国民事诉讼法的任务：“中华人民共和国民事诉讼法的任务，是保护当事人行使诉讼权利，保证人民法院查明事实，分清是非，正确适用法律，及时审理民事案件，确认民事权利义务关系，制裁民事违法行为，保护当事人的合法权益，教育公民自觉遵守法律，维护社会秩序、经济秩序，保障社会主义建设事业顺利进行。”对于这一规定，我们可以从以下四个方面理解：

（一）保护当事人行使诉讼权利

当事人的诉讼权利不仅是其寻求司法救济的依据，而且是其在诉讼中享有主体地位的依据。诉讼权利的有无、多少，直接关系到当事人民事实体权利得到保护的程度。我国民事诉讼法将保护当事人行使诉讼权利放在任务的首位，表明了立法者对当事人诉讼权利的重视。在立法层面上，民事诉讼的原则、制度和程序应该以保护当事人诉讼权利为首要价值；在司法层面上，人民法院应该保障和便利当事人行使诉讼权利。司法实践中限制，甚至取消当事人诉讼权利的做法，不仅违反了民事诉讼法律规范，而且从根本上违背了民事诉讼法的任务。

（二）保证人民法院查明事实，分清是非，正确适用法律，及时审理民事案件

民事诉讼法在保护当事人行使诉讼权利的同时，保证人民法院要正确、合法、及时地审理民事案件。保护与保证的含义不同，保护的对象是权利，而保证的对象多为义务或者职责。具体来讲，民事诉讼法要在三个方面规范、促进人民法院的审判工作：

1. 查明事实，分清是非

人民法院首先要查明事实。案件事实是过去发生的事情，审判人员对此并不了解。在民事诉讼中，查明事实的唯一依据是民事诉讼法中有关证据的法律规范，即证据规则；除了无需证明的事实以外，当事人的主张必须得有证据证明，并经查证属实后才能作为认定案件事实的依据。在查明事实的前提下，人民法院应当分清是非，即分清谁是权利的享有者，谁是义务的承担者，谁实施了违反法律和义务的行为。显然，分清是非的依据主要是民事实体法。

2. 正确适用法律

正确适用法律，是指人民法院在查明事实、分清是非的基础上，正确地适用民事实体法的有关规定，作为解决纠纷的准绳。民事诉讼法所规定的原则、制度和程序能够保证人民法院正确适用实体法。例如，民事诉讼法规定的合议制，有利于发挥集体智慧，以正确地理解、适用民事实体法。

3. 及时审理民事案件

及时审理民事案件是对人民法院审判工作在效率上的一种要求，即要求人民法院在法律规定的期限内进行审判活动，以避免给当事人造成讼累。例如，人民法院适用简易程序审理案件，应当在立案之日起 3 个月内审结。

（三）确认民事权利义务关系，制裁民事违法行为，保护当事人的合法权益

这个任务是民事诉讼法在保护当事人实体权利方面的任务，与前两个任务密切相关。没有第一个任务，民事纠纷就得不到司法保护；没有第二个任务，民事案件就得不到正确、合法、及时的审理。人民法院在审理民事案件之后，最终应以判决的形式确认当事人之间的民事权利义务关系，同时判决违法者承担民事责任。通过民事判决，当事人的合法权益就得到了第一次保护。判决生效之后，如果义务人仍不

履行义务，人民法院可对义务人进行强制执行，这是对当事人合法权益的第二次保护。

（四）教育公民自觉遵守法律，维护社会秩序、经济秩序，保障社会主义建设事业顺利进行

与前三个任务不同，第四个任务是社会任务，即民事诉讼以外的任务。我国是社会主义国家，民事诉讼立法在保护当事人权利和保证人民法院审判的同时，还应肩负社会职能。这些社会任务包括：其一是教育任务，即通过民事司法活动，教育公民自觉遵守法律，预防民事纠纷的发生；其二是通过民事审判活动，确认民事权利义务，制裁民事违法行为，消除不和谐的因素，维护社会秩序和经济秩序；其三是保障社会主义建设事业的顺利进行，这是民事诉讼法的最高任务。

四、民事诉讼法的效力

民事诉讼法的效力，也称民事诉讼法的适用范围。明确民事诉讼法的效力，是正确适用民事诉讼法的首要问题。

（一）对事效力

民事诉讼法的对事效力，是指民事诉讼法对哪些案件有效，即人民法院依照民事诉讼法受理案件的范围。依据《民事诉讼法》第 3 条及其他相关法律，人民法院依照民事诉讼法受理以下两大类案件：一是公民之间、法人之间、其他组织之间以及他们相互之间因财产关系和人身关系提起的民事诉讼；二是法律规定适用民事诉讼法审理的其他案件，如选民资格案件。

（二）对人效力

民事诉讼法的对人效力，是指民事诉讼法对哪些人有效。根据《民事诉讼法》第 4 条，凡在中华人民共和国领域内进行民事诉讼，必须遵守本法。这条规定说明，民事诉讼法不仅对中国公民、法人和其他组织有效，也对在中国进行诉讼的外国人、无国籍人、外国企业和组织有效。

（三）空间效力

民事诉讼法的空间效力，是指民事诉讼法在什么空间范围内有效。根据《民事诉讼法》第 4 条，凡是在我国领域内所发生的民事诉讼，都需遵守本法。这条法律规范体现了国家主权原则。

我国是全国各族人民共同缔造的统一的多民族国家，民事诉讼法在我国领域内有效，并不否定在民族自治地方可以对民事诉讼法进行变通或者补充规定。《民事诉讼法》第 16 条规定："民族自治地方的人民代表大会根据宪法和本法的原则，结合当地民族的具体情况，可以制定变通或者补充的规定。自治区的规定，报全国人民代表大会常务委员会批准。自治州、自治县的规定，报省或者自治区的人民代表大会常务委员会批准，并报全国人民代表大会常务委员会备案。"

（四）时间效力

民事诉讼法的时间效力，是指民事诉讼法在什么时间范围内有效。我国《民事诉讼法》自 1991 年 4 月 9 日起施行，1991 年 4 月 9 日以后，人民法院、当事人和其他诉讼参与人应依据现行《民事诉讼法》进行民事诉讼。所以，不论一个民事纠纷是否发生在 1991 年 4 月 9 日以前，还是案件的受理是否在 1991 年 4 月 9 日之前，只要是 1991 年 4 月 9 日之后进行的民事诉讼，其依据只能是现行《民事诉讼法》。

本 章 小 结

民事纠纷，是指平等主体之间发生的、以民事权利义务为内容的法律纠纷。民事纠纷的解决机制，是指国家、社会和个人以合法、有效的方式解决民事纠纷的程序和方法体系。我国民事纠纷的解决机制主要有：和解、调解、仲裁、公证和民事诉讼。

民事诉讼，是指人民法院、当事人、其他诉讼参与人和人民检察院，在依法审理和解决民事案件的程序中所形成的诉讼关系，以及进行的诉讼活动的总和。

民事诉讼法，是指国家制定的调整民事诉讼活动、规范民事诉讼关系的法律规范的总和。民事诉讼法有狭义和广义之分。

我国民事诉讼法采用总则—分则式的四编结构。

民事诉讼法的任务，是指国家设立民事诉讼制度所期望达到的目标。

民事诉讼法的效力，是指民事诉讼法对什么事、什么人、在什么空间和什么时间发生效力。

思考题

1. 试述民事纠纷的概念和特征。
2. 试述我国民事纠纷的解决机制。
3. 试述民事诉讼的概念和特点。

4. 简述民事诉讼法的概念。

5. 试述我国民事诉讼法的任务。

案例分析题

[案情简介] 2017 年 1 月 28 日早 8 时左右，在北京市朝阳区某路口，郝某驾驶的汽车与王某驾驶的汽车相撞。二人因责任认定和赔偿问题发生纠纷。

[分析问题]（1）该纠纷是否是民事纠纷？（2）该纠纷可通过哪些途径解决？

延伸阅读

1. [日] 棚濑孝雄:《纠纷的解决与审判制度》, 王亚新译，中国政法大学出版社 2004 年版。

2. 范愉:《非诉讼解决纠纷机制研究》，中国人民大学出版社 2000 年版。

3. 徐昕:《论私力救济》，中国政法大学出版社 2005 年版。

第二章　民事诉讼法律关系

本章知识要点：民事诉讼法律关系理论是民事诉讼法学的基本理论之一。民事诉讼法律关系由民事诉讼法调整，发生在人民法院与当事人、其他诉讼参与人之间，其内容是诉讼权利和诉讼义务。本章主要介绍民事诉讼法律关系的概念，民事诉讼法律关系的主体、内容和客体，民事诉讼法律关系的发生、变更和消灭。学习重点是民事诉讼法律关系的概念和构成要素。

第一节　民事诉讼法律关系概述

一、民事诉讼法律关系的概念

民事诉讼法律关系，是指由民事诉讼法调整的人民法院与当事人、其他诉讼参与人、人民检察院之间存在的，以诉讼权利和诉讼义务为内容的法律关系。

与其他法律关系相比，民事诉讼法律关系具有以下特点：

1. 民事诉讼法律关系由民事诉讼法调整

民事诉讼法律关系发生的依据是民事诉讼法，因为民事诉讼法规定了各个民事诉讼法律关系主体的诉讼权利和诉讼义务。没有民事诉讼法，就没有诉讼权利和诉讼义务，民事诉讼法律关系也就无从发生。民法规定民事权利，没有规定诉讼权利，所以民法不是发生民事诉讼法律关系的依据。

2. 民事诉讼法律关系的内容是诉讼权利和诉讼义务

民事诉讼法律关系的内容是诉讼权利和诉讼义务。这里所指的诉讼权利和诉讼义务，并不是简单相加的总和，而是存在着互相对应的关系。一方的诉讼权利，一定构成对方的诉讼义务。例如，原告有起诉的权利，人民法院有进行审查并决定是否受理的义务。反之，如果一方享有诉讼权利，对方却不负有相应的诉讼义务，我们就可以认定在这二者之间不存在民事诉讼法律关系。例如，原告有起诉的权利，被告不因为原告的这个权利而有答辩、应诉的义务，所以原告与被告之间在起诉、答辩这个阶段不存在民事诉讼法律关系；又如，原告有陈述的权利，被告并不因为原告享有的这个权利而负有任何的诉讼义务，所以原告与被告之间在开庭审理这个阶段也不存在民事诉讼法律关系。

3. 民事诉讼法律关系是以人民法院为主导的诉讼法律关系

民事诉讼法律关系的一方主体永远是人民法院，另一方主体则是当事人、其他诉讼参与人和人民检察院。人民法院分别与当事人、其他诉讼参与人和人民检察院发生诉讼法律关系，在民事诉讼中处于主导地位。

当事人享有诉讼权利和诉讼义务，他们通过进行诉讼活动来保护自己的民事权利。尽管他们在民事法律关系中直接发生关系，即一方的民事权利构成对方的民事义务，但在民事诉讼中，他们丧失了直接联系的权利，一方当事人的诉讼权利构成人民法院的诉讼义务，而不再构成对方当事人的诉讼义务。人民法院成为当事人之间发生各种诉讼关系的管道，一方当事人的诉讼活动必须通过人民法院这个管道，才能对对方当事人发生法律效力。例如，在宣判前，原告有权申请撤诉，但原告申请撤诉的意思表示并不能直接约束被告，对原告撤诉的申请，应当由人民法院裁定。如果人民法院裁定准许原告撤诉，对于被告来讲才会发生法律效力。

对于其他诉讼参与人来说，他们也不能与当事人发生直接的诉讼法律关系，而是与人民法院发生诉讼法律关系。无论是证人、鉴定人、勘验人还是翻译人员，他们在民事诉讼中是向人民法院履行作证、鉴定或者翻译的义务，而不是向当事人履行义务。因为人民法院是国家审判机关，其有权代表国家要求证人、鉴定人、勘验人和翻译人员向国家尽公法上的义务。当事人虽然有权对证人证言和鉴定结论进行对质，但此时当事人与证人、鉴定人之间并不发生民事诉讼法律关系，当事人的权利针对的是人民法院保障当事人行使辩论权这个诉讼义务，而不是证人和鉴定人回答质问的义务。

人民检察院是国家的法律监督机关，人民法院是国家的审判机关。在民事诉讼中，人民检察院与人民法院之间的诉讼法律关系是围绕着检察监督与民事审判这两种职权而展开的。首先，人民检察院是以抗诉的方式参与民事诉讼的，对于人民检察院的抗诉，人民法院有义务依法进行审查；对于符合民事诉讼法规定的抗诉，人民法院应当再审。其次，在人民法院受理抗诉后所进行的法庭审理中，人民法院有权指挥诉讼程序、进行实质审理，而人民检察院有义务派员出席、尊重人民法院的诉讼指挥权。需要注意的是，在人民检察院与当事人之间不存在民事诉讼法律关系。因为当事人的诉讼权利并不构成对人民检察院职权的约束，人民检察院也无权指挥当事人诉讼并作出裁判。

二、学习民事诉讼法律关系的意义

民事诉讼法律关系是民事诉讼法学的基础理论之一，如前所述，它将分散的民事诉讼程序整合为统一的民事诉讼。学习民事诉讼法律关系理论，不仅具有理论意义，也具有现实意义。

（一）有助于深刻理解民事诉讼的原则、制度和程序

用民事诉讼法律关系理论分析民事诉讼法，我们可以观察到丰富的诉讼权利和诉讼义务规范。民事诉讼的制度和程序，其实就是为体现、落实诉讼权利和诉讼义务而设计的。例如，为了落实当事人的辩论权和人民法院保障当事人行使辩论权的义务，民事诉讼法设立了辩论原则、管辖权异议、法庭调查、法庭辩论等诉讼原则、制度和程序。在学习这些原则、制度和程序时，如果再从法律关系的角度加以分析，细化出当事人与人民法院之间权利义务的对应关系，无疑会加深我们对民事诉讼法的理解。

（二）有助于当事人依法行使诉讼权利

一方面，当事人是民事诉讼法律关系的重要主体，享有许多诉讼权利，这些诉讼权利是当事人实施诉讼行为、进行诉讼活动的基础和依据。当事人可以根据需要选择、处分自己的诉讼权利，进行诉讼活动，以实现保护权利和解决纠纷的目的。另一方面，当事人也是承担诉讼义务的主体，人民法院在依法行使审判职权时，当事人有义务服从人民法院的指挥和领导。例如，当事人在收到法院传票之后有义务准时到庭，在法庭上有义务听从审判人员的依法指挥，人民法院作出的判决生效之后有义务履行，等等。在当事人不履行诉讼义务时，将承担不利的法律后果。

（三）有助于审判人员树立正确的司法观念

民事诉讼法律关系理论的价值之一，就是强调当事人诉讼权利对人民法院审判权的制约。审判人员必须清楚，人民法院在民事诉讼法律关系中不仅享有职权，也承担诉讼义务。可以说，当事人享有多少项诉讼权利，人民法院也就承担多少诉讼义务。在当事人行使自己的诉讼权利之时，人民法院有义务满足当事人的权利要求。例如，当事人有权查阅本案有关材料，并可以复制本案有关材料和法律文书。当当事人请求查阅、复制本案材料和法律文书时，人民法院有义务满足当事人的请求，不能以任何理由予以拒绝。人民法院有义务满足当事人的权利要求，并不否定人民法院有权对案件实体问题、程序问题和其他问题作出判断。例如，原告有权在宣判前申请撤诉，人民法院有义务接受申请并进行审查，但是否准许撤诉属于对案件程

序问题的判断，人民法院有权进行裁定。

第二节　民事诉讼法律关系的要素

民事诉讼法律关系与其他性质的法律关系一样，都是由三个要素所构成，即主体、内容和客体。

一、民事诉讼法律关系的主体

民事诉讼法律关系的主体，是指依据民事诉讼法的规定参加民事诉讼，并享有民事诉讼权利、承担民事诉讼义务的人。民事诉讼法律关系的主体有人民法院、诉讼参加人、其他诉讼参与人和人民检察院。

（一）人民法院

人民法院是国家的审判机关，享有民事审判权，有权对诉讼中的实体事项、程序事项进行判断，有权主持、指挥诉讼的进程。人民法院的诉讼行为对于诉讼程序的发生、变更和消灭具有重要的作用，是民事诉讼法律关系中居于主导地位的主体。

（二）诉讼参加人

诉讼参加人，是指民事诉讼当事人以及与当事人诉讼地位相当的人。根据《民事诉讼法》第五章，诉讼参加人包括当事人和诉讼代理人。其中，当事人可分为原告、被告、共同诉讼人、诉讼代表人和第三人，他们享有广泛的诉讼权利，对于诉讼程序的发生、变更和消灭具有重要的作用。诉讼代理人可分为法定代理人和委托代理人，他们与案件没有法律上的利害关系，其诉讼行为在法律规定或者当事人授权的范围内对当事人发生法律效果。

（三）其他诉讼参与人

根据民事诉讼法，其他诉讼参与人是指除诉讼参加人以外参与民事诉讼的人，包括证人、鉴定人、勘验人和翻译人员。其他诉讼参与人参与民事诉讼的目的是协助人民法院查明案件事实，他们的诉讼行为对于诉讼程序的发生、变更和消灭没有影响。

（四）人民检察院

人民检察院是国家的法律监督机关。根据《民事诉讼法》第 208 条和第 213 条的规定，人民检察院发现有法定情形之一的，应当提出抗诉；人民检察院提出抗诉的案件，人民法院再审时，应当通知人民检察院派员出席法庭。可见，人民检察院有权参加特定类型的民事诉讼，也是民事诉讼法律关系的主体。

二、民事诉讼法律关系的内容

民事诉讼法律关系的内容，是指民事诉讼法律关系主体依据民事诉讼法所享有的诉讼权利和承担的诉讼义务。主体不同，其享有的诉讼权利和承担的诉讼义务也不尽一致。

（一）人民法院

人民法院的诉讼权利和诉讼义务具有统一性，它们统一于民事审判权，同时又是民事审判权的两种表现形式。

人民法院行使诉讼权利的实质，就是行使民事审判权。与当事人行使诉讼权利相比，人民法院行使诉讼权利具有以下两个特点：其一，当事人既可以本人亲自行使诉讼权利，也可以委托他人代为行使权利，而人民法院必须依法独立行使诉讼权利，不得委托其他机关、社会团体或者个人行使权利；其二，当事人有权处分自己的诉讼权利，而人民法院不得放弃或者处分诉讼权利，否则就是失职。

人民法院承担的诉讼义务有两种。一种是审判性义务，即人民法院受理、审理、裁判和执行民事案件的义务，这种义务同时也是人民法院的权利。例如，《民事诉讼法》第 64 条第 3 款规定，人民法院应当按照法定程序，全面地、客观地审查核实证据。这条法律规范一方面规定了人民法院依法、全面、客观审查核实证据的义务，另一方面也赋予了人民法院审查核实证据的权利。另一种是保障性义务，即保障和便利当事人行使诉讼权利的义务。例如，《民事诉讼法》第 11 条第 1 款规定，各民族公民都有用本民族语言、文字进行民事诉讼的权利。为了落实当事人的权利，该条第 2 款规定，在少数民族聚居或者多民族共同居住的地区，人民法院应当用当地民族通用的语言、文字进行审理和发布法律文书；第 3 款又规定，人民法院应当对不通晓当地民族通用的语言、文字的诉讼参与人提供翻译。该条第 2 款和第 3 款规定的义务，都属于保障性义务。

（二）当事人

当事人享有广泛的诉讼权利，包括委托代理人，提出回避申请，收集、提供证据，进行辩论，请求调解，提起上诉，申请执行，查阅、复制本案有关材料和法律文书，等等。上述当事人的诉讼权利可以分为两大类：一类是纯粹的程序上的权利，其内容仅与诉讼程序相关，例如，提出回避申请的权利，其所针对的仅是回避这个程序问题；另一类是涉及处分实体权利的诉讼权利，例如，提起上诉的权利，它所针对的不仅是能否启动第二审程序这个程序问题，还有能否保护实体权利这个实体问题。

当事人在享有权利的同时，承担法定的诉讼义务，包括依法行使诉讼权利，遵守诉讼秩序，履行发生法律效力的判决书、裁定书和调解书等，这些义务与人民法院的审判权相互对应。

（三）其他诉讼参与人

证人、鉴定人、勘验人和翻译人员作为民事诉讼法律关系主体，一方面享有诉讼权利，例如，鉴定部门及其指定的鉴定人有权了解进行鉴定所需要的案件材料，必要时可以询问当事人、证人；另一方面，民事诉讼法又规定了他们对人民法院的诉讼义务，例如，证人有如实作证义务，勘验人有义务将勘验情况和结果制作笔录，等等。

（四）人民检察院

人民检察院的诉讼权利是民事抗诉权。民事抗诉权就其本质而言，属于法律监督权的一个方面。对于人民检察院提出的抗诉，人民法院有义务受理。人民检察院还有权参加再审案件的审理，提出自己的抗诉意见。同民事审判权一样，人民检察院的民事抗诉权也具有不可处分、独立行使的特征。人民检察院的诉讼义务是依法行使抗诉权，遵守诉讼秩序，等等。

三、民事诉讼法律关系的客体

民事诉讼法律关系的客体，是指民事诉讼法律关系主体之间诉讼权利和诉讼义务共同指向的对象。民事诉讼法律关系主体之间存在着丰富的权利义务关系，各个主体之间诉讼权利和诉讼义务所指向的客体也不尽一致。

（一）人民法院与当事人之间

人民法院与当事人之间诉讼权利和诉讼义务指向的对象是案件事实和实体权利请求。原告向人民法院起诉，被告向人民法院应诉，人民法院对案件进行实体审理，他们共同解决的问题有两个：一个是事实问题，即查明案件事实的真相；另一个是法律问题，即对当事人提出的实体权利请求是否合法作出判断。

（二）人民法院与其他诉讼参与人之间

人民法院与其他诉讼参与人之间诉讼权利和诉讼义务指向的对象是案件事实。证人、鉴定人、勘验人和翻译人员与案件没有法律上的利害关系，他们参与民事诉讼的目的不是保护自己的权利，而是向人民法院提供证明案件的事实，或者提供语言翻译。不论是证明，还是翻译，人民法院与其他诉讼参与人之间诉讼权利和诉讼义务指向的对象都不是实体权利请求，而只是案件事实。

（三）人民法院与人民检察院之间

人民法院与人民检察院之间诉讼权利和诉讼义务所指向的对象是人民法院生效裁判的合法性。人民检察院以抗诉的方式参加民事诉讼，抗诉需具备法定的事由，这些事由可能是生效裁判在事实、程序和法律方面的错误，也可能是审判人员在审理该案件时有贪污受贿、徇私舞弊、枉法裁判行为。在审判监督程序中，人民法院审理和解决的核心、焦点问题也正是原生效裁判是否合法的问题。

第三节　民事诉讼法律关系的发生、变更和消灭

民事诉讼法律关系的发生、变更和消灭是由民事诉讼上的法律事实引起的。民事诉讼上的法律事实，是指根据民事诉讼法的规定能够引起一定诉讼后果的事实，它可以分为两类：一类是诉讼事件，一类是诉讼行为。

一、诉讼事件

诉讼事件，是指不以人的意志为转移的、能够引起诉讼后果的客观事实。

诉讼事件具有如下两个特征：

1. 不以人的意志为转移

诉讼事件多为不可抗拒的事实，例如，在诉讼过程中一方当事人丧失诉讼行为能力，一方当事人死亡，作为一方当事人的法人或者其他组织终止，等等。

2. 依据民事诉讼法的规定能够引起一定的诉讼后果

上述不以人的意志为转移的事件，必须依据民事诉讼法的规定产生一定的法律后果，才是诉讼事件。例如，一方当事人死亡，需要等待继承人表明是否参加诉讼的这种情况，依据《民事诉讼法》第 150 条的规定，会引起诉讼中止的法律后果。所以该事件不只是普通的生活层面上的事件，而是诉讼事件。

诉讼事件一般会引起民事诉讼程序的中止或者终结，相应地也会使得民事诉讼法律关系变更或者消灭。

二、诉讼行为

行为，是指人的意识体现在身体上的状态。诉讼行为，是指民事诉讼法律关系主体有意识实施的发生法律效力的行为。诉讼行为与诉讼事件的区别是：诉讼行为是有意识的行为，诉讼事件是无意识的事实；诉讼行为为民事诉讼法律关系主体所实施，诉讼事件为客观发生，不能为任何主体所实施。民事诉讼法律关系的发生、变更和消灭，多为诉讼行为所致。

诉讼行为可以分为作为和不作为。作为，是指民事诉讼法律关系主体所实施的积极行为。例如，原告的起诉、被告的答辩、人民法院的审判等。民事诉讼法律关系主体在实施“作为”时，或者以口头的方式实施，或者以书面的方式实施。我们可以借此判断他们是否实施了积极的诉讼行为。不作为，是指民事诉讼法律关系主体消极地、不予实施某种法律规定的诉讼行为。例如，当事人不到庭、不提出上诉、不提出异议等。当事人的不作为通常是其行使处分权的表现，一般不违反法律，只有在法律特别规定的情况下，不作为才会导致不利的后果。

不同民事诉讼法律关系主体的诉讼行为有其各自的特点：

1. 人民法院的诉讼行为

人民法院的诉讼行为主要有两种：一是裁判行为，即针对诉讼中各种问题进行判决、裁定和决定的行为；二是准备行为，即为裁判行为做准备的行为，主要包括受理、审前准备、审理、调查等行为。人民法院的诉讼行为具有强制性、保障性和执行性的特点。

2. 当事人的诉讼行为

当事人的诉讼行为可以分为两类：一类是行使诉讼权利的诉讼行为，对于这类行为，当事人享有处分权，他既可以积极地作为，又可以消极地不作为。例如，由于当事人享有上诉权，其提出上诉还是不提出上诉，都是合法的。另一类是承担诉讼义务的诉讼行为，对此类诉讼行为，当事人应该积极地作为，如果其消极地不作为，将承担不利的法律后果。例如，必须到庭的当事人有出庭义务，如果经两次传票传唤其仍不到庭，人民法院可以用拘传的方式强制其到庭。

3. 其他诉讼参与人的诉讼行为

其他诉讼参与人根据法律的规定和人民法院的要求实施诉讼行为，这些行为多具有义务性和特定性的特点。所谓义务性，是指证人、鉴定人、勘验人和翻译人员实施诉讼行为，多为向国家尽公法上的义务。例如，《民事诉讼法》第72条第1款规定，凡是知道案件情况的单位和个人，都有义务出庭作证。所谓特定性，是指证人、鉴定人、勘验人和翻译人员所实施的诉讼行为，所针对的是特定领域的事实，例如，证人作证针对的是其亲身感受到的事实，鉴定人的鉴定结论针对的是案件中的专门问题，勘验人勘验针对的是物证和现场，翻译人员翻译针对的是案件中的语言、文字问题。

4. 人民检察院的诉讼行为

在民事诉讼中，人民检察院的诉讼行为主要是抗诉行为和出庭支持抗诉的行为。这两种诉讼行为只能在原审裁判生效后行使。

本章小结

民事诉讼法律关系，是指由民事诉讼法调整的人民法院与当事人、其他诉讼参与人之间存在的，以诉讼权利和诉讼义务为内容的法律关系。

学习民事诉讼法律关系理论，不仅具有理论意义，也具有现实意义。

民事诉讼法律关系由主体、内容和客体构成。民事诉讼法律关系的主体，是指依据民事诉讼法的规定参加民事诉讼，并享有民事诉讼权利、承担民事诉讼义务的人。民事诉讼法律关系的内容，是指民事诉讼法律关系主体依据民事诉讼法所享有的诉讼权利和承担的诉讼义务。民事诉讼法律关系的客体，是指民事诉讼法律关系主体之间诉讼权利和诉讼义务共同指向的对象。

民事诉讼法律关系的发生、变更和消灭是由民事诉讼上的法律事实引起的。民事诉讼上的法律事实，是指根据民事诉讼法的规定能够引起一定诉讼后果的事实，它可以分为诉讼事件和诉讼行为。

思考题

1. 试述民事诉讼法律关系的概念和特征。
2. 民事诉讼法律关系的构成要素是什么？
3. 什么是民事诉讼上的法律事实？

案例分析题

[案情简介] 郭某不服用人单位A公司单方解除劳动合同，于2017年9月5日向B区劳动争议仲裁委员会提起劳动争议仲裁。经过审理，B区劳动争议仲裁委员会认为A公司单方解除劳动合同违法，裁决劳动合同继续履行。裁决作出后，A公司不服，向B区人民法院提起民事诉讼。法院受理案件后，组成合议庭进行审理。

[分析问题]（1）郭某与A公司之间争议的民事法律关系的内容是什么？（2）在民事诉讼中，郭某、A公司、人民法院之间民事诉讼法律关系的内容是什么？

延伸阅读

1. 蔡彦敏:《对民事诉讼法律关系若干问题的再思考》，载《政法论坛》2000年第2期。

2. 蓝冰:《德国新民事诉讼法律关系理论及启示》，载《政治与法律》2008年第1期。

第三章　民事诉讼中的诉权、诉与反诉

本章知识要点：诉权理论、诉讼标的理论是民事诉讼法学的基础理论。诉权是诉的基础，诉权与诉都具有程序和实体两层含义，在学习时应采取程序法与实体法相结合的方法。本章主要介绍诉权的概念和含义、诉的概念和含义、诉的种类、诉的要素、诉的合并、诉的分离、反诉。学习重点是诉权和诉的双重含义、诉的种类、诉的要素和提起反诉的条件。

第一节　民事诉讼中的诉权

一、诉权的概念

当事人发生纠纷后，人民法院不可能主动介入纠纷的解决，对当事人之间的民事权利进行判断。民事实体权利要获得审判权的保护，必须要经过诉权这个桥梁。诉权，是指当事人因民事权利受到侵害或者发生争议，请求人民法院依照法定程序对实体权利请求进行审判的权利。由于诉权的存在和运作，民事权利的争议才可能进入司法保护的领域。对于诉权的概念，我们可以从以下几个方面理解：

1. 享有诉权的主体是当事人

诉权作为一种权利，其权利主体是当事人，因为当事人对民事纠纷有法律上的利害关系。当事人，不分原告、被告，他们平等地享有诉权。认为只有原告才享有诉权，被告没有诉权的观点是错误的。人民法院是行使审判权的主体，是当事人行使诉权的一个对象，所以人民法院并不享有诉权。而其他诉讼参与人和人民检察院与案件的处理结果并不存在利害关系，所以他们也不享有诉权。

2. 诉权的内容可以分解为两个权利：进行诉讼的请求权与满足实体权利的请求权

这就是诉权的双重含义问题，我们放在下一个问题中进行讲述。

3. 诉权的性质是一种特殊的请求权

民事权利中的请求权，是指能够请求他人实施一定给付的权利。诉权可以看作是一种特殊的请求权，其请求的对象既包括人民法院，又包括对方当事人；其请求的内容，既包括启动和进行诉讼程序，又包括满足自己的实体权利请求。

二、诉权的双重含义

诉权具有双重含义，可分为程序意义上的诉权与实体意义上的诉权。

（一）程序意义上的诉权

程序意义上的诉权，是指当事人依据民事诉讼法，请求人民法院对民事案件进行审理并作出判决的权利。当事人行使程序意义上的诉权针对的对象，不是对方当事人，而是人民法院。程序意义上的诉权，实际上就是司法保护请求权。

程序意义上的诉权对于原告而言，主要是指起诉权。原告认为自己的权利受到侵害或者与人发生争议，其之所以能够将民事纠纷提交给人民法院审判，原因就在于享有程序意义上的诉权。原告的诉权表现为起诉权，包括起诉、上诉、申请再审、申请执行等。如果原告享有程序意义上的诉权，人民法院就应该受理原告的起诉；如果原告不享有程序意义上的诉权，人民法院应该裁定不予受理或者驳回起诉。

程序意义上的诉权对于被告而言，主要是指答辩权。被告没有向法院起诉，其之所以能够进入诉讼程序，成为诉讼主体，原因就在于其享有程序意义上的诉权。被告的诉权表现为对原告的起诉进行答辩的权利，包括答辩、异议等。从原告的起诉被人民法院受理之时起，被告就产生了程序意义上的诉权，有权对原告的起诉提出自己的意见。

起诉权和答辩权不仅表现在诉讼开始的阶段，在整个审判程序甚至执行程序中都存在起诉权和答辩权的交错。

（二）实体意义上的诉权

实体意义上的诉权，是指当事人依据民法，通过人民法院向对方当事人提出实体权利请求的权利。当事人行使实体意义上的诉权针对的对象，不是人民法院，而是对方当事人。实体意义上的诉权相当于民法上的请求权和抗辩权，只不过这些权利不是直接向对方当事人提出的，而是通过人民法院向对方当事人提出的。

实体意义上的诉权对于原告而言，主要是指请求权。原告向人民法院起诉，并不是空洞地请求启动诉讼程序，而是通过起诉提出自己的实体权利请求。经过审理，如果原告的实体权利请求合法、有根据，就说明原告具有实体意义上的诉权，人民法院应该判决支持原告的诉讼请求；如果原告的实体权利请求不合法、没有根据，就说明原告不具有实体意义上的诉权，人民法院应该判决驳回原告的诉讼请求。

实体意义上的诉权对于被告而言，主要是指抗辩权。被告基于实体意义上的诉权对原告的诉讼请求进行防御和对抗。经过审理，如果被告的反驳合法、有根据，就说明被告具有实体意义上的诉权，人民法院应该判决驳回原告的诉讼请求；如果被告的反驳不合法、没有根据，就说明被告不具有实体意义上的诉权，人民法院应该判决支持原告的诉讼请求。被告实体意义上的诉权也可以是请求权，当被告享有请求权性质的实体诉权时，被告有权提出反诉。

（三）程序意义上的诉权与实体意义上的诉权的关系

程序意义上的诉权与实体意义上的诉权是诉权的双重含义，二者之间既有联系，又有区别。

1. 程序意义上的诉权与实体意义上的诉权的联系

（1）程序意义上的诉权是实现实体意义上的诉权的手段。当事人的实体权利请求，只有通过程序意义上的诉权才能够进入司法领域。没有程序意义上的诉权，当事人实体意义上的诉权就无法得到保护。

（2）实体意义上的诉权是行使程序意义上的诉权的目的。当事人行使程序意义上的诉权，并不仅仅是为了进入到诉讼程序之中，而是通过诉讼程序来保护自己的实体权利。没有实体意义上的诉权，程序意义上的诉权必定是空洞的。

（3）从权利产生的基础看，二者具有一致性。实体意义上的诉权是基于物权、债权、人身权等基础性权利受到侵害或者发生争议而产生，例如，基于物权可以产生停止侵害、排除妨害、恢复原状、赔偿损失等实体意义上的诉权；程序意义上的诉权同样是基于物权、债权、人身权等基础性权利受到侵害或者发生争议，而产生了寻求司法救济的必要性。

（4）程序意义上的诉权与实体意义上的诉权对于当事人来讲，同等重要，不可分割，二者的结合才构成诉权的完整含义。

2. 程序意义上的诉权与实体意义上的诉权的区别

我们对于程序意义上的诉权与实体意义上的诉权这对抽象的概念，可以运用以下几个具体的标准进行区别：

（1）从权利的法律依据看，一般来讲，程序意义上诉权的法律依据是民事诉讼法，实体意义上诉权的法律依据是民法。我国也有民法规定程序意义上诉权的立法例，如《合同法》第 128 条第 2 款规定，当事人没有订立仲裁协议或者仲裁协议无效的，可以向人民法院起诉。

（2）从权利请求的对象和内容看，程序意义上的诉权请求的对象是人民法院，内容是要求人民法院启动和进行审判程序；实体意义上的诉权请求的对象是对方当事人，内容是要求对方当事人满足自己的实体权利请求。

（3）从权利性质看，实体意义上的诉权是私法意义上的请求权或者抗辩权，而程序意义上的诉权是公法意义上的请求权，属于一种特殊的请求权。

（4）从人民法院审理的次序和阶段看，人民法院首先审查当事人是否享有程序意义上的诉权，这个审查一般在立案阶段进行；如果当事人具有程序意义上的诉权，人民法院再进一步审查哪一方当事人具有实体意义上的诉权，这个审查在立案之后的法庭审理中进行。如果人民法院在立案后发现原告的起诉不符合受理条件的，应当裁定驳回起诉。

（5）从人民法院判断诉权是否存在的方式看，对于程序意义上的诉权，人民法院应当用裁定的方式进行判断；对于实体意义上的诉权，人民法院应当用判决的方式进行判断。

三、诉权与诉讼权利的关系

诉权与诉讼权利相差两个字，却是两个既有联系又有区别的法律概念。

（一）诉权与诉讼权利的联系

1. 诉权是诉讼权利的基础

诉权决定了当事人能够进入到司法程序之中，只有享有诉权的人才能成为当事人，才能享有诉讼权利。没有诉权，当事人就不会有诉讼权利。

2. 一些诉讼权利是诉权的表现形态

民事诉讼法律关系中的当事人享有广泛的诉讼权利，这些诉讼权利中有一部分是诉权的表现形态。例如，起诉权、上诉权、申请再审权、申请执行权、申请调查证据等权利，属于原告程序意义上的诉权在诉讼中的具体表现。另一些诉讼权利则是当事人作为诉讼主体所享有的，并不是诉权的直接体现。例如，当事人有权委托诉讼代理人，这个诉讼权利既不是程序意义上诉权的体现，也不是实体意义上诉权的体现，而是当事人基于民事诉讼法的规定所享有的诉讼权利。

（二）诉权与诉讼权利的区别

1. 法律依据不同

诉权的法律依据既有民事诉讼法，又有民法；而诉讼权利的法律依据只有民事诉讼法。

2. 权利的含义不同

诉权有程序意义和实体意义两层含义，即司法保护请求权和实体权利请求权；而诉讼权利只具有诉讼法上的含义，即当事人在诉讼程序中享有的权利。

3. 享有权利的主体不同

诉权只能为当事人所享有；而诉讼权利的主体既包括当事人，也包括其他诉讼参与人和人民检察院。

4. 权利产生的时间不同

诉权，不论是程序意义上的诉权还是实体意义上的诉权，都产生于诉讼开始之前；而诉讼权利只能是诉讼开始之后才能为当事人所享有。

四、学习诉权理论的意义

诉权理论是民事诉讼法学的基础理论之一，学习诉权理论具有重要的理论意义和实践意义。

（一）有助于我们将民事程序法与民事实体法结合起来学习

诉权将民事权利与民事诉讼权利紧密地结合在一起，是沟通民法与民事诉讼法的一座桥梁。诉权理论是一种民法与民事诉讼法相互交融的理论，掌握这种研究方法是我们深入理解、学习民事诉讼法所必需的。

（二）有助于当事人预期自己的诉讼结果

当事人在起诉、应诉之前，往往要考虑自己进行诉讼的结果如何，以制订一套有利于自己的诉讼方案。诉权理论可以帮助当事人及其诉讼代理人进行这样的判断，具体情形有：

（1）如果原告既不享有程序意义上的诉权，又不享有实体意义上的诉权，对原告来讲，最佳的方案就是不进行诉讼，选择其他的救济途径；对被告来讲，最佳的方案就是提出管辖权异议，避免进入到诉讼程序中去。

（2）如果原告既享有程序意义上的诉权，又享有实体意义上的诉权，对于原告来讲，最佳的方案就是请求人民法院满足自己的诉讼请求；作为被告来讲，最佳的方案则是与原告进行和解，以减轻自己的民事责任。

（3）如果原告享有程序意义上的诉权，却不享有实体意义上的诉权，他应该考虑自己是否有必要进入到诉讼程序中去；作为被告，他应该积极地应诉，请求人民法院驳回原告的诉讼请求。

（三）有助于审判人员正确适用法律

在一个民事诉讼中，审判人员首先面临的是是否应该受理起诉人的起诉。此时应该注意三个问题：第一，适用的法律依据只能是民事诉讼法，不能因为民法没有规定司法救济途径而不予受理；第二，审查的内容只能是是否符合起诉条件，不能对当事人是否享有实体意义上的诉权进行审查；第三，对于当事人不享有程序意义上的诉权的，应当用裁定驳回，不能用判决驳回。

在诉讼进入实质审理阶段，审判人员解决的主要问题是当事人是否享有实体意义上的诉权，此时应注意三个问题：第一，适用的法律依据主要是民法，依据民法审查当事人的请求是否合法、有根据，此外，还应适用民事诉讼法中的证据规则查明案件事实；第二，审查的内容应当是当事人的实体权利请求，对于在受理之后发现当事人不享有程序意义上的诉权的，应当裁定驳回起诉；第三，经过审查，对于当事人不享有实体意义上的诉权的，应当用判决驳回诉讼请求。

（四）有助于民法的完善和发展

诉权不仅是连接民法与民事诉讼法的纽带，还是促进民法完善和发展的一条路径。这主要是因为，程序意义上的诉权使得一切符合起诉条件的民事纠纷进入民事司法领域，不论原告的实体权利请求是否合法、是否有根据。对于那些没有直接法律依据却进入民事司法领域的民事案件，即所谓疑难案件（hard cases），人民法院首先应当运用法律解释的方法进行裁判；如果通过法律解释仍然找不到法律依据，依据以法律为准绳的原则只能驳回原告的诉讼请求。这只是个案的情况，我们还可以进一步设想，如果有大量的相同类型的民事纠纷进入民事司法领域，虽然原告由于没有法律依据而败诉，但是人民法院会在长期、反复的司法实践中认识到保护这类权益的必要性，立法机关通过立法调研也会获取这些信息。只要经过立法程序，这类权益就会获得法律的保护。在这样一个链条中，先是有了民事纠纷，民事纠纷通过程序意义上的诉权进入民事诉讼，民事诉讼积累了经验和信息，最终民事立法生成了新的民事权利。可见，程序意义上的诉权还具有完善民事立法、生成民事权利的功能。在法治国家，这种功能尤为重要。

第二节　民事诉讼中的诉

一、诉的概念

诉，是指当事人因民事权利受到侵害或者发生争议，向人民法院提出的依照法定程序对实体权利请求进行审判的请求。诉权是诉的基础，没有诉权，当事人就不能提出诉。

诉具有以下几个特征：

1. 诉的主体是当事人

诉的主体是当事人，既包括原告，也包括被告，他们都有权向人民法院提出对实体权利请求进行审判的请求。其他诉讼参与人和人民检察院都不是诉的主体。

2. 诉的前提是民事权利受到侵害或者发生争议

只有在民事权利受到侵害或者发生争议时，当事人才能依据诉权提出对实体权利进行审判的请求。这里所说的受到侵害或者发生争议，应当根据原告起诉状的记载进行判断。根据原告起诉状的记载，如果存在权利受到被告侵害或者与被告发生争议的情况，人民法院就应当受理原告提起的诉；如果无法判断原告权利受到侵害，也无法判断原告与被告之间存在着法律争议，人民法院就应当裁定不予受理。

3. 诉由当事人向人民法院提出

人民法院是国家审判机关，当事人只能向人民法院提出诉。向人民法院以外的国家机关、社会团体提出解决纠纷的请求，不能称为诉。

4. 诉的内容是当事人请求人民法院对实体权利请求进行审判

诉的内容，一是请求人民法院行使审判权，二是请求人民法院对争议的实体权利请求进行审判。

二、诉的双重含义

与诉权的双重含义相对应，诉也具有双重含义。

（一）程序意义上的诉

程序意义上的诉，是指当事人依据民事诉讼法，向人民法院提出的对民事案件进行审理并作出判决的请求。程序意义上的诉，实际上就是司法保护的请求。

1. 程序意义上的诉产生的法律依据是民事诉讼法

当事人之所以能够提出司法保护的请求，依据的是民事诉讼法。民事诉讼法规定了当事人程序意义上的诉权，当事人才有权提出程序意义上的诉。

2. 程序意义上的诉针对的是人民法院

当事人提出程序意义上的诉，请求的对象是人民法院，请求的内容是启动和进行诉讼程序以解决民事纠纷。

（二）实体意义上的诉

实体意义上的诉，是指当事人依据民法，通过人民法院向对方当事人提出的实体权利请求。实体意义上的诉，实际上就是民法所规定的实体权利请求。

1. 实体意义上的诉产生的法律依据是民法

当事人之所以能够提出实体权利请求，依据的是民法。民法规定了当事人实体意义上的诉权，当事人才有权提出实体意义上的诉。例如，原告请求被告履行合同、原告请求被告支付违约金，这些请求属于实体法上的请求，其依据只能是我国民法。

2. 实体意义上的诉针对的是对方当事人

当事人提出实体意义上的诉，针对的不是人民法院，而是对方当事人。与普通民事活动不同，在民事诉讼中提出实体法上的请求，必须通过人民法院。例如，原告请求被告清偿，显然，原告请求清偿的对象不是人民法院，而是对方当事人；但是原告的这个请求不能直接到达被告那里，必须要在起诉状中表明，在法庭审理中陈述，通过人民法院的审判活动才能对被告生效。

程序意义上的诉与实体意义上的诉，程序意义上的诉权与实体意义上的诉权，这两对概念之间的关系具有相似性，这里不再重复。

三、诉的种类

诉的种类，是指理论上对诉进行的分类。诉可以分成三种：确认之诉、给付之诉和变更之诉。

（一）确认之诉

确认之诉，是指原告请求人民法院确认其与被告之间是否存在民事法律关系的诉。确认之诉可分为积极确认之诉与消极确认之诉。原告请求人民法院确认其与被告之间存在民事法律关系的诉，称为积极确认之诉。例如，生身父母确认之诉，商标权确认之诉，继承权确认之诉，等等。原告请求人民法院确认其与被告之间不存在民事法律关系的诉，称为消极确认之诉。例如，婚姻无效之诉，合同无效之诉，等等。

积极确认之诉与消极确认之诉的共同点是：当事人之间的法律关系都处于不明确的状态，当事人对于法律关系的存在与否有不同的意见，有必要请求人民法院依照法定程序适用民事实体法予以确认。只有经过人民法院的审理和裁判，才能使当事人之间的民事法律关系处于明确的状态。这两种确认之诉的不同点是：在积极确认之诉中，原告主张民事法律关系存在，被告主张民事法律关系不存在；而在消极确认之诉中，原告主张民事法律关系不存在，被告则主张民事法律关系存在。

原告提起确认之诉的基础不只是其享有某种民事权利，而是他具有诉的利益。所谓诉的利益，是指运用民事诉讼予以司法保护的必要性。例如，《婚姻法》第10

条规定:“有下列情形之一的，婚姻无效:(一)重婚的;(二)有禁止结婚的亲属关系的;(三)婚前患有医学上认为不应当结婚的疾病，婚后尚未治愈的;(四)未到法定婚龄的。”假设双方当事人(即所谓的“夫”与“妻”)有禁止结婚的亲属关系，一方请求人民法院认定婚姻无效。此时，无论原告还是被告，他们并不享有夫妻之间的权利与义务，原告之所以能够提起消极确认之诉，不是因为他(她)享有婚姻的权利，而是法律有保护他(她)的必要。

原告提起确认之诉的条件是:(1)当事人之间对于同一民事法律关系的存在与否有争议，即一方主张存在，另一方主张不存在;(2)从形式上看，当事人应为争议的民事法律关系的双方主体，不论该法律关系在法律上是否存在;(3)人民法院依据民事诉讼法审查，认为有运用诉讼程序予以保护的必要。

当事人之间是否存在民事法律关系，取决于是否出现了法律事实、出现了什么样的法律事实。以合同关系为例，如果出现了权利产生事实，就会产生一个合同关系，例如，当事人双方的要约和承诺一致；如果出现了权利妨碍事实，就不会产生合同关系，例如，一方以欺诈、胁迫的手段订立合同，损害国家利益的法律行为。因此，人民法院在审理确认之诉时，审查的核心内容就是民法上的法律事实。

(二)给付之诉

给付之诉，是指原告请求人民法院判决被告履行给付义务的诉。原告请求被告给付的内容，既可以是财产，又可以是行为。司法实践中发生的大部分诉，都是给付之诉。

在一些民事案件中，确认之诉可以与给付之诉并存，并且前者是后者的先决条件。例如，原告请求人民法院确认其与被告之间存在合同关系，又请求人民法院判决被告履行合同并支付违约金。这里，确认之诉在先，给付之诉在后；确认合同关系存在是判决被告给付财产或者行为的先决条件。给付之诉的含义只是原告请求人民法院判决被告履行给付义务，并不包括任何确认之诉的内容。

原告提起给付之诉的基础是其享有物权、债权、人身权、知识产权等民事实体权利。这些权利在民法上叫作基础权利，由基础权利可以派生出形式多样的请求权。例如，债权的标的就是给付请求权，因此由债权可以派生出给付请求权；物权可以派生出停止侵害请求权、排除妨害请求权、恢复原状请求权、赔偿损失请求权等；人身权可以派生出消除影响请求权、恢复名誉请求权、赔礼道歉请求权等。原告因为享有这些基础权利，当这些权利受到侵害或者发生争议时，原告可以向被告行使民法上的请求权，在被告拒绝履行义务的情况下也可以向人民法院起诉(依据程序意义上的诉权）；经过审理，人民法院认定原告享有这些基础权利，就应该满足原告的诉讼请求，判决被告向原告履行给付义务（依据实体意义上的诉权）。

原告提起给付之诉的条件是：（1）从形式上看，原告是民事法律关系中的请求权利人，被告是民事法律关系中的给付义务人；（2）被告逾期拒绝履行或者不履行给付义务。

人民法院在审理给付之诉时，应当首先审查是否存在权利产生事实，以此确定原告是否享有基础权利。如果原告享有基础权利，就应当判决被告履行给付义务；如果原告不享有基础权利，应当判决驳回原告的诉讼请求。

（三）变更之诉

变更之诉，又称形成之诉，是指原告请求人民法院改变或者消灭其与被告之间现存的民事法律关系的诉。在变更之诉中，当事人对于现存的民事法律关系并没有争议，而是对是否改变或者消灭该法律关系存在争议。例如，在离婚之诉中，当事人对于他们之间存在婚姻关系并无争议，他们的争议是：一方请求解除婚姻关系，而对方不同意解除婚姻关系。

原告提起变更之诉的基础是其享有形成权。形成权，是指依据当事人单方意思表示就能使现存民事法律关系发生变动的权利。与请求权、支配权不同，形成权所针对的是民事法律关系，而且只依据当事人单方的意思表示就能使法律关系发生变动。这就产生了一个问题，即一方当事人单方行使形成权，如果对方当事人不予接受，双方当事人就产生了有关形成权及其效力方面的纠纷。民事诉讼法设立了通过诉讼行使形成权的程序，这就是形成之诉。变更之诉又称为形成之诉的原因就在于此。

原告提起变更之诉的条件是：（1）双方当事人之间明确存在民事法律关系，并且双方对此没有争议。如果双方对现存民事法律关系有争议，对于形成之诉的审理，应待确认之诉审结后进行。例如，《最高人民法院关于适用〈中华人民共和国婚姻法〉若干问题的解释（二）》第 7 条第 1 款规定："人民法院就同一婚姻关系分别受理了离婚和申请宣告婚姻无效案件的，对于离婚案件的审理，应当待申请宣告婚姻无效案件作出判决后进行。"（2）原告必须主张引起当事人之间法律关系发生、变更或消灭的新的法律事实发生，且这种新的法律事实引起的纠纷，当事人难以解决，才提请法院裁判。

人民法院审理变更之诉，应当首先审查是否存在权利消灭事实，以此确定原告是否享有形成权。例如，在审理离婚案件时，人民法院应当查明有无夫妻感情确已破裂的法律事实，这个事实属于权利消灭事实。如果原告享有形成权，应当判决改变或者消灭当事人之间的民事法律关系；如果原告不享有形成权，应当判决驳回原告诉讼请求。

四、诉的要素

诉的要素，是指构成一个诉所必需的，使此诉区别于彼诉的因素。在司法实践中，区别此诉与彼诉涉及四个重要的问题，即诉讼的合并与分离，诉的变更与追加，重复起诉的禁止和判决既判力的客观范围。所以，学习诉的要素，了解此诉与彼诉的区别对于理论与实践都是必要的。

一般认为，诉的要素包括三个，即诉的主体、诉的标的和诉的理由。

（一）诉的主体

诉的主体就是当事人。构成一个特定的诉，必须要有当事人。因为当事人是民事纠纷的主体，也是享有诉权的主体。纠纷发生之后，当事人一方有权依据诉权寻求司法救济，将他们之间民事权利义务的争议提交给人民法院审理解决。没有当事人，就不会有诉的存在。另外，诉的主体也是区别此诉与彼诉的重要因素，尽管两个诉在标的、理由两个方面有牵连，但诉的主体不同，我们就可以判断它们不是同一个诉。

诉的主体不能是人民法院，因为人民法院与纠纷没有利害关系，人民法院专门负责对诉的审理。如果人民法院也是诉的主体，就混淆了纠纷主体与解决纠纷主体这两个概念。

（二）诉的标的

1. 诉的标的的概念和含义

诉的标的，又称诉讼标的，是指当事人之间发生争议，请求人民法院予以裁判的对象。这个对象到底是民事法律关系，还是实体权利请求，学术界有不同的看法。我们认为，理解诉的标的这个概念，要注意两个方法：一是实体法与程序法结合的方法；二是类型化的方法，即不同种类的诉，其标的也不尽一致。

确认之诉与形成之诉的标的是民事法律关系。确认之诉的标的是关于人民法院确认民事法律关系存在与否的实体权利请求；形成之诉的标的是关于人民法院变更、消灭民事法律关系的实体权利请求。这两种诉，当事人之间争议的核心问题是民事法律关系，而不是实体权利请求。当事人请求人民法院予以裁判的对象是民事法律关系，人民法院必须在判决书中对民事法律关系的存在与否以及变动与否作出判断。

给付之诉的标的是实体权利请求。给付之诉是请求人民法院判决对方当事人履行给付义务，在给付之诉中，当事人之间争议的核心问题不是民事法律关系的存在与变动，而是当事人的实体权利请求是否合法、有根据，据此确定当事人给付财产和行为的义务。例如，在给付抚育费纠纷中，原告通过人民法院向被告提出给付一定数额抚育费的实体权利请求，人民法院必须在判决书中对这个实体权利请求进行判断，并判决具体的给付金额。可见，给付之诉的标的不是民事法律关系，而是实体权利请求。

在民事诉讼中，人民法院、当事人、其他诉讼参与人和人民检察院进行民事诉讼活动，主要是围绕诉的标的进行的，脱离诉的标的，诉讼程序就会失去目标，导致程序的拖延和无效。这就要求人民法院必须准确把握诉的标的，在此基础上概括出本案争议的具体的焦点问题，指导当事人围绕诉的标的、案件的焦点问题进行民事诉讼。

2. 几个相似概念的区分

在司法实践中，我们必须要明确诉的标的、诉讼请求、诉讼标的额和诉讼标的物这四个概念的区别，做到准确使用专业词汇。

（1）诉的标的与诉讼请求。诉讼请求，又称诉的声明，是指原告向人民法院提出的，对人民法院判决主文的一种期待性的要求。当事人提出诉讼请求的依据是当事人享有的实体权利或者诉的利益。诉的标的与诉讼请求的区别是：第一，诉的标的是当事人请求人民法院裁判的对象，具体包括民事法律关系和实体权利请求，是一方当事人通过人民法院向对方当事人提出的。而诉讼请求是当事人对人民法院判决主文的一种期待性的要求，是原告向人民法院提出的。第二，诉的标的是抽象的法律关系或者实体权利请求，而诉讼请求是一种具体的要求。第三，诉的标的一般不可变更，变更诉的标的之后，诉也就发生了改变。而诉讼请求可以增加或者减少，因为诉讼请求是一个具体的要求。根据《民事诉讼法》第 140 条，原告可以增加诉讼请求，这完全可以说明诉讼请求具有具体、可变的特性。

（2）诉的标的与诉讼标的额。诉的标的也称诉讼标的，与诉讼标的额是两个完全不同的概念。第一，诉讼标的是抽象的法律关系或者实体权利请求。而诉讼标的额是财产案件中当事人争议金额以货币形式所表现出来的具体价额。第二，每一个民事案件中都存在诉讼标的。而诉讼标的额只存在于财产案件中，在单纯的人身关系诉讼中，并不存在诉讼标的额。

（3）诉的标的与诉讼标的物。诉讼标的物，是指当事人之间的争议所指向的具体物。诉讼标的物与诉的标的相比有以下区别：第一，诉的标的是抽象的法律关系或者实体权利请求，是观念的范畴。诉讼标的物是具体的物，是物质的范畴。第二，诉的标的存在于每一个具体的民事案件之中。而诉讼标的物只在一些财产类型的案件中存在。

（三）诉的理由

诉的理由，是指当事人支持自己所提出的诉的依据。这里所说的依据，包括事实依据和权利依据。诉权是提出诉的基础，当事人没有诉权，就不能提出诉；当事人不享有诉权，也就不能支持自己所提出的诉。所以，诉权是诉的权利依据。但是，诉权是抽象的，无法被当事人和人民法院直接认知，这就需要借助法律事实这个中介。法律事实使得法律关系发生、变更或者消灭，这样我们就可以在个案中判断是否存在诉权、存在哪一种类型的诉权。所以，法律事实是诉的事实依据。

需要指出的是，诉的理由不包括法律依据。这是因为现代民事诉讼不要求当事人向法院提出、证明和解释实体法律规范，这被称为法院知法原则（jura novit curia）。当然，法院知法原则并不排斥当事人及其诉讼代理人对如何适用法律提出自己的意见。

由于诉兼具程序和实体两层含义，诉的理由应该从以下两个方面进行探讨：

1. 程序意义上的诉的理由，是程序意义上的诉权和程序法上的事实依据

程序意义上的诉，是当事人向人民法院提出的启动和进行诉讼程序的请求。支持这个请求的权利依据显然是程序意义上的诉权。但是程序意义上的诉权十分抽象，当事人是通过民事起诉状等具体的方式提出诉的。为了使自己的请求被人民法院接受，当事人需在起诉状中载明一些程序法上的事实依据，包括原告和被告的自然情况、具体的诉讼请求、事实与理由等。这些属于支持程序意义上的诉的事实依据。

2. 实体意义上的诉的理由，是实体意义上的诉权和实体法上的事实依据

实体意义上的诉，是当事人通过人民法院向对方当事人提出的实体权利请求。为了支持这个请求，当事人应当向人民法院证明，自己才是真正的权利享有者，自己的权利符合民法的规定。同样，抽象的权利只能通过相关法律事实的存在与否来进行证明。如果存在一定的法律事实，就可以证明相关法律关系的发生、变更和消灭，同时民事权利的存否和变动就得到了证明。不同种类的诉，实体意义上的诉的理由也不尽一致。

（1）确认之诉的理由，其权利依据是民事权利或者诉的利益；其事实依据，对于积极确认之诉而言是权利产生事实，例如，借贷的事实可以作为确认合同有效之诉的理由；对于消极确认之诉而言是权利妨碍事实，例如，近亲结婚的事实可以作为确认婚姻无效之诉的理由。

（2）给付之诉的理由，其权利依据是基础权利和请求权；其事实依据是权利产生事实。例如，在人身损害赔偿之诉中，原告是基于人身权受到损害而提出诉，人身权以及由人身权产生的赔偿请求权是该诉的权利依据；为了支持自己的权利，原告还要提出和证明被告实施侵权行为的事实，这是该诉的事实依据。

（3）形成之诉的理由，其权利依据是形成权；其事实依据是权利消灭事实。例如，在合同撤销之诉中，原告享有形成权而提出诉，是该诉的权利依据；为了支持自己的权利，原告提出合同是在胁迫的情况下签订的这个事实，是该诉的事实依据。

在民事诉讼中，当事人有必要向人民法院阐述、证明诉的理由，以获得有利于己的裁判；人民法院也必须在判决书中写明支持或者反对当事人诉的理由的依据，否则就不是一份合格的裁判文书。

五、诉的合并与分离

（一）诉的合并

诉的合并，是指人民法院将两个或者两个以上独立的诉，合并在一个诉讼程序中进行审理和裁判。诉的合并有广义和狭义之分。狭义的诉的合并，是指诉的客体的合并。广义的诉的合并，除了诉的客体的合并以外，还包括诉的主体的合并。诉的合并的条件是，几个独立的诉在主体或者客体上具有牵连性。诉的合并，既有利于当事人进行诉讼，又能防止人民法院作出矛盾的裁判，便于人民法院提高审判效率。

诉的合并包括：

1. 诉的主体合并

诉的主体合并，是指将两个以上当事人合并到同一个诉讼程序中进行审理和裁判。诉的主体的合并主要是指《民事诉讼法》第 52 条规定的必要共同诉讼和普通共同诉讼，我们将在第六章进行讲述。

2. 诉的客体合并

诉的客体合并，是指将同一原告对同一被告提起的两个或者两个以上的诉合并到一个诉讼程序中进行审理和裁判。反诉，即本诉被告对本诉原告提起的诉讼，也属于诉的客体合并的一种形式。合并审理的各个诉之间可能不存在牵连关系，如原告既请求被告偿还借款，又请求被告给付扶养费；也可能存在牵连关系，如在离婚之诉中，原告既请求离婚，又请求分割夫妻共同财产。对于无牵连关系的几个诉，人民法院应在同一诉讼程序中分别审理并作出判决，对于有牵连关系的诉，人民法院应先审理具有先决性的诉，如先审理结束婚姻关系之诉，再审理分割夫妻共同财产之诉。

（二）诉的分离

诉的分离，是指人民法院将合并审理的几个诉分开进行审理和裁判。诉的合并并非都会带来公正、便利的后果。审判人员将诉合并的本意是为了提高效率，但有时在合并审理的过程中可能出现诉讼程序的复杂化，反而会拖延诉讼的进行。在这种情况下，人民法院应当将已经合并的诉进行分离。在分离后，当事人在分离前实施的诉讼行为仍然有效，诉讼程序继续进行。

第三节　民事诉讼中的反诉

一、反诉的概念

民事诉讼中的反诉，是指在已经开始的诉讼程序中，本诉被告对本诉原告向受理本诉的人民法院提出的独立的反请求。提出反诉，是被告的一项诉讼权利。我国民事诉讼法规定反诉制度的意义，一方面是通过本诉与反诉的合并审理，利用一个诉讼程序解决相关的纠纷，有利于诉讼经济；另一方面，合并审理可以避免人民法院作出矛盾的判决。

反诉具有以下特点：

1. 当事人的特定性

反诉中的原告，只能是本诉中的被告；反诉中的被告，只能是本诉中的原告。凡是本诉当事人范围之外的人，不可能成为反诉的当事人。

2. 反诉请求的独立性

反诉原告提出的反诉请求，实际上是一个独立的诉讼请求，它不因为本诉的消灭而消灭。反诉提出后，即使本诉原告撤诉或者放弃诉讼请求，仍不影响反诉请求的存在。人民法院应当继续进行诉讼程序，对反诉进行审理和裁判。

3. 反诉目的的对抗性

本诉被告提出反诉的目的是抵销、吞并原告提出的本诉，保证自己在本诉中避免败诉的同时，本诉被告期望在其提出的反诉中使本诉原告败诉，以保护自己的民事权利。

二、提起反诉的要件

本诉被告提起的反诉，除了需具备起诉的一般要件以外，还必须符合下列条件才会被人民法院受理：

1. 当事人的条件

反诉必须是本诉被告向本诉原告提出的。首先，反诉的原告只能是本诉被告，本诉原告对本诉被告又提出一个新的诉，不属于反诉。其次，反诉的被告只能是本诉原告，本诉被告对其他人提出一个新的诉，也不属于反诉。

2. 时间的条件

反诉只能在本诉进行中提出。所谓本诉进行中，是指人民法院受理本诉以后一直到法庭辩论终结前这段时间。在人民法院受理本诉前，没有本诉，就不能提出反诉；在法庭辩论终结之后，本诉被告提出反诉的，人民法院不予受理，因为受理反诉会造成诉讼程序的拖延。需要注意的是，《民事诉讼证据规定》在一定程度上严格限制了反诉提出的时间。《民事诉讼证据规定》第 34 条第 3 款规定，当事人增加、变更诉讼请求或者提起反诉的，应当在举证期限届满前提出。这条法律规范将提出反诉的时间限定在案件受理以后、举证期限届满前。对于规定或者约定了举证时限的民事案件，反诉应当在举证期限届满前提出。

如果原审被告在第二审程序中提出反诉，第二审人民法院可以根据当事人自愿的原则就反诉进行调解，调解不成的，告知当事人另行起诉。

3. 管辖条件

第一个关于反诉管辖的条件是：反诉只能向受理本诉的人民法院提出，这是因为反诉与本诉适用同一个诉讼程序审理和解决。如果本诉是一个法院审理，反诉是另外一个法院审理，就失去了合并审理的价值。第二个关于反诉管辖的条件是，受理本诉的法院受理反诉，不得违反民事诉讼法关于专属管辖的规定。例如，本诉是一个合同纠纷，由甲区人民法院受理，反诉是一个不动产纠纷，不动产所在地为乙区人民法院，则反诉只能由乙区人民法院受理，甲区人民法院不能受理这个反诉。

4. 诉讼程序条件

反诉与本诉需适用同一诉讼程序。如果先适用普通程序审理本诉，再适用简易程序审理反诉，就难以发挥诉的合并的积极意义。

5. 牵连性条件

所谓本诉与反诉之间要具有牵连性，是指反诉与本诉在诉的标的、诉的理由方面具有某种法律上或者事实上的联系。只有具备这样的牵连关系，反诉才会被人民法院受理，否则只能另行起诉。

本诉与反诉的标的、理由之间需具有法律上的牵连，例如，原告提起给付之诉，请求人民法院判决被告交付合同标的物，而被告提起反诉，请求人民法院确认其与原告之间不存在合同关系。本案中，本诉的标的是合同标的物的交付请求权，反诉的标的是合同关系，两个标的源于同一法律关系，审理反诉是审理本诉的前提条件。

本诉与反诉的标的、理由之间需具有事实上的牵连，例如，甲驾驶机动车与骑自行车的乙相撞，乙提起诉讼，请求人民法院判决甲给付医疗费、误工费等损失；甲在参加诉讼后提起反诉，请求人民法院判决乙赔偿自己的车损。本案中，本诉、反诉的标的都是实体权利请求，这两个请求在法律上并不存在关联，而是源于交通事故这一基础事实。这一基础事实产生两个不同的法律事实，两个法律事实又产生了两个实体法律关系。

三、反诉的审理

本诉被告提出反诉后，法院应当审查反诉是否符合起诉的一般条件和提起反诉的特别条件，对于符合条件的，决定受理。人民法院原则上应当将反诉与本诉合并审理，并且一并对本诉与反诉进行裁判。在例外情况下，人民法院也可以将本诉与反诉分开审理，并且可以在其中一个诉的事实已经查清的情况下，就该诉先行判决。

本 章 小 结

诉权，是指当事人因民事权利受到侵害或者发生争议，请求人民法院依照法定程序对实体权利请求进行审判的权利。

诉权具有双重含义。程序意义上的诉权，是指当事人依据民事诉讼法，请求人民法院对民事案件进行审理并作出判决的权利。实体意义上的诉权，是指当事人依据民法，通过人民法院向对方当事人提出实体权利请求的权利。

诉，是指当事人因民事权利受到侵害或者发生争议，向人民法院提出的依照法定程序对实体权利请求进行审判的请求。诉权是诉的基础。

诉也具有双重含义。程序意义上的诉，是指当事人依据民事诉讼法，向人民法院提出的对民事案件进行审理并作出判决的请求。实体意义上的诉，是指当事人依据民法，通过人民法院向对方当事人提出的实体权利请求。

诉可以分成三种：确认之诉、给付之诉和变更之诉。

诉的要素包括三个，即诉的主体、诉的标的和诉的理由。

诉的合并，是指人民法院将两个或者两个以上独立的诉，合并在一个诉讼程序中进行审理和裁判。诉的分离，是指人民法院将合并审理的几个诉分开进行审理和裁判。

民事诉讼中的反诉，是指在已经开始的诉讼程序中，本诉被告对本诉原告向受理本诉的人民法院提出的独立的反请求。

思考题

1. 什么是诉权？如何理解诉权的双重含义？
2. 什么是诉？如何理解诉的双重含义？
3. 诉可以分成几种？每一种诉的概念和特点是什么？
4. 诉的要素有哪些？
5. 什么是反诉？提出反诉需具备哪些条件？

案例分析题

[案情简介]A公司与B报社签订广告独家代理合同，约定由A公司独家代理B报社的广告业务，代理期限为2016年1月1日—2017年12月31日。2017年3月，A公司发现B报社刊发C公司代理的广告，遂要求B报社解除已签订的广告代理合同，并赔偿违约金5万元。因协商未果，A公司向D区人民法院起诉，法院受理起诉后组成合议庭进行审理。

[分析问题]（1）A公司与B报社之间存在何种民事法律关系？（2）A公司向D区人民法院提起的诉，从诉的种类看，是哪种诉？（3）A公司提起的诉，对应A公司的哪些民事权利？（4）A公司提起的诉，其诉的主体、诉的标的、诉的理由分别是什么？

延伸阅读

江伟、邵明、陈刚：《民事诉权研究》，法律出版社2002年版。

第四章　民事诉讼法的基本原则和民事审判的基本制度

本章知识要点： 民事诉讼法的基本原则在民事诉讼的整个过程中或者在重要的诉讼阶段起指导作用。研究民事诉讼法的基本原则，不能拘泥于《民事诉讼法》的章名或条文的规定。民事诉讼法的基本原则应当充分反映民事诉讼的本质属性和体现现代民事诉讼法的运行规律。本章主要介绍以下原则：平等原则、处分原则、辩论原则、直接言词原则和诚实信用原则。民事审判的基本制度包括合议制度、回避制度、公开审判制度和两审终审制度。本章的学习重点是，理解辩论原则、直接言词原则和诚实信用原则的含义，难点是直接言词原则和诚实信用原则在民事诉讼中的适用。

第一节　民事诉讼法的基本原则概述

一、民事诉讼法基本原则的含义

所谓民事诉讼法的基本原则，是指在民事诉讼的整个过程中或者在重要的诉讼阶段起指导作用的准则。基本原则反映民事诉讼自身的规律和特点，概括性强，可以弥补立法的不足。它能够指导民事诉讼活动正常进行，是民事诉讼法中具体条文的统帅，是制定各项程序制度的依据。

二、民事诉讼法基本原则的种类和体系界定

我国 1991 年《民事诉讼法》第一编第一章的标题为“任务、适用范围和基本原则”，其中规定基本原则的条文占 12 条，即从第 5 条至第 17 条，共规定了 18 个原则。兹列举如下：诉讼权利同等原则（第 5 条）；对等原则（第 5 条）；民事案件审判权由人民法院统一行使原则（第 6 条）；人民法院对民事案件独立进行审判原则（第 6 条）；以事实为根据，以法律为准绳原则（第 7 条）；当事人平等原则（第 8 条）；法院调解自愿、合法原则（第 9 条）；合议原则（第 10 条）；回避原则（第 10 条）；审判公开原则（第 10 条）；两审终审原则（第 10 条）；使用本民族语言、文字进行诉讼原

则（第 11 条）；辩论原则（第 12 条）；处分权原则（第 13 条）；人民检察院对民事审判活动实行法律监督原则（第 14 条）；支持起诉原则（第 15 条）；人民调解原则（第 16 条）；民族自治地方制定变通或者补充规定原则（第 17 条）。

2012 年新《民事诉讼法》在第 13 条增加一款，作为第 1 款：“民事诉讼应当遵循诚实信用原则”，将第 14 条修改为：“人民检察院有权对民事诉讼实行法律监督”，删去第 16 条，即人民调解原则。

研究民事诉讼法的基本原则，不能拘泥于《民事诉讼法》的章名或条文的规定。虽然《民事诉讼法》第一编第一章的标题为“任务、适用范围和基本原则”，但并不表明该章除了“任务”“适用范围”外，其他所有内容都是“基本原则”，也不表明该章没有作出规定的，就不是民事诉讼法的基本原则。

民事诉讼法的基本原则不同于民事诉讼法的基本制度、具体制度，它是民事诉讼的根本规则。如《民事诉讼法》第 10 条所规定的，合议制度、回避制度、公开审判制度、两审终审制只能作为基本审判制度，调解只能作为具体制度，而且调解并不能反映民事诉讼的本质和特点，不能作为基本原则。

大多数学者认为，民事诉讼法的基本原则有两大类：一类是以宪法为根据，参照人民法院组织法制定的原则；一类是民事诉讼法特有的原则。而关于共有原则和特有原则究竟有哪些，学者们的理解仍然不一样。[①] 有学者认为，宪法规定的原则或依据宪法在人民法院组织法中规定的基本原则不必再作为民事诉讼法的基本原则，民事诉讼法的基本原则不包括宪法和人民法院组织法中已经加以规定的原则。至于民事诉讼法的基本原则的内容，有学者认为有平等原则、辩论原则、处分原则和调解原则[②]；有学者认为有平等原则、辩论原则、处分原则和诚信原则[③]；有学者认为有平等原则、处分原则、辩论原则、直接言词原则和审判公开原则。[④]

民事诉讼法的基本原则应当充分反映民事诉讼的本质属性并且体现现代民事诉讼法的运行规律。据此，下文将主要介绍以下原则：平等原则、处分原则、辩论原则、直接言词原则和诚实信用原则。

---

① 参见常怡主编：《民事诉讼法学》，中国政法大学出版社 1994 年版，第 31-33 页；谭兵主编：《民事诉讼法学》，法律出版社 1997 年版，第 97-108 页。

② 参见陈桂明：《诉讼公正与程序保障》，中国法制出版社 1996 年版，第 64 页。

③ 参见张卫平：《民事诉讼法教程》，法律出版社 1998 年版，第 68-81 页。

④ 参见章武生主编：《民事诉讼法新论》，法律出版社 2002 年版，第 99 页。

第二节　民事诉讼法的基本原则

一、当事人诉讼权利平等原则

（一）平等原则的含义

当事人诉讼权利平等原则，是指在民事诉讼中，当事人平等地享有和行使诉讼权利。我国《民事诉讼法》第 8 条规定："民事诉讼当事人有平等的诉讼权利。人民法院审理民事案件，应当保障和便利当事人行使诉讼权利，对当事人在适用法律上一律平等。"

（二）平等原则的内容

平等原则包括以下三个方面的内容：

1. 民事诉讼当事人平等地享有诉讼权利

民事诉讼当事人的诉讼地位是平等的，没有高低之分和优劣之别。当事人双方平等地享有诉讼权利，平等地承担诉讼义务。平等地享有诉讼权利并不意味着双方当事人享有相同的诉讼权利。一方面，当事人享有相同的诉讼权利，如双方当事人都有委托代理、申请回避、提供证据、请求调解、进行辩论、提起上诉等权利；另一方面，双方当事人享有对等的诉讼权利，如原告提起诉讼的权利，被告提起反诉、进行反驳的权利。同样，双方当事人既承担相同的诉讼义务，又承担对等的诉讼义务。

2. 人民法院应当为当事人平等地行使法律规定的诉讼权利提供保障和方便

只有法律赋予当事人平等的诉讼权利是不够的，还需要人民法院在诉讼中切实保障当事人平等地行使和实现这些诉讼权利。因此，人民法院应当为当事人平等地行使法律规定的诉讼权利提供保障和方便。人民法院为当事人创造平等地行使诉讼权利的机会，并且平等地要求当事人履行诉讼义务，不偏袒或歧视任何一方。

3. 对当事人在适用法律上一律平等

一方面，法院在程序法的适用上对当事人一律平等；另一方面，法院在实体法的适用上对当事人也应该一律平等。前者主要表现为，人民法院应当为当事人平等地行使法律规定的诉讼权利提供保障和方便，而这里"对当事人在适用法律上一律平等"主要是指，法院对当事人在适用实体法上一律平等。

二、处分原则

（一）处分原则的含义和内容

民事诉讼中的处分原则，是指当事人有权在法律许可的范围内处分自己的民事权利和诉讼权利。在一审、二审程序、再审程序和执行程序中，当事人都可以行使处分权。

这一原则包括以下具体内容：（1）处分权的享有者只限于民事诉讼当事人及其法定诉讼代理人，委托的诉讼代理人只能在当事人及其法定代理人特别授权的情况下才享有处分权。（2）当事人行使处分权的对象包括处分自己依法享有的民事权利和诉讼权利。（3）处分原则贯彻于民事诉讼的全过程，主要体现在：当事人的处分行为直接关系着民事诉讼程序能否开始；当事人的处分行为对于诉讼程序的发展和终结有着重要影响；审判保护的范围和方法，一般要尊重当事人的意愿。

（二）处分原则在民事诉讼中的体现

在民事诉讼中，处分原则体现在如下方面：（1）诉讼程序的启动应由当事人来决定。按照处分原则的要求，民事诉讼遵循“不告不理”原则，民事诉讼程序的启动应当由当事人来决定，没有当事人向法院提出请求的意思表示，法院不得依职权启动诉讼程序。（2）诉讼请求的范围由当事人自己决定，法院裁判的对象也应仅限于当事人的请求。（3）原告在一审期间可以增加、变更、撤回、放弃自己的诉讼请求；被告可以承认对方的诉讼请求；双方可以达成和解。（4）是否上诉、是否申请再审以及是否申请执行由当事人自己决定。

三、辩论原则

（一）辩论原则的含义

民事诉讼中的辩论原则，是指在人民法院主持下，当事人有权就案件事实和争议的问题，各自陈述其主张和根据，互相进行反驳和答辩。这一原则包括以下内容：（1）辩论的主体只限于当事人及其诉讼代理人。（2）辩论的形式包括书面形式和口头形式两种。（3）辩论的内容，既可以是围绕案件如何进行处理的实质性问题，也可以是案件涉及的诉讼程序问题。实体问题通常是辩论的焦点。（4）辩论权的行使贯穿于诉讼的整个过程。辩论权的行使不仅仅表现为法庭辩论，而是贯穿于从当事人起诉到诉讼终结的整个过程中。比如，原告起诉后，被告即可答辩，起诉与答辩就构成一种辩论。

民事诉讼中的辩论原则不同于刑事诉讼中的辩护原则：首先，两者赖以建立的基础不同。辩论原则建立在原告和被告诉讼地位平等而又彼此对立的基础之上，辩护原则建立在公诉权与辩护权分立的基础之上。其次，两者辩论的内容和范围不同。民事诉讼中辩论的内容既可以是实体方面的，又可以是程序方面的。刑事诉讼中的被告只能就自己是否犯罪和罪行轻重进行辩护。最后，民事诉讼中的被告可以对原告提出反诉，使双方当事人互换诉讼地位；刑事诉讼中的被告人则始终处于受审的地位，不能对公诉人提出反诉，更不存在与公诉人互换诉讼地位的问题。

（二）大陆法系国家的辩论主义、英美法系国家的对抗制与我国的辩论原则

大陆法系国家和地区所遵循的辩论主义，包括以下三个方面的内容：（1）只有当事人主张的事实，法院才能作出裁判，法院不能以当事人没有主张过的事实作为判决的事实依据；（2）当事人一方主张的事实，另一方没有争执而予以承认的，该方当事人无须举证，法院应直接认定作为判决的依据，即法院应当受当事人自认的约束；（3）法院对证据的调查，原则上仅限于当事人提出的证据，而不允许法院依职权主动调查证据。

英美法系国家，体现上述辩论原则内容的制度和法理是所谓的“对抗制辩论原则”或“对抗制”。在对抗制原则下，请求、事实和证据的主张与提出理所当然地被认为属于当事人及其代理律师的权利和义务，审判者为确保其公正性而自然应当以中立者的身份来对当事人所提出的事实和证据予以评判。

我国的辩论原则与大陆法系国家和地区的辩论主义存在较大区别：大陆法系国家直接界定了当事人和法院在事实主张和证据提出问题上的地位和作用，当事人的辩论内容对法院裁判形成制约；我国主要从当事人享有和行使辩论权的角度来阐释辩论原则，着眼于当事人在诉讼上之权利，并不涉及当事人与法院在事实主张和证据提出问题上的分工，法院裁判可以不受当事人辩论内容的限制。

四、直接言词原则

直接言词原则是直接原则和言词原则的合称。

直接原则又称直接审理原则，指的是对辩论的听取及法庭调查，受诉法院的审判人员必须亲自为之。判决只能由直接参加法庭调查、听取法庭辩论的审判人员亲自作出，这是直接审理原则的表现。直接审理的根本目的，就是要求由同一法官或合议庭听取、目睹当事人的言词辩论并确定该判决的内容。

言词原则，是指在案件审理过程中，当事人以及法院的诉讼行为特别是质证、

辩论、证据调查，都要求以言词的形式进行。日本民事诉讼法学者三月章先生认为，言词审理具有双重含义：第一，不经言词辩论不得判决；第二，只有透过言词辩论得以陈述和显示的内容，才属于判决的资料。言词原则与书面原则相对应，两者各有优劣。言词原则能给当事人以鲜明的印象，便于当事人把握其真义。但是采用言词原则，在陈述较为复杂的内容时容易遗漏，难以向对方当事人和法院展开细微精致的理论结构，难以记忆全面内容。在这一点上，书面原则略胜一筹。具有公开原则、直接原则或其他要求时，言词原则与这些要求相互配合，但是，言词原则在与审级制度相联系时，则又显示出其中的弱点。如不认可上诉，采用完全的复审主义时，特别是采取续审主义或事后审查主义时，仅依赖于言词主义几乎不可能。①

直接原则与言词原则有着密切的关系，甚至两者有重叠之处，事实上将两者结合起来才能充分发挥两者的作用，正因为如此，理论上常常将两者合并在一起称为直接言词原则。

大陆法系各国民事诉讼立法大多确立了直接言词原则。比如，法国民事诉讼法规定，“任何当事人，未经听取陈述，或者未经传唤，不得受到判决”，“评议，应由在其当面进行庭审辩论的法官进行”。英美国家的民事诉讼立法或判例并没有直接确立直接言词原则，但是，它们有与直接言词原则相似的传闻证据排除规则。传闻证据是指证人在法庭外供述的证言，由于它不是在法官面前作出的，也未经双方当事人当面质询，因此难辨其真伪，进而不能将其作为认定案件事实的依据。

我国《民事诉讼法》没有将直接言词原则规定为基本原则，但有关条文体现了直接言词原则的精神。第12条规定，人民法院审理民事案件时，当事人有权进行辩论；第68条规定，证据应当在法庭上出示，并由当事人互相质证；第72条规定，凡是知道案件情况的单位和个人，都有义务出庭作证；新《民事诉讼法》第74条规定将《最高人民法院关于民事诉讼证据的若干规定》(以下简称《证据规定》)第54条上升为法律，规定证人出庭产生的交通、食宿及误工损失，由申请人先行垫付费用，最终由败诉方当事人承担。建立证人出庭作证补偿机制鼓励证人出庭作证。第73条在《证据规定》第56条基础上，规定因健康及交通不便等原因无法出庭的证人，才可以通过提交书面证言、视听传输技术或者视听资料的方式作证。第139条规定，当事人经法庭许可，可以向证人、鉴定人、勘验人发问。

① 参见[日]三月章:《日本民事诉讼法》，汪一凡译，五南图书出版公司1997年版，第382-383页。

五、诚实信用原则

诚实信用原则，是市场经济活动中形成的道德规则。它要求人们在市场活动中讲究信用，恪守诺言，诚实不欺，在不损害他人利益和社会利益的前提下追求自己的利益。该“帝王原则”虽然最先是在民法的债权法中得到肯定，但是到了后来开始适用于不同的法律领域。在民事诉讼领域，实行市场经济的先进国家，不仅在判决程序，就是在执行程序、破产程序等，法官都在积极地、频繁地适用诚实信用原则。在立法方面，各国立法对与诚实信用原则相关的真实义务作了具体的规定。1895 年的《奥地利民事诉讼法》、1911 年的《匈牙利民事诉讼法》和 1933 年修改的《德国民事诉讼法》都作了规定，当事人或其代理人恶意陈述虚伪事实，或妨碍对方当事人的陈述提出无理争辩及提不出必要的证据时，法院可以处以罚款。《日本民事诉讼法》也有类似规定。随着社会的发展，很多国家的法院在民事诉讼实践中逐渐扩大了诚实信用原则的适用范围。

民事诉讼中的诚信原则，是指法院、当事人以及其他诉讼参与人在审理民事案件和进行民事诉讼时必须公正、诚实和善意。诚实信用原则不仅是对当事人诉讼行为的规范，也是对法院和其他诉讼参与人诉讼行为的基本要求。

诚实信用原则对诉讼当事人的约束，表现为：(1) 当事人不得以不正当的手段形成有利于自己的诉讼状态。比如，不得为了争取有利于自己的审判管辖法院，故意变更义务履行地点或修改合同签订地；不得以不正当的理由获得财产保全。(2) 禁止反言。当事人不得出现前后相互矛盾的诉讼行为，从而损害当事人的利益。(3) 诉讼上权利的失效。当事人一方懈怠行使诉讼权利，长期没有行使的表示和实施相应的行为，致使对方当事人以为已经不会再行使后，实施了一定的诉讼行为时，方开始行使该项权利，并导致对方利益受到损害的行为，对此应视为违反诚实信用原则予以否定。(4) 不得滥用诉讼权利。诉讼权利滥用，是指诉讼法赋予当事人的权利，当事人没有正当理由加以适用，意图拖延诉讼，或者阻挠程序的进行。当事人不得滥用程序异议权、回避申请权等。(5) 当事人在承认对方陈述的事实时，不得作虚伪承认。(6) 禁止诉讼突击行为。

诚实信用原则对其他诉讼当事人的制约：(1) 诉讼代理人不得在诉讼中滥用和超越代理权；在代理权限内进行诉讼代理行为，对委托人和法院要诚实。(2) 证人不得作虚假证词。(3) 鉴定人不得作与事实不符的鉴定结论。(4) 翻译人员不得故意作与诉讼主体陈述或书写原意不符的翻译。

诚实信用原则对法院的制约：(1) 禁止滥用司法裁量权。法官在行使自由裁量权时应以诚实善意的心态来对待，以求司法的公正合理。（2）判断证据方面的诚实信用要求。在判断证据时，应实事求是，不任意取舍和否定当事人提出的证据；公平对待双方当事人，不得偏袒其中一方的证据；在判断证据的证明程度时，更应诚实加以对待。（3）不得实施突袭性裁判。比如，法院不得在当事人未能充分提出诉讼资料或作必要的陈述的情况下裁判。

2012 年新《民事诉讼法》第 13 条将诚实信用原则规定为基本原则。诚信原则具有自己独立的存在价值，它集中体现了诉讼公正。诉讼当事人平等原则、辩论原则和处分原则虽然都在一定程度上体现了诉讼公正的基本价值要求，但这些原则都侧重于民事诉讼的某一个方面。诚信原则作为民事诉讼基本原则之一，不仅是对诉讼主体和诉讼参与人行为的基本要求和规范，也是对其他原则的补充。比如，辩论原则要求法院尊重当事人之间对对方提出的事实的自认；处分原则要求法院尊重当事人对各种请求权的处分。但法院在诉讼中又不可能对可查的虚假自认和不正当的请求权的处分漠然处之，必须对其进行必要的干预，否则有悖诉讼的实质公正。这种必要的干预和限制就只能由诚信原则来完成，从而使民事诉讼基本原则成为一个完整、协调和整合的体系。① 将诚信原则引入民事诉讼法中，还需建立一些相关制度使诚信原则具体化，进一步规范各诉讼主体的诉讼行为。

第三节　民事审判的基本制度

根据我国《民事诉讼法》第 10 条的规定，民事审判的基本制度包括合议制度、回避制度、公开审判制度和两审终审制度。

一、合议制度

合议制度（简称合议制），是指审判人员数人组成审判集体，代表人民法院行使审判权，对案件进行审理并作出裁判的制度。合议制度的组织形式为合议庭。合议制度是一种集体审判制度，可以避免由一人审判可能产生的不足，有利于提高审判质量，保证案件的正确处理。

合议庭的组成因审级和案件的性质不同而不同，包括以下几种情况：

第一，人民法院审理第一审民事案件，由审判员、陪审员共同组成合议庭或者

① 参见张卫平:《民事诉讼法教程》，法律出版社 1998 年版，第 80~81 页。

由审判员组成合议庭。根据2018年4月27日第十三届全国人民代表大会常务委员会第二次会议通过的《中华人民共和国人民陪审员法》(以下简称《陪审员法》)第15条规定，人民法院审判第一审民事案件，有下列情形之一的，由人民陪审员和法官组成合议庭进行:(1)涉及群体利益、公共利益的;(2)人民群众广泛关注或者其他社会影响较大的;(3)案情复杂或者有其他情形，需要由人民陪审员参加审判的。人民法院审判前款规定的案件，法律规定由法官独任审理或者由法官组成合议庭审理的，从其规定。第16条规定，人民法院审判根据民事诉讼法提起的第一审公益诉讼案件，涉及征地拆迁、生态环境保护、食品药品安全、社会影响重大的第一审民事案件，其他社会影响重大的第一审民事案件，由人民陪审员和法官组成七人合议庭进行。发回重审的案件，原审人民法院应当按照第一审程序另行组成合议庭。特别程序中的选民资格案件和重大疑难的非讼案件，应当采用合议制。

第二，人民法院审理第二审民事案件，由审判员组成合议庭。

第三，人民法院审理再审案件，原来是第一审的，按照第一审程序另行组成合议庭;原来是第二审的或者是上级人民法院提审的，按照第二审程序另行组成合议庭。

不论上述哪种组成形式，合议庭的人数都必须是三人以上的单数，并且要由其中一人担任审判长，主持审判活动。合议庭的审判长由院长或者庭长指定审判员一人担任;院长或者庭长参加审判的，由院长或者庭长担任。

合议庭的职能是代表人民法院行使审判权，对具体案件进行审理并作出裁判，但合议庭应当接受审判委员会的指导和监督，并执行审判委员会的决定。合议庭成员地位平等,《陪审员法》第21条规定，人民陪审员参加三人合议庭审判案件，对事实认定、法律适用，独立发表意见，行使表决权;第22条规定，人民陪审员参加七人合议庭审判案件，对事实认定，独立发表意见，并与法官共同表决;对法律适用，可以发表意见，但不参加表决。合议庭评议案件，实行少数服从多数的原则。评议应当制作笔录，由合议庭成员签名。评议中的不同意见，必须如实记入笔录。合议庭组成人员意见有重大分歧的，人民陪审员或者法官可以要求合议庭将案件提请院长决定是否提交审判委员会讨论决定。

二、回避制度

回避制度，是指审判人员和其他有关人员遇有法律规定不宜参加案件审理的情形时，退出案件审理活动的制度。

（一）关于回避的方式

我国民事诉讼法规定了自行回避和申请回避两种方式。

（二）关于回避的原因

回避原因即法律规定应当回避的情形，也叫回避的法定事由。根据我国《民事诉讼法》第44条的规定，审判人员有下列情形之一的，应当自行回避，（1）是本案当事人或者当事人、诉讼代理人近亲属的；（2）与本案有利害关系的；（3）与本案当事人、诉讼代理人有其他关系，可能影响对案件公正审理的。审判人员接受当事人、诉讼代理人请客送礼，或者违反规定会见当事人、诉讼代理人的，当事人有权要求他们回避。

《最高人民法院关于审判人员严格执行回避制度的若干规定》第1条规定，审判人员具有下列情形之一的，应当自行回避，当事人及其法定代理人也有权要求他们回避：（1）是本案的当事人或者与当事人有直系血亲、三代以内旁系血亲及姻亲关系的；（2）本人或者其近亲属与本案有利害关系的；（3）担任过本案的证人、鉴定人、勘验人、辩护人、诉讼代理人的；（4）与本案的诉讼代理人、辩护人有夫妻、父母、子女或者同胞兄弟姐妹关系的；（5）本人与本案当事人之间存在其他利害关系，可能影响案件公正处理的。第2条规定，审判人员具有下列情形之一的，当事人及其法定代理人有权要求回避，但应当提供相关证据材料：（1）未经批准，私下会见本案一方当事人及其代理人、辩护人的；（2）为本案当事人推荐、介绍代理人、辩护人，或者为律师、其他人员介绍办理该案件的；（3）接受本案当事人及其委托的人的财物、其他利益，或者要求当事人及其委托的人报销费用的；（4）接受本案当事人及其委托的人的宴请，或者参加由其支付费用的各项活动的；（5）向本案当事人及其委托的人借款、借用交通工具、通讯工具或者其他物品，或者接受当事人及其委托的人在购买商品、装修住房以及其他方面给予好处的。

（三）关于回避制度适用的对象

根据我国《民事诉讼法》第44条第1、4款、《陪审员法》第18条的规定，回避制度适用于审判人员（含陪审员）、书记员、翻译人员、鉴定人、勘验人。

（四）关于回避的程序问题

1. 回避提出的时间

根据《民事诉讼法》第45条的规定，当事人提出回避申请，应当说明理由，在案件开始审理时提出；回避事由在案件开始审理后知道的，也可以在法庭辩论终结前提出。

2. 回避的决定

根据《民事诉讼法》第 46 条和第 47 条的规定，院长担任审判长时的回避，由审判委员会决定；审判人员的回避，由院长决定；其他人员的回避，由审判长决定。人民法院对当事人提出的回避申请，应当在申请提出的 3 日内，以口头或者书面形式作出决定，申请人对决定不服的，可以在接到决定时申请复议一次。复议期间，被申请回避的人员，不停止参与本案的工作。人民法院对复议申请，应当在 3 日内作出复议决定，并通知复议申请人。

（五）回避的后果

根据《民事诉讼法》第 45 条第 2 款的规定，被申请回避的人员在人民法院作出是否回避的决定前，应当暂停参与本案的工作，但案件需要采取紧急措施的除外。申请人对决定不服申请复议，复议期间，被申请回避的人员，不停止参与本案的工作。

三、公开审判制度

（一）公开审判制度的概念和意义

公开审判制度，是指除法律另有规定以外，人民法院的审判活动除合议庭评议案件外，向群众和社会公开的制度。

实行公开审判制度的重要意义在于：首先，它将案件的审判活动置于群众的监督之下，增加了审判活动的透明度，从而有助于审判人员增强秉公执法的责任感，正确行使审判权，提高办案质量。其次，它对案件当事人和其他诉讼参与人有一定约束作用，可以促使他们在公众监督之下正确行使诉讼权利和履行诉讼义务，保证庭审活动的顺利进行。最后，它可以使旁听群众受到很好的法制教育，扩大办案的社会效果，从而有利于增强公民守法的自觉性，预防纠纷，减少诉讼。

（二）公开审判制度的内容

公开审判制度包括三项内容：第一，开庭前公告当事人姓名、案由和开庭的时间、地点；第二，开庭时允许群众旁听和允许新闻记者采访报道；第三，公开宣告判决。此外，2012 年修正的《民事诉讼法》增加了一条，即第 156 条，规定公众可以查阅发生法律效力的判决书、裁定书，但涉及国家秘密、商业秘密和个人隐私的内容除外。

在司法实践中，公开审判只强调允许群众旁听，允许新闻记者报道，从而使公开审判流于形式，在一定程度上影响了司法公正效率价值的实现。因此，有学者认为，审判公开仅仅强调审判对群众公开、对社会公开是远远不够的。审判公开应当包括实质意义上的公开和形式意义上的公开。实质意义上的公开表现为庭审过程公开（包括举证公开、质证公开、认证公开）、判决公开（包括判决的理由公开、判决所适用的法律公开、判决的结果公开）；形式意义上的公开表现为案件的审判对当事人公开，对群众公开，对社会公开。[①] 向当事人公开表明法庭审理在当事人双方都到场的情况下进行，这实际上是对席审理原则的内在要求；向当事人公开表明法官不得在另一方不在场的情况下私自会见一方当事人；向当事人公开同时也表明让当事人了解判决的结果、理由及其适用的法律。向当事人公开要求法院在开庭 3 日前通知双方当事人包括他们的诉讼代理人。[②] 因此，贯彻执行公开审判制度，要提高审判人员的业务素质和思想认识；严格遵守公开审判的法定程序，全面贯彻执行公开审判制度的各项内容，认真做好公开审判的各项准备工作，防止公开审判摆样子、走形式。

（三）公开审判制度的例外规定

公开审判制度不是绝对的，也有不公开审理的例外情况。不公开审理是包括不允许群众旁听审理过程，不允许新闻记者报道案件审理过程，涉及有关秘密的证据材料不公开质证。不公开审理的案件，判决应当公开宣告。我国《民事诉讼法》第 134 条规定，人民法院审理民事案件，除涉及国家秘密、个人隐私或者法律另有规定的以外，应当公开进行。离婚案件，涉及商业秘密的案件，当事人申请不公开审理的，可以不公开审理。

据此，不公开审理的案件有以下四种：第一，涉及国家秘密的案件。第二，涉及个人隐私的案件。第三，法律另有规定的案件。这是指除上述两种案件外，凡是法律另有专门规定不公开审理的案件，均应当不公开审理。第四，离婚案件，涉及商业秘密的案件，当事人申请不公开审理的，可以不公开审理。

四、两审终审制度

两审终审制度，是指一个民事案件经过两级法院的审判即告终结的制度。也就是说，第一审人民法院审理宣判的判决、裁定，尚不能立即产生法律效力，而允许在规定的时间内提出上诉，经第二审人民法院审理后作出的判决、裁定，一经宣判，立即产生法律效力，但是，依照特别程序、督促程序、公示催告程序和小额诉讼程

① 参见章武生主编：《民事诉讼法新论》，法律出版社 2002 年版，第 111 页。

② 参见章武生主编：《民事诉讼法新论》，法律出版社 2002 年版，第 113~114 页。

序的案件实行一审终审制。

审级制度是诉讼的基本制度，是诉讼法的重要内容。审级制度的设立，给当事人提供了一种救济的途径，以实现司法公正。一国审级制度的设计与选择取决于该国的诉讼传统、诉讼的基本价值观念和诉讼实践需要，其中，平衡诉讼效率与诉讼公正的关系是任何一个国家设置审级制度都不可不考虑的基本因素。[①] 审级越多越有利于得到一个公正的诉讼结果，但诉讼效率也相对降低；而要提高诉讼效率，在审级的设置上则应越少越好。因此，如何在诉讼公正与诉讼效率两者之间找到一个平衡点，是设立审级制度的关键。

我国的审级制度经历了一段比较混乱的发展时期。中华民国时期实行三审终审，新民主主义革命时期各个根据地的法院，审级制度不统一，有的实行两审终审，也有的实行三审终审。新中国成立后，我国 1951 年 9 月公布施行的《人民法院暂行组织条例》第 5 条规定："人民法院基本上实行三级两审制，以县级人民法院为基本的第一审法院，省级人民法院为基本的第二审法院；一般的以二审为终审，但在特殊情况下，得以三审或一审为终审。"1954 年公布的《人民法院组织法》明确规定："人民法院审判案件，实行两审终审制。"废除了三审终审的例外情形，正式确立了两审终审制的审级制度。由于我国法院共分四级，故我国的审级制度可称为四级两审终审制。我国现行三大诉讼法都将两审终审作为一项基本制度。

确立两审终审的审级制度，是基于以下因素的考虑：第一，可以减少当事人的讼累，方便当事人进行诉讼，审级过多会使民事关系长期处于不稳定状态；第二，可以使高级法院和最高法院摆脱审理具体案件的工作负担，集中精力搞好审判业务的指导监督；第三，我国的审判监督程序可弥补审级少的不足；第四，第三审仅作书面审和法律审，对案件事实部分不予过问，因而作用极为有限。[②] 但是随着我国市场经济的高速发展，人民法院受理的民事案件数量剧增。大量案件的审理在中级法院即告终止，难以摆脱地方保护主义的困扰。同时由于审级较低，案件质量也难以保证。为弥补两审终审制在审级方面的先天缺陷，审判监督程序被频繁启动，严重损害了裁判的权威，两审终审制也名存实亡。在这种以再审为主体的多级复审制中，消耗的成本比一次以"书面审"为特征的三审程序要大得多。

随着相关学术研究的不断深入，以及现行民事审级制度弊端在司法运行中的日趋显露，修改现行审级制度，设立有限三审在学界的呼声也越来越高。其主要的依

① 参见程荣斌、邓云：《审级制度研究》，载《湖南省政法管理干部学院学报》2001 年第 5 期。

② 参见江伟主编：《民事诉讼法学原理》，中国人民大学出版社 1999 年版，第 333 页。

据有以下几点：第一，以我国目前的四级两审终审制来看，大多数案件一般是由基层人民法院第一审，中级人民法院第二审。这样的规定导致了一方面由于中级人民法院属于级别较低的法院，审判员的业务水平、办案能力以及对法律的认识与理解都有一定的局限性，从而使得作为终审法院的权威性难以得到体现。[①] 三审使终审法院的级别得以提高，使终审法院专业水平得以保证。第二，由于中级人民法院与基层人民法院同属于一个大的辖区，不仅审判员之间有着密切的关系，即使是当事人与法院之间也不可避免地存在着这样或那样的联系，二审法院的法官在审理上诉案件时容易先入为主地轻信一审法院的处理，尤其是那些一审在作出裁判前向二审法院作过请示汇报的案件，更无法通过上诉纠正其错误，因此，通过审级制度发现和纠正下级法院作出的错误判决实属不易，其可能性也大打折扣。三审终审制度，使初审法院和终审法院之间保持一定距离，使最初的审判者顾及后面的两个审级而谨慎从事，又使终审法院在诉讼中避免因审级之间距离太近所形成的法官之间的情感亲近之弊端。[②] 第三，有限的三审终审制使高级人民法院和最高人民法院能够最大限度地接触普通案件的审理，对于这两级法院的法官增加审判经验，掌握审判情况，指导审判实践，具有重要意义。

所谓有限的三审终审制，是指并非所有民事案件都可以经过三级法院的审理才产生既判力，也不是当事人能以任何理由上诉到第三审人民法院，只有符合条件的案件才可以提起三审。事实上，世界上凡是实行三审终审制的国家，也都毫无例外地对适用三审终审的民事案件进行了限制。日本民事诉讼法规定，对于高等法院为第二审所作的终局判决，可以向最高法院提起上告，对于以地方法院为第二审所作的终局判决可以向高等法院提起上告。上告理由只限于以判决错误解释宪法或有其他违反宪法的事项，或违反法律明显影响判决的事项为理由时，才可以提起上告。越级上诉，是指当事人对一审裁判认定的事实没有争议的情况下，由当事人达成协议，越过第二审而直接上诉到第三审的一项诉讼制度。越级上诉制度既体现了当事人的处分权与程序选择权，又节约了司法资源，因而为各国所广泛采用。

总之，三审终审制可以克服两审终审制带来的缺陷，第三审程序的设置其必要性是无可置疑的。当然，设置三审终审制时，应同时建立一系列必要的配套制度，除建立越级上诉制度外，还应取消高级、最高法院的初审权，第三审实行法律审，对向第三审法院提出上诉的情形进行明确限定，必须严格限制提起再审的条件和范

① 参见杨荣新、乔欣：《重构我国民事诉讼审级制度的探讨》，载《中国法学》2001 年第 5 期。

② 参见陈桂明：《诉讼公正与程序保障》，中国法制出版社 1996 年版，第 124 页。

围，限制再审的次数，等等。

本章小结

所谓民事诉讼法的基本原则，是指在民事诉讼的整个过程中或者在重要的诉讼阶段起指导作用的准则。

当事人诉讼权利平等原则，是指在民事诉讼中，当事人平等地享有和行使诉讼权利。这一原则包括以下三个方面的内容:（1）民事诉讼当事人平等地享有诉讼权利;（2）人民法院应当为当事人平等地行使法律规定的诉讼权利提供保障和方便;（3）对当事人在适用法律上一律平等。

民事诉讼中的处分原则，是指当事人有权在法律许可的范围内处分自己的民事权利和诉讼权利。这一原则包括以下具体内容:（1）处分权的享有者只限于民事诉讼当事人及其法定诉讼代理人，委托的诉讼代理人只能在当事人及其法定代理人特别授权的情况下才享有处分权;（2）当事人行使处分权的对象包括处分自己依法享有的民事权利和诉讼权利;（3）处分原则贯彻于民事诉讼的全过程。

民事诉讼中的辩论原则，是指在人民法院主持下，当事人有权就案件事实和争议的问题，各自陈述其主张和根据，互相进行反驳和答辩。这一原则包括以下内容:（1）辩论的主体只限于当事人及其诉讼代理人;（2）辩论的形式包括书面形式和口头形式两种;（3）辩论的内容，既可以是围绕案件如何进行处理的实质性问题，也可以是案件涉及的诉讼程序问题;（4）辩论权的行使贯穿于诉讼的整个过程。我国的辩论原则与大陆法系国家和地区的辩论主义存在较大区别。

直接言词原则是直接原则和言词原则的合称。直接原则又称直接审理原则，指的是对辩论的听取及法庭调查，受诉法院的审判人员必须亲自为之。言词原则，是指在案件审理过程中，当事人以及法院的诉讼行为特别是质证、辩论、证据调查，都要求以言词的形式进行。

民事诉讼中的诚信原则，是指法院、当事人以及其他诉讼参与人在审理民事案件和进行民事诉讼时必须公正、诚实和善意。诚实信用原则不仅是对当事人诉讼行为的规范，也是对法院和其他诉讼参与人诉讼行为的基本要求。

民事审判的基本制度包括合议制度、回避制度、公开审判制度和两审终审制度。

合议制度，是指审判人员数人组成审判集体，代表人民法院行使审判权，对案件进行审理并作出裁判的制度。

回避制度，是指审判人员和其他有关人员遇有法律规定不宜参加案件审理的情形时，而退出案件审理活动的制度。

公开审判制度，是指除法律另有规定以外，人民法院的审判活动除合议庭评议案件外，向群众和社会公开的制度。

两审终审制度，是指一个民事案件经过两级法院的审判即告终结的制度。

思考题

1. 什么是处分原则?

2. 我国民事诉讼的辩论原则与大陆法系的辩论主义有什么不同?

3. 什么是直接言词原则?

4. 公开审判制度包括哪些内容?

案例分析题

[案情分析] 曹某因买卖合同纠纷向法院起诉，要求被告马某履行合同并承担违约责任。法院按照普通程序审理该案件，由于被告要求由人民陪审员参加审理，法院决定由法官张某和人民陪审员乔某、吉某组成合议庭，张某任审判长。曹某得知陪审员乔某是被告的表弟，便要求其回避，但回避申请被张法官当场拒绝。

[分析问题]（1）本案合议庭的组成是否合法?

（2）曹某申请回避的理由是否成立?

（3）张法官的做法是否合法?

延伸阅读

1. 刘学在:《民事诉讼辩论原则研究》，武汉大学出版社 2007 年版。

2. 张卫平:《民事诉讼中的诚实信用原则》，载《法律科学》2012 年第 6 期。

第五章　民事案件的主管和管辖

本章知识要点：主管和管辖是当事人提起民事诉讼以及人民法院受理民事诉讼需要解决的首要问题。主管划定了人民法院与人民调解组织、仲裁机构、行政机关等处理民事纠纷的范围和界限。管辖是确定某一民事纠纷由人民法院主管之后，在人民法院系统内部进一步具体落实由哪一级别和哪个地方的人民法院行使审判权。本章主要介绍民事案件的主管、管辖的基本概念和级别管辖、地域管辖、协议管辖、移送管辖、指定管辖、管辖权转移等具体制度。学习重点是有关级别管辖、地域管辖和裁定管辖的法律规定和法理依据。

第一节　主管

一、主管的含义

民事诉讼主管，是指人民法院受理一定范围内民事纠纷的权限，或者说是确定法院与其他国家机关、社会组织之间解决民事纠纷的分工。

民事纠纷种类繁多，涉及面广，不可能也没有必要都由人民法院通过诉讼程序来解决，人民调解、仲裁等都是解决民事纠纷的有效途径。明确人民法院的主管范围，有利于划清法院与其他国家机关、社会组织解决民事纠纷的权限范围，促进民事纠纷得到正确、及时的处理。

二、人民法院主管民事案件的范围

《民事诉讼法》第3条规定："人民法院受理公民之间、法人之间、其他组织之间以及他们相互之间因财产关系和人身关系提起的民事诉讼，适用本法的规定。"由此可见，我国确定民事诉讼主管的标准是法律关系的性质，即以发生争议的实体法律关系是否属于民事关系为标准来确定法院主管的民事案件的范围。

我国人民法院主管的民事案件有以下几种：

(1)民法调整的财产关系和人身关系发生纠纷的案件。如财产所有权、用益物权、担保物保、债权、著作权、专利权、商标权、人格权、身份权等纠纷所发生的案件。

(2)婚姻法调整的婚姻家庭关系发生纠纷的案件。如离婚、收养、赡养、扶养、抚养等案件。

(3)商法调整的商事关系发生纠纷的案件。如票据案件、股东权益案件、海商案件等。

(4)经济法调整的部分经济关系发生纠纷的案件。如因不正当竞争行为引起的损害赔偿案件，环境污染所引起的损害赔偿案件等。

(5)劳动法调整的部分劳动关系发生纠纷的案件。如劳动者与用人单位在履行合同中发生的纠纷，劳动者与用人单位之间没有订立书面劳动合同，但已形成劳动关系后发生的纠纷，劳动者退休后，与尚未参加社会保险统筹的原用人单位因追索养老金、医疗费、工伤保险待遇和其他社会保险费而发生的纠纷。

(6)法律规定人民法院适用民事诉讼法解决的其他案件。主要包括选举法和民事诉讼法规定的选民资格案件，民事诉讼法规定的宣告失踪或宣告死亡案件，认定公民无民事行为能力或限制民事行为能力案件，认定财产无主案件，确认调解协议案件，实现担保物权案件，以及适用督促程序、公示催告程序等处理的案件。

三、人民法院民事诉讼主管与其他国家机关、社会组织处理争议的关系

（一）人民法院与人民调解委员会主管民事纠纷的关系

人民调解委员会是基层群众性组织，调解解决民间纠纷。根据2002年9月司法部《人民调解工作若干规定》第20条规定："人民调解委员会调解的民间纠纷，包括发生在公民与公民之间、公民与法人和其他社会组织之间涉及民事权利义务争议的各种纠纷。"其第22条又规定，人民调解委员会不得受理调解下列纠纷：(1)法律、法规规定只能由专门机关管辖处理的，或者法律、法规禁止采用民间调解方式解决的；(2)人民法院、公安机关或者其他行政机关已经受理或者解决的。2010年8月通过的《中华人民共和国人民调解法》对于民间纠纷的范围未作进一步的规定。人民法院与人民调解委员会在民事主管问题上的关系是：人民法院主管的民事案件的范围宽于人民调解委员会调解纠纷的范围。对于人民法院和人民调解委员会都有权处理的纠纷，双方当事人都同意交人民调解委员会调解的，由人民调解委员会调解；人民调解委员会调解不成，当事人向法院起诉的，由人民法院主管；一方当事人向人民

调解委员会申请调解，另一方向法院起诉的，由法院主管。人民调解法确立了人民调解与民事诉讼之间的衔接机制:（1）基层人民法院对适宜通过人民调解方式解决的纠纷，可以在受理前告知当事人向人民调解委员会申请调解。（2）当事人之间就调解协议的履行或者调解协议的内容发生争议的，一方当事人可以向人民法院提起诉讼。（3）经人民调解委员会调解达成调解协议后，双方当事人认为有必要的，可以自调解协议生效之日起30日内共同向人民法院申请司法确认。2012年修改后的《民事诉讼法》也规定了调解协议司法确认制度。人民法院依法确认调解协议有效的，产生相当于生效判决的强制执行的效力。人民法院依法确认调解协议无效的，当事人可以通过人民调解方式变更原调解协议或者达成新的调解协议，也可以向人民法院提起诉讼。

（二）人民法院与乡（镇）人民政府主管民事纠纷的关系

乡（镇）人民政府是我国的基层人民政府，设有司法助理员具体负责处理民间纠纷的工作。1990年4月，司法部发布了《民间纠纷处理办法》，规定基层人民政府处理纠纷的范围为《人民调解委员会组织条例》规定的民间纠纷。

基层人民政府处理民间纠纷与人民调解委员会调解民间纠纷不同，是具有一定强制性的政府行为。基层人民政府可以根据一方当事人的申请受理民间纠纷；对经过调解后仍达不成协议的纠纷，基层人民政府可以作出处理决定；当事人未就原纠纷起诉又不执行决定的，基层人民政府可在其职权范围内采取必要的措施予以执行。

根据最高人民法院1993年9月《关于如何处理经乡（镇）人民政府调处民间纠纷的通知》和《民间纠纷处理办法》的有关规定，人民法院与乡（镇）人民政府在主管问题上的关系是:（1）人民法院主管范围宽于乡（镇）人民政府主管范围;（2）人民法院主管优先于乡（镇）人民政府的主管，在一方当事人申请乡（镇）政府处理，另一方直接向法院提起诉讼的情况下，由人民法院主管;（3）纠纷经乡（镇）政府处理后，当事人起诉到法院的，仍然作为民事案件由法院主管。

（三）人民法院与仲裁机构主管民事纠纷的关系

1. 人民法院与民商事仲裁委员会主管民事纠纷的关系

民商事仲裁委员会是解决民事纠纷的民间机构。人民法院与仲裁委员会在民事纠纷主管问题上的关系是:（1）人民法院主管的范围宽于仲裁委员会主管的范围。按照仲裁法的规定，仲裁委员会主管的范围是平等主体的公民、法人和其他组织之间发生的合同纠纷和其他财产权益纠纷，但婚姻、收养、监护、扶养、继承纠纷不属于其主管范围。而上述所有纠纷，均属于人民法院民事诉讼主管的范围。（2）对既属于仲裁委员会，又属于人民法院主管的纠纷，具体主管取决于当事人的选择。当事人双方达成仲裁协议的，由仲裁委员会受理，不属于人民法院主管。没有仲裁协议或者仲裁协议无效的，由人民法院主管。我国仲裁委员会实行一裁终局的制度，因此，在作出裁决后当事人就同一纠纷再向人民法院提起的，人民法院不予受理。（3）当事人在仲裁裁决被人民法院依法撤销或裁定不予执行，又未重新达成仲裁协议的情况下向法院提起民事诉讼，人民法院应当受理。

2. 人民法院与劳动争议仲裁委员会主管民事纠纷的关系

劳动关系中虽然也包含着财产关系，但这种财产关系与民法所调整的平等主体间的财产关系不同，劳动关系专门由劳动法来调整。为了解决劳动争议，我国设立了劳动争议仲裁委员会。劳动争议仲裁委员会不同于民间性质的仲裁委员会，它由劳动行政部门代表、同级工会代表、用人单位方面的代表组成。就劳动争议主管的范围而言，人民法院与劳动争议仲裁委员会是相同的。但在序位上，劳动争议仲裁委员会主管优先于人民法院主管。我国劳动法为解决劳动争议设置了先裁后审（或称仲裁前置）的模式。劳动争议发生后，当事人可以向本单位劳动争议调解委员会申请调解，也可以直接向劳动争议仲裁委员会申请仲裁，当事人对仲裁裁决不服的，可以自收到裁决书之日起 15 日内向人民法院起诉。期满不起诉的，裁决书发生法律效力。为提高劳动争议解决的效率，保护劳动争议当事人的合法权益，2007 年 12 月出台的《中华人民共和国劳动争议调解仲裁法》对劳动争议的先裁后审模式进行了一定的调整，规定劳动争议仲裁委员会收到仲裁申请之日起 5 日内不予受理或者逾期未作出决定的，申请人可以就该劳动争议向人民法院提起诉讼。该法还确立了有限的劳动仲裁裁决“一裁终局”制度，即对于追索劳动报酬、工伤医疗费、经济补偿或者赔偿金，不超过当地月最低工资标准 12 个月金额的争议，以及因执行国家的劳动标准在工作时间、休息休假、社会保险等方面发生的争议，劳动争议仲裁委员会的裁决作出后，用人单位不服的，不得提起诉讼，劳动者对此裁决不服的，可以自收到裁决书之日起 15 内向人民法院提起诉讼。

（四）人民法院与其他行政机关主管民事纠纷的关系

其他行政机关是指乡（镇）人民政府以外的行政机关。行政机关在履行对社会事务管理的职能时，也在其职权范围内处理部分民事权益纠纷，处理的方式包括行政调解、行政裁决、行政仲裁。在人民法院和行政机关都有权处理民事争议的情况下，就产生了并行主管问题。

我国是按照以下方式解决这一问题的：（1）人民法院主管优先，即一方当事人请求行政机关处理，另一方向人民法院提起民事诉讼的，由人民法院主管。（2）双方当事人均请求行政机关处理的，由行政机关主管。但行政机关的处理不是最终处理，当事人不服的，一般仍可以提起诉讼。（3）行政机关处理民事争议的方式有调解、仲裁和裁决，前两种为非行政行为性质，后一种具有行政行为性质。当事人不服行政裁决提起的诉讼，属于人民法院行政诉讼主管范围，民事争议虽然依然存在，但只是在解决行政争议时附带地予以解决，是行政诉讼附带民事诉讼。（4）当事人不服行政机关居间调解提起诉讼的，属人民法院民事诉讼主管范围，当事人提起的这类诉讼为民事诉讼。（5）当事人不服行政机关仲裁裁决提起诉讼的，是否属于人民法院民事诉讼主管范围，要依行政仲裁与民事诉讼的关系而定。凡法律规定先裁后审的，属民事诉讼主管范围。

第二节　管辖概述

一、管辖的概念

管辖，是指确定各级人民法院和同级人民法院之间受理第一审民事案件的分工和权限。

管辖与主管是民事诉讼中具有密切联系的两个概念。主管是确定管辖的前提和基础，只有属于人民法院主管的民事纠纷，才能确定由不同人民法院管辖。管辖则是主管的具体落实，只有确定了管辖，由人民法院主管的民事案件才能落实到某个具体的人民法院来负责处理。

科学、合理地确定各级人民法院以及同级人民法院的民事管辖范围，有利于人民法院正确、及时地行使审判权，也有利于当事人行使诉讼权利。

二、确定管辖的原则

1. 便于当事人进行诉讼

尽可能为当事人提供诉讼上的便利，是我国民事诉讼立法的指导思想，也是确定管辖应遵循的原则。我国民事诉讼法将绝大多数民事案件交由基层法院管辖，就为当事人就近诉讼提供了有利条件。

2. 便于人民法院审理案件和执行裁判

民事诉讼法在确定管辖时，根据各种案件的不同情况以及各个人民法院与当事人和诉讼标的的关系，合理地规定了各个法院的管辖范围，从而为法院顺利行使审判权提供了便利。

3. 保障案件的公正审判

民事诉讼法立法者充分注意克服管辖中存在的地方保护主义影响，并针对有些法院对不属于自己管辖的案件争管辖，对一些应当受理的民事案件推诿不管等情况，作出了相应的规定，从而有利于公正的实现。

4. 保证各级人民法院工作负担的均衡

各级人民法院职能分工不同，任务也不同。基层法院仅负责审理第一审民事案件，中级以上的法院既要审理第一审案件，又要审理上诉案件，还要对下级法院的审判工作进行指导和监督。因此，在确定管辖时，上级法院受理的第一审民事案件应相应地少于下级人民法院，以便充分发挥各级法院职能分工的积极作用，确保案件的审判质量。

5. 确定性与灵活性相结合

管辖应规定得具体、明确，以便迅速、准确地判明相应的管辖法院，避免管辖上的争议，减少诉讼过程中的障碍。但诉讼中难免出现一些特殊情况，无法直接适用法律的规定，因此，应允许人民法院灵活、机动地处理管辖问题。

6. 有利于维护国家主权

司法权是国家主权的重要组成部分。涉外民事诉讼的管辖问题是国家主权在司法上的具体表现。因此在规定涉外民事诉讼管辖时，应尽可能地在合理范围内拓宽我国人民法院的管辖权，以维护国家主权和我国公民的利益。

三、管辖恒定

管辖恒定，是指法院对某个案件是否享有管辖权，以起诉时为准，起诉时对案件享有管辖权的法院，不因确定管辖的因素在诉讼过程中发生变化而影响其管辖权。管辖恒定反映了诉讼经济的要求，避免管辖变动造成的司法资源的浪费，减少了当事人的讼累，使诉讼尽快了结。

管辖恒定包括级别管辖恒定和地域管辖恒定。级别管辖恒定主要指级别管辖按起诉时的诉讼标的额确定后，不因诉讼过程中标的额增加或减少而变动。地域管辖恒定指地域管辖按起诉时的标准确定后，不因为诉讼过程中确定管辖的因素变动而改变。如管辖依被告住所地确定后，被告住所变更，受诉人民法院的管辖权并不因此而受到影响。《民诉法司法解释》第 37 条至第 39 条的规定体现了管辖恒定的规则要求：(1) 案件受理后，受诉人民法院的管辖权不受当事人住所地、经常居住地变更的影响。（2）有管辖权的人民法院受理案件后，不得以行政区域变更为由，将案件移送给变更后有管辖权的人民法院。（3）人民法院对管辖异议审查后确定有管辖权的，不因当事人提起反诉、增加或者变更诉讼请求等改变管辖，但违反级别管辖、专属管辖规定的除外。人民法院发回重审或者按第一审程序再审的案件，当事人提出管辖异议的，人民法院不予审查。

四、管辖的分类

我国民事诉讼法规定的管辖主要包括四类：级别管辖、地域管辖、移送管辖和指定管辖。在民事诉讼理论上，对民事案件的管辖，可依不同的标准作不同的分类。

（一）以法律规定和法院裁定为标准可分为法定管辖和裁定管辖

法定管辖，是指由法律明文规定第一审民事案件的管辖法院。我国民事诉讼法规定的级别管辖和地域管辖即属于法定管辖。裁定管辖，是指不依法律直接规定，而是由人民法院用裁定、决定等方式来确定第一审民事案件的管辖法院。移送管辖、指定管辖和管辖权的转移均属裁定管辖。

（二）以法律强制规定和任意规定为标准可以分为专属管辖和协议管辖

专属管辖，是指依照法律规定某类案件只能由某一个或某几个法院管辖，其他人民法院没有管辖权，也不允许当事人协议变更。协议管辖，是指依照法律规定，允许当事人以协议的方式约定管辖法院。

（三）以诉讼关系为标准可以分为共同管辖和合并管辖

这里所谓的诉讼关系，是指诉讼主体、诉讼客体与法院辖区存在的联系。共同管辖，是指两个以上人民法院对于同一案件都具有管辖权。共同管辖并不意味着一个案件可以由两个以上法院共同审理，案件的实际管辖权由当事人选择其中一个法院起诉得以确定。《民事诉讼法》第 35 条规定，原告向两个以上有管辖权的人民法院起诉的，由最先立案的人民法院管辖。《民诉法司法解释》第 36 条进一步规定，两个以上人民法院都有管辖权的诉讼，先立案的人民法院不得将案件移送给另一个有管辖权的人民法院。人民法院在立案前发现其他有管辖权的人民法院已先立案的，不得重复立案；立案后发现其他有管辖权的人民法院已先立案的，裁定将案件移送给先立案的人民法院。合并管辖亦称牵连管辖，是指对某一案件有管辖权的法院，可以一并管辖虽无管辖权但与此案有牵连的其他案件。适用合并管辖的主要情形是原告增加诉讼请求，被告提出反诉，第三人提出与本案有关的诉讼请求。

第三节　级别管辖

一、级别管辖的概念和划分标准

级别管辖，是指按照一定的标准，划分上下级人民法院之间受理第一审民事案件的分工和权限。

我国人民法院共分四级，对民事案件实行分级管辖的原则，即各级人民法院均可审判第一审民事案件，且绝大多数民事案件由基层人民法院作为第一审法院。我国民事诉讼法划分级别管辖的标准主要是案件的性质、案件的影响范围和诉讼标的额三个方面。

二、各级人民法院管辖的第一审民事案件

根据民事诉讼法的规定和最高人民法院的司法解释，各级人民法院管辖的第一审民事案件有着具体的分工。

（一）基层人民法院管辖的第一审民事案件

《民事诉讼法》第 17 条规定："基层人民法院管辖第一审民事案件，但本法另有规定的除外。"据此规定，除法律规定应由中级人民法院、高级人民法院和最高人民法院管辖的第一审民事案件外，其余民事案件均由基层人民法院管辖。由于法律规定由中级以上人民法院管辖的案件较少，所以大多数民事案件都是由基层人民法院作为第一审法院的。

（二）中级人民法院管辖的第一审民事案件

依据《民事诉讼法》第 18 条的规定，中级人民法院管辖下列第一审民事案件：

1. 重大的涉外案件

涉外案件是指具有涉外因素的民事案件。一般涉外案件由基层人民法院管辖，重大涉外案件由中级人民法院管辖。为明确重大与一般的界限，《民诉法司法解释》第 1 条专门作了解释，即"重大涉外案件"是指争议标的额大的案件，或者案情复杂案件，或者一方当事人人数众多等具有重大影响的案件。

为了保证涉外民商事案件的审判质量，依法保护中外当事人的合法权益，最高人民法院于 2002 年颁布了《关于涉外民商事案件诉讼管辖若干问题的规定》，该规定对部分涉外民商事案件实行集中管辖。根据上述规定，适用集中管辖的涉外民商事案件包括：（1）涉外合同和侵权纠纷案件；（2）信用证纠纷案件；（3）申请撤销、

承认与强制执行国际仲裁裁决案件;(4)审查有关涉外民商事仲裁条款效力的案件;(5)申请承认和强制执行外国法院民商事判决、裁定的案件。但不包括发生在与外国接壤的边境省份的边境贸易纠纷案件，涉外房地产案件和涉外知识产权案件。有权管辖第一审涉外民商事案件的法院为:(1)国务院批准设立的经济技术开发区人民法院;(2)省会、自治区首府、直辖市所在地的中级人民法院;(3)经济特区、计划单列市的中级人民法院;(4)最高人民法院指定的其他中级人民法院;(5)高级人民法院。中级人民法院的区域管辖范围由其所在的高级人民法院确定。集中管辖既改变了上述涉外民商事案件的级别管辖，使除国务院批准设立的经济技术开发区人民法院以外的其他基层人民法院失去了对这类案件的管辖权，又改变了地域管辖，使得多数中级人民法院失去了对发生在本辖区内的涉外案件的管辖权，这些案件被集中到少数中级人民法院管辖。

2. 在本辖区有重大影响的案件

这是指案件的影响超出了基层人民法院的辖区，在中级人民法院辖区内产生了重大影响。审判实践中，案件在本辖区是否有重大影响可综合考虑诉讼标的金额的大小、案情的繁简程度等因素予以确定。

3. 最高人民法院确定由中级人民法院管辖的案件

这是指最高人民法院根据审判工作的需要，将某些案件确定由中级人民法院作为第一审法院。目前这类案件主要有:(1)海事、海商案件。《民诉法司法解释》第2条第2款规定，海事、海商案件由海事法院管辖。我国已在广州、厦门、上海、武汉等地设立了海事法院，海事法院均为中级人民法院，受案范围由最高人民法院确定。(2)专利民事案件。《民诉法司法解释》第2条第1款规定，专利纠纷案件由知识产权法院、最高人民法院确定的中级人民法院和基层人民法院管辖。根据2014年11月起施行的《最高人民法院关于北京、上海、广州知识产权法院案件管辖的规定》第1条规定，知识产权法院管辖所在市辖区内的下列第一审案件：专利、植物新品种、集成电路布图设计、技术秘密、计算机软件民事和行政案件；涉及驰名商标认定的民事案件。(3)商标民事案件。2014年5月起施行的《最高人民法院关于商标法修改决定施行后商标案件管辖和法律适用问题的解释》第3条规定，第一审商标民事案件，由中级以上人民法院及最高人民法院指定的基层人民法院管辖。涉及对驰名商标保护的民事案件，由省、自治区人民政府所在地市、计划单列市、直辖市辖区中级人民法院及最高人民法院指定的其他中级人民法院管辖。(4)著作权民事案件。2002年10月起施行的《最高人民法院关于审理著作权民事纠纷案件适用法律若干问题的解释》第2条规定，著作权民事纠纷案件，由中级以上人民法院管辖。各高级人民法院根据本辖区的实际情况，可以确定若干基层人民法院管辖第一审著作权民事纠纷案件。(5)重大的涉港、澳、台民事案件。这类案件在管辖上也比照涉外案件处理。(6)公益诉讼案件。《民诉法司法解释》第285条规定，公益诉讼案件由侵权行为地或者被告住所地中级人民法院管辖，但法律、司法解释另有规定的除外。因污染海洋环境提起的公益诉讼，由污染发生地、损害结果地或者采取预防污染措施地海事法院管辖。(7)诉讼标的金额大或者诉讼单位属省、自治区、直辖市以上的经济纠纷案件。(8)证券虚假陈述民事赔偿案件。这类案件由省、直辖市、自治区人民政府所在地的市、计划单列市和经济特区中级人民法院管辖。

（三）高级人民法院管辖的第一审民事案件

根据《民事诉讼法》第19条规定："高级人民法院管辖在本辖区有重大影响的第一审民事案件。"从当前的情况看，各地一般都是把诉讼标的额大的民事案件作为在本辖区内有重大影响的案件，具体数额原来由各高级人民法院根据本地的情况作出规定后报最高人民法院批准，后来改为由最高人民法院根据各地的具体情况作出规定。

（四）最高人民法院管辖的第一审民事案件

根据《民事诉讼法》第20条规定，最高人民法院管辖的第一审民事案件有两类：一类是在全国有重大影响的案件；另一类是认为应当由本院审理的案件。最高人民法院设立巡回法庭，受理巡回区内相关案件。最高人民法院作为国家最高审判机关的特殊性质决定了，最高人民法院只能管辖极少数特别重大的第一审民事案件。

为适应经济社会发展和民事诉讼需要，准确适用修改后的民事诉讼法关于级别管辖的相关规定，合理定位四级法院民商事审判职能，最高人民法院于2015年4月发出《关于调整高级人民法院和中级人民法院管辖第一审民商事案件标准的通知》，调整高级人民法院和中级人民法院管辖第一审民商事案件标准。新标准自2015年5月1日起生效，其内容如下：

(1)当事人住所地均在受理法院所处省级行政辖区的第一审民商事案件。北京、上海、江苏、浙江、广东高级人民法院，管辖诉讼标的额5亿元以上一审民商事案件，所辖中级人民法院管辖诉讼标的额1亿元以上一审民商事案件。天津、河北、山西、内蒙古、辽宁、安徽、福建、山东、河南、湖北、湖南、广西、海南、四川、重庆高级人民法院，管辖诉讼标的额3亿元以上一审民商事案件，所辖中级人民法院管辖诉讼标的额3000万元以上一审民商事案件。吉林、黑龙江、江西、云南、陕西、新疆高级人民法院和新疆生产建设兵团分院，管辖诉讼标的额2亿元以上一审民商事案件，所辖中级人民法院管辖诉讼标的额 1000 万元以上一审民商事案件。贵州、西藏、甘肃、青海、宁夏高级人民法院，管辖诉讼标的额 1 亿元以上一审民商事案件，所辖中级人民法院管辖诉讼标的额 500 万元以上一审民商事案件。

（2）当事人一方住所地不在受理法院所处省级行政辖区的第一审民商事案件。北京、上海、江苏、浙江、广东高级人民法院，管辖诉讼标的额 3 亿元以上一审民商事案件，所辖中级人民法院管辖诉讼标的额 5000 万元以上一审民商事案件。天津、河北、山西、内蒙古、辽宁、安徽、福建、山东、河南、湖北、湖南、广西、海南、四川、重庆高级人民法院，管辖诉讼标的额 1 亿元以上一审民商事案件，所辖中级人民法院管辖诉讼标的额 2000 万元以上一审民商事案件。吉林、黑龙江、江西、云南、陕西、新疆高级人民法院和新疆生产建设兵团分院，管辖诉讼标的额 5000 万元以上一审民商事案件，所辖中级人民法院管辖诉讼标的额 1000 万元以上一审民商事案件。贵州、西藏、甘肃、青海、宁夏高级人民法院，管辖诉讼标的额 2000 万元以上一审民商事案件，所辖中级人民法院管辖诉讼标的额 500 万元以上一审民商事案件。

（3）解放军军事法院管辖诉讼标的额 1 亿元以上一审民商事案件，大单位军事法院管辖诉讼标的额 2000 万元以上一审民商事案件。

（4）婚姻、继承、家庭、物业服务、人身损害赔偿、名誉权、交通事故、劳动争议等案件，以及群体性纠纷案件，一般由基层人民法院管辖。

（5）对重大疑难、新类型和在适用法律上有普遍意义的案件，可以依照《民事诉讼法》第 38 条的规定，由上级人民法院自行决定由其审理，或者根据下级人民法院报请决定由其审理。

（6）本通知调整的级别管辖标准不涉及知识产权案件、海事海商案件和涉外涉港澳台民商事案件。

（7）本通知规定的第一审民商事案件标准，包含本数。

第四节　地域管辖

地域管辖，是指确定同级法院之间在各自辖区内受理第一审民事案件的分工和权限。级别管辖划定了各级人民法院之间受理第一审民事案件的权限，但仍然不能确定某一案件由同一级别的哪个法院管辖。这一任务就是由地域管辖完成的。

地域管辖是按照各人民法院的辖区和民事案件的隶属关系所划分的管辖。具体而言，确定地域管辖的标准有两个：一是法院辖区与当事人所在地之间的隶属关系；二是法院辖区与诉讼标的、诉讼标的物或法律事实之间的隶属关系。当事人所在地、诉讼标的物或法律事实等在某一法院辖区时，该地区的法院就有权管辖。

一、一般地域管辖

一般地域管辖，又称普通管辖，是指以当事人所在地与法院的隶属关系确定的管辖。一般地域管辖通常适用“原告就被告”原则，即以被告所在地作为确定管辖的标准，原告应向被告所在地的人民法院起诉。被告所在地的确定分两种情形：

1. 被告为公民时的一般地域管辖

被告为公民的，由被告住所地人民法院管辖，被告住所地与经常居住地不一致的，由经常居住地人民法院管辖。公民的住所地是指公民的户籍所在地，公民的经常居住地是指公民离开住所地至起诉时已连续居住一年以上的地方，但公民住院就医的地方除外。当事人的户籍迁出后尚未落户，有经常居住地的，由该地人民法院管辖；没有经常居住地的，由其原户籍所在地人民法院管辖。

《民诉法司法解释》对下列情况作了补充规定：（1）双方当事人都被监禁或者被采取强制性教育措施的，由被告原住所地人民法院管辖。被告被监禁或者被采取强制性教育措施一年以上的，由被告被监禁地或被采取强制性教育措施地人民法院管辖。（2）双方当事人均被注销户籍的，由被告居住地人民法院管辖。（3）夫妻双方离开住所地超过一年，一方起诉离婚的案件，由被告经常居住地人民法院管辖；没有经常居住地的，由原告起诉时被告居住地人民法院管辖。

2. 被告为法人或其他组织时的一般地域管辖

被告为法人或其他组织的，由被告住所地人民法院管辖。这里的住所地是指法人或者其他组织的主要办事机构所在地。法人或者其他组织的主要办事机构所在地不能确定的，法人或者其他组织的注册地或者登记地为住所地。被告如为没有办事机构的个人合伙、合伙型联营体，则由被告注册登记地人民法院管辖。没有注册登记，几个被告又不在同一法院辖区的，各被告住所地的人民法院都有管辖权。

实行“原告就被告”原则，一方面在于抑制原告滥用起诉权，使被告免受原告不当诉讼的侵扰；另一方面也有利于法院传唤被告参加诉讼，对诉讼标的物进行保全或勘验，有利于判决的执行。但是考虑到实践中存在一些由被告所在地人民法院管辖会给原告行使诉权和人民法院审理案件带来诸多不便的情况，民事诉讼法规定某些案件由原告住所地人民法院管辖，原告住所地与经常居住地不一致的，由原告经常居住地人民法院管辖：

《民事诉讼法》第22条规定的此类情形是:(1)对不在中华人民共和国领域内居住的人提起的有关身份关系的诉讼;(2)对下落不明或者宣告失踪的人提起的有关身份关系的诉讼;(3)对被采取强制性教育措施的人提起的诉讼;(4)对被监禁的人提起的诉讼。上述规定中的身份关系，是指与人的身份相关的各种关系，如婚姻关系、亲子关系、收养关系等。《民诉法司法解释》补充规定的例外情形有:(1)被告一方被注销户籍的，依照《民事诉讼法》第22条规定确定管辖;(2)追索赡养费、抚育费、扶养费案件的几个被告住所地不在同一辖区的，可以由原告住所地人民法院管辖;(3)夫妻一方离开住所地超过一年，另一方起诉离婚的案件，可以由原告住所地人民法院管辖;(4)中国公民双方在国外但未定居，一方向人民法院起诉离婚的，应由原告或者被告原住所地人民法院管辖。《民诉法司法解释》对以下特殊情形确定管辖法院作出补充规定:(1)不服指定监护或者变更监护关系的案件，可以由被监护人住所地人民法院管辖。(2)双方当事人均为军人或者军队单位的民事案件由军事法院管辖。(3)在国内结婚并定居国外的华侨，如定居国法院以离婚诉讼须由婚姻缔结地法院管辖为由不予受理，当事人向人民法院提出离婚诉讼的，由婚姻缔结地或者一方在国内的最后居住地人民法院管辖。(4)在国外结婚并定居国外的华侨，如定居国法院以离婚诉讼须由国籍所属国法院管辖为由不予受理，当事人向人民法院提出离婚诉讼的，由一方原住所地或者在国内的最后居住地人民法院管辖。(5)中国公民一方居住在国外，一方居住在国内，不论哪一方向人民法院提起离婚诉讼，国内一方住所地人民法院都有权管辖。国外一方在居住国法院起诉，国内一方向人民法院起诉的，受诉人民法院有权管辖。(6)已经离婚的中国公民，双方均定居国外，仅就国内财产分割提起诉讼的，由主要财产所在地人民法院管辖。

二、特殊地域管辖

特殊地域管辖，又称特别管辖，通常不仅以被告所在地，而且以引起诉讼的法律事实的所在地、诉讼标的所在地等因素为标准确定诉讼的管辖法院。《民事诉讼法》第23~32条规定了十种属于特殊地域管辖的诉讼。

1. 因合同纠纷提起的诉讼

因合同纠纷提起的诉讼，由被告住所地或者合同履行地人民法院管辖。合同履行地，是指合同规定的履行义务的地点，主要是指合同标的物的交付地。合同履行地的确定在实践中是个容易引起争议的复杂问题，《民诉法司法解释》确定合同履行地的基本规则是:(1)合同约定履行地点的，以约定的履行地点为合同履行地。(2)合同对履行地点没有约定或者约定不明确，争议标的为给付货币的，接收货币一方所在地为合同履行地；交付不动产的，不动产所在地为合同履行地；其他标的，履行义务一方所在地为合同履行地。即时结清的合同，交易行为地为合同履行地。（3）合同没有实际履行，当事人双方住所地都不在合同约定的履行地的，由被告住所地人民法院管辖。

财产租赁合同、融资租赁合同以租赁物使用地为合同履行地。合同对履行地有约定的，从其约定。

以信息网络方式订立的买卖合同，通过信息网络交付标的的，以买受人住所地为合同履行地；通过其他方式交付标的的，收货地为合同履行地。合同对履行地有约定的，从其约定。

2. 因保险合同纠纷提起的诉讼

因保险合同纠纷提起的诉讼，由被告住所地或者保险标的物所在地人民法院管辖。保险合同是投保人与保险人约定保险权利义务关系的协议。投保人是与保险人订立保险合同，并按照保险合同负有支付保险费义务的人。保险人则是与投保人订立保险合同，并承担赔偿或者给付保险金责任的保险公司。因保险合同纠纷引起的诉讼，被告住所地和保险标的物所在地人民法院都有管辖权。《民诉法司法解释》第21条进一步规定，因财产保险合同纠纷提起的诉讼，如果保险标的物是运输工具或者运输中的货物，可以由运输工具登记注册地、运输目的地、保险事故发生地人民法院管辖。因人身保险合同纠纷提起的诉讼，可以由被保险人住所地人民法院管辖。

3. 因票据纠纷提起的诉讼

因票据纠纷提起的诉讼，由票据支付地或者被告住所地人民法院管辖。票据是指以无条件支付一定金额为基本效能的有价证券，即在指定的期日、地点，持票人向付款人无条件请求支付一定金额款项的凭证。我国票据法规定的票据包括汇票、本票和支票三种。票据纠纷通常是指因票据的签发、取得、使用、转让、承兑、保证等引起的纠纷。票据诉讼由票据支付地或被告住所地人民法院管辖。票据支付地，是指票据上载明的付款地，如未载明付款地，则以票据付款人（包括代理付款人）的住所地或主营业所所在地为票据付款地。

4. 因公司设立、确认股东资格、分配利润、解散等纠纷提起的诉讼

因公司设立、确认股东资格、分配利润、解散等纠纷提起的诉讼，由公司住所地人民法院管辖。随着我国社会主义市场经济的发展，各种涉及公司的商事纠纷越来越多，实践中因公司设立、确认股东资格、分配利润、解散等纠纷引起的公司诉讼案件数量增加很快，由公司住所地人民法院管辖这类案件有利于就近及时审理、查明案情，有效解决纠纷。根据《民诉法司法解释》第22条规定，因股东名册记载、

请求变更公司登记、股东知情权、公司决议、公司合并、公司分立、公司减资、公司增资等纠纷提起的诉讼，依照《民事诉讼法》第 26 条规定确定管辖，即这类纠纷也由公司住所地人民法院管辖。

5. 因铁路、公路、水上、航空运输和联合运输合同纠纷提起的诉讼

因铁路、公路、水上、航空运输和联合运输合同纠纷提起的诉讼，由运输始发地、目的地或被告住所地人民法院管辖。运输合同包括客运合同和货运合同。根据最高人民法院的规定，水上运输或水陆联合运输合同纠纷发生在我国海事法院辖区的，由海事法院管辖。铁路运输合同纠纷，由铁路运输法院管辖。其他运输合同纠纷，由始发地、目的地或被告住所地人民法院管辖。

6. 因侵权行为提起的诉讼

因侵权行为提起的诉讼，由侵权行为地或者被告住所地人民法院管辖。侵权行为地包括侵权行为实施地和侵权结果发生地。一般情况下，侵权行为实施地和结果发生地两者相一致，但也存在不一致的情况。在两地不一致时，侵权行为实施地、侵权结果发生地人民法院都有权管辖。

根据《民诉法司法解释》相关规定:（1）信息网络侵权行为实施地包括实施被诉侵权行为的计算机等信息设备所在地，侵权结果发生地包括被侵权人住所地。（2）因产品、服务质量不合格造成他人财产、人身损害提起的诉讼，产品制造地、产品销售地、服务提供地、侵权行为地和被告住所地人民法院都有管辖权。（3）当事人申请诉前保全后没有在法定期间起诉或者申请仲裁，给被申请人、利害关系人造成损失引起的诉讼，由采取保全措施的人民法院管辖。当事人申请诉前保全后在法定期间内起诉或者申请仲裁，被申请人、利害关系人因保全受到损失提起的诉讼，由受理起诉的人民法院或者采取保全措施的人民法院管辖。

2015 年《最高人民法院关于审理专利纠纷案件适用法律问题的若干规定》规定:因侵犯专利权行为提起的诉讼，由侵权行为地或者被告住所地人民法院管辖。侵权行为地包括:（1）被诉侵犯发明、实用新型专利权的产品的制造、使用、许诺销售、销售、进口等行为的实施地;（2）专利方法使用行为的实施地，依照该专利方法直接获得的产品的使用、许诺销售、销售、进口等行为的实施地;（3）外观设计专利产品的制造、许诺销售、销售、进口等行为的实施地;（4）假冒他人专利的行为实施地。上述侵权行为的侵权结果发生地。原告仅对侵权产品制造者提起诉讼，未起诉销售者，侵权产品制造地与销售地不一致的，制造地人民法院有管辖权；以制造者与销售者为共同被告起诉的，销售地人民法院有管辖权。销售者是制造者分支机构，原告在销售地起诉侵权产品制造者制造、销售行为的，销售地人民法院有管辖权。

根据 2002 年《最高人民法院关于审理商标民事纠纷案件适用法律若干问题的解释》和《最高人民法院关于审理著作权民事纠纷案件适用法律若干问题的解释》的规定，因侵犯著作权、商标专用权提起的诉讼，由《著作权法》第 46 条、47 条和《商标法》第 13 条、52 条所规定的侵权行为实施地，侵权复制品、侵权商品的储藏地或查封扣押地，被告住所地的法院管辖。储藏地是指大量或者经常性储存、隐匿侵权复制品、侵权商品所在地，查封扣押地则是指海关、工商、版权等行政机关依法查封、扣押侵权复制品、侵权商品的所在地。

2013 年《最高人民法院关于审理侵害信息网络传播权民事纠纷案件适用法律若干问题的规定》第 15 条规定，侵害信息网络传播权民事纠纷案件由侵权行为地或者被告住所地人民法院管辖。侵权行为地包括实施被诉侵权行为的网络服务器、计算机终端等设备所在地。侵权行为地和被告住所地均难以确定或者在境外的，原告发现侵权内容的计算机终端等设备所在地可以视为侵权行为地。

2001 年《最高人民法院关于审理涉及计算机网络域名民事纠纷案件适用法律若干问题的解释》规定，有关计算机网络域名的侵权纠纷案件，由侵权行为地或者被告住所地中级人民法院管辖。对难以确定侵权行为地和被告住所地的，原告发现该域名的计算机终端等设备所在地可以视为侵权行为地。

7. 因铁路、公路、水上和航空事故请求损害赔偿提起的诉讼

因铁路、公路、水上和航空事故请求损害赔偿提起的诉讼，由事故发生地或者车辆、船舶最先到达地，航空器最先降落地或者被告住所地人民法院管辖。这是针对车辆、船舶、航空器在运行过程中发生事故造成他人财产或人身损害引起诉讼规定的管辖。航空器泛指一切在天空运行的人造物体，包括飞机、飞艇、热气球、卫星等。航空事故是指航空器在空中碰撞、坠毁，或者在飞行中为了排除障碍采取抛物、排油等措施而引起的事故。车辆、船舶最先到达地是指车辆、船舶最先到达的车站、港口。航空器最先降落地是指航空器第一次降落的机场或其他地点，或者坠毁的地点。对这类事故引起的侵权赔偿诉讼，包括被告住所地在内的上述地点的人民法院都有管辖权。

8. 因船舶碰撞或者其他海损事故请求损害赔偿提起的诉讼

因船舶碰撞或者其他海损事故请求损害赔偿提起的诉讼，由碰撞发生地、碰撞船舶最先到达地、加害船舶被扣留地或者被告住所地人民法院管辖。船舶碰撞是指船舶在航行过程中因接触和碰撞而造成的损害事故；其他海损事故是指船舶在航行中因触礁、触岸、失火、爆炸、搁浅、沉没等造成的事故。碰撞船舶最先到达地，即碰撞事故发生后，船舶首先到达的地点。加害船舶被扣留地，即实施侵权行为的船

舶被扣留的地点。将因海损事故引起的损害赔偿诉讼规定由上述四个地点的人民法院管辖，有利于当事人根据案件的具体情况选择其中一个人民法院提起诉讼，也有利于人民法院对案件的审理和判决的执行。

9. 因海难救助费用提起的诉讼

因海难救助费用提起的诉讼，由救助地或被救助船舶最先到达地法院管辖。海难救助是指对遭遇海难的船舶及船舶上的人员、货物给予的救助。救助行为实施后，救助人有权根据救助的事实和效果要求被救助方支付救助费用。对因海难救助费用纠纷引起的诉讼，由实施救助行为地点的法院或者被救助船舶最先到达地法院管辖，是各国的通例。

10. 因共同海损提起的诉讼

因共同海损提起的诉讼，由船舶最先到达地、共同海损理算地或者航程终止地人民法院管辖。共同海损，是指船舶在海运中遭受到海难等意外事故时，为了排除危险，挽救船舶、人员和货物而作出的牺牲或支付的费用。共同海损应当根据一定的规则进行理算，由受益各方分摊。目前国际上通用的理算规则是《约克·安特卫普规则》。我国于1975年颁布了《中国国际贸易促进委员会共同海损理算暂行规则》（简称《北京理算规则》），并在北京设立了共同海损理算处。发生共同海损后，如在我国理算，理算地即为北京。航程终止地是指发生共同海损的船舶航程终止的地点。共同海损发生后，如船舶最先到达我国的某一港口，或者有关当事人同意在北京理算，或者船舶的航程终止地在我国某一港口，上述地点的人民法院对此提起的诉讼有管辖权。

三、专属管辖

专属管辖，是指法律规定某些特殊类型的案件专门由特定的法院管辖。专属管辖是排他性管辖，既排除了任何外国法院对诉讼的管辖权，又排除了诉讼当事人以协议方式选择国内的其他法院管辖。非专属管辖的诉讼则不具有这种排他性。专属管辖与一般地域管辖和特殊地域管辖的关系是，凡法律规定为专属管辖的诉讼，均适用专属管辖，不得适用一般或特殊地域管辖。我国民事诉讼法规定的属于专属管辖的诉讼有以下三类：

1. 因不动产纠纷提起的诉讼

因不动产纠纷提起的诉讼，专属不动产所在地人民法院管辖。并非所有涉及不动产的民事纠纷都实行专属管辖，依据《民诉法司法解释》的规定，不动产纠纷是指因不动产的权利确认、分割、相邻关系等引起的物权纠纷。农村土地承包经营合同纠纷、房屋租赁合同纠纷、建设工程施工合同纠纷、政策性房屋买卖合同纠纷，按照不动产纠纷确定管辖。不动产已登记的，以不动产登记簿记载的所在地为不动产所在地；不动产未登记的，以不动产实际所在地为不动产所在地。不动产纠纷诉讼常常需要进行勘验，由不动产所在地人民法院管辖便于对案件审理，也便于对不动产进行保全和执行。不动产中的土地又是国家领土的组成部分，关系到国家的主权，因此，将因不动产纠纷提起的诉讼规定为专属管辖，是各国民事诉讼法通行的做法。

2. 因港口作业发生纠纷提起的诉讼

因港口作业发生纠纷提起的诉讼，专属港口所在地人民法院管辖。港口作业主要指货物的装卸、搬运、仓储、理货等。港口作业中，一方面会因为装卸、驳运等发生纠纷，另一方面会因违章作业等行为损坏港口设施或造成其他人身或财产的损害引起侵权纠纷，这两类纠纷都由港口所在地人民法院管辖。

3. 因继承遗产纠纷提起的诉讼

因继承遗产纠纷提起的诉讼，由被继承人死亡时住所地或主要遗产所在地人民法院管辖。遗产继承纠纷相当复杂，既涉及被继承人立遗嘱时有无民事行为能力，被继承人死亡的时间，继承人对被继承人的赡养情况，又涉及遗产的种类、数额等问题。因此，民事诉讼法规定专属于以上两个地点的人民法院管辖。遗产是指死者生前的个人合法财产，包括动产和不动产。遗产既有动产又有不动产的，一般以不动产所在地作为主要遗产地；遗产有多项的，则以价值高的遗产所在地作为主要遗产地。由被继承人死亡时住所地或者主要遗产所在地人民法院管辖继承遗产的诉讼，便于人民法院查明被继承人、继承人和遗产的有关情况，有利于人民法院对案件作出正确的处理。

四、协议管辖

协议管辖，又称合意管辖或约定管辖，是指双方当事人在民事纠纷发生之前或之后，协商一致选定案件的管辖法院，包括明示协议管辖和默示协议管辖。协议管辖是双方当事人共同的行为，以双方的合意为基础，设立协议管辖制度，主要在于尊重当事人的意愿，活跃民事法律活动，体现了便于当事人进行诉讼的原则，也可以防止地方保护主义和管辖争议的发生，有利于切实维护当事人的合法权益。

（一）明示协议管辖

根据《民事诉讼法》第 34 条和《民诉法司法解释》第 29 条至 34 条的规定，明示协议管辖须具备以下条件：

（1）在适用的案件范围上，明示协议管辖适用于合同或者其他财产权益纠纷的当事人，对其他民事纠纷不得协议管辖。《民诉法司法解释》特别规定，当事人因同居或者在解除婚姻、收养关系后发生财产争议，约定管辖的，可以适用《民事诉讼法》第 34 条规定确定管辖。

（2）在适用的审级上，明示协议管辖仅适用于合同或者其他财产权益纠纷中的第一审案件，对第二审案件，当事人不得以协议方式选择管辖法院。

（3）在适用的方式上，明示协议管辖是要式行为，必须采用书面形式。这里规定的书面协议，包括书面合同中的协议管辖条款或者诉讼前以书面形式达成的选择管辖的协议。如果约定在合同中，有关协议管辖的条款应被视为具有独立性的条款，即使合同被确认无效，协议管辖条款的效力亦不受影响。

（4）在选择的法院范围上，当事人应当在法律规定的范围内进行选择。法律规定的可供当事人选择的法院是原告住所地、被告住所地、合同签订地、合同履行地、标的物所在地等与争议有实际联系的地点的人民法院。将当事人选择的范围限定于与合同纠纷有实际联系的地点的法院是合理的和必要的。与 1991 年《民事诉讼法》相比，2012 年修改《民事诉讼法》明确列举的可以协议选择的法院范围没有变化，但许可当事人协议选择五个法院之外的与争议有实际联系的地点的其他法院，由此在一定程度上拓宽了当事人协议选择的法院范围。

（5）在管辖的类型上，当事人选择法院时，不得违反有关级别管辖和专属管辖的规定。当事人在协议时只能变更第一审的地域管辖，不得变更级别管辖，不得将依法由基层人民法院管辖的诉讼约定由中级乃至高级人民法院管辖，否则会造成审级关系的混乱。专属管辖是强制性管辖，因此不允许当事人通过协议改变专属管辖。

《民诉法司法解释》对明示协议管辖还作出了以下规定：（1）根据管辖协议，起诉时能够确定管辖法院的，从其约定；不能确定的，依照民事诉讼法的相关规定确定管辖。（2）管辖协议约定两个以上与争议有实际联系的地点的人民法院管辖，原告可以向其中一个人民法院起诉。（3）经营者使用格式条款与消费者订立管辖协议，未采取合理方式提请消费者注意，消费者主张管辖协议无效的，人民法院应予支持。（4）管辖协议约定由一方当事人住所地人民法院管辖，协议签订后当事人住所地变更的，由签订管辖协议时的住所地人民法院管辖，但当事人另有约定的除外。（5）合同转让的，合同的管辖协议对合同受让人有效，但转让时受让人不知道有管辖协议，或者转让协议另有约定且原合同相对人同意的除外。

（二）默示协议管辖

《民事诉讼法》第 127 条规定，人民法院受理案件后，当事人未提出管辖异议，并应诉答辩的，视为受诉人民法院有管辖权，但违反级别管辖和专属管辖规定的除外。该条规定即为默示协议管辖的法律依据。《民诉法司法解释》第 35 条规定，当事人在答辩期间届满后未应诉答辩，人民法院在一审开庭前，发现案件不属于本院管辖的，应当裁定移送有管辖权的人民法院。《民诉法司法解释》第 223 条规定，当事人在提交答辩状期间提出管辖异议，又针对起诉状的内容进行答辩的，人民法院应当依照《民事诉讼法》第 127 条第 1 款的规定，对管辖异议进行审查。当事人未提出管辖异议，就案件实体内容进行答辩、陈述或者反诉的，可以认定为《民事诉讼法》第 127 条第 2 款规定的应诉答辩。

从以上法律规定可以看出，默示协议管辖的成立必须同时满足两个要件：（1）人民法院受理案件后，当事人未提出管辖异议；（2）当事人实施了积极的应诉答辩行为，即当事人就案件实体内容进行答辩、陈述或者提出反诉。如果当事人既提出管辖异议，又针对起诉状内容进行答辩的，就不能构成默示协议管辖。

默示协议管辖是从尊重当事人意愿的角度出发设置的一项诉讼制度。从法院自身来说，只要当事人没有积极地进行应诉答辩，法院在一审开庭前发现本院没有管辖权的，就应当裁定将案件移送到有管辖权的法院，而不能按照默示协议管辖的规定来处理。

第五节　裁定管辖

裁定管辖是指依据法院的裁定确定诉讼管辖。管辖的确定主要是依据法定管辖，裁定管辖是法定管辖的必要补充。民事诉讼法规定的裁定管辖有三种，即移送管辖、指定管辖和管辖权的转移。

一、移送管辖

移送管辖，是指人民法院在受理民事案件后，发现自己对案件并无管辖权，依法将案件移送给有管辖权的人民法院审理。移送管辖是为了人民法院受理案件发现错误时提供的一种纠错办法，它只是案件的移送，而不是管辖权的移送。移送管辖通常发生在同级人民法院之间，用来纠正地域管辖的错误，但有时也发生在上下级人民法院之间。

《民事诉讼法》第 36 条规定:“人民法院发现受理的案件不属于本院管辖的，应当移送有管辖权的人民法院，受移送的人民法院应当受理。受移送的人民法院认为受移送的案件依照规定不属于本院管辖的，应当报请上级人民法院指定管辖，不得再自行移送。”这一规定表明移送管辖必须同时具备以下三个条件:

1. 人民法院已经受理案件

对案件有管辖权是人民法院受理案件的必要条件之一，人民法院在立案前就应当查明本院对某一案件有无管辖权，对不属于本院管辖的案件，告知当事人向有管辖权的人民法院起诉，当事人坚持起诉的，裁定不予受理，不发生移送的问题。只有在人民法院受理后发现案件不属于自己管辖，才有移送的必要。

2. 移送的人民法院对案件无管辖权

管辖权是人民法院对案件行使审判权的前提条件，没有管辖权，就不能对案件进行审理和裁判，应将案件移送到有管辖权的人民法院。如果受诉法院对案件有管辖权，不得将案件移送至其他有管辖权的法院。

3. 受移送的人民法院对案件有管辖权

移送的目的在于纠正案件管辖的错误，使民事诉讼法关于管辖的规定得到正确执行，因此接受移送的法院只能是有管辖权的人民法院。

人民法院在下列情况下不得移送:(1)受移送的人民法院即使认为本院对移送来的案件并无管辖权，也不得再自行将案件移送到其他法院，而只能报请上级人民法院指定管辖。

(2)有管辖权的人民法院受理案件后，不得以行政区域变更为由，将案件移送给变更后有管辖权的人民法院。

(3)两个以上人民法院对案件都有管辖权时，应当由先立案的人民法院具体行使管辖权，先立案的法院不得将案件移送至另一有管辖权的人民法院。法院如在立案前发现其他有管辖权的法院已先立案的，不得重复立案；立案后发现其他有管辖权的人民法院已先立案的，裁定将案件移送到先立案的人民法院。当事人基于同一法律关系或同一法律事实而发生纠纷，以不同诉讼请求分别向有管辖权的不同人民法院起诉的，后立案的人民法院在得知有关法院先立案的情况后，应当将案件移送先立案的人民法院合并审理。

(4)人民法院对管辖异议审查后确定有管辖权的，不因当事人提起反诉、增加或者变更诉讼请求等改变管辖，但违反级别管辖、专属管辖规定的除外。

二、指定管辖

指定管辖，是指上级人民法院以裁定方式指定其下级人民法院对某一案件行使管辖权。依据《民事诉讼法》第 36 条和第 37 条的规定，指定管辖适用于以下三种情形：

（1）受移送的人民法院认为自己对移送来的案件无管辖权。

（2）有管辖权的人民法院由于特殊原因，不能行使管辖权。特殊原因从理论上说可能包括两种情形：一是法院的全体法官均需回避；二是有管辖权的人民法院所在地发生了严重的自然灾害。但在实践中，整个法院的全体法官均需回避的情形是极少发生的。

（3）通过协商未能解决管辖权争议。管辖权争议分积极争议和消极争议两种情况。前者指两个或两个以上的人民法院均认为自己对某一案件有管辖权，争着受理这一案件；后者指两个或两个以上的人民法院认为自己对某一案件无管辖权，均不愿受理该案。

发生管辖权争议后，应尽可能通过协商解决，协商不成的，应报请它们的共同上级人民法院指定管辖。如双方为同属一个地、市的基层人民法院，由该地、市的中级人民法院指定管辖；如同属一个省、自治区、直辖市的两个人民法院，由该省、自治区、直辖市的高级人民法院及时指定管辖；如双方为跨省、自治区、直辖市的人民法院，先由双方的高级人民法院协商，协商不成的，由最高人民法院及时指定管辖。报请上级人民法院指定管辖时，应当逐级进行。

人民法院指定管辖的，应当作出裁定。对报请上级人民法院指定管辖的案件，下级人民法院应当中止审理。指定管辖裁定作出前，下级人民法院对案件作出判决、裁定的，上级人民法院应当在裁定指定管辖的同时，一并撤销下级人民法院的判决、裁定。

三、管辖权转移

管辖权转移，是指依据上级人民法院的决定或同意，将案件的管辖权从原来有管辖权的人民法院转移至无管辖权的人民法院，使无管辖权的人民法院因此而取得管辖权。管辖权转移在上下级人民法院之间进行，通常在直接的上下级人民法院间进行，是对级别管辖的变通和个别调整。根据《民事诉讼法》第 38 条的规定，管辖权转移的情形有以下两种：

1. 向上转移

向上转移，是指管辖权从下级人民法院转至上级人民法院，包括两种情况：一是上级人民法院认为下级人民法院管辖的第一审民事案件应当由自己审理时，有权决定把案件调上来自己审理，人民法院作出决定后，管辖权即发生转移；二是下级人民法院对它所管辖的第一审民事案件，认为需要由上级人民法院审理的，可以报请上级人民法院审理，上级人民法院同意的，案件管辖权转移至上级人民法院，上级人民法院不同意的，案件仍由下级人民法院管辖。

2. 向下转移

向下转移，是指上级人民法院将自己管辖的第一审案件交给下级人民法院审理。一般情况下，管辖权向下转移发生在上级人民法院受理案件后，对案件进行了初步审查，认为案情简单，由下级人民法院审理更便于当事人参与诉讼和法院调查案情，而将管辖权转移给下级人民法院。还有一种情况是下级人民法院受理了本应由上级人民法院管辖的第一审案件，然后打报告请求上级人民法院将管辖权下放给它，上级人民法院作出同意的决定，将管辖权转移给下级人民法院。

从司法实践的情况看，规定管辖权可以向上转移有利于案件的公正审理，但无法定条件限制的管辖权向下转移却常常成为部分案件规避级别管辖的方式，损害了诉讼程序的公正性和当事人的合法权益。2012 年修改后的《民事诉讼法》保留了管辖权向下转移制度，但设定了两个条件，一是确有必要交下级人民法院审理，二是报请其上级人民法院批准。《民诉法司法解释》第 42 条明确了“确有必要交下级人民法院审理”的具体情形：（1）破产程序中有关债务人的诉讼案件；（2）当事人人数众多且不方便诉讼的案件；（3）最高人民法院确定的其他类型案件。人民法院将案件交下级人民法院审理的时间是开庭前。从程序上看，人民法院交下级人民法院审理前，应当报请其上级人民法院批准；上级人民法院批准后，人民法院应当裁定将案件交下级人民法院审理。

管辖权的转移与移送管辖不同。其区别是：（1）管辖权转移限于有隶属关系的上下级人民法院之间，是调节级别管辖的一种规定；移送管辖一般限于同级人民法院之间，是落实地域管辖的一种规定。（2）管辖权转移是指案件的管辖权从有管辖权的法院转移到无管辖权的法院，所转移的是案件的管辖权；移送管辖是案件从没有管辖权的法院转移到有管辖权的法院，所转移的是案件而不是管辖权。（3）管辖权的转移须经上级人民法院决定或同意；移送管辖则不须经上级人民法院或受移送法院同意。

第六节　管辖权异议

一、管辖权异议的概念

管辖权异议是指人民法院受理案件后，当事人认为该人民法院对案件没有管辖权的主张和意见。管辖权异议既可以针对地域管辖提出，也可以针对级别管辖提出。

管辖问题关系到当事人的切身利益，是民事诉讼中的重要程序事项。而确定管辖的因素又比较复杂，当事人对管辖权的归属理解不一定准确，法院在判断是否属于本院管辖时也有可能出现错误，因此应当赋予当事人就案件管辖权提出异议的权利，以使案件的审理具备基本的程序正当性。

二、管辖权异议的条件

根据《民事诉讼法》第 127 条的规定，管辖权异议的成立须满足以下条件：

1. 异议的主体

民事案件管辖权依据的是本案当事人的住所地、行为地等因素，因此有权提出管辖权异议的主体限于本案的当事人，即原告和被告，第三人无权提出管辖权异议。由于原告是主动选择管辖法院的一方，所以在司法实践中，提出管辖权异议的通常是被告。但是也不排除原告提出管辖权异议的情形，例如，原告误向没有管辖权的法院提起诉讼，法院也未发现自己没有管辖权而予以受理的，或者被追加参加诉讼的共同原告，都有可能向法院提出管辖权异议。

2. 异议的期间

当事人提出管辖权异议限于提交答辩状期间，即被告人收到起诉状副本之日起 15 日内。逾期提出管辖权异议的，法院不予审查。

3. 异议的对象

当事人提出管辖权异议只能针对第一审案件的管辖权，对第二审法院不得提出管辖权异议。管辖制度是针对第一审案件设立，上诉案件的管辖权取决于第一审案件的管辖权，因此无需给予当事人对第二审程序的管辖异议权。

三、管辖权异议的处理

人民法院对当事人提出的异议，应当审查。异议成立的，裁定将案件移送有管辖权的人民法院；异议不成立的，裁定驳回。当事人不服的，可以在 10 日之内向上一级法院提起上诉。

本 章 小 结

主管和管辖是民事诉讼十分重要的程序问题，关系到当事人合法权益的维护和法律的正确适用。民事诉讼主管，是指人民法院受理一定范围内民事纠纷的权限，或者说是确定法院与其他国家机关、社会组织之间解决民事纠纷的分工。民事诉讼管辖，是指确定各级人民法院和同级人民法院之间受理第一审民事案件的分工和权限。

对于某一民事纠纷，首先要判断是否属于民事诉讼主管范围，其次根据案件的性质、影响范围、案情繁简、诉讼标的金额等标准确定由哪一级法院管辖，最后分别依据一般地域管辖、特殊地域管辖和专属管辖的原理选定管辖法院。一般地域管辖，又称普通管辖，是指以当事人所在地与法院的隶属关系确定的管辖，通常适用“原告就被告”原则。特殊地域管辖，又称特别管辖，通常不是以被告所在地，而是以引起诉讼的法律事实的所在地、诉讼标的所在地为标准确定诉讼的管辖法院。专属管辖，是指法律规定某些特殊类型的案件专门由特定的法院管辖。合同或者其他财产权益纠纷的当事人还可以书面协议选择与争议有实际联系地点中双方都信任的人民法院审理案件。遇到法律规定的特殊情形，人民法院可以通过移送管辖、指定管辖或管辖权转移的方式变通适用法律，解决管辖权问题。当事人认为受诉法院没有管辖权的，可以提出管辖权异议。

思考题

1. 人民法院主管的民事案件有哪些？
2. 什么是管辖恒定？
3. 确定级别管辖的标准是什么？中级人民法院管辖的民事案件有哪些？
4. 简述一般地域管辖的原则和例外。
5. 试述协议管辖。
6. 管辖权向下转移的条件和程序是怎样的？移送管辖和管辖权转移有何区别？

案例分析题

[案情简介] 2017 年 2 月，家住甲市 A 区的赵刚向家住甲市 B 区的李强借了

5000 元，言明 2018 年 2 月之前偿还。到期后赵刚一直没有还钱。2018 年 3 月，李强找到赵刚家追讨该债务，发生争吵。赵刚因所牵宠物狗易受惊，遂对李强说：“你不要大声喊，狗会咬你。”李强不理，仍然叫骂，并指着狗叫喊。该狗受惊，扑向李强并将其咬伤。李强治伤花费 6000 元。

[分析问题]

（1）关于李强与赵刚之间欠款的诉讼，哪些法院有管辖权？

（2）关于李强要求赵刚支付医药费的诉讼，哪些法院有管辖权？

延伸阅读

1. 孙邦清:《民事诉讼管辖制度研究》，中国政法大学出版社 2008 年版。

2. 苏泽林主编:《人民法院级别管辖标准》，法律出版社 2009 年版。

3. 王亚新、陈杭平、刘君博:《中国民事诉讼法重点讲义》，高等教育出版社 2017 年版。

4. 肖建国、刘东:《管辖规范中的合同履行地规则研究》，载《现代法学》2015 年第 5 期。

5. 黄忠顺:《论应诉管辖制度的解释模式》，载《法商研究》2017 年第 3 期。

第六章　民事诉讼当事人

本章知识要点：当事人具备的诉讼权利能力和诉讼行为能力分别立足于民法和民事诉讼法。在一个具体的民事诉讼中，原告和被告是最基本和最典型的当事人。原告与被告的对立，是民事诉讼存在和继续的前提。并非所有的诉讼主体都只是原告和被告。共同诉讼和第三人诉讼的共同点是，诉讼主体更加复杂，并非单纯的一对一。前者又依据实体上不同的法律关系，分为必要共同诉讼和普通共同诉讼；后者依据第三人有无独立请求权分为有独立请求权第三人和无独立请求权第三人，二者在诉讼中拥有不同的权利和地位。诉讼权利能力、诉讼行为能力及二者的联系与区别、共同诉讼的类型和特征、有独立请求权的第三人、无独立请求权的第三人是本章的学习重点。

第一节　民事诉讼当事人概述

一、当事人的概念

民事诉讼当事人，是指以自己的名义进行诉讼，请求人民法院行使民事审判权的人。

民事诉讼当事人，包括形式上的当事人和实质上的当事人。形式上的当事人即起诉状所记载的当事人，它是一个纯粹的诉讼法上的概念，既包括适格的当事人，也包括不适格的当事人；既包括与民事法律关系相关的当事人，又包括与民事法律关系无关的当事人。实质上的当事人，也称适格的当事人，是指在一个特定的民事案件中具有合法的、正确的当事人资格的人，确定实质上的当事人通常要考查民事实体法律关系。区分形式上的当事人与实质上的当事人十分重要，理由如下：第一，当事人确定管辖，例如“原告就被告”，只能依据形式上的当事人确定；第二，形式上的当事人引起诉讼程序的开始，而当事人是否适格，应该在诉讼程序中进行审查；第三，形式上的当事人具有将民事纠纷引入民事诉讼的功能，而实质意义上的当事人具有权利保护的功能。

民事诉讼当事人还有广义与狭义之分。狭义的当事人，仅指原告和被告。广义的当事人，除了原告、被告之外，还包括共同诉讼人、诉讼代表人和第三人。

狭义的当事人在不同的诉讼程序、阶段中有不同的称谓。在第一审普通程序中，称为原告和被告；在第二审程序中称为上诉人和被上诉人；在审判监督程序中，如果适用第一审程序再审，则称为原审原告和原审被告，如果适用第二审程序再审，则称为原审上诉人和原审被上诉人；在特别程序中，称为起诉人或者申请人；在执行程序中，称为申请执行人和被执行人。当事人的不同称谓，一方面表明他们处于不同的诉讼程序和阶段，另一方面表明他们享有不同的诉讼权利。

二、诉讼权利能力与诉讼行为能力

（一）诉讼权利能力

1. 诉讼权利能力的概念

诉讼权利能力，又称当事人能力，是指成为民事诉讼当事人，享有民事诉讼权利、承担民事诉讼义务所需的法律上的资格。根据我国民事诉讼法的规定，公民、法人和其他组织享有诉讼权利能力。

诉讼权利能力不是就一个特定民事案件成为当事人的资格，而是从抽象的、一般的民事诉讼来讲，成为民事诉讼当事人的资格。诉讼权利能力是当事人进行诉讼的必要条件。人民法院受理案件后，如果发现起诉状中记载的“当事人”没有诉讼权利能力，将裁定驳回起诉。

2. 诉讼权利能力与民事权利能力的关系

诉讼权利能力与民事权利能力存在着一定的关联，在一些情况下表现为一致性，在另一些情况下则表现为分离性。

诉讼权利能力与民事权利能力的一致性表现为：一些享有民事权利能力的人也享有诉讼权利能力，即公民和法人是民法上的主体，同时他们也享有诉讼权利能力。公民从出生时起到死亡时止享有民事权利能力，在其享有民事权利能力的同时也享有诉讼权利能力。法人自成立时起到终止时止享有民事权利能力，在其享有民事权利能力的同时也享有诉讼权利能力。

诉讼权利能力与民事权利能力的分离性表现为：一些不享有民事权利能力的人却享有诉讼权利能力。例如，其他组织不是民法上的主体，但它们在民事诉讼中却享有诉讼权利能力，可以成为民事诉讼当事人。

（二）诉讼行为能力

1. 诉讼行为能力的概念

诉讼行为能力，又称诉讼能力，是指当事人亲自实施诉讼行为，以自己的行为行使诉讼权利并承担诉讼义务所需的法律上的资格。

诉讼行为能力这个概念关注的不是哪些人有权成为民事诉讼当事人，而是在已经成为民事诉讼当事人的人中，哪些人可以亲自实施诉讼行为，哪些人不能亲自实施诉讼行为。对于不能亲自实施诉讼行为的当事人，应当由其代理人代为实施诉讼行为。

2. 诉讼行为能力与民事行为能力的关系

当事人的诉讼行为能力与民事行为能力密切相关。

对于公民而言，凡是完全民事行为能力人，其在民事诉讼中也享有诉讼行为能力，可以亲自实施诉讼行为；凡是无民事行为能力或者限制民事行为能力人，民事诉讼法都认为他们是无诉讼行为能力人，他们不能亲自实施诉讼行为，必须由其法定代理人代为实施诉讼行为。限制民事行为能力人不享有诉讼行为能力的原因在于：诉讼行为具有法定性、复杂性的特点，限制民事行为能力人的精神健康状况无法辨认自己行为的性质和后果，无法适应复杂的诉讼活动。

对于法人而言，它们的民事行为能力，自其成立时产生，到其终止时消灭。法人的诉讼行为能力与民事行为能力一样，自成立时产生，到终止时消灭。

对于其他组织而言，它们不是法定的民事主体，不享有民事行为能力。但在民事诉讼中，诉讼法却赋予其亲自实施诉讼行为的能力。它们的诉讼行为能力，自依法成立时产生，到依法终止时消灭。

3. 诉讼行为能力与诉讼权利能力的关系

对于公民而言，他们完全享有诉讼权利能力，却不都享有诉讼行为能力。其中，只有完全民事行为能力人才享有诉讼行为能力，无民事行为能力人、限制民事行为能力人不享有诉讼行为能力。

只有对于法人和其他组织而言，它们的诉讼权利能力与诉讼行为之间才存在着相互对应的关系，凡是有诉讼权利能力的，也都享有诉讼行为能力。因为法人和其他组织的行为能力从成立时产生，到终止时消灭，不存在受到限制的问题。

三、当事人适格

（一）当事人适格的含义

当事人适格，又称正当当事人，是指就一个特定的民事诉讼，作为本案当事人起诉或者应诉的资格。

当事人适格与诉讼权利能力不同。诉讼权利能力是成为民事案件当事人的资格，这里的民事案件不是具体的个案，而是普遍的、抽象的民事案件。而当事人适格所解决的问题，是就一个具体的个案，起诉状记载的当事人是否有成为正当当事人的资格。我们可以说，每一个公民、法人或者其他组织都享有诉讼权利能力，但在一个具体的民事案件中，只有由适格的当事人进行诉讼，民事诉讼才不致混乱无序、毫无效果地进行下去。

当事人适格与形式上的当事人不同。我们知道，形式上的当事人仅以原告的起诉状确定，至于这些当事人是否适格、正当，则并不重要。我们可以这样认为，原告在起诉状里记载的，有些是适格的当事人，也有些是不适格的当事人。其中的原因在于，确定适格的当事人是比较复杂的工作，原告在不懂规则的情况下列错了当事人，也是在所难免的事情。对于那些不适格的当事人，由于他们没有资格起诉或者应诉，人民法院应当予以变更。

（二）确定适格当事人的标准

为了使诉讼在适格的当事人之间进行，避免无益的劳作，法律应当确定判断适格当事人的标准。确定适格的当事人，单纯地从诉讼法的角度考查是不够的，还应当结合民法的视角进行判断。根据我国民事诉讼法的有关规定，确定适格的当事人应当遵循以下一个原则和两项例外：

1. 原则

考查诉讼当事人是否为争议的民事法律关系主体，是判断当事人是否适格的一个原则。

这个原则与民事诉讼法的任务密切相关。我国《民事诉讼法》的任务中有“确认民事权利义务关系，制裁民事违法行为，保护当事人的合法权益”的规定。既然民事诉讼保护民事权利，那么民事权利义务的主体即民事法律关系的主体，就应当成为民事诉讼权利义务的主体，即民事诉讼当事人。经过人民法院的审理和裁判，判决败诉的当事人（义务人）履行民事义务、承担民事责任，也就实现了民事诉讼法的任务。

司法实践中，绝大部分民事案件的当事人同时也是争议的民事法律关系的主体。例如，常见的买卖合同纠纷，由于买受人逾期不给付价款，出卖人将买受人诉至人民法院。在民事诉讼中，出卖人是原告，买受人是被告，同时，他们也是争议的合同法律关系的双方主体。如果在一个民事案件中，诉状记载的当事人就是他们争议的民事法律关系的双方主体，我们就可以确定，他们是适格的当事人。

2. 例外

随着社会的进步，传统的以民事法律关系为标准判断当事人是否适格，已经无法满足当事人的需要了。在一些情况下，出现了非民事法律关系主体，却有必要成为当事人进行诉讼的情况。例如，财产代管人在保护失踪人权利的诉讼中，他并不是争议的民事法律关系的一方主体，失踪人才是争议的民事法律关系的一方主体。但由于失踪人下落不明，其与财产代管人之间又没有代理关系，这使得失踪人作为当事人进行诉讼成为一件不可能的事情。此时，财产代管人有必要成为当事人，以自己的名义进行诉讼，以保护失踪人的权利。为了满足类似的需要，我国法律允许在例外的情况下，非民事法律关系主体也可以成为民事诉讼当事人。这些例外主要有两种情况：

（1）诉讼担当人。诉讼担当人是指依据当事人的意思或者法律的规定，对他人的民事法律关系或者民事权利享有管理权的人。其中，依据当事人的意思而享有管理权的，称为任意的诉讼担当；依据法律的规定而享有管理权，称为法定的诉讼担当。我国民事诉讼法禁止任意的诉讼担当，只允许法定的诉讼担当。

我国法律规定的诉讼担当人主要有：①依据《破产法》第 25 条的规定，破产企业的管理人或者清算组可以依法进行必要的民事活动，代表破产企业参加诉讼程序。这是因为，在企业法人被人民法院裁定宣告破产后，它的民事权利能力与民事行为能力就受到了限制，不能以自己的名义起诉、应诉。有关破产企业的诉讼，应当由管理人或者清算组以自己的名义进行。②《继承法》第 23 条和第 24 条规定了遗嘱执行人与遗产管理人的制度。一般认为，在有关遗产的诉讼中，遗嘱执行人与遗产管理人可以以自己的名义进行诉讼。

（2）确认之诉中对民事法律关系有诉的利益的人。在确认之诉中，对适格当事人的判断，不能依据当事人是否是争议的民事法律关系主体来确定。因为在人民法院作出判决之前，当事人之间的民事法律关系还没有得到确定。既然不能从民事法律关系来确定确认之诉的当事人，我们必须依据其他标准进行确认。这种方法就是分析诉状记载的当事人对于确认之诉是否有诉的利益。前面讲过，诉的利益就是运用诉讼程序解决纠纷、保护权利的必要性。所以在确认之诉中，不论是积极的确认之诉，还是消极的确认之诉，只要人民法院认定民事法律关系的存否对于原告的权益有影响，而被告与原告就民事法律关系的存否有争议，他们就都是适格的当事人。

需注意的是，只有在法律有规定的情况下，才允许非民事法律关系主体成为民事诉讼当事人。法律规定的标准是严格的，但随着社会的发展和法律的演进，确定当事人适格的标准也将不断地发展。

四、当事人的变更

当事人的变更，是指在民事诉讼的过程中，人民法院将不适格的当事人变更为适格的当事人。

我们知道，形式上的当事人是最初意义上的当事人，它是由原告在诉状中确定的。人民法院在审查起诉时，仅对原告的起诉进行形式审查，经审查可以排除掉那些表面上不适格的当事人。经过人民法院受理案件、进行实质审理之后，人民法院在查明事实的基础上，依照适格当事人的标准对原告记载的当事人进行最终的确定，如果原告记载的当事人适格，当事人承受人民法院的判决就具有了正当性；如果原告记载的当事人不适格，包括他本人不适格和他确定的被告不适格，人民法院就不能对他们进行判决，在这种情况下，应当对不适格的当事人进行变更。

我国现行民事诉讼法没有关于不适格当事人变更的规定。理论上与司法实践的通说认为，变更不适格当事人的正确做法应当是：对于原告不适格的，人民法院应当告知原告，如果不适格的原告不愿意退出诉讼的，裁定驳回起诉；人民法院在通知适格的原告后，适格的原告不愿意参加诉讼的，可以终结案件的审理，作结案处理。对于被告不适格的，人民法院应当通知原告更换，原告不同意更换的，裁定驳回起诉；更换被告后，适格的被告应当参加诉讼，对于符合缺席判决条件的，可以缺席判决。

五、当事人诉讼权利和诉讼义务的承担

（一）诉讼权利和诉讼义务承担的概念

当事人诉讼权利义务的承担，是指在诉讼过程中，由于出现了特殊的事由，一方当事人的诉讼权利和诉讼义务全部转移给案外人，由案外人承受原当事人的诉讼权利和诉讼义务后，以当事人的身份继续进行诉讼。

（二）诉讼权利和诉讼义务承担的原因

司法实践中，发生诉讼权利和诉讼义务承担的主要情形有：

1. 一方当事人死亡

在诉讼过程中，一方当事人死亡，其实体权利义务转移给继承人，所以应当由死者的继承人承担诉讼权利和诉讼义务，以当事人的名义继续进行诉讼。如果实体权利义务是专属于死亡一方当事人的不可转移的人身性权利义务，则不发生诉讼权利义务的承担。例如，追索赡养费案件中的权利人死亡，就不会发生诉讼权利义务

承担的情况。

2. 法人分立或者合并

法人分立或者合并后，应当由承受原来法人权利、义务的新法人承担诉讼权利和诉讼义务。

3. 法人解散、被撤销或者被宣告破产

法人解散、被撤销或者被宣告破产后，由清算组接管企业法人的财产，所以应当由清算组承担该法人的诉讼权利和诉讼义务。

（三）当事人诉讼权利和诉讼义务承担的法律后果

当事人的诉讼权利和诉讼义务发生承担之后，会产生两个方面的法律后果：

（1）原来当事人实施的诉讼行为对于后来当事人依然有效。这是因为，后来当事人既然承受了原来当事人的全部权利，既包括实体权利，也包括诉讼权利，前者就应该接受后者先前实施的法律行为的效力，既包括民事法律行为，也包括民事诉讼行为。

（2）当事人的诉讼权利义务承担之后，诉讼程序不应该也没有必要重新开始，而是继续进行。

第二节　原告与被告

一、原告与被告的概念

原告，是指以自己的名义启动诉讼程序，诉称自己或者自己管理的民事权利受到侵害或者与人发生争议的人。被告，是指被原告诉称侵犯原告权利或者与原告发生争议，而由人民法院通知应诉的人。

原告与被告是民事诉讼中最基本、最典型的当事人。原告与被告的对立，是民事诉讼得以存在和继续的前提条件。需要注意的是，原告与被告是诉讼程序上相互对立的当事人，并不意味着原告一定是权利享有者，被告是义务承担者。

二、原告与被告的类别

民事诉讼法规定，公民、法人和其他组织可以成为民事诉讼的原告和被告。在普通民事案件中，确定适格的原告与被告并不困难，只要考查实体法律关系主体就可以达到目的。在司法实践中，如何确定原告与被告的诉讼地位，要注意一些特殊情况。

(一) 公民

公民既可以作为原告，也可以作为被告。根据《民诉法适用意见》，公民作为当事人有下列几种特殊情况：

1. 以业主为当事人

《民诉法司法解释》第59条规定，在诉讼中，个体工商户以营业执照上登记的经营者为当事人。有字号的，以营业执照上登记的字号为当事人，但应同时注明该字号经营者的基本信息。这说明，公民以个体工商户的名义从事工商业经营而发生的诉讼，不能以个体工商户的身份作为民事诉讼当事人，只能以公民个人的身份作为民事诉讼当事人。

2. 以行为人为当事人

《民诉法司法解释》第62条规定，下列情形，以行为人为当事人：(1) 法人或者其他组织应登记而未登记，行为人即以该法人或者其他组织名义进行民事活动的；(2) 行为人没有代理权、超越代理权或者代理权终止后以被代理人名义进行民事活动的，但相对人有理由相信行为人有代理权的除外；(3) 法人或者其他组织依法终止后，行为人仍以其名义进行民事活动的。

(二) 法人

法人是具有民事权利能力和民事行为能力，依法独立享有民事权利和承担民事义务的组织。法人作为原告或者被告进行诉讼还应注意以下几个问题：

1. 法人作为当事人，应当由其法定代表人进行诉讼

法人的正职负责人是法人的法定代表人。没有正职负责人的，由主持工作的副职负责人担任法定代表人。设有董事会的法人，以董事长为法定代表人；没有董事长的法人，经董事会授权的负责人可作为法人的法定代表人。在起诉时，法人应提交法定代表人的身份证明书。

2. 法人变更法定代表人时应履行相应的手续

在诉讼中，法人的法定代表人更换的，由新的法定代表人继续进行诉讼，并应向人民法院提交新的法定代表人身份证明书。原法定代表人进行的诉讼行为有效。

3. 法人的工作人员因职务行为或者授权行为发生的诉讼，该法人为当事人

《民法总则》第62条规定，法定代表人因执行职务造成他人损害的，由法人承担民事责任。所以，在法人的工作人员因职务行为或者授权行为发生的诉讼中，该

法人是诉讼当事人，承担民事责任；法人的法定代表人和其他工作人员一般不能成为当事人。

4. 企业法人合并的，因合并前的民事活动发生的纠纷，以合并后的企业法人为当事人

《民法总则》第 67 条规定，法人合并的，其权利和义务由合并后的法人享有和承担。所以，企业法人在合并前发生的纠纷，应当以合并后的企业法人为当事人。

（三）其他组织

根据《民诉法司法解释》第 52 条的规定，其他组织是指合法成立，有一定的组织机构和财产，但又不具备法人资格的组织。其他组织虽然不是民事主体，但是可以成为民事诉讼当事人。民事诉讼法从便利当事人诉讼的角度考虑，赋予其他组织诉讼主体资格。

依据《民诉法司法解释》第 52 条的规定，其他组织包括：（1）依法登记领取营业执照的个人独资企业；（2）依法登记领取营业执照的合伙企业；（3）依法登记领取我国营业执照的中外合作经营企业、外资企业；（4）依法成立的社会团体的分支机构、代表机构；（5）法人依法设立并领取营业执照的分支机构；（6）依法设立并领取营业执照的商业银行、政策性银行和非银行金融机构的分支机构；（7）经依法登记领取营业执照的乡镇企业、街道企业；（8）其他符合本条规定条件的组织。

第三节　共 同 诉 讼

一、共同诉讼的概念和特征

（一）共同诉讼的概念

共同诉讼，是指当事人一方或者双方为两人以上的诉讼。

典型的民事诉讼是原告与被告以一对一的方式进行的，其特点是一个原告，一个被告，一个案件，一个或者多个法官。传统的民事诉讼法就是按照这样的模式构建的。在司法实践中，免不了会发生这样的情形：当事人一方为多数，而不是单数。例如，因共有财产权受到侵害，需要共同所有人成为当事人才能保护他们的实体权利。在多数当事人参加诉讼的情况下，如何判断当事人适格？如何保证诉讼程序的公正？如何更好地保护当事人的实体权利？这些问题需要靠共同诉讼制度加以解决。

《民事诉讼法》第52条及相关司法解释建立了我国的共同诉讼制度。共同诉讼制度，有利于诉讼公正和效率，避免人民法院在处理同一案件时作出相互矛盾的判决。

民事诉讼法学理论中，将原告为两人以上的共同诉讼，称为积极的共同诉讼；将被告为两人以上的共同诉讼，称为消极的共同诉讼；将原告与被告均为两人以上的共同诉讼，称为混合的共同诉讼。我国《民事诉讼法》第52条确定了两种法定的共同诉讼类型，一种是必要共同诉讼，其诉讼标的是共同的；另一种是普通共同诉讼，其诉讼标的是同一种类的。

（二）共同诉讼的特征

相对于典型的民事诉讼，共同诉讼具有以下特征：（1）当事人一方或者双方为两人以上。这是共同诉讼在当事人方面的特征，非常容易识别。（2）诉讼标的为一个或者同一种类的多个。这是共同诉讼在诉讼标的上的特征，如果一个诉讼，其标的既不是同一的，也不是同一种类的，它就不是共同诉讼。（3）适用同一的诉讼程序进行。这是共同诉讼在诉讼程序方面的特征。共同诉讼，不论其诉讼标的是共同的一个，还是同一种类的多个，都适用共同的诉讼程序审理和解决。

二、必要共同诉讼

（一）必要共同诉讼的概念

必要共同诉讼，是指当事人一方或者双方为两人以上，其诉讼标的是共同的诉讼。必要共同诉讼具有以下特征：

1. 当事人一方或者双方为两人以上

必要共同诉讼的当事人一方或者双方主体必须为两人以上。

2. 诉讼标的是共同的

必要共同诉讼中，多数当事人之间的诉讼标的具有同一性。例如，因共有财产权受到侵害，各个共同所有人享有同一个实体法上的请求权，不是享有多个实体法上的请求权，因而诉讼标的不是多个，而是同一个诉讼标的。诉讼标的是共同的这个特征，是必要共同诉讼的本质特征。

3. 人民法院对于必要共同诉讼必须合并审理、合一判决

对于必要共同诉讼，人民法院必须适用同一个诉讼程序进行审理，并且对于多个当事人的权利义务作出内容相同的判决。必要共同诉讼的这个特点，是由诉讼标的是共同的这个特点所决定的。

（二）必要共同诉讼的类型

1. 学理上的划分

我国学理上一般将必要共同诉讼分为两种类型：一种是权利义务共同型必要共同诉讼，另一种是原因共同型必要共同诉讼。

（1）权利义务共同型必要共同诉讼。这种必要共同诉讼，各个共同诉讼人之间对于诉讼标的，在纠纷发生之前就存在着共同的权利关系或者义务关系，由于纠纷被诉至人民法院，他们才取得了共同诉讼人的诉讼地位。例如，在保证合同纠纷中，债务人与承担连带保证责任的保证人之间，自保证合同生效之时起即形成了连带责任关系。不论他们与债权人之间是否发生纠纷，他们都对债务承担连带责任。如果因为债务不履行发生纠纷而诉至法院，他们就取得了共同诉讼人的诉讼地位。

（2）原因共同型必要共同诉讼。这种必要共同诉讼，各个共同诉讼人之间对于诉讼标的，在纠纷发生之前并不存在共同的权利关系或者义务关系，只是由于纠纷（法律事实）的发生，才使得他们之间产生了共同的权利关系或者义务关系，因此称之为原因共同型必要共同诉讼。例如，在共同侵权纠纷中，数人基于共同的过错致人损害。在损害事实发生之前，数人之间并不存在共同的权利关系或者义务关系，只是由于损害事实的发生，他们才产生了共同的义务关系。

2. 司法实践中属于必要共同诉讼的一些情形

根据最高人民法院的相关司法解释，在司法实践中下列情形可认为是必要共同诉讼：

（1）营业执照上登记的经营者与实际经营者不一致的，以登记的经营者和实际经营者为共同诉讼人。（《民诉法司法解释》第 59 条第 2 款）

（2）在诉讼中，未依法登记领取营业执照的个人合伙的全体合伙人在诉讼中为共同诉讼人。个人合伙有依法核准登记的字号的，应在法律文书中注明登记的字号。全体合伙人可以推选代表人；被推选的代表人，应由全体合伙人出具推选书。（《民诉法司法解释》第 60 条）

（3）企业法人分立的，因分立前的民事活动发生的纠纷，以分立后的企业为共同诉讼人。（《民诉法司法解释》第 63 条）

（4）借用业务介绍信、合同专用章、盖章的空白合同书或者银行账户的，出借单位和借用人为共同诉讼人。（《民诉法司法解释》第 65 条）

（5）连带责任保证的债权人可以将债务人或者保证人作为被告提起诉讼，也可以将债务人和保证人作为共同被告提起诉讼。前者属于单独诉讼，后者属于必要共同诉讼。[《最高人民法院关于适用〈中华人民共和国担保法〉若干问题的解释》(简称《担保法解释》) 第 126 条和《民诉法司法解释》第 66 条]

(6) 一般保证的债权人向债务人和保证人一并提起诉讼的，人民法院可以将债务人和保证人列为共同被告参加诉讼。但是，应当在判决书中明确在债务人财产依法强制执行后仍不能履行债务时，由保证人承担连带责任。如果一般保证的债权人仅起诉保证人的，人民法院应当通知债务人作为共同被告参加诉讼。(《担保法解释》第 125 条和《民诉法司法解释》第 66 条)

(7) 企业法人的分支机构为他人提供保证的，人民法院在审理保证纠纷案件中可以将该企业法人作为共同被告参加诉讼。但是商业银行、保险公司的分支机构提供保证的除外。(《担保法解释》第 124 条)

(8) 债权人向人民法院请求行使担保物权时，债务人和担保人应当作为共同被告参加诉讼。同一债权既有保证又有物的担保的，当事人发生纠纷提起诉讼的，债务人与保证人、抵押人或者出质人可以作为共同被告参加诉讼。(《担保法解释》第 128 条)

(9) 在继承遗产的诉讼中，部分继承人起诉的，人民法院应通知其他继承人作为共同原告参加诉讼；被通知的继承人不愿意参加诉讼又未明确表示放弃实体权利的，人民法院仍应把其列为共同原告。(《民诉法司法解释》第 70 条)

(10) 原告起诉被代理人和代理人，要求承担连带责任的，被代理人和代理人为共同被告。(《民诉法司法解释》第 71 条)

(11) 共有财产权受到他人侵害，部分共有权人起诉的，其他共有权人应当列为共同诉讼人。(《民诉法司法解释》第 72 条)

(三) 必要共同诉讼人之间的关系

《民事诉讼法》第 52 条第 2 款规定，共同诉讼的一方当事人对诉讼标的有共同权利义务的，其中一人的诉讼行为经其他共同诉讼人承认，对其他共同诉讼人发生效力。这是民事诉讼法关于必要共同诉讼人之间关系的规定。

必要共同诉讼的诉讼标的是共同的，必要共同诉讼人是独立的诉讼主体，每个人都有权独立地实施诉讼行为。他们实施的诉讼行为，如何能对全体共同诉讼人发生法律效力呢？我国民事诉讼法规定了他人承认原则，即每个共同诉讼人单独实施的诉讼行为，必须经本方的其他当事人同意，才对其他共同诉讼人发生法律效力。这条规则妥善地解决了多数当事人参加诉讼带来的麻烦。例如，在诉讼过程中，共同原告中有一人放弃诉讼请求，这个诉讼行为在未经其他共同诉讼人承认的情况下，不能对全体生效；只有经过所有其他共同诉讼人承认，才能产生放弃诉讼请求的法律效力。

他人承认原则也有例外，即共同诉讼人只要有一人不服第一审裁判提出上诉，如果上诉后为不可分之诉，不论其他共同诉讼人是否承认该上诉行为，上诉行为都对全体共同诉讼人发生法律效力。

（四）必要共同诉讼人的追加

由于必要共同诉讼的标的是同一的，法院只能合一判决，所以在只有一部分共同诉讼人参加诉讼的情况下，人民法院应当追加没有参加诉讼的那一部分共同诉讼人参加诉讼。

必须共同进行诉讼的当事人没有参加诉讼的，人民法院应当依照《民事诉讼法》第 132 条的规定，通知其参加诉讼；当事人也可以向人民法院申请追加。人民法院对当事人提出的申请，应当进行审查，申请无理的，裁定驳回；申请有理的，书面通知被追加的当事人参加诉讼。

人民法院追加共同诉讼的当事人时，应通知其他当事人。应当追加的原告，已明确表示放弃实体权利的，可不予追加；既不愿意参加诉讼，又不放弃实体权利的，仍追加为共同原告，其不参加诉讼，不影响人民法院对案件的审理和依法作出裁判。

三、普通共同诉讼

（一）普通共同诉讼的概念和构成要件

普通共同诉讼，是指当事人一方或者双方为两人以上，其诉讼标的是同一种类，人民法院认为可以合并审理并经当事人同意合并的共同诉讼。

构成一个普通共同诉讼，必须同时具备以下条件：

1. 当事人一方或者双方为两人以上

普通共同诉讼的一方或者双方主体必须为两人以上。

2. 诉讼标的是同一种类

普通共同诉讼中，多数当事人之间的诉讼标的不是同一的，而是同一种类；不是一个，而是多个。所谓同一种类的诉讼标的，是指实体权利请求的性质或者民事法律关系的性质相同。

实体权利请求的性质相同，例如，一人驾车不慎将三个行人撞伤，三个行人将驾车人诉至人民法院。在这个诉讼中，每一个行人都对驾车人享有独立的实体权利请求，这样的实体权利请求一共有三个。虽然这些实体权利请求不同一，但都是基于侵害人身权提出的，而且针对的都是同一个驾车人，所以这三个实体权利请求属于同一种类。

民事法律关系的性质相同，例如，甲对乙、丙、丁分别提起三个确认不动产所有权的确认之诉。甲请求人民法院确认的民事法律关系，其性质都是所有权关系，而且一方主体都是甲。虽然这些民事法律关系不是同一个民事法律关系，但属于同样性质的民事法律关系。

3. 依据管辖规则，多个诉应该由同一个人民法院受理

在普通共同诉讼中，含有诉讼标的种类相同的多个诉。尽管这些诉的标的种类相同，但如果不属于同一个人民法院管辖，就不能合并起来审理，因为这样做违反了管辖规则。在这种情况下只能将若干个诉分开审理，这样既保证了诉讼公正，又不会导致诉讼程序的复杂化。

4. 人民法院认为可以合并审理并经当事人同意合并审理

受理一个普通共同诉讼，必须经过人民法院和双方当事人的同意。只有人民法院的同意，或者只有当事人的同意，案件就不能作为普通共同诉讼来处理。

5. 必须符合诉的合并的目的

诉的合并，必须有利于实现诉讼经济，避免作出矛盾的判决。普通共同诉讼必须要符合这个目的。一方面，对于符合这个目的的案件，人民法院应当允许合并审理，不能因为片面追求立案、结案的数量而拒绝合并审理；另一方面，对于无法达到诉讼经济，造成诉讼复杂、拖延的多个诉，人民法院应当不予合并。

（二）普通共同诉讼人之间的关系

《民事诉讼法》第 52 条第 2 款规定，对诉讼标的没有共同权利义务的，其中一人的诉讼行为对其他共同诉讼人不发生效力。这是民事诉讼法关于普通共同诉讼人之间关系的规定。

普通共同诉讼人之间，对于诉讼标的没有共同权利关系或者义务关系。根据意思自治的理念和处分原则，一个普通共同诉讼人实施的诉讼行为不能对其他普通共同诉讼人产生法律效力。例如，一个普通共同诉讼人同意与对方当事人进行和解，他所实施的这个诉讼行为只能对他自己有效，对所有其他共同诉讼人均不产生任何效力。

在例外情况下，如果一个普通共同诉讼人提出的事实主张或者证据，不仅对其本人有利，同时也对其他普通共同诉讼人有利，人民法院应当准许其他普通共同诉讼人援引这些事实主张或者证据。在民事诉讼法学理论上，这称为主张共通原则和证据共通原则。

第四节　诉讼代表人

一、诉讼代表人制度概述

（一）诉讼代表人的概念

诉讼代表人，是指在当事人一方人数众多的情况下，由人数众多的一方当事人推选或者由人民法院指定进行诉讼的人。

这里所说的当事人一方人数众多，一般是指十人以上。十人以上众多的当事人进行诉讼，必定会给他们行使诉讼权利和人民法院审理、解决民事案件带来麻烦。例如，有的民事案件一方当事人有一千多人，这些人全部到法院参加诉讼，恐怕再大的审判庭也容纳不下；即使能够容纳，他们每个人都亲自在法庭上实施诉讼行为，与对方进行辩论又是一件不可能的事情。如何解决这些问题呢？我国民事诉讼法结合我国民事审判的经验和实际情况，规定了诉讼代表人制度。

诉讼代表人制度，是指由诉讼代表人代表全体人数众多的当事人进行诉讼的制度。诉讼代表人制度的建立，为多数人进行诉讼提供了法律上的依据，既做到了诉讼公正与诉讼经济，又简化了诉讼程序。

（二）诉讼代表人制度的性质

诉讼代表人制度与共同诉讼制度、诉讼代理制度有密切的联系。我国的诉讼代表人制度，以共同诉讼制度为基础，同时吸收了诉讼代理制度的一些机能。诉讼代表人制度以共同诉讼制度为基础，是指诉讼代表人制度是为了解决共同诉讼中人数众多这个问题而建立的，前者不能离开后者这个基础。如果一个诉讼既不是必要共同诉讼，也不是普通共同诉讼，在这个诉讼中就不能实施诉讼代表人制度。诉讼代表人制度吸收了诉讼代理制度的一些机能，是指诉讼代表人实施的诉讼行为对其所代表的当事人发生法律效力，这又是诉讼代理制度的一个特征。

诉讼代表人制度与共同诉讼制度也存在着重要区别：（1）在诉讼活动的参加上，共同诉讼制度要求共同诉讼人亲自参加或者委托代理人参加诉讼；而诉讼代表人制度则不要求众多的当事人参加诉讼，诉讼活动由他们推选或者人民法院指定的诉讼代表人代为进行。（2）在诉讼行为的效力上，共同诉讼制度中，共同诉讼人一人的诉讼行为需经其他共同诉讼人承认才发生法律效力，或者对其他共同诉讼人根本不发生法律效力；而在诉讼代表人制度中，由于经过了推选或者指定这个程序，诉讼代表人的诉讼行为一般对其所代表的当事人发生法律效力，只有代表人变更、放弃诉讼请求或者承认对方当事人的诉讼请求，进行和解这些诉讼行为需经被代表的当事人同意。

诉讼代表人制度与诉讼代理制度也存在着重要区别：（1）在与诉讼标的的利害关系上，诉讼代理人不是本案的当事人，与本案诉讼标的之间不存在任何利害关系；而诉讼代表人是从本案一方人数众多的当事人之间推选或者指定的，与本案的诉讼标的存在利害关系。（2）在实施诉讼行为的目的上，诉讼代理人是为了保护所代理的当事人的合法权益；而诉讼代表人实施诉讼行为，不仅为了保护其所代表的当事人的合法权益，也为了保护自己的合法权益。（3）在实施诉讼行为的法律后果上，诉讼代理人实施诉讼行为的法律后果归属于其所代理的当事人；而诉讼代表人实施诉讼行为的法律后果，不仅归属于其所代表的当事人，也归属于他本人。（4）在代为进行诉讼的人数上，当事人可以委托一至二人作为诉讼代理人；而诉讼代表人的人数应为二至五人，并且每位代表人可以委托一至二人作为诉讼代理人。

二、人数确定的代表人诉讼

人数确定的代表人诉讼，是指由起诉时人数已经确定的共同诉讼人推选出的诉讼代表人，由其代表全体共同诉讼人进行诉讼的制度。提起人数确定的代表人诉讼，应该具备以下几个条件：

1. 当事人一方人数众多

这里所说的人数众多，一般是指十人以上。

2. 在起诉时当事人的人数已经确定

人数众多的一方当事人必须在起诉时特定化，即明确地记载于起诉状中。如果在起诉时一方当事人人数众多且不特定，人民法院不得将其作为人数确定的代表人诉讼处理。

3. 人数众多的一方当事人之间具有同一诉讼标的或者同一种类的诉讼标的

人数确定的代表人诉讼，既可以是必要共同诉讼，也可以是普通共同诉讼，只要它们在起诉时能够满足人数确定的条件。前者如共同所有的财产受到侵害，众多的共有权人提起诉讼；后者如物业公司起诉 100 户业主，请求给付物业管理费。

人数确定的代表人诉讼，代表人的产生方法是：当事人一方人数众多在起诉时确定的，可以由全体当事人推选共同的代表人，也可以由部分当事人推选自己的代表人；推选不出代表人的当事人，在必要共同诉讼中可自己参加诉讼，在普通的共同诉讼中可以另行起诉。

代表人的诉讼行为对其所代表的当事人发生效力，但代表人变更、放弃诉讼请求或者承认对方当事人的诉讼请求，进行和解，必须经被代表的当事人同意。

三、人数不确定的代表人诉讼

（一）人数不确定的代表人诉讼概述

人数不确定的代表人诉讼，是指诉讼标的是同一种类，当事人一方人数众多在起诉时尚未确定，由向人民法院登记的权利人推选诉讼代表人，由其代表全体共同诉讼人进行诉讼的制度。提起人数不确定的代表人诉讼的条件是：

1. 当事人一方人数众多

此处所说的人数众多，同样是指十人以上。

2. 在起诉时当事人的人数尚未确定

在起诉时当事人的人数尚未确定，是指发生纠纷的一方主体是不特定范围的人，在起诉时客观上无法确定其具体人数。

3. 人数众多的一方当事人之间具有同一种类的诉讼标的

人数不确定的代表人诉讼，只能是普通共同诉讼，必要共同诉讼从性质上不能适用人数不确定的代表人诉讼制度进行审判。因为必要共同诉讼中，人数众多的一方当事人对诉讼标的有共同的权利或者共同的义务，只有确定了他们的人数，人民法院才会受理起诉。如果在受理以后发现一部分必要共同诉讼人没有参加诉讼的，人民法院应当依职权予以追加。只有普通共同诉讼，一部分共同诉讼人才有权先提起诉讼，因为普通共同诉讼的标的不是相同的，而是同一种类的。

人数不确定的代表人诉讼，其代表人的产生方法是：当事人一方人数众多在起诉时不确定的，由当事人推选代表人；当事人推选不出的，可以由人民法院提出人选与当事人协商；协商不成的，也可以由人民法院在起诉的当事人中指定代表人。

代表人的诉讼行为对其所代表的当事人发生效力，但代表人变更、放弃诉讼请求或者承认对方当事人的诉讼请求，进行和解，必须经被代表的当事人同意。

（二）人数不确定的代表人诉讼的特殊程序

与人数确定的代表人诉讼相比，人民法院在审理人数不确定的代表人诉讼时，应遵循以下特殊的程序，以保证诉讼的公正：

1. 公告

人民法院受理人数不确定的代表人诉讼后，为了使当事人的人数确定，可以发出公告，说明案件情况和诉讼请求，通知权利人在一定期间内向人民法院登记。这里所说的权利人，是指对诉讼标的享有种类相同的权利的人。公告可以采用在法院公告栏内张贴或在纠纷发生地的主要媒体上发布的方式。公告的期限应根据具体案件的情况确定，最少不得少于 30 日。

2. 登记

登记的目的在于使人数不确定的诉讼转变为人数确定的诉讼。向人民法院登记的当事人，应证明其与对方当事人的法律关系和所受到的损害。这里所说的证明，是指形式上的证明，因为案件还没有进入实质审理阶段。如果登记的权利人证明不了其与对方当事人的法律关系和所受到的损害，则人民法院不予登记，当事人可以选择另行起诉来保护自己的民事权利。

3. 裁判

经过了公告和登记这两个程序，人民法院可以依照法定程序对该诉讼进行实质审理，并作出裁判。人民法院作出的判决、裁定产生两个方面的效力：其一，对于参加登记的全体权利人发生效力；其二，对于未参加登记的权利人，由于其仍享有程序意义上的诉权和实体意义上的诉权，他们可以在诉讼时效期间提起诉讼。人民法院认为其诉讼请求成立的，可以作出裁定适用人民法院已经作出的判决、裁定。

第五节　民事公益诉讼

新《民事诉讼法》第55条规定了民事公益诉讼制度。我国1982年《民事诉讼法(试行)》、1991年《民事诉讼法》以及2007年的修法都未规定民事公益诉讼的内容。民事公益诉讼是2012年修法时新增加的条款。

民事公益诉讼是指对于国家和社会公共利益造成损害的行为，在缺失起诉主体或诉讼主体难以维护诉讼利益时，法律规定的机关或有关组织，有权提起民事诉讼，以维护国家和社会的公共利益或大众利益。公益诉讼是民事诉讼的一个重要的新的诉讼类型。《民事诉讼法》规定了两类公益诉讼，即环境污染和侵害众多消费者合法权益，但是立法用语“等”表明公益诉讼并不局限于该两类公益诉讼，还应该包括与环境污染和侵害众多消费者合法权益价值相等或相近的公益性诉讼，如侵害众多劳动者合法权益的公益诉讼，也应该属于此类。

关于提起公益诉讼的主体资格，该条文明确界定为只有法律赋予了起诉资格的有关机关和有关组织，才有权提起民事公益诉讼，否定了一般的民事主体以原告的身份提起公益诉讼的权利。对于环境污染的公益诉讼，环境保护法并没有设定公益诉讼的诉讼主体，而海洋环境保护法规定，海洋环境监督管理部门代表国家对破坏海洋环境给国家造成重大损失的责任者提出损害赔偿要求。侵害众多消费者合法权益的公益诉讼的合法起诉主体资格，并没有法律明确规定。立法对提起公益诉讼的主体资格作出限制，在目前现状下，既可使公益诉讼在我国适度开展，防止公益诉讼滥用，同时也能保障公益诉讼有序进行。

第六节　第 三 人

一、第三人的概念

民事诉讼中的第三人，是指对原告和被告争议的诉讼标的有独立的请求权，或者虽无独立的请求权，但案件的处理结果同他有法律上的利害关系，而参加到原告和被告已经开始的诉讼中进行诉讼的人。相对于已经参加到诉讼中的原告和被告，上述人等被称为第三人。

我国《民事诉讼法》第 56 条规定了两种第三人：一是有独立请求权的第三人，其对当事人双方的诉讼标的有独立的请求权；二是无独立请求权的第三人，其对双方当事人的诉讼标的没有独立的请求权，仅是案件的处理结果同他有法律上的利害关系。

第三人具有以下法律特征：

1. 第三人参加诉讼的根据

第三人参加诉讼的根据是有独立的请求权，或者是案件的处理结果与其有法律上的利害关系。第三人的这个法律特征，能够将他与诉讼代理人和共同诉讼人区别开来。

2. 第三人参加诉讼的目的

第三人参加诉讼的目的是为了保护自己的民事权利。第三人参加诉讼的目的，既不是维护原告的权利，也不是维护被告的权利，而是保护自己的民事权利。如果他不参加诉讼，他的民事实体权利就受到原告或者被告的侵害，或者他的权利就会减少甚至消灭。

3. 第三人参加诉讼的时间

第三人参加诉讼的时间，是原告、被告之间的诉讼已经开始之后、案件审理终结之前。这个特征使得第三人与原告、被告区别开来。

二、有独立请求权的第三人

（一）有独立请求权的第三人的概念

有独立请求权的第三人，是指对原告和被告争议的诉讼标的有独立的请求权，而参加到原告和被告已经开始的诉讼中的人。

有独立请求权的第三人参加诉讼，会形成一个诉讼程序、两个诉和三方当事人的诉讼结构。

两个诉，包括本诉和参加之诉。本诉，是指原告与被告之间进行的诉讼；参加之诉，是指有独立请求权的第三人作为原告，将本诉的原告和被告作为共同被告诉至人民法院而进行的诉讼。

在本诉与参加之诉中，存在着三方当事人之间的争议。在本诉中，原告与被告存在权利义务的争议；在参加之诉中，有独立请求权的第三人既反对原告的诉讼请求，也反对被告的实体权利请求，无论原告胜诉还是被告胜诉，都侵害了有独立请求权的第三人的合法权益。

上述三方当事人之间的争议、两个诉，全部被人民法院合并到一个诉讼程序中审理和解决。

相对于双方当事人、一个诉的诉讼结构，有独立请求权的第三人参加诉讼的制度至少具有以下几个优点：（1）有利于保护有独立请求权的第三人的实体权利；（2）有利于防止人民法院作出矛盾的裁判；（3）有利于诉讼程序的安定。

（二）有独立请求权的第三人参加诉讼的条件

有独立请求权的第三人参加诉讼，必须同时具备下列条件：

1. 对本诉原告和被告争议的诉讼标的主张独立的请求权

这里所指的请求权，主要是指物权的请求权，也称物上请求权。当无体财产权、亲属权和继承权等绝对权受到侵害时，作为这些基础性权利的救济权——物上请求权就会随之产生。所谓有独立请求权，是主要指第三人通过人民法院向本诉原告和本诉被告所主张的物上请求权。例如，王女士有二儿一女，王女士去世后留下的一处房产被大儿子独占，二儿子认为自己依据法定继承享有继承权，遂将大儿子诉至法院。小女儿得知此事，持母亲的遗嘱请求参加诉讼，原来王女士的遗嘱是由小女儿继承自己的房产。在本案中，小女儿是有独立请求权的第三人，她对于原告和被告争议的继承权问题，享有独立的请求权。因为依据遗嘱只有她才享有继承权，她的两个兄弟不享有继承权；不论是本诉原告二儿子胜诉，还是本诉被告大儿子胜诉，都侵害了她的合法权益。

2. 有独立请求权的第三人所参加的诉讼已经开始、尚未终结

这是对有独立请求权的第三人参加诉讼时间上的要求。首先，有独立请求权的第三人参加诉讼必须在诉讼开始之后。如果诉讼尚未开始，有独立请求权的第三人可以以本诉原告的身份提起诉讼，也就不会成为第三人。其次，有独立请求权的第三人参加诉讼必须在第一审程序审理终结之前。如果第一审程序已经结束，在例外

的情况下，人民法院也可以允许第三人参加第二审程序。但应先对原告、被告和第三人进行调解，如果调解不能达成协议，应当撤销原判，发回重审。

3. 有独立请求权的第三人应当以起诉的方式参加诉讼

第三人既然以起诉的方式参加诉讼，就应该符合民事诉讼法关于起诉和受理的规定。在参加诉讼以后，有独立请求权的第三人也可以撤回起诉。他撤回参加之诉后，原告与被告之间的本诉不受影响，继续进行。

（三）有独立请求权的第三人与必要共同诉讼人的区别

在司法实践中，追加共同诉讼人与第三人容易造成混淆。二者的区别主要表现在以下几个方面：

1. 诉讼地位不同

必要共同诉讼人在诉讼中，或者处于原告的地位，或者处于被告的地位。而有独立请求权的第三人在参加之诉中，处于原告的地位。他既不与本诉原告的利益一致，也不与本诉被告的利益一致。

2. 对争议的诉讼标的主张不同

必要共同诉讼人之间对于诉讼标的具有同样的权利或者义务，对于诉讼标的，他们有共同的主张。而有独立请求权的第三人对于原告、被告之间争议的诉讼标的享有独立的请求权，他的主张既不同于原告，也不同于被告。

3. 参加诉讼的方式不同

必要共同诉讼人一般在原告起诉或者被告应诉时参加诉讼，人民法院受理案件后发现应当参加诉讼的必要共同诉讼人没有参加诉讼的，应当依职权通知其参加，他也可以向人民法院申请参加。而有独立请求权的第三人只能在本诉已经开始、尚未终结之前以起诉的方式参加。他没有起诉参加的，人民法院不能依职权通知其参加诉讼。

三、无独立请求权的第三人

（一）无独立请求权的第三人的概念

无独立请求权的第三人，是指对于原告与被告之间争议的诉讼标的没有独立请求权，但案件的处理结果同他有法律上的利害关系，而参加到原告和被告已经开始的诉讼中的人。

与有独立请求权的第三人相比，无独立请求权的第三人的诉讼权利受到较多限制。《民事诉讼法》第 56 条第 2 款规定，人民法院判决承担民事责任的第三人，有当事人的诉讼权利义务。对此,《民诉法司法解释》第 82 条作出解释：在一审诉讼中，无独立请求权的第三人有当事人的诉讼权利义务，判决承担民事责任的无独立请求权的第三人有权提出上诉。但该第三人在一审中无权对案件的管辖权提出异议，无权放弃、变更诉讼请求或者申请撤诉。

（二）无独立请求权的第三人参加诉讼的条件

无独立请求权的第三人参加诉讼，必须同时具备以下几个条件：

1. 与案件的处理结果有法律上的利害关系

无独立请求权的第三人参加诉讼的根据，不是对原告和被告争议的诉讼标的有独立的请求权，而是案件的处理结果同他有法律上的利害关系。所谓法律上的利害关系，是指无独立请求权的第三人的民事权利或者民事义务，将受到原告与被告之间诉讼的结果的影响，从而使其民事权利有所减少或者维持不变。例如，在债权人代位权诉讼中，债权人可以向人民法院请求以自己的名义代位行使债务人的债权。在代位权诉讼中，债权人是原告，次债务人（即债务人的债务人）是被告，而债务人是无独立请求权的第三人。因为债权人与次债务人之间诉讼的结果，如果债权人胜诉，由次债务人向债权人履行清偿义务，这不仅使得债权人与债务人之间相应的债权债务关系消灭，还会使得债务人与次债务人之间相应的债权债务关系即予消灭，债务人的债权会予以减少或者消灭；如果人民法院认定债权人的代位权不成立，将判决驳回债权人的起诉，此时，债务人对于次债务人的债权就不会减少或者消灭。可见，原告（债权人）与被告（次债务人）之间诉讼的结果，与第三人（债务人）之间存在着法律上的利害关系。

在司法实践中，要区分法律上的利害关系与事实上的利害关系，避免错误地将案外人追加为无独立请求权的第三人。例如，同样是债权人、债务人与次债务人这三个民事主体，如果债权人起诉债务人，就不能将次债务人追加为无独立请求权的第三人。这是因为，债权人与债务人之间诉讼的结果，如果债权人胜诉，债务人将向债权人履行给付义务，而次债务人仍要履行其对于债务人的债务；如果债权人败诉，债务人不必履行对债权人的给付义务，而次债务人并不因此就免除了向债务人为给付的义务。可见，原告（债权人）与被告（债务人）之间的诉讼的结果，与次债务人之间并不存在任何法律上的利害关系，只是存在着事实上的利害关系，将次债务人追加为无独立请求权的第三人是错误的。

2. 无独立请求权的第三人所参加的诉讼已经开始、尚未终结

这是对无独立请求权的第三人参加诉讼时间上的要求。

3. 无独立请求权的第三人参加诉讼的方式是申请参加或者由人民法院通知参加

无独立请求权的第三人有权申请参加原告与被告之间已经开始的诉讼，是因为他与案件的处理结果有法律上的利害关系，从而有参加诉讼的主动性；在一些情况下，无独立请求权的第三人由于种种原因没有参加诉讼的，人民法院可以依职权通知其参加诉讼。

（三）应当作为无独立请求权的第三人参加诉讼的几种情形

根据最高人民法院的相关司法解释，以下几种情况下，相关人员应当作为第三人参加到诉讼中来：

（1）债权人以次债务人为被告向人民法院提起代位权诉讼，未将债务人列为第三人的，人民法院可以追加债务人为第三人。[《最高人民法院关于适用〈中华人民共和国合同法〉若干问题的解释（一）》（简称《合同法解释（一）》）第 16 条]

（2）债权人依照《合同法》第 74 条的规定提起撤销权诉讼时只以债务人为被告，未将受益人或者受让人列为第三人的，人民法院可以追加该受益人或者受让人为第三人。（《合同法解释（一）》第 24 条）

（3）债权人转让合同权利后，债务人与受让人之间因履行合同发生纠纷诉至人民法院，债务人对债权人的权利提出抗辩的，可以将债权人列为第三人。（《合同法解释（一）》第 27 条）

（4）经债权人同意，债务人转移合同义务后，受让人与债权人之间因履行合同发生纠纷诉至人民法院，受让人就债务人对债权人的权利提出抗辩的，可以将债务人列为第三人。（《合同法解释（一）》第 28 条）

（5）合同当事人一方经对方同意将其在合同中的权利义务一并转让给受让人，对方与受让人因履行合同发生纠纷诉至人民法院，对方就合同权利义务提出抗辩的，可以将出让方列为第三人。（《合同法解释（一）》第 29 条）

（四）不得作为无独立请求权的第三人参加诉讼的几种情形

根据《最高人民法院关于在经济审判工作中严格执行〈中华人民共和国民事诉讼法〉的若干规定》，不能将下列人员追加为无独立请求权的第三人：

（1）受诉人民法院对与原被告双方争议的诉讼标的无直接牵连和不负有返还或者赔偿等义务的人，以及与原告或被告约定仲裁或有约定管辖的案外人，或者专属管辖案件的一方当事人，均不得作为无独立请求权的第三人通知其参加诉讼。

（2）人民法院在审理产品质量纠纷案件中，对原被告之间法律关系以外的人，证据已证明其已经提供了合同约定或者符合法律规定的产品的，或者案件中的当事人未在规定的质量异议期内提出异议的，或者作为收货方已经认可该产品质量的，不得作为无独立请求权的第三人通知其参加诉讼。

（3）人民法院对已经履行了义务，或者依法取得了一方当事人的财产，并支付了相应对价的原被告之间法律关系以外的人，不得作为无独立请求权的第三人通知其参加诉讼。

（五）案外第三人的权利救济

为了对案外第三人进行救济，《民事诉讼法》第 56 条第 3 款规定，在第三人因不能归责于本人的事由没有参加诉讼，但有证据证明发生法律效力的判决、裁定、调解书的部分或者全部内容错误，损害其合法民事权益的，可以自知道或者应当知道其民事权益受到损害之日起 6 个月内，向作出该判决、裁定、调解书的人民法院提起诉讼。此 6 个月应为不变期间，不适用中止、中断和延长的规定。人民法院对第三人提起的诉讼经过审理，认为其诉讼请求成立的，应当改变或者撤销原判决、裁定、调解书；认为诉讼请求不成立的，驳回诉讼请求。对该驳回诉讼请求的裁判当事人依法可以提起上诉。

本章小结

民事诉讼当事人，是指以自己的名义进行诉讼，请求人民法院行使民事裁判权的人。诉讼权利能力，是指成为民事诉讼当事人，享有民事诉讼权利、承担民事诉讼义务所需的法律上的资格。诉讼行为能力，是指当事人亲自实施诉讼行为，以自己的行为行使诉讼权利并承担诉讼义务所需的法律上的资格。

当事人适格，是指就一个特定的民事诉讼，作为本案当事人起诉或者应诉的资格。确定当事人适格的原则，是考查诉讼当事人是否为争议的民事法律关系主体。确定当事人适格有两个例外：一个是诉讼担当人，另一个是确认之诉中对确认之诉有诉的利益的人。当事人的变更，是指在民事诉讼的过程中，人民法院将不适格的当事人变更为适格的当事人。当事人诉讼权利义务的承担，是指在诉讼过程中，由于出现了特殊的事由，一方当事人的诉讼权利和诉讼义务全部转移给案外人，由案外人承受原当事人的诉讼权利和诉讼义务后，以当事人的身份继续进行诉讼。

原告，是指以自己的名义启动诉讼程序，诉称自己或者自己管理的民事权利受到侵害或者与人发生争议的人。被告，是指被原告诉称侵犯原告权利或者与原告发生争议，而由人民法院通知应诉的人。

共同诉讼，是指当事人一方或者双方为两人以上的诉讼。共同诉讼有两种类型：必要共同诉讼，是指当事人一方或者双方为两人以上，其诉讼标的是共同的诉讼；普通共同诉讼，是指当事人一方或者双方为两人以上，其诉讼标的是同一种类，人民法院认为可以合并审理并经当事人同意合并的共同诉讼。

诉讼代表人，是指在当事人一方人数众多的情况下，由人数众多的一方当事人推选或者由人民法院指定进行诉讼的人。代表人诉讼有两种类型：人数确定的代表人诉讼，是指由起诉时人数已经确定的共同诉讼人推选出的诉讼代表人，由其代表全体共同诉讼人进行诉讼的制度；人数不确定的代表人诉讼，是指诉讼标的是同一种类，当事人一方人数众多在起诉时尚未确定，由向人民法院登记的权利人推选诉讼代表人，由其代表全体共同诉讼人进行诉讼的制度。

民事诉讼中的第三人，是指对原告和被告争议的诉讼标的有独立的请求权，或者虽无独立的请求权，但案件的处理结果同他有法律上的利害关系，而参加到原告和被告已经开始的诉讼中进行诉讼的人。第三人有两种类型：有独立请求权的第三人，是指对原告和被告争议的诉讼标的有独立的请求权，而参加到原告和被告已经开始的诉讼中的人；无独立请求权的第三人，是指对于原告与被告之间争议的诉讼标的没有独立请求权，但案件的处理结果同他有法律上的利害关系，而参加到原告和被告已经开始的诉讼中的人。

思考题：

1. 什么是当事人？
2. 什么是当事人的诉讼权利能力和诉讼行为能力？
3. 什么是当事人适格？确定当事人适格有哪些标准？
4. 当事人的变更与当事人诉讼权利义务的承担有哪些区别？
5. 试述共同诉讼。
6. 试述代表人诉讼制度与共同诉讼制度、诉讼代理制度的关系。
7. 试述民事诉讼第三人。
8. 试述有独立请求权的第三人与必要共同诉讼人的区别。
9. 试述有独立请求权的第三人与无独立请求权的第三人的区别。

案例分析题

[案情简历] 甲公司职工张某因公司拖欠其工资，多次与公司法定代表人王某发生争吵，王某一怒之下打了张某耳光。为报复王某，张某找到江甲的儿子江乙（15

岁），唆使江乙将王某办公室的电脑、打印机、饮水机等设备砸坏，承诺事成之后给其一部苹果5手机为报酬。事后，甲公司对王某办公室损坏的设备进行了清点登记和拍照，并委托、授权律师尚某全权处理本案。尚某找到江乙了解案情，江乙承认受张某指使。甲公司起诉要求张某赔偿损失，并要求张某向王某赔礼道歉。诉讼中，张某要求法院判决甲公司支付其劳动报酬。审理时，法院通知江乙参加诉讼。经审理，法院判决侵权人赔偿损失，但对甲公司要求张某向王某赔礼道歉的请求、张某要求甲公司支付劳动报酬的请求均未作处理。

[分析问题] 王某、江甲、江乙是否为本案当事人？各是什么诉讼地位？为什么？

延伸阅读

1. 卢正敏:《共同诉讼研究》，法律出版社 2011 年版。
2. 肖建华:《民事诉讼当事人研究》，中国政法大学出版社 2002 年版。

第七章　民事诉讼代理人

本章知识要点：本章的主要内容为法定诉讼代理制度和委托诉讼代理制度。立法设置诉讼代理制度的目的，是为解决某些特殊诉讼主体诉讼行为能力欠缺以及普通诉讼主体实际诉讼能力不足的问题。法定诉讼代理制度中，代理对象、代理人的确定、代理人获得代理权的根据、代理权限，以及法定诉讼代理人与当事人的区别，是学习该项制度的要点。委托诉讼代理制度中，代理人与当事人之间的关系，委托诉讼代理人范围，代理人获得代理权的根据，代理权限，代理合同与授权委托书的区别与联系，是学习该项制度的要点。

第一节　民事诉讼代理人概述

一、民事诉讼代理人概念和特征

当事人一般都有亲自参加诉讼的意愿。然而，法律对诉讼主体参加诉讼有相应的要求，当事人必须具有独立行使诉讼权利和履行诉讼义务的能力，能够认识到自己诉讼行为的法律意义才能亲自诉讼。简单来讲，有诉讼权利能力，同时又有诉讼行为能力，是当事人亲自实施诉讼行为的基本要求。自然人自出生就有诉讼权利能力，但很显然，年幼无知的儿童不可能以自己的行为请求法院救济权利，即未成年人不具备诉讼行为能力，精神病人也是如此。诉讼行为能力是当事人亲自进行诉讼行为的资格，因此，如果没有诉讼行为能力，当事人所为诉讼行为，或者他人针对其所为诉讼行为，都是无效的，不能产生相应的诉讼法律效果。如果当事人只有诉讼权利能力，而没有诉讼行为能力，只能由他人代为诉讼行为。

另外，在现实生活中，即使是有诉讼行为能力的当事人，也有可能因种种原因不能或不愿亲自进行诉讼，由他人代为诉讼可能更为方便。更为重要的是，由于法律越来越复杂、越来越专业化，无论程序法还是实体法的实际操作都不是那么容易理解，普通当事人也不一定能够较好地理解诉讼法与实体法的相关规定，从而拿起法律武器更好地保护自己的正当权利。这样，有诉讼行为能力的当事人同样需要他人代为诉讼和进行相应的法律服务。

（一）民事诉讼代理人的概念

代他人进行诉讼的人就是诉讼代理人。民事诉讼代理人，是指根据法律规定或者当事人委托，以当事人的名义，在法律规定或当事人授权范围内，为当事人的利益，代理当事人进行民事诉讼活动的人。被代理的当事人就是被代理人。诉讼代理人进行诉讼活动的权限，称为诉讼代理权。

我国《民事诉讼法》第 57 条规定，无诉讼行为能力人由他的监护人作为法定代理人代为诉讼。第 58 条规定，当事人、法定代理人可以委托一至二人作为诉讼代理人。由此可以看出，民事诉讼代理人可以分为法定诉讼代理人与委托诉讼代理人两种。法定诉讼代理人是基于法律规定而取得代理权，而委托诉讼代理人则是接受有诉讼行为能力当事人的委托、授权，或无诉讼行为能力当事人的法定诉讼代理人委托、授权而获得代理权的。

（二）民事诉讼代理人的特征

1. 必须具有诉讼行为能力

法定以及委托诉讼代理人具有诉讼行为能力，是其能够代理他人从事诉讼行为的基本条件。在诉讼过程中，如果诉讼代理人意外丧失诉讼行为能力，也就丧失了诉讼代理人的资格。

理论上来讲，当事人委托他人代为诉讼，目的是通过诉讼行为能力更强的代理人的诉讼行为更好地维护自己的诉讼利益，比如，聘请律师代理诉讼，当事人支付代理费就是为了获得较好的法律服务。所以，诉讼代理人具备一定的诉讼基本知识才能更好地提供诉讼代理服务。具备更丰富的社会经验，以及相应的文化知识和表达能力，更重要的是要具备较好的法律素养和法律服务经验，往往是专业化诉讼代理人的基本条件，否则，诉讼代理人就难以维护被代理人的合法权益。但是，委托诉讼代理人是否一定要有法律职业资格，取决于法律的规定。目前，我国立法倡导委托具有法律职业资格的律师代理诉讼，但同时也允许律师之外的其他人接受委托，代理当事人进行诉讼。

2. 以被代理人名义进行诉讼活动，代理诉讼活动结果由被代理人承担

诉讼代理人不是诉讼法律关系的主体，其只是代理当事人参加诉讼。诉讼代理人在诉讼活动中只能以被代理人的名义从事诉讼行为，而不能以自己的名义参加诉讼。

代理诉讼活动的结果，就是诉讼代理人实施诉讼行为所带来的法律效果，包括

实体结果和程序结果。诉讼代理人在代理权限内实施的合法诉讼行为，相应的法律结果由当事人承担。当然，诉讼代理人独自实施违法行为，如妨害民事诉讼行为的法律后果，则直接由诉讼代理人承担，不得转嫁给被代理人。

3. 必须在诉讼代理权限范围内实施诉讼行为

诉讼代理人应当依据诉讼代理权限进行代理活动，其诉讼权利的多寡是由诉讼代理权限的范围来决定的。诉讼代理人必须在代理权限范围内实施诉讼行为，超越代理权限的行为，是无效的越权行为，当事人可以不予认可代理人实施的诉讼行为及其法律效果。

4. 同一诉讼代理人在同一案件中只能代理一方当事人进行诉讼

双方当事人在诉讼上利益是互相对立的，出于维护当事人利益的目的考虑，在同一案件中，代理人只能代理一方当事人，而不能同时代理双方当事人。

另外，在诉讼实践中可能成为问题的是，共同诉讼中，诉讼代理人能否代理同为原告或被告的多个当事人进行诉讼？这要看数个共同诉讼当事人之间的利益是否存在冲突，如果存在着现实的或潜在的冲突，诉讼代理人就不得同时代理多个当事人进行诉讼，比如，共同侵权的诉讼中，在被告反对原告的诉讼请求这一点上利益一致，但多个被告之间可能有责任大小的划分问题，利益上存在着此消彼长的冲突，所以，一个诉讼代理人不能代理多名被告实施诉讼行为，如果共同诉讼一方当事人之间利益不存在冲突，则应允许一个诉讼代理人代理同为原告方或被告方的多名当事人进行诉讼。[①]

二、民事诉讼代理人与民事代理人的区别

同为代理制度，诉讼代理与民事代理有很多共同点，如二者都是以被代理人名义实施代理行为，代理的后果均由被代理人承担。但由于代理人所代理的法律行为不同，诉讼代理与民事代理是两种性质不同的代理制度，二者之间存在以下区别：

（一）代理的任务不同

民事诉讼代理人是代理当事人参加诉讼活动，实施诉讼行为，在民事诉讼中维护当事人实体与程序上的利益。民事代理人则是代理当事人实施一般的民事行为，完成当事人所要从事的民事活动。也正是因为所代理的任务不同，所以代理人的权限不同，对代理人的要求不同，代理人的行为生效条件也不同。

① 参见江伟主编：《民事诉讼法学原理》，中国人民大学出版社 1999 年版，第 457 页。

（二）法律依据不同

规范民事诉讼代理制度的法律主要是民事诉讼法，诉讼代理人依据诉讼法从事诉讼代理活动；而规范民事代理行为的法律规范则是民事实体法，民事代理人主要依据实体法开展民事代理活动。

（三）代理人的行为内容和方式不同

民事诉讼代理人主要是通过参加诉讼程序、实施具体的诉讼行为来实现代理任务，如调查取证、参加庭审、质证、辩论等，在诉讼过程中维护被代理人的合法权益。民事代理人一般是直接与民事行为相对人进行民事活动，如通过缔结合同建立某种实体法律关系，直接完成被代理人委托的民事事务等。所以，无论是代理行为内容还是代理行为的方式，二者都有很大的区别。

（四）法律许可代理人的代理范围不同

凡是诉讼法规定可以向法院提起诉讼的民事案件都允许诉讼代理，无论是财产类案件还是人身关系类案件，不管当事人在诉讼中是原告还是被告，诉讼法均允许由代理人代为诉讼。但依据民法规定，具有人身关系性质的民事行为则不能代理。当然，“代为”非法行为、侵权行为也不可能产生相应的民事代理效果。

三、民事诉讼代理人与刑事辩护人的区别

民事诉讼代理人特别是委托诉讼代理人与刑事辩护人有很多相似之处，比如，二者都是作为受委托人而参加诉讼，在诉讼中都享有一定的诉讼权利，通过实施一定的诉讼行为维护当事人的合法权益，其所实施的诉讼行为法律后果都归属于当事人。但是二者仍存在以下区别：

（一）二者参加的诉讼性质不同，身份也不相同

民事诉讼代理人代理的是民事纠纷案件，刑事辩护人参加的是刑事案件，一“民”、一“刑”，性质截然不同。民事诉讼中代理人可以代理当事人出庭，而刑事辩护人出庭帮助被告人完成辩护任务，但不能代替刑事被告人出庭，刑事诉讼中被告人必须亲自出庭。

（二）二者诉讼行为的法律依据不同

民事诉讼代理人在诉讼中依据的是民事实体法和民事诉讼法，刑事辩护人在诉讼中依据的是刑事实体法和刑事诉讼法。

（三）二者参加诉讼的任务不同

民事诉讼代理人参加诉讼的任务是维护被代理人民事权益。而刑事辩护人的责

任是为犯罪嫌疑人、被告人是否构成犯罪、是否存在从轻或减轻刑事处罚的情节进行辩护，根据事实和法律，提出证明犯罪嫌疑人、被告人无罪、罪轻或者减轻、免除刑事责任的材料和意见，维护犯罪嫌疑人、被告人的合法权益。

第二节　法定诉讼代理人

一、法定诉讼代理人的概念

法定诉讼代理人，是指依照民事诉讼法规定获得诉讼代理权，在法定的代理权限内，代理无诉讼行为能力人并以其名义参加民事诉讼活动、实施民事诉讼行为的人。与委托诉讼代理人相比，法定诉讼代理人的特征主要体现在“法定”二字上。

（一）法定诉讼代理人的代理权基于法律直接规定而取得

委托诉讼代理人的代理权是基于当事人或其法定代理人合法有效的委托授权行为而取得，而法定诉讼代理人的代理权不需要特别授权。根据法律规定，只要对无诉讼行为能力当事人有监护权的监护人一般就可以直接获得诉讼代理权，代理权的权限范围也是由法律直接规定，不必具体授权。

（二）法定诉讼代理人代理的对象必须是无诉讼行为能力的当事人

法定诉讼代理制度是法律专为无民事诉讼行为能力人而设的，当事人因未成年没有诉讼行为能力，或患有精神病丧失了诉讼行为能力，这些无诉讼行为能力人的合法权益受到侵害或发生争议，法定代理人依据法律规定即可直接代理其诉讼，这就使得救济无诉讼行为能力人的权利成为可能，也使得其他主体与无民事诉讼行为能力人进行诉讼成为可能。

（三）法定诉讼代理人主要是亲权人、监护人

法定诉讼代理人的范围也是由法律明确规定的，一般情况下，其与实体法上的监护人范围一致，在无诉讼行为能力人的权利受到侵害或发生纠纷时，行使监护权的人就可以依据法律规定直接担任其诉讼代理人。根据我国民事实体法的规定，未成年人的监护人是其父母、祖父母、外祖父母等，精神病人的监护人为配偶、父母、成年子女等，发生涉及无诉讼行为能力人的诉讼，由这些实际行使监护权的人担任无诉讼行为能力人的法定诉讼代理人。

二、法定诉讼代理人的范围

法定诉讼代理人的诉讼代理权以民法中规定的亲权和监护权为基础，监护人有责任保护被监护人的人身权益和财产权益，当被监护人的合法权益受到侵害，或者被监护人与他人发生争议时，监护人根据法律规定直接获得法定诉讼代理权，可以以法定诉讼代理人的身份提起或参加诉讼，依法保护无诉讼行为能力人的合法权益。

（一）未成年人的法定诉讼代理人

我国《民事诉讼法》第 57 条规定，无诉讼行为能力人由他的监护人作为法定代理人代为诉讼。根据我国《民法总则》《民法通则》等规定，未成年人法定诉讼代理人包括：

1. 未成年人的父母

我国《民法总则》第 27 条规定，父母是未成年子女的监护人。《民法通则》第 16 条也规定，父母是未成年人的监护人，当未成年人的合法权益受到侵犯或者与他人发生争议时，其父或其母依法具有代理其进行诉讼的权利。

2. 未成年人的近亲属等

根据《民法总则》第 27 条的规定，未成年人的父母已经死亡或者没有监护能力的，由下列有监护能力的人按顺序担任监护人：（一）祖父母、外祖父母；（二）兄、姐；（三）其他愿意担任监护人的个人或者组织，但是须经未成年人住所地的居民委员会、村民委员会或者民政部门同意。行使未成年人监护权的人，同时也是其法定诉讼代理人。

3. 民政部门、居民委员会或村民委员会

《民法总则》第 32 条规定，没有依法具有监护资格的人的，监护人由民政部门担任，也可以由具备履行监护职责条件的被监护人住所地的居民委员会、村民委员会担任。此外，该法第 31 条规定，依照本条第 1 款规定指定监护人前①，被监护人的人身权利、财产权利以及其他合法权益处于无人保护状态的，由被监护人住所地的居民委员会、村民委员会、法律规定的有关组织或者民政部门担任临时监护人。

《民法通则》规定，没有法律规定的监护人的，由未成年人父、母的所在单位或者未成年人住所地的居民委员会、村民委员会或者民政部门担任监护人。

---

① 即，对监护人的确定有争议的，由被监护人住所地的居民委员会、村民委员会或者民政部门指定监护人，有关当事人对指定不服的，可以向人民法院申请指定监护人；有关当事人也可以直接向人民法院申请指定监护人。

（二）精神病人的法定诉讼代理人

根据《民法总则》第 28 条规定，无民事行为能力或者限制民事行为能力的成年人，由下列有监护能力的人按顺序担任监护人：（一）配偶；（二）父母、子女；（三）其他近亲属；（四）其他愿意担任监护人的个人或者组织，但是须经被监护人住所地的居民委员会、村民委员会或者民政部门同意。《民法通则》第 17 条也有类似规定，该法强调，关系密切的其他近亲属、朋友愿意承担监护责任，经精神病人的所在单位或者住所地的居民委员会、村民委员会同意，没有上列人员作精神病人监护人的，由精神病人所在单位或者住所地的居民委员会、村民委员会或者民政部门担任监护人。

与未成年人监护人一样，因精神病而失去诉讼行为能力的成年人，其监护人就是法定诉讼代理人。2012 年 10 月 26 日，第十一届全国人民代表大会常务委员会第二十九次会议通过了《中华人民共和国精神卫生法》。该法对精神障碍患者的监护人职责作出了相对详细的规定，必要时，监护人可以行使法定诉讼代理权维护精神障碍患者的合法权益。

从尽可能维护无诉讼行为能力人的合法权益角度考虑，我国立法规定的法定诉讼代理人（监护人）范围比较广泛，当无民事诉讼行为能力人涉讼时，司法机关必须尽力避免无人代理诉讼的情况出现。根据《民诉法适用意见》的相关规定，如果事先没有确定监护人而现实又需要法定诉讼代理人，解决的办法是由有监护资格的人先自行协商确定，协商不成的，由人民法院在他们中间指定法定诉讼代理人。当事人没有《民法总则》第 27 条第 1、2 款或者第 28 条规定的监护人的，可以指定《民法通则》第 16 条第 4 款或者第 17 条第 3 款规定的有关组织担任诉讼期间的法定代理人。如果事先已确定监护人，但他们互相推诿诉讼代理责任的，则“由人民法院指定其中一人代为诉讼”。

三、法定诉讼代理人的代理权限和诉讼地位

我国民事诉讼法没有明确规定法定诉讼代理人的代理权限。由于法定诉讼代理人同时也是没有诉讼行为能力人的监护人，监护人有全面保护被监护人权益的职责，法定诉讼代理人的代理权是基于监护权而产生的，监护人可以运用各种合法的手段和方式保护被监护人的权益，其中当然包括诉讼手段。我国《民法总则》第 26 条规定，父母对未成年子女负有抚养、教育和保护的义务。《民法通则》第 18 条规定，监护人有权“保护被监护人的人身、财产及其他合法权益”。《婚姻法》第 23 条规定：

“父母有保护和教育未成年子女的权利和义务。在未成年子女对国家、集体或他人造成损害时，父母有承担民事责任的义务。”由此可以推导认为，法定诉讼代理人享有广泛的诉讼代理权。由于当事人是未成年人或精神病人，法定诉讼代理人与当事人之间无法商量诉讼事宜，一般也无须商量，为了恰当维护被监护人的利益，法定诉讼代理人应该享有被代理人所享有的全部诉讼权利，同时履行被代理人的诉讼义务，代理被代理人实施一切诉讼行为，包括对实体权利的处分，比如，与对方和解，承认、放弃、变更诉讼请求，提起反诉或者上诉的权利等。可以说，法定诉讼代理人在诉讼中与被代理的当事人的诉讼权利义务大体相同，其法律地位相当于被代理的当事人。

法定诉讼代理人在法律地位上相当于当事人，但不是当事人，法定诉讼代理人不是民事法律关系的主体，与被代理的当事人之间存在着某些区别，民事诉讼法中关于当事人的规定并不能完全适用于法定诉讼代理人，比如，人民法院确定管辖时是以被代理的当事人住所地为准，并不以法定诉讼代理人住所地为转移；法院的判决并非针对代理人，而应针对被代理当事人制作；当事人在诉讼中死亡，法院根据具体情形，裁定中止诉讼或终结诉讼，而法定代理人在诉讼中死亡，法院只能裁定中止诉讼，而不能终结诉讼。

四、法定诉讼代理权的取得和消灭

一般来讲，法定诉讼代理权的产生以监护权为基础，没有监护权，就没有法定诉讼代理权，法定诉讼代理权的取得与监护权的取得同步。被监护人的民事权益受到他人侵犯或与他人发生争议时，监护人依据监护权，作为被监护人的法定诉讼代理人可以提起诉讼，行使诉讼代理权。除法定情形外，根据《民法总则》第 29 条，被监护人的父母担任监护人的，可以通过遗嘱指定监护人。第 30 条规定，依法具有监护资格的人之间可以协议确定监护人。协议确定监护人应当尊重被监护人的真实意愿。第 33 条规定，具有完全民事行为能力的成年人，可以与其近亲属、其他愿意担任监护人的个人或者组织事先协商，以书面形式确定自己的监护人。协商确定的监护人在该成年人丧失或者部分丧失民事行为能力时，履行监护职责。第 38 条规定，被监护人的父母或者子女被人民法院撤销监护人资格后，除对被监护人实施故意犯罪的外，确有悔改表现的，经其申请，人民法院可以在尊重被监护人真实意愿的前提下，视情况恢复其监护人资格，人民法院指定的监护人与被监护人的监护关系同时终止。

《民诉法司法解释》第 83 条规定，在诉讼中，无民事行为能力人、限制民事行为能力人……事先没有确定监护人的，可以由有监护资格的人协商确定；协商不成的，由人民法院在他们之中指定诉讼中的法定代理人。当事人没有《民法通则》第16条第1款、第2款或者第17条第1款规定的监护人的，可以指定该法第16条第4款或者第17条第3款规定的有关组织担任诉讼中的法定代理人。

法定代理权的消灭与监护权的丧失也是同步的。在诉讼持续期间，法定诉讼代理人丧失监护权的，必然导致法定诉讼代理权消灭。代理权一旦消灭，原法定诉讼代理人应退出诉讼，不能再做出具有相应法律效力的诉讼代理行为。《民法总则》第39条规定，有下列情形之一的，监护关系终止：（一）被监护人取得或者恢复完全民事行为能力；（二）监护人丧失监护能力；（三）被监护人或者监护人死亡；（四）人民法院认定监护关系终止的其他情形。民事生活中，常见的情形有：被监护人年龄达到18周岁，或精神疾病痊愈；监护人突患精神病、丧失诉讼行为能力；基于婚姻关系而发生的监护权，因解除婚姻关系而使配偶一方丧失监护权的；收养关系解除，等等。

监护人资格可以撤销，相应的其法定诉讼代理人资格也随之被撤销。《民法总则》第36条规定，监护人有下列情形之一的，人民法院根据有关个人或者组织的申请，撤销其监护人资格，安排必要的临时监护措施，并按照最有利于被监护人的原则依法指定监护人：（一）实施严重损害被监护人身心健康行为的；（二）怠于履行监护职责，或者无法履行监护职责并且拒绝将监护职责部分或者全部委托给他人，导致被监护人处于危困状态的；（三）实施严重侵害被监护人合法权益的其他行为的。这里的有关个人和组织包括：其他依法具有监护资格的人，居民委员会、村民委员会、学校、医疗机构、妇女联合会、残疾人联合会、未成年人保护组织、依法设立的老年人组织、民政部门等。前款规定的个人和民政部门以外的组织未及时向人民法院申请撤销监护人资格的，民政部门应当及时向人民法院提出申请。

第三节　委托诉讼代理人

一、委托诉讼代理人的概念和特征

（一）委托诉讼代理人的概念

我国《民事诉讼法》第58条第1款规定："当事人、法定代理人可以委托一至二人作为诉讼代理人。"这就是当事人、法定诉讼代理人委托他人代为诉讼的法律依据，接受委托而参加诉讼的人，就是委托诉讼代理人。具体来讲，委托诉讼代理人，就是受当事人、法定代理人委托，以当事人的名义，在授权范围内进行民事诉讼活动的人。

（二）委托诉讼代理人的特征

与法定诉讼代理人相比，委托诉讼代理人具有下列特点：

1. 参与诉讼是基于委托和授权

委托诉讼代理人与被代理人之间不存在监护与被监护关系，其代理诉讼的权限、范围和事项也不是由法律直接规定的，而是基于当事人和法定代理人的委托和授权。

2. 诉讼代理权限由委托人具体授权

委托诉讼代理人诉讼代理的权限范围、从事的具体诉讼事项由委托人决定。委托人可以授权代理人行使诉讼程序方面的权利，比如，收集证据、辩论、质证等，也可以授权代理人行使一些与实体权利密切相关的权利，如和解、撤诉、承认诉讼请求等。诉讼代理人享有的无论是程序性权利还是实体性权利，具体内容都是由委托人决定的。

3. 需向法院提交书面授权委托书

委托诉讼代理人参与诉讼，必须向人民法院提交被代理人的授权委托书。授权委托书是代理人具有代理资格的证明文书，是代理人进行诉讼行为的依据，也是法院判断诉讼代理人权限范围的依据。

二、委托诉讼代理人的范围

在我国，委托诉讼代理人的范围比较广泛。根据《民事诉讼法》第 58 条第 2 款的规定，律师、基层法律服务工作者，当事人的近亲属或者工作人员，当事人所在社区、单位以及有关社会团体推荐的公民，可以接受委托作为诉讼代理人。与 2012 年修改前的《民事诉讼法》相比，现行《民事诉讼法》增加规定了基层法律服务工作者以及当事人的工作人员可以作为委托诉讼代理人，删除了经人民法院许可的其他公民可以作为委托诉讼代理人的规定。

（一）律师、基层法律服务工作者

当事人可以委托法律专业人员为其诉讼服务，可以委托取得律师营业执照的专职或兼职律师代理诉讼。律师具有专门的法律知识和丰富的诉讼经验，接受当事人委托，代理民事诉讼是律师的一项主要业务。另外，有关法律还赋予律师某些特定的权利和义务，以保证其有效地履行律师职务。律师某些权利是非律师人员所不能享有的。随着社会经济的发展和法制的日益完善，律师的诉讼代理活动将发挥越来越重要的作用。律师作为诉讼代理人，应以事实为根据，以法律为准绳，充分发挥自己的主观能动性，运用自己的经验、知识和技巧，在权限范围内最大限度地维护被代理人的合法利益。

目前，我国经济社会发展仍然很不平衡，经济欠发达地区法律人才欠缺的局面尚未得到完全改变，不少偏远地方没有具有相应资格的律师提供法律服务，我国立法允许司法行政机关根据需要设立法律服务机构，相应地，允许基层法律服务工作者提供一定的法律服务。基层法律服务工作者，是指符合《基层法律服务工作者管理办法》[①]规定的执业条件，经核准执业登记，领取法律服务工作者执业证，在基层法律服务所执业，为社会提供法律服务的人员。早期，我国律师法律资源严重不足，基层法律服务工作者就是在这种历史背景下产生的，其在我国社会主义法治化建设中发挥了重要作用。根据《民事诉讼法》第58条的规定，基层法律服务工作者和律师一样，可以作为诉讼代理人参加民事诉讼，这是我国立法机关第一次从法律层面明确了基层法律服务工作者的执业依据，对于维护当事人的合法权益，调动基层法律服务工作者的积极性，防止不具有诉讼代理人资格的公民干扰诉讼具有一定的意义。

（二）当事人的近亲属或者工作人员

根据《民事诉讼法》第58条第2款第（二）项规定，与当事人有夫妻、直系血亲、三代以内旁系血亲、近姻亲关系以及其他有抚养、赡养关系的亲属，可以当事人近亲属的名义作为诉讼代理人。当事人的配偶、父母、成年子女和兄弟姐妹等近亲属与当事人关系密切，相互之间比较信任，他们对案情也比较了解，因此，法律允许当事人委托其近亲属代为诉讼。当然，无民事行为能力人、限制民事行为能力人以及其他依法不能作为诉讼代理人的，当事人不得委托其作为诉讼代理人。

《民事诉讼法》第58条第2款第（二）项规定，与当事人有合法劳动人事关系的职工，可以当事人工作人员的名义作为诉讼代理人。当事人的工作人员，指当事人为法人或单位的情况下，其工作人员可以受委托作为诉讼代理人代理诉讼。

（三）当事人所在社区、单位以及有关社会团体推荐的公民

当事人所在的社区、单位与当事人联系较为紧密，相关人员可能比较了解案件，立法允许社区和单位推荐有关人员代理当事人诉讼，一方面有利于维护当事人的合法权益，另一方面也利于纠纷的解决。与当事人有关，或对当事人负有一定保护职责的社会团体，如妇联组织、残联组织或共青团组织，与当事人所在的社区、单位

① 《基层法律服务所管理办法》于2000年3月31日以司法部第59号令发布。

一样，这些社会团体也可以推荐诉讼代理人。社区、单位和社会团体推荐诉讼代理人，反映了基层组织等对其成员利益的关心，以及对其成员诉讼活动的支持和帮助。

2015 年《民诉法司法解释》第 87 条规定，根据民事诉讼法第 58 条第 2 款第（三）项规定，有关社会团体推荐公民担任诉讼代理人的，应当符合下列条件：（一）社会团体属于依法登记设立或者依法免予登记设立的非营利性法人组织；（二）被代理人属于该社会团体的成员，或者当事人一方住所地位于该社会团体的活动地域；（三）代理事务属于该社会团体章程载明的业务范围；（四）被推荐的公民是该社会团体的负责人或者与该社会团体有合法劳动人事关系的工作人员。此外，专利代理人经中华全国专利代理人协会推荐，可以在专利纠纷案件中担任诉讼代理人。

2012 年修订《民事诉讼法》时，立法机关删除了经人民法院许可的其他公民可以作为委托诉讼代理人的规定，严格来讲，除了以上人员，其他人不得接受委托作为民事诉讼代理人，我国法律不再允许与当事人没有任何关系，也没有律师执业资格的人充当民事诉讼代理人，这样可以净化法律服务市场，防止不具备法律服务资格的人揽案骗取钱财。

当事人、法定代表人和法定代理人可以委托一至二人作为诉讼代理人。如委托二人代理诉讼，授权委托书应分别记明代理诉讼的事项和权限。

三、委托诉讼代理人的权限和诉讼地位

委托诉讼代理人只能在被代理人的授权范围内实施诉讼代理行为。我们可以根据委托诉讼代理权限与实体权利的联系，将其分为一般诉讼代理权限与特殊诉讼代理权限。一般诉讼代理权，就是代理人只能代为一些程序性的诉讼行为，如起诉、应诉答辩、申请回避、提交证据、质证、辩论等；而特殊诉讼代理权，则指当事人可以代为与实体权利处分相关的诉讼行为，如承认、放弃、变更诉讼请求，进行和解，提起反诉等。此外，某些对诉讼程序有重大影响的行为，如撤诉、上诉等诉讼行为，也是需要特别授权的特殊诉讼代理权。

委托诉讼代理人的权限大小，取决于被代理人具体授权范围。委托人应在委托书中写明授予委托诉讼代理人的权限。但一般情况下，委托诉讼代理人可以行使一般诉讼代理权，无需委托人一一列明，诉讼代理人应该可以从事一般诉讼行为的代理活动，如起诉、应诉、申请回避、质证和参加辩论等。但涉及实体权利的诉讼权利、对诉讼程序有重大影响的特别诉讼行为，要求委托人在向法院提交的授权委托书上明确载明，只有经过被代理人的特别授权，代理人才能从事涉及被代理人实体权利处分的诉讼代理行为。

《民诉法适用意见》第 69 条规定，“当事人向人民法院提交的授权委托书，应在开庭审理前送交人民法院。授权委托书仅写‘全权代理’而无具体授权的，诉讼代理人无权代为承认、放弃、变更诉讼请求，进行和解，提起反诉或者上诉”。2015 年《民诉法司法解释》第 89 条也有类似的规定。司法解释之所以严格规范诉讼代理权的授权，目的是避免委托诉讼代理人越权代理可能给被代理人或对方当事人的权益造成损害，同时也为防止因代理人诉讼代理权限不明而出现新的纠纷。

值得注意的是，委托诉讼代理人取得诉讼代理权限，并不等于被代理人就此失去了从事相应诉讼行为的权利，无论授予委托诉讼代理人什么样的诉讼代理权，被代理人仍然可以与委托诉讼代理人一起出庭诉讼，并行使相应的诉讼权利。

委托诉讼代理人与法定诉讼代理人不同，无论有多大代理权限，在诉讼中其始终居于诉讼代理人地位，为当事人顺利进行诉讼提供帮助和服务，委托诉讼代理人不能取得类似当事人的法律地位。

鉴于离婚诉讼直接涉及当事人人身关系，《民事诉讼法》第 62 条对离婚案件的诉讼代理作了特别规定：“离婚案件有诉讼代理人的，本人除不能表达意思的以外，仍应出庭；确因特殊情况无法出庭的，必须向人民法院提交书面意见。”离婚案件中，当事人最终是否愿意离婚，取决于双方感情等方面的考虑，这种涉及人身关系的重大决断不应完全由他人代理作出。人民法院审理离婚案件，应当进行调解。双方当事人出庭，既有利于法院查明事实，准确作出是否准予离婚的判断，也有利于法院进行调解。

四、委托诉讼代理权的取得、变更和消灭

委托诉讼代理是委托人与诉讼代理人之间的委托合同关系，委托诉讼代理，首先必须符合合同法的要求，委托人与代理人之间要达成合意。《民事诉讼法》第 59 条第 1 款规定，委托他人代为诉讼，必须向人民法院提交由委托人签名或盖章的授权委托书，这就是当事人或法定代理人授权行为。委托诉讼代理权就基于当事人、法定代理人的授权而产生，授权委托书中应载明受托人、委托人的基本情况、委托事项和权限。授予代理权是单方行为，授权范围由当事人、法定代理人自行决定。在诉讼存续期间，当事人、法定代理人可以变更授权，可以扩大或缩小原授权范围。代理权限的大小，关系到对方当事人利益和整个诉讼程序的合法推进，当事人、法定代理人变更代理权限后，应及时告知人民法院，且同样要以书面形式向法院提交变更授权委托书，并由人民法院通知对方当事人。

为保证诉讼代理权限有据可查，也为便于诉讼材料归档，立法要求民事诉讼代

理的授权委托必须以书面方式进行，委托人必须在授权委托书中亲自签名或者盖章。此外，我国现行《民事诉讼法》第 59 条第 3 款规定，侨居在国外的中华人民共和国公民从国外寄交或者托交的授权委托书，必须经中华人民共和国驻该国的使领馆证明；没有使领馆的，由与中华人民共和国有外交关系的第三国驻该国的使领馆证明，再转由中华人民共和国驻该第三国使领馆证明，或者由当地的爱国华侨团体证明。诉讼代理人不仅是当事人在诉讼上的代理人，在诉讼中与人民法院也直接发生诉讼权利义务关系，为了保证审判工作的顺利进行，法院应审查当事人委托的诉讼代理人是否适宜于代理诉讼。2015 年《民诉法司法解释》第 88 条规定，诉讼代理人除根据《民事诉讼法》第 59 条规定提交授权委托书外，还应当按照下列规定向人民法院提交相关材料:（1）律师应当提交律师执业证、律师事务所证明材料;（2）基层法律服务工作者应当提交法律服务工作者执业证、基层法律服务所出具的介绍信以及当事人一方位于本辖区内的证明材料;（3）当事人的近亲属应当提交身份证件和与委托人有近亲属关系的证明材料;（4）当事人的工作人员应当提交身份证件和与当事人有合法劳动人事关系的证明材料;（5）当事人所在社区、单位推荐的公民应当提交身份证件、推荐材料和当事人属于该社区、单位的证明材料;（6）有关社会团体推荐的公民应当提交身份证件和符合本解释第 87 条规定条件的证明材料。该司法解释第 89 条第 2 款规定，适用简易程序审理的案件，双方当事人同时到庭并径行开庭审理的，可以当场口头委托诉讼代理人，由人民法院记入笔录。

委托代理权限因下列原因而消灭:（1）诉讼代理任务完成，诉讼结束。一个案件的诉讼具体到什么时候，代理人的诉讼代理任务才算结束，需根据当事人的委托合同来判断。一般情况下，一审判决书送达之后，一审的诉讼代理任务就算结束，若委托合同中没有上诉或申请强制执行的代理授权，委托代理人就没有代理相应行为的权利;（2）委托诉讼代理人辞去代理职务;（3）委托人解除委托;（4）委托诉讼代理人在诉讼中丧失诉讼行为能力或死亡。

本 章 小 结

民事诉讼代理人，是指根据法律规定或者当事人的委托，以当事人的名义，在法律规定或当事人的授权范围内，为当事人的利益，代理当事人进行民事诉讼活动的人。民事诉讼代理人分为法定诉讼代理人和委托诉讼代理人两种。

法定诉讼代理人，是指依照民事诉讼法规定，取得诉讼代理权，按照民事诉讼法规定的代理权限，代理无诉讼行为能力当事人参加民事诉讼活动、实施民事诉讼行为的人。法定诉讼代理人代理的对象是无诉讼行为能力的当事人。一般情况下，法定诉讼代理权以监护权为基础，其产生、消灭与监护权的取得、消灭同步。法定诉讼代理制度是根据法律规定而产生，具体代理权限也由法律规定，法定诉讼代理人在诉讼中具有相当于当事人的诉讼地位，行使着当事人的全部诉讼权利。

委托诉讼代理人，是指受当事人、法定代理人委托，以当事人的名义在授权范围内进行民事诉讼活动的人。委托诉讼代理人的权限大小，取决于被代理人的具体授权范围。委托诉讼代理人只能在被代理人的授权范围内实施诉讼代理行为。委托人须在委托书中明确载明授予委托诉讼代理人的权限。

思考题

1. 民事诉讼代理制度的作用是什么？

2. 民事诉讼代理人有什么样的特点？

3. 法定诉讼代理人有什么特征？监护人之间若互相推诿，具体的诉讼代理人如何确定？

4. 代理离婚案件有什么特别规定？法律为何作此特别规定？

5. 简述法定诉讼代理人与委托诉讼代理人在适用范围、代理权限、诉讼地位、代理权发生根据以及取得方式和消灭原因等方面有何不同。

案例分析题

[案情简介]原告（反诉被告）A法律服务所诉称：2016年6月14日，王×及其母贾××到A法律服务所要求办理委托诉讼事宜，双方签订了委托代理协议并办理了授权委托书，该协议及授权委托书的代理权限为特别授权。2016年6月17日，贾××要求针对委托代理合同作出修改，在特别授权的委托书上加上一般代理。A法律服务所提出一项鉴定，王×、贾××未在法定期间内表示是否同意，导致超过法律规定的鉴定申请期限。2016年10月9日，A法律服务所经与王×母亲贾××电话联系，贾××同意撤回诉讼，另行办理鉴定。A法律服务所经王×、贾××同意，于2016年11月27日再次以王×为原告向法院提起诉讼，2017年1月20日贾××及A法律服务所的诉讼代理人参加了庭审，并提出鉴定申请。贾××在鉴定申请书上按了指印。2017年4月30日，鉴于王×母亲贾××精神状况及其多次反复无常的表现，A法律服务所要求贾××将已经身患精神分裂症的王×本人带到A法律服务所进行核对，但贾××一直拒不提供王×的确切地址。因贾××无

法将王 × 带到法院致使预先安排的 2017 年 5 月 13 日鉴定无法正常进行。事后，贾 ×× 以未经其书面授权委托为名，擅自解除双方委托代理合同，2017 年 9 月 27 日，以王 × 名义另行委托他人提起诉讼，导致本委托代理合同无法履行，贾 ×× 已经严重违约……

被告（反诉原告）王 ×、贾 ×× 辩称：原告关于双方的委托代理合同内容的叙述与事实不符，答辩人于 2016 年 6 月 14 日到原告处办理了委托代理手续，签订了委托书，并于 2016 年 6 月 17 日签订了委托代理合同，委托书和委托代理合同中均约定代理权限为一般代理，原告在代理合同履行期间，擅自变更代理权限，侵害了答辩人的合法权利。

被告（反诉原告）王 ×、贾 ×× 反诉称：关于反诉被告与反诉原告委托合同纠纷，反诉被告所述与事实不符，其所提诉讼请求无法律依据，应当依法予以驳回。反诉被告诉称反诉原告擅自解除委托代理合同与事实不符，反诉被告与反诉原告于 2016 年 6 月 14 日办理了委托代理手续，并于 2016 年 6 月 17 日签订了委托代理合同。该委托合同的代理权限均为一般代理。反诉被告在代理过程中擅自变更代理权限，违背反诉原告的意思表示，撤回了反诉原告的诉讼，侵犯了反诉原告的权利。依据《合同法》相关规定，反诉被告在委托代理合同履行期间内有擅自变更代理权限的行为，且该过错行为严重侵犯了反诉原告的合法权利，应当赔偿反诉原告的损失……

原告（反诉被告）A 法律服务所辩称：反诉原告所述的反诉被告不是 A 法律服务所，且法定代表人也不是李 ×，请求法庭驳回被告反诉请求。

案例来源：河南法院裁判文书网，略有改动。判决书链接：http：//ws.hncourt.org/paperview.php？ id=576806

[分析问题]（1）A 法律服务所于 2016 年 11 月 27 日以王 × 为原告提起的诉讼中，王 X，贾 XX 与 A 法律服务所可能是什么样的诉讼法律关系？

（2）本案中，如果 A 法律服务所陈述的以下情况属实：2016 年 6 月 14 日，王 × 及其母贾 ×× 向 A 法律服务所出具授权委托书，载明代理权限为特别授权。2016 年 6 月 17 日，贾 ×× 要求针对委托代理合同作出修改，只在特别授权的委托书上加上一般代理。

王 ×、贾 ×× 的授权以及修改委托代理合同行为有无相应的法律效力？

（3）如果你是审理本案的法官，你会怎样认定该案各当事人之间此前的法律关系？请论述你的裁判理由。

延伸阅读

1. 朱妙春:《商业秘密诉讼案代理纪实(续)》，知识产权出版社 2012 年版。

2.[美]柯芬:《美国上诉程序——法庭·代理·裁判》，傅郁林译，中国政法大学出版社 2009 年版。

第八章　民事诉讼证据

本章知识要点：本章的知识要点为证据的诉讼地位、诉讼功能，证据的合法性、客观性与关联性要求，以及各种证据的基本特点、运用规律等。我国民事诉讼法规定了八种证据，相关知识要点为：作为证据的当事人陈述的特点、运用要求；书证与物证的区别与联系，二者在我国司法实践中的地位；运用视听资料需要注意的事项；电子数据的特点和运用规律；我国司法实践运用证人证言存在的问题；2012 年修订后的《民事诉讼法》对鉴定制度所做的调整等。证据的理论分类中，证据理论分类的标准，各类证据的特点，证据的理论分类对人们认识和运用证据的作用等。

第一节　民事诉讼证据概述

诉讼中，当事人与法院的一切活动都是围绕纠纷事件展开的，而起诉到法院的纠纷都是已经成为过去的事件，认识这些事实的真相只能依赖证据。证据在诉讼中发挥着重要的作用，一方面，法院要作出能够让当事人与社会接受、信服的判断，必须以可靠的证据为基础，证据是法院正确认定案件事实的根据。另一方面，当事人要想使自己的诉讼请求得到法院的认可，就必须说服法官相信其诉讼请求所依据的事实是成立的，而当事人说服法官所能运用的手段只能是证据。证据是法院查明案件事实的方法，也是当事人对抗的武器，可以说，证据是诉讼主体活动的中心，是诉讼的基础。没有证据，法院就无法认定事实，当事人的主张就不能获得支持。我们说司法要“以事实为依据，以法律为准绳”，以事实为依据，就是以证据为依据，人们常说“打官司就是打证据”，很客观地描述了证据在诉讼中的中心地位。

从理论上来讲，学习运用证据证明案件事实涉及两个方面内容，一是从静态上描述诉讼证据资料的基本知识，另一方面则是从动态上描述这些证据资料的运用规则。前者我们一般称之为证据制度，后者一般称之为证明制度。证据与证明二者密切联系，在某种程度上可以说不可分割，为叙述方便，人们还是将二者分开来分析，但又会注意二者的联系。本章主要内容就是民事诉讼证据制度。

一、民事诉讼证据的概念

我国多数学者认为，证据就是能够证明案件真实情况的客观事实材料，“证据就是人们从未知达到已知的认识过程中用来推认未知事项的即知材料”[①]。把握证据概念需要注意两个方面：一方面，证据是形式与内容的统一体。[②]证据的形式就是证据存在的客观状态，如实物、书面材料、人的语言叙述、电子数据等；而证据的内容就是内含于这些证据形式中的客观事实。也正是证据所反映的客观事实与案件事实有一定的联系，证据才发挥证明案件事实的作用。另一方面，还要注意区分被法院采信用来证明案件事实的“证据”与当事人向法院提交的、打算用来证明案件事实的“证据资料”[③]，二者虽然密切联系，但又有明显的区别，立法对二者的要求并不一样。证据必须是合法、客观的，并且与案件事实有一定的联系、有一定的证明力。证据资料需经过当事人的质证、法院的审查认定，其中违法、虚假、与案件没有联系、无证明力的那一部分证据资料将要被淘汰，不能作为证明案件事实的证据使用。

二、证据的作用

证据是法院与当事人诉讼活动的中心和诉讼的基础，在诉讼中发挥着重要的作用。

（一）证据是法院查明认定案件事实的基础和基本手段

案件事实都是发生在过去的事情，不可再现，但是，法院不能凭空想象案件事实情况，证据就成为认定案件事实的桥梁和媒介。另外，当事人的事实主张常常不同，甚至截然相反，法院在这些相互矛盾的事实主张中寻找事实真相，对矛盾的事实主张加以取舍，唯一的根据也就是证据。

（二）证据是当事人维护自己合法权益的武器

法律对每一个诉讼当事人都是平等的，在诉讼中，当事人能否胜诉既不能凭自己的身份，也不能靠金钱，唯一的途径是凭借自己在法庭上提供的并经法庭质证和认定的证据。原告的诉讼请求与被告的反驳或反诉是否成立，能否得到法院的支持，当事人唯一可以依赖的就是证据。掌握证据的多少与证据证明力的大小，往往会决定当事人在诉讼中的最终胜负。这就要求人们在从事民事活动时，对于可能发生的

---

① 王亚新：《对抗与判定——日本民事诉讼的基本结构》，清华大学出版社 2002 年版，第 163 页。

② 参见卞建林主编：《证据法学》，中国政法大学出版社 2002 年版，第 50 页。

③ 参见江伟主编：《民事诉讼法》，高等教育出版社 2004 年版，第 129 页。

纠纷要注意收集与保存证据，从而掌握保护自己正当权益的有力武器。

（三）证据是实现司法公正的前提，是裁判公信力的基础

程序公平与实体公正是司法必须要追求的两个方面。程序公平实际上就是保障当事人能够充分行使自己的权利，保障当事人拥有提交对自己有利证据的平等机会，科学、合理的取证、质证、认证规则本身就是公平的诉讼程序不可或缺的组成部分。实体公正同样需要通过证据正确认定案件事实来实现，如果证据不可靠，案件事实认定有误，司法裁决的结果就谈不上是公正的。

另外，确定、生效的判决是当事人必须遵行的依据，也是人们从事社会活动必须尊重的行为前提，法院的裁判取得社会公众的信任，并不能完全靠赤裸裸的国家强制力，也不能简单地依靠法官的人品与智慧，法院裁判取信于当事人、取信于社会的基础只能是证据。

三、证据的基本要求

2015 年《民诉法司法解释》第 104 条规定，“人民法院应当组织当事人围绕证据的真实性、合法性以及与待证事实的关联性进行质证，并针对证据有无证明力和证明力大小进行说明和辩论”。2002 年开始施行的《民事诉讼证据规定》也规定，“质证时，当事人应当围绕证据的真实性、关联性、合法性，针对证据证明力有无以及证明力大小，进行质疑、说明与辩驳”。由此可以认为，合法性、客观性与关联性是诉讼法对证据的基本要求。但需要注意的是，这“三性”是对判决中用来判断案件事实是否真实的证据的基本要求，而不是对证据资料的要求。

（一）裁判所采信的证据要具有合法性

证据的合法性要求，证据本身要符合法律规定，证据的获取与使用也要符合法律规定的程序要求，如证据的收集、提交、质证、审查和认证必须符合法律要求。《民诉法司法解释》第 106 条规定，对以严重侵害他人合法权益、违反法律禁止性规定或者严重违背公序良俗的方法形成或者获取的证据，不得作为认定案件事实的根据。而《民事诉讼证据规定》第 68 条规定：“以侵害他人合法权益或者违反法律禁止性规定的方法取得的证据，不能作为认定案件事实的依据。”由此可以看出，我国法律文件对证据获取手段的合法性提出了明确的要求，非法证据在我国民事诉讼中应该被排除。同时也可以看出，最新的规定对证据合法性要求略有放宽，非法证据的排除范围稍有缩小。

证据是否合法有时还要依据实体法来判断，如果实体法要求某些法律行为必须采用法定形式，作为证明这些法律行为的证据材料就应当具备这些法定形式，如我国民事实体法要求，在继承案件中，口头遗嘱必须具备一定的条件，否则无效；我国《合同法》第 270 条和第 330 条分别规定建设工程合同、技术开发合同，必须采用书面形式。在诉讼中要证明这些法律行为的成立，当事人使用的证据必须符合法律要求的特定形式才是合法的证据。

（二）裁判所采信的证据要具有客观性

证据反映的事实必须是客观存在的。证据的客观性是指一切民事诉讼证据都必须是客观存在的真实情况，是不以人们主观意志为转移的客观事实。我国现行《民事诉讼法》第 63 条规定："证据必须查证属实，才能作为认定事实的根据。"查证属实，就是立法对证据客观真实性的明确要求，"属实"就是证据的客观性，也是民事诉讼证据最本质的特征。当事人提供的证据资料可能真实与虚假并存。法庭审理所要达到的目的之一就是，查清证据的可靠性，除去不真实的证据资料和证据资料不真实的成分。最终被法院采信的证据必须是客观存在的事实，任何个人想象、揣测或臆造的东西，都不能成为认定案情的依据。

（三）裁判所采信的证据要与案件事实有关联性

关联性又称为相关性，就是要求证据的内容与其所要证明的案件事实有某种程度的联系，证据必须与待证案件事实有一定的内在联系，证据所反映的事实应当能证明待证案件事实的全部或一部分。这种关联性一般表现就是，证据事实的存在，会促使人们对案件事实的存在或不存在的认识发生改变。证据与案件事实的这种关联性可以是肯定的关联，也可以是否定的关联，可以是直接的关联，也可以是间接的关联。证据与案件事实的关联性有强弱之分，并表现为证据证明力的强弱。与案件事实没有关联性的证据资料没有证明力，不能作为认定案件事实的根据。法院只能对与案件有关联性的证据材料加以采证，对那些与案件无关的材料必须加以摒弃。

四、证据能力与证明力

证据资料上升为裁判所采信的证据，法律对其都有一定的要求，其中首要的要求就是该证据资料具有证据资格、证据能力。证据能力就是事实材料能够成为诉讼证据的资格，证据资格一般反映为证据的合法性，即合法的证据资料就具有证据资格，非法的证据资料就无证据资格，在诉讼中应被排除。

证明力指证据能够证明案件事实的能力。证据证明力一般与证据的关联性相关，在证据是客观真实的前提下，与案件事实关联密切的证据其证明力就强，与案件事实有关联但关联不大的证据证明力就弱，没有关联的就无证明力，最终会被排除在诉讼之外。关于证据能力，人们只能作出“有”或“无”的判断，对于有证明力的证据，需要进一步作出证明力“大”或“小”的判断。证据能力是证明力判断的前提，没有证据能力的“证据”谈不上什么证明力大小的问题。

第二节　民事诉讼证据种类

《民事诉讼法》第63条规定，证据包括：(1)当事人的陈述；(2)书证；(3)物证；(4)视听资料；(5)电子数据；(6)证人证言；(7)鉴定意见；(8)勘验笔录。

2012年立法机关对《民事诉讼法》第63条的修改涉及两个方面的内容，一是法定证据种类排序的调整，主要是将当事人陈述这种证据调到第一序位；二是增加、调整了一些证据种类，增加了电子数据，将鉴定结论改为鉴定意见，由此，我国民事诉讼证据由七种增加到八种。下面我们逐一介绍这八种证据的基本理论内容。

一、当事人的陈述

（一）当事人陈述的概念与特征

当事人陈述，是指原告、被告、第三人等诉讼主体就案件事实向法庭所作的叙述。当事人陈述，既包括当事人依自己的认识对案件事实所作的解释、说明，也包括当事人对案件事实的承认、认可。具有诉讼行为能力的当事人都有权利向法院就案件事实进行陈述，除可以自己陈述外，当事人还可以申请对方、本方共同当事人作陈述。法定诉讼代理人就案情所作的陈述视为当事人陈述，但这并不妨碍就案件事实对当事人本人进行询问。

我国民事诉讼法将当事人的陈述作为独立的证据种类，这反映我国立法者认识到了当事人陈述的特殊性，同时也表明对这种证据的充分重视。当事人掌握着丰富的案件信息，几乎所有的案件中都有可能存在当事人陈述，这种证据应该最为普遍。然而，在我国司法实践中，法官明确将当事人陈述作为判决根据的情况并不多见。民事诉讼法将其提到证据种类的第一序位，反映了立法者希望司法实践者能够充分重视并利用这类证据。

当事人陈述作为一种重要的诉讼证据，与其他证据相比，有以下两个特点：

1. 当事人的陈述对案件事实的反映比较全面

作为争议法律关系的主体，当事人最清楚整个案件事实的来龙去脉，也能作最详细、最全面的陈述。双方当事人相反、相对的陈述，能够更为准确地反映案件事实全貌，法官据此可以及时了解案件真相，作出准确裁判。因此，我国《民事诉讼法》明确要求，法庭调查首先要听取当事人的陈述。

2. 当事人陈述具有真实与虚假的两重可能性

当事人陈述具有真实性的一面。因为当事人是实体法律关系的直接参加者，他们对产生争议的法律关系的发生、变更或消灭比其他任何人都清楚，所以他们的陈述一般可以反映案件的全貌。但另一方面，还是因为当事人是发生争议法律关系的主体，与案件的处理结果有着直接利害关系，为了自己的利益，他们一般只作有利于自己的陈述，还有可能有意或无意夸大或者缩小案件的事实真相，甚至捏造虚假事实，以使自己获得胜诉判决。所以当事人陈述主观性很强，甚至有虚假的一面。基于当事人陈述的“两面性”，法官一方面要重视当事人陈述对案件的证明作用，另一方面要谨慎运用，不能轻信。当事人陈述必须与其他证据对比印证，在审查属实后才能将其作为定案的根据。善于从当事人庞杂的陈述中辨伪存真，是作为裁判者最重要的基本功。《民事诉讼法》第 75 条第 1 款明确规定：“人民法院对当事人的陈述，应当结合本案的其他证据，审查确定能否作为认定事实的根据。”此外，法院应进一步强化当事人作证的法律责任，并加大对故意作伪证的当事人的处罚力度。2015 年《民诉法司法解释》第 110 条规定，人民法院认为有必要的，可以要求当事人本人到庭，就案件有关事实接受询问。在询问当事人之前，可以要求其签署保证书。保证书应当载明据实陈述、如有虚假陈述愿意接受处罚等内容。当事人应当在保证书上签名或者捺印。负有举证证明责任的当事人拒绝到庭、拒绝接受询问或者拒绝签署保证书，待证事实又欠缺其他证据证明的，人民法院对其主张的事实不予认定。

（二）当事人自认

自认是当事人陈述的组成部分，自认，是指在诉讼活动中一方当事人就对方当事人所主张的于己不利的事实向法庭予以明确认可的行为。2015 年《民诉法司法解释》第 92 条规定，一方当事人在法庭审理中，或者在起诉状、答辩状、代理词等书面材料中，对于己不利的事实明确表示承认的，另一方当事人无需举证证明。《民事诉讼证据规定》第 8 条规定，诉讼过程中，一方当事人对另一方当事人陈述的案件事实明确表示承认的，另一方当事人无需举证。虽然这两个规范文件对自认的空间范围和自认形式的规定略有区别，但都承认自认可以免证的法律效力。

1. 自认的条件

（1）自认必须在诉讼过程中作出。最新的《民诉法司法解释》要求（口头的）

自认应在庭审过程中作出，或以起诉状、答辩状、代理词等书面材料的形式承载。这说明，自认有着明确的时间和空间、形式的要求。任何一方当事人对对方当事人主张的承认，只能发生在诉讼进行过程中，即起诉之后到法庭辩论终结之前。诉讼未开始或法庭辩论终结之后，当事人认可的意思表示无法对法院的裁判产生影响，不产生诉讼意义上的自认。

（2）自认事实必须是对方当事人主张的对自认当事人不利的事实。自认是对案件事实的一种承认，这种事实必须是由对方当事人主张，且对作出承认的一方当事人不利，自己主张的事实不能称为自认。比如，在原告起诉被告侵权赔偿案件诉讼中，原告主张被告毁坏其价值几十万元的私人汽车，被告明确表示承认汽车是其损坏，被告的承认就是自认。

（3）必须是向审判人员作出的承认。自认的事实是法官裁判、认定案件事实时必须采信的根据，自认只能在诉讼中向负责该案的审判人员作出。如果不是向办案的审判人员作出，即使是在诉讼过程中作出的承认，也无法产生法律效力，不是诉讼意义上的自认。

（4）自认的方式必须是明确的认可或表示。《民事诉讼证据规定》第 8 条第 1 款规定：“诉讼过程中，一方当事人对另一方当事人陈述的案件事实明确表示承认的……”即一般要求自认必须是明确认可。但该规定第 8 条第 2 款还明确规定，对一方当事人陈述的事实，另一方当事人既未表示承认也未否认，经审判人员充分说明并询问后，其仍不明确表示肯定或者否定的，视为对该项事实的承认。另外，该规定第 8 条第 3 款又规定，当事人委托代理人参加诉讼的，代理人的承认视为当事人的承认，但未经特别授权的代理人对事实的承认直接导致承认对方诉讼请求的除外。当事人在场，但对其代理人的承认不作否认表示的，视为当事人的承认。

2. 自认的效力

自认是当事人的真实意思表示，自认一经作出，即产生以下效力：

（1）免除对方举证责任的法律效力。自认是当事人一方对对方主张事实的一种承认，虽然于己不利，但既然已经承认，无论是明示，还是默示，都表明双方对该事实不存在争议，当事人也就无需证明该事实。因此，自认首先产生的就是对方当事人举证责任被免除的效力。2015 年《民诉法司法解释》第 92 条规定，对于涉及身份关系、国家利益、社会公共利益等应当由人民法院依职权调查的事实，不适用前款自认的规定。《民事诉讼证据规定》第 8 条对此效力也作出了明确的规定。

（2）约束自认当事人的法律效力。自认是当事人的真实意思表示，而且又是向审判人员作出的，自认一旦作出，就产生拘束力，当事人不能随意反悔，也不得对自认的事实再进行争执或主张与自认相反的事实。但自认可以撤回，《民事诉讼证据规定》第 8 条对当事人撤回自认作了条件限制：当事人在法庭辩论终结前经对方当事人同意，或者有充分证据证明其承认行为是在受胁迫或者重大误解情况下作出且与事实不符的承认，可以撤回。按照《民事诉讼证据规定》第 8 条的规定，自认撤回的，对方当事人应重新担负起该事实的举证责任。

（3）约束法院审判权的法律效力。当事人自认一经作出，人民法院一般必须将自认的事实视为真实，不能作出与该事实相反的认定，也不必对该事实的真实性重新进行调查、核实，必须将该事实作为审判依据。一般来说，自认不仅约束第一审法院，而且也约束审判该案件的上级法院。

当然，自认的效力并不是绝对的，在一些特殊案件中，比如，法院依职权调查的事实，涉及身份关系案件中的事实等，当事人自认不产生约束法院的法律效力。2015 年《民诉法司法解释》第 92 条明确规定，自认的事实与查明的事实不符的，人民法院不予确认。

二、书证

（一）书证的概念和特征

书证，是指以文字、符号、图表等形式记载的内容或表达的人的思想、行为来发挥证明案件事实作用的证据形式。常见的文件、文书、合同、票据、提单、商品图案、借条、委托书、房产证、公司章程、公民之间的来往信件等，都可以作为书证使用。这种证明案件事实的物品之所以称为书证，一方面是因为它的外观呈书面形式，另一方面更重要的是其以记载或表示的思想内容来证明案件事实，这些证据材料都符合人们对“书”“文书”的认识。书证是民事诉讼普遍应用的证据形式，在某些案件中甚至不可或缺。

与物证、证人证言等证据形式相比，书证有着自己的特征。

1. 书证的物质形式是文字、符号、图表以及承载内容的纸张等

书证的物质形式可以分为两个层面：首先是纸张、木块、金属、石块等一切可以记载文字、符号、图表的物体，甚至墙壁、地面都可以作为书证的载体；其次，书证是以文字、符号、图表以及它们的组合等形式表现出来的，这与证人证言的表现形式是不一样的。制作书证的工具可以是笔、刀、印刷机等；制作方法可以是手写，也可以是雕刻、刺绣、剪贴或印刷等各种方式。

2. 书证是以其记载和表达的人的思想或行为等为内容对案件事实起证明作用

人们常说书证具有思想性，就是指书证的文字、符号或图表等方式必须表达一

定的意思，表达人的思想、行为，或记载特定事件等，书证表现了人有意识的思想、行为，这是其主要特点。当然，书证反映的内容应当能够被其他人认识和理解，内容能为他人所认识和理解，书证才能作为反映案件事实的证据加以利用，否则，无意义的符号、无逻辑的文字组合等都无法作为证明案件事实的证据使用。

3. 书证一般能够直接证明案件事实

书证以明确记载人的行为、意志等为内容，这些内容容易被他人直接认知和理解，所以书证在许多情况下可以直接证明案件主要事实，证明的案件事实情节一般也较为完整，所以书证在很多情况下是作为直接证据使用的。相比之下，物证一般并不能直接表明案件事实的状态，有些必须借助专门的技术手段进行鉴定来对其加以审查、分析和判断才能揭示其与案件事实的联系。而且，物证往往只能证明案件事实的个别片段。当然这只是相对而言的，并不是所有书证一定都是这样。

4. 书证客观性、稳定性较强

与证人证言等言词证据相比，书证一旦形成，内容相对明确稳定，物质形式也比较固定，一般不会显著地受时间的影响，也不会受人的主观意志左右，易于长期保存。只要作为书证载体的物质材料本身未遭到毁损，即使经历长时间保存，其所记载的内容仍然像最初一样清楚明白。相比之下，言词证据常常会因为时间的推移而被淡忘或产生记忆模糊的现象，从而影响证据的证明价值。

（二）书证的分类

由于书证的物质形式、制作方法以及制作人的差别，书证可以有多种分类。不同的书证运用规则不同，证明力也不同，这都是审查判断书证时需要注意的问题。

1. 公文性书证与非公文性书证

这是按照书证制作者身份的不同所作的分类。行使国家公权力的国家职能部门和单位，在其法定的权限范围内制作的文书就是公文书，包括有关命令、决议、决定、通告、指示、信函、证明文件等法律文书，例如，由公安机关制作和颁发的户口簿，房屋管理部门制作的房屋产权证，行政管理机关制作的处罚决定书等，这些文书在诉讼中作为证据使用就是公文性书证。公文性书证的制作一般都有严格的条件和要求，可靠性强，在进入诉讼、成为书证之前，就具有相应的法律效力，所以，法院应默认公文性书证具有相应的法律效力，否定公文性书证的客观性、合法性，要满足较高的证明要求，即没有充分的反证是不能推翻公文书证的客观性、合法性的。

公文书证之外的书证就是非公文性书证，即由非国家职能部门制作的文书，具体说来，就是具有民事行为能力和相应责任能力的自然人所制作的有关文书，包括普通法人、企业制作的书证，以及行使一定法定职权的国家机关或者单位在其职权范围以外制作的文书。2015年《民诉法司法解释》第114条规定，国家机关或者其他依法具有社会管理职能的组织，在其职权范围内制作的文书所记载的事项推定为真实，但有相反证据足以推翻的除外。必要时，人民法院可以要求制作文书的机关或者组织对文书的真实性予以说明。与公文性书证相比，非公文性书证一般被法院视为普通书证，其是否合法，是否具有相应的法律效力，必须经过质证和法院的审查认定，才能作出相应的判断，其运用程序、质证、审查的方式等与公文书证有明显的差别。

非公文性书证可以通过公证获得与公文性书证同等的法律地位。我国《民事诉讼法》第69条规定，“经过法定程序公证证明的法律事实和文书，人民法院应当作为认定事实的根据，但有相反证据足以推翻公证证明的除外”。其中的文书，一般就是可能在诉讼中运用的非公文性书证，当然，公文性书证也可以通过公证来强化其法律地位。

顺便提及的是，2012年《民事诉讼法》将旧法第67条“经过法定程序公证证明的法律行为、法律事实和文书”中的“法律行为”删去，表明立法不再承认公证证明的法律行为具有被默认客观、合法的法律地位，人民法院不能再以经公证证明为依据直接将其作为认定事实的根据。事实上，与其他案件事实一样，诉讼中系争的法律行为，无论是否经过公证，都必须有相关证据证明，而且相应的证据必须经过质证、法院审查，经历这些程序阶段之后，法院才能最终判断相应法律行为的客观性和合法性。与此不同的是，《民事诉讼法》第69条规定的经过法定程序公证证明的法律事实，则可以获得被法院直接认定的法律地位，如果该事实发生争议，则证明责任转移到相对一方当事人，其必须提供充足的证据，才能推翻该事实可以被法院直接认定的法律地位。

2. 普通书证与特别书证

根据书证的制作和形成是否需要特定的形式和要件为标准，可以将书证分为普通书证与特别书证。

依照法律规定，凡是必须具备特定形式或必须履行特定程序的文书，就是特别书证。例如，工商行政管理机关颁发的营业执照必须具备特定的法律形式，并严格履行法定的制作手续；结婚证书，必须是申请结婚的男女双方当事人已达到结婚年龄，且结婚完全出于双方自愿，在法律上不存在禁止结婚的任何情形，并由双方当事人亲自到婚姻登记机关进行结婚登记，婚姻登记机关方可按照相应的格式制作、颁发结婚证书。特别书证必须按照法律规定或当事人约定的程序、条件去制作，否则无法律效力。而普通书证法律并不要求其具有特定形式和格式，也不需要履行特定程序，如公民之间的借贷出具的借据，领取物品的收据，加工承揽特定产品或物品的合同，以及其他普通买卖合同等，在诉讼中都可以视为普通书证。

3. 处分性书证与报道性书证

依照所反映内容、制作人的目的以及法律效果的差别，书证可以分为处分性书证与报道性书证。凡是制作目的是设定、变更或消灭一定法律关系，并能产生相应法律效力的书证，就是处分性书证。例如，国家行政机关颁发的各种许可证、营业执照，民商事合同书，遗嘱等，都属于处分性书证。处分性书证一般是以法律关系主体的处分权为基础的。

报道性书证是记录、报道、记载已经发生或已知的具有法律意义事实的书证。报道性书证不以产生、变更或消灭一定法律关系为目的，而只是记载某些客观事实的发生和经过等。例如，财务账本记载了某单位现金收支情况，医院的病历记载了病人的病情状况，某旅馆的登记簿记载了旅客在该旅馆住宿的事实等。很显然，报道性书证和处分性书证在诉讼中的作用并不一样。

4. 原本、正本、副本、节录本、影印本及译本

依照书证制作方法以及构成来源为标准，可以将书证分为原本、正本、副本、节录本、影印本及译本。原本，是指文书制作者将有关内容加以记载而作成的原始文本，又称原件或底本。它是文书的原始状态的反映，是文书制作者原创产物。任何书证均有其原本，在原本基础上，采取不同方式抄录原本而形成的其他文本材料都是原本的派生物。正本，是依照原本采用全文抄录、印制等方法而制作的，内容与原本完全相同，对外具有与原本同等法律效力的文书。副本，是依照原本全文抄录、印制，但不具有正本效力的文本。副本旨在使有关单位或个人了解、知悉原本文书的内容。副本通常发送给主受件人以外的其他有必要了解原本内容的相关单位或个人。节录本，是指制作者以摘抄的方式，节录原本或正本文书中部分内容而形成的文书。与原本相比，节录本只能反映原本的部分内容，由于制作人只是对原本加以节录，在一定程度上影响了原本内容的全面性和客观性。影印本，是指采用影印技术，将原本或正本通过摄影或复制而形成的文书。译本，是指采用原本或正本以外的语言文字，翻译原本或正本而形成的文书。

原本、正本、副本、节录本、影印本及译本的真实可靠性程度不同，诉讼中，这些材料作为证据使用时，法院对其采用的审查程序、方法也有差别。

三、物证

（一）物证的概念

物证是以其外部特征、存在形式、内在属性、规格、重量、质量等来证明案件事实的物品或者痕迹，如所有权有争议的物品、履行合同时有争议的标的物、样品买卖中的样品、因侵权行为而被损害的物体和侵权所用工具等。自然界中的物质既有以实物形式存在的，包括固态、液态和气态形式等，也有以场的形式存在的，如电磁场等。痕迹则是一物体作用于另一实物上所遗留的印迹，痕迹须依附于固体实物而存在，不能单独存在。物证的外部特征是指实体物的形状、大小、数量、颜色、新旧破损程度等；物证的存在形式是指实体物和痕迹所处位置、环境、状态、与其他证据的相互关系等；物证的内在属性是指实体物的各种物理化学性质、质量、成分、结构、功能等。

（二）物证的特点

物证和其他证据相比，有如下特征：

1. 物证是以其外部特征、内在属性和存在状态来证明案件事实的

相比较来说，当事人陈述、证人证言等言词证据是人根据自身对事物的感知、认识、记忆描述待证事实的；书证依附于实体物而存在，但书证是以记载的内容来证明案件事实；物证则以其外部特征、内在属性等来证明案件事实。

2. 物证具有较强的可靠性

物证与待证事实之间存在着不受人的意志影响的客观联系，只要判明物证是真实的，物证证明案件事实就有较强的真实性和可靠性。相比之下，当事人陈述和证人证言的内容，很容易受人的主观因素影响，如证人可能由于自身感知能力的欠缺而不能准确感受有关事实，受害人可能由于愤怒而有意夸大受侵害的事实等。书证内容也是人的意思表示，有些情况下其同样可能不是客观事实的反映。勘验笔录和鉴定意见也是人对物证的观察、分析、判断的结果，同样会受到人的主观认识能力的限制。因此，相对于其他证据而言，物证一般都具有较强的可靠性。

3. 物证具有较强的稳定性

一般而言，形成物证的实体物本身具有一定的稳定性，当然，这种稳定性也是相对而言的，实践中形成物证的物质材料的稳定性有较大的差异，有的物证因环境因素的变化而发生自然变化，如脱水、腐败等，有的物证可由人为因素干扰而发生变异，采用适当方法可以使有证明作用的特征得以固定和保全。因此，发现物证后

应及时提取，并采取适当的方法保存。

4. 物证一般是间接证据

由于物证是客观实在物，是一种无意识的证据，不能自明其义，物证在许多情况下需要借助科学技术、特殊设备和专业知识，经过人的能动作用去发现、识别，挖掘它同案件的客观联系，明确其证据意义，发挥其证明作用。另外，单独一个物证，一般不能直接反映案件的主要事实，而只能反映案件主要事实的某一方面，而且物证通常要与鉴定意见等其他证据结合才能发挥证明作用。当然，在某些情况下物证也可以起直接证据的作用，如侵占别人财物，在行为人住处找到被侵占的物品，就可以直接证明当事人有侵占行为。

（三）物证与书证的联系和区别

与证人证言等证据形式相比，物证和书证都是实物证据。在特定情况下，同一物品既可以作为书证又可以作为物证使用，或作为视听资料使用，区别的关键就是看该物品以哪一类特征起证明作用。如某一证件，如果以其记载的内容证明持有者的身份，按其书写的内容来证明待证事实，该证件应被作为书证看待；若按其外部特征来证明待证事实则是物证，如在某物品上发现涂改的痕迹，并被用于证明伪造文件事实的存在，则该证件应被作为物证看待；记载有一定音像信息的录像带，如果以其录制的声音、图像内容证明某一事实的发生时被看作视听资料；如果以商品价值而作为争议标的，或作为盗版音像制品查处时则被看作物证。物证与书证的区别：（1）书证是以记载和反映具有某种思想或者行为的内容来证明案件事实，物证则是以其外部特征、形状、大小、规格、质量等来证明案件事实的；（2）特定形式的书证，法律要求必须具备一定的法定形式和完成一定的法定手续才具有效力，而对所有物证来说则没有这样的特定要求；（3）书证一般都有制作的主体，能反映制作人的思想或者主观动因，而作为物证的物体，并不具有这种特征。

四、视听资料

（一）视听资料的概念

视听资料是采用现代声音、影像科学技术制作的，可以重现案件事实的原始声响、影像等，资料也是证明案件事实的证据形式之一。视听资料包括录音资料和影像资料，有录像带、录音片、电影胶卷、微型胶卷、电话录音等。与传统的书证、物证形式相比，视听资料是一种听之有声、望之有形的证据形式，一般能较生动地反映案件的真实情况。其存储介质既可以是卡式录音、录像带，胶卷，也可以是电脑硬盘、数码存储材料等，这是一种随着近现代科学技术的发展而出现的、相对较新的证据形式。

（二）视听资料的特点

1. 视听资料具有直观、生动、逼真的特点

视听资料一般直接来源于案件事实，以原声、原貌准确地记录和再现一定的法律行为或案件事实。诉讼中，播放视听资料就可以直观地、生动地反映和再现案件事实的发生过程，细致入微的音像记录，能使人对案件事实产生一定的感性认识，获取比较丰富的案件事实方面的信息。

2. 视听资料具有较强的准确性和可靠性

视听资料是采用现代科技手段与设备记载的案件原始材料，除非伪造或者操作失误，其反映的案件事实不会受任何诉讼参与人的主观意志制约。只要操作符合技术规程，对象准确，仪器设备精良，视听资料对案件事实的记录和反映就比较客观、可靠，根据可靠的视听资料，诉讼主体最后得出的结论就必然也是准确可靠的。视听资料的这种准确性、全面性，是书证、物证和言词证据等证据形式无法比拟的。

3. 视听资料易于篡改、伪造

视听资料是利用高科技手段制作的，这种高科技也可能被人们利用来篡改、伪造视听资料。特别是现代社会电脑技术的普及，普通人利用电脑软件对一定的声音或图像资料进行剪接、添加、修改变得比较容易。现代 PS 技术（就是运用 Photoshop 软件处理加工图像的技术）已经在广大计算机使用者中普及，即使是动态的影像资料同样能够被修改加工，一般播放查看并不容易发现篡改痕迹。传统的录音录像带，人们也可以通过消磁、剪辑的方式进行修改。这样，诉讼应有一套自己的方法、程序来识别视听资料的真实可靠性。《民事诉讼证据规定》第 69 条规定，存有疑点的视听资料不能单独作为认定案件事实的依据，我国《民事诉讼法》第 71 条规定，人民法院对视听资料，应当辨别真伪，并结合本案的其他证据，审查确定能否作为认定事实的根据。

（三）视听资料与书证、物证的区别

视听资料既有书证的特点又有物证的特点，但与书证、物证有明显的区别。书证是以书面文字等形式记载的思想或者行为来证明案件事实的，视听资料中也有文字形式，也反映人的思想内容，但并不是单纯地以文字和符号来表达思想或者行为内容，更重要的是其能够动态地描绘待证事实的现实情景，二者的物质载体也有显著的区别。物证是直接以其外部形态、内在特征等静态地证明案件事实，视听资料

也能反映物的形状、特征等，但视听资料并不限于此，其反映案件事实的层面更加丰富，更常见的是反映人的行为过程，而且，其最大的特点就是通过声音、图像动态反映案件事实。

五、电子数据

（一）电子数据的概念和特征

电子数据是我国2012年修订《刑事诉讼法》与《民事诉讼法》时新增的证据种类。根据2015年《民诉法司法解释》第116条的规定，电子数据是指通过电子邮件、电子数据交换、网上聊天记录、博客、微博客、手机短信、电子签名、域名等形成或者存储在电子介质中的信息，也是计算机利用磁性、光学、电磁、无线电等技术形成的数据，这是一种依赖电子技术、电子设备而存在的新型证据形式。电子数据的产生、存储和传输离不开计算机技术、存储技术、网络技术的支持，所以也被称为计算机证据。电子数据包括以电子形式存在的材料，也包括其派生物。存储在电子介质中的录音资料和影像资料，适用电子数据的规定。当前，各种电子技术已为普通人所掌握，在人们的日常生活、工作交往中利用电子技术从事商业交往已是司空见惯的事情。电子数据就是我们这个信息时代派生的证据形式。

电子数据具有无形性、多样性、信息量大、易破坏性等特征。电子数据实质上只是按编码规则处理形成的“0”和“1”之类的数据组群，存储在光盘、软盘、硬盘等一定的介质上面，若不凭借计算机及相应的软件，人们根本无法识别电子数据。电子数据外在表现形式也具有多样性，它不仅可体现为文本形式，还可以图形、图像、动画、音频及视频等多媒体形式出现。电子数据存储方便，表现丰富，可长期无损保存，可以随时反复重现。电子数据也很容易遭到破坏，数据被人为篡改后虽然会留下相应的痕迹，但如果没有可资对照的副本、映像文件就难以查清、难以判断。至于误操作、病毒、软硬件故障、系统崩溃、突然断电等意志以外的因素也可能会导致数据失真。另外，在保存方式上，电子数据虽然占用空间少，但需要借助一定的电子介质，离不开芯片、软盘、硬盘、光盘等新型的信息介质；在传播方式上，电子数据可以无限的速度传递，通过网络，在分秒之间就可以把信息传递到世界每一个角落；在感知方式上，电子数据必须借助电子设备，且不能脱离特定的系统环境。

（二）电子数据的意义

随着信息技术特别是网络技术的不断发展，国际互联网的全球化热潮使人类社会进入了一个新的信息时代。由于国际互联网具有不受时间、地域限制的特性，一种与传统交易形态截然不同的通过国际互联网进行交易的方式应运而生。自20世纪90年代以来，数字化通讯网络和计算机装置使得信息的存储、传递、统计、发布等环节实现无纸化，甚至有不少国家机关都提出无纸化办公的口号。在电子商务中，传统的合同、提单、保险单、汇票等书面文件被储存于计算机存储设备中的电子文件所代替，这些电子文件、电子数据出现在诉讼中，就可以作为电子证据使用。从网络隐私权和网络知识产权侵权案件到电子合同纠纷、网络中的消费者权益保护乃至网络广告的行政规制、网络和电子商务中的犯罪问题追究等，诸多民事、经济、行政和刑事案件均需要电子数据的强有力支持。在证据学方面，传统的证据理念也受到了电子信息的巨大冲击，电子数据的形式与传统意义上的证据截然不同，电子数据的收集、审查判断也有诸多新要求，我们需要在以后的司法实践中进一步探讨如何恰当运用这一普遍存在的“新生”证据种类。

六、证人证言

（一）证人证言的概念和特征

证人证言，就是指证人就其了解的案件事实向法庭所作的陈述。我国民事诉讼中的证人，是指当事人之外，以其亲身经历和体验、耳闻目睹等方式了解案件有关情况的人。陈述实质就是表达陈述人的意思，表达、描述其所知之事实。证人作证的方式主要是口头陈述，特殊情况下也可以采用书面陈述的方式，甚至也包括特殊证人的“动作陈述”，例如，聋哑人所用的“哑语”“手语”等。

现实生活中很多纠纷发生时可能会有人目睹事情发生的全过程或一部分，了解案件事实的证人就其所见、所知向法庭作证，可以帮助查清案件事实，证人证言是诉讼中一项重要的证据形式。

证人证言有如下特征：

1. 证人证言是一种言词证据

与书证、物证相比，证人证言是人就其所见、所知以言词的形式向法庭作证，这就是“陈述”。“陈述”或“言词”与书证的文字、符号、图表等形式是不同的，与物证的质量、外形、特征等形式也不一样。也正是由于人的“言词”这一表现形式，证人证言与当事人陈述同属于“人证”的范畴，其适用规则与“物证”规则差别较大。

2. 证人证言具有不可替代性

不了解案件情况的人不能作为证人向法庭提供证言。证人之所以能够提供证言，是因为知道案件的一些情况。但证人了解案件事实具有一定的偶然性，了解案件事实的范围也是特定的，法院不能随意指定或任意选择证人。证人提供的证言也是特定的，即使几个证人提供的证言相同，也不能互相代替或更换。

3. 证人证言的内容是证人就其了解的案件事实所作的客观陈述

证人所了解的事实是已经发生的案件事实，证人只能对自己耳闻目睹的案件情况进行陈述。证人不是鉴定人，所以他只能实事求是、客观陈述自己所了解的情况，只能重现过去已发生的案件事实，而不能推想、猜测可能发生的事实，也不应对这些事实进行分析评价。

4. 证人证言具有较强的主观性

证人证言是有思维能力的人提供的，其形成一般要经过感知、记忆和作证三个阶段，而每个阶段都有可能受到各种主观或客观因素的影响，如因客观条件影响而导致证人感知错误；因记忆缺陷提供的证言不准确；因受外来因素干扰而不敢如实提供证言等。因此，法庭对证人证言既不能轻信，也不能轻易否定，必须认真审查核实，未经审查属实的证人证言不能作为定案根据。

（二）证人的范围

我国《民事诉讼法》第 72 条第 1 款规定，凡是知道案件情况的单位和个人，都有义务出庭作证。有关单位的负责人应当支持证人作证。由此规定可以看出，我国民事诉讼中证人包括自然人与单位。但需要注意的是，单位能否作为证人仍是一个有待探讨的问题，证人证言是目击者就其所感知的案件事实向法院作证，而单位或法人是虚拟的法律上的“人”，其对案件事实的“感知”仍然需要通过自然人的感官。而且，单位作为证人有许多问题不易解决，比如，针对伪证行为，处罚单位证人很难达到处罚自然人的法律效果。实际上，一般情况下，单位证人完全可以转换为自然人证人。实践中，所谓的单位作证，多是单位向法院提供书面证明材料。2015 年《民诉法司法解释》第 115 条规定，单位向人民法院提出的证明材料，应当由单位负责人及制作证明材料的人员签名或者盖章，并加盖单位印章。人民法院就单位出具的证明材料，可以向单位及制作证明材料的人员进行调查核实。必要时，可以要求制作证明材料的人员出庭作证。单位及制作证明材料的人员拒绝人民法院调查核实，或者制作证明材料的人员无正当理由拒绝出庭作证的，该证明材料不得作为认定案件事实的根据。

《民事诉讼法》第 72 条第 2 款规定，不能正确表达意思的人，不能作证。由此我们可以看出，自然人作为证人的，法律要求主要体现在以下两个方面：（1）证人必须知道案件情况。民事纠纷发生之后，知晓案件事实的人的范围决定了证人的范围。

证人的范围也不以其与当事人的亲疏远近为限。（2）证人要能够正确表达意思。自然人正确表达其思想、意思，需要具备相应的心智能力。诉讼中，证人要证明的案件事实与证人的年龄、智力状况或者精神健康状况应相适应。我国诉讼法对可以作为证人的自然人的年龄没有限制，但证人要能够正确表达意思，能够认识到自己所作证言在法律上的效力，能够控制自己的行为，相对准确地陈述案件事实。不能正确表达意思的精神病人或年幼儿童不能作为证人。但间歇性的精神病人在发病间歇期间，能辨别是非，正确表达意思，可以作为证人。如果未成年人所表达的内容与其认识力大体一致，也应当允许作为证人。某些有生理缺陷的人，如聋哑人、盲人等，不影响其就所看到听到的事实作证。

把握证人范围时需要注意的是，从案件审理的公正性考虑，委托诉讼代理人、办理本案的法官、书记员、鉴定人、翻译人员以及勘验人员等，不能作为证人，如果案件需要，这些人员可以作为证人，但不得再作为委托诉讼代理人、本案的法官、书记员等参加该案的其他诉讼活动。

（三）证人的权利义务

证人参加诉讼并不是为了自身的利益，因此一般情况下证人缺少参加诉讼的动力。目前，我国民事司法活动中证人出庭作证比例明显偏低，其中一个重要的原因是证人的权利难以得到切实保障，普通民众也没有认识到出庭作证是法定义务，我国证人出庭作证积极性普遍较低。为了保障证人能依法参与诉讼，客观如实地提供证据，保证案件及时处理和诉讼活动顺利进行，证人应当享有一定的权利，也应承担一定的义务。

1. 证人的权利

（1）依法提供证言的权利。证人有依照法律规定提供证言的权利，任何人不得非法干涉证人作证，也不得逼迫证人作伪证。《民事诉讼证据规定》第 60 条也规定：“询问证人、鉴定人、勘验人不得使用威胁、侮辱及不适当引导证人的言语和方式。”

（2）获得保护的权利。证人作证是为了协助法院查明案件事实，法院等国家机关自然就有义务保护证人不会因作证而受到威胁、侮辱或打击报复，使证人及其近亲属获得心理和身体上的安全感，解除思想顾虑，积极作证。《民事诉讼法》第 111 条规定，以暴力、威胁、贿买方法阻止证人作证或者指使、贿买、胁迫他人作伪证的，以及对证人进行侮辱、诽谤、诬陷、殴打或者打击报复的，人民法院可根据情节轻重予以罚款、拘留；构成犯罪的，依法追究刑事责任。

（3）获得经济补偿的权利。证人出庭作证必然会耗费时间、精力和财力，从而影响其正常的工作和生活。因此，证人有权要求有关司法机关或当事人对其因作证所支出的费用及减少的劳动收入给予补偿。现行《民事诉讼法》第 74 条规定，证人因履行出庭作证义务而支出的交通、住宿、就餐等必要费用以及误工损失，由败诉一方当事人负担。当事人申请证人作证的，由该当事人先行垫付；当事人没有申请，人民法院通知证人作证的，由人民法院先行垫付。2015 年《民诉法司法解释》第 118 条规定，民事诉讼法第 74 条规定的证人因履行出庭作证义务而支出的交通、住宿、就餐等必要费用，按照机关事业单位工作人员差旅费用和补贴标准计算；误工损失按照国家上年度职工日平均工资标准计算。人民法院准许证人出庭作证申请的，应当通知申请人预缴证人出庭作证费用。

2. 证人的义务

为了保证法院能够查明案件真实情况，证人在享有法律赋予的权利的同时，还必须履行以下法定义务：

（1）依法出庭作证的义务。《民事诉讼法》第 72 条明确规定，凡是知道案件情况的人，都有义务出庭作证；第 73 条规定，经人民法院通知，证人应当出庭作证。2015 年《民诉法司法解释》第 119 条规定，人民法院在证人出庭作证前应当告知其如实作证的义务以及作伪证的法律后果，并责令其签署保证书，但无民事行为能力人和限制民事行为能力人除外。证人签署保证书适用本解释关于当事人签署保证书的规定。第 120 条规定，证人拒绝签署保证书的，不得作证，并自行承担相关费用。《民事诉讼证据规定》第 55 条也规定，证人应当出庭作证，接受当事人的质询。但我国法律也允许证人在特定的情况下不出庭，经人民法院许可，可以通过书面证言、视听传输技术或者视听资料等方式作证。《民事诉讼法》第 73 条明确规定了证人不出庭作证的情形包括：（一）因健康原因不能出庭的；（二）因路途遥远，交通不便不能出庭的；（三）因自然灾害等不可抗力不能出庭的（四）其他有正当理由不能出庭的。

（2）如实作证的义务。如实作证，就是要求证人必须客观真实地提供证据，不得故意作伪证；同时证人也不得隐匿证据。如实作证是证人证言作为诉讼证据的基本要求，也是证人必须履行的一项法定义务。《民事诉讼证据规定》第 57 条规定："出庭作证的证人应当客观陈述其亲身感知的事实……证人作证时，不得使用猜测、推断或评论性的语言。"我国《刑法》第 305 条规定的伪证罪只适用于刑事诉讼故意作伪证的情形，对于民事诉讼中证人不如实作证的行为，后果严重的，是否也应给予刑事制裁，很值得进一步研究。

（3）遵守法庭规则和秩序的义务。为了保证法院审判工作的顺利进行，法律要求包括证人在内的所有诉讼参与人都应该遵守法庭规则和秩序。《民事诉讼法》第

110 条规定，诉讼参与人和其他人应当遵守法庭规则。人民法院对违反法庭规则的人，可以予以训诫，责令退出法庭或者予以罚款、拘留。人民法院对哄闹、冲击法庭，侮辱、诽谤、威胁、殴打审判人员，严重扰乱法庭秩序的人，依法追究刑事责任；情节较轻的，予以罚款、拘留。这些规定同样适用于证人。

《民事诉讼证据规定》第 58 条规定，出庭作证的证人，不得旁听法庭审理。询问证人时，其他证人不得在场。

七、鉴定意见

（一）鉴定意见的概念与特征

鉴定意见是我国法律明确规定的证据种类，就是鉴定过程的最终结果，具体来说，鉴定意见是鉴定人运用自己的专门知识和现代科学技术手段，对诉讼中所涉及的某些专门性问题经过检测、分析，并作出判断后出具的书面意见。

鉴定意见具有以下两个特点：

1. 鉴定意见是一种意见证据

鉴定意见必须由鉴定人通过对各种鉴定资料进行检验、分析后才能得出，这种结论反映的是鉴定人对案件事实某些部分的认识，不是对客观事实的直接反映，案件事实也不可能直接反映出鉴定意见的内容。作为专家、鉴定人的判断性意见，鉴定意见依赖于专家的个人知识和技能，反映出鉴定人的个人见解和看法，其意见必然有一定的主观性。

2. 鉴定意见有较强的可靠性、科学性

鉴定人具有相关专业的专门知识，鉴定意见也是鉴定人运用科学知识、采用一定的科学方法对案件专门问题进行分析、检验后得出的结果，具有较强的科学性和真实性。但鉴定意见的可靠性依赖于诸多条件，如鉴定人公正、科学的态度，以及鉴定材料的可靠性，满足这些条件要求，是鉴定意见可靠性的最基本保障。此外，鉴定的方法、手段、标准也会影响鉴定意见的真实性、科学性。

（二）鉴定

1. 鉴定的概念

鉴定，即鉴定人运用自己的专门知识和技能，以及必要的技术手段，对案件中发生争议的专门性问题进行检测、分析和鉴别的活动。鉴定的结果就是鉴定意见，一般表现为鉴定书。

2. 鉴定的分类

随着社会经济的发展，诉讼中需要鉴定的专门问题越来越多。根据鉴定学科专业的不同，可以把鉴定分为以下几个大类：

（1）法医学鉴定。这是利用法医学专业知识进行的一类鉴定，简称法医鉴定，是检验死亡的时间、原因，以及伤害程度、造成损伤的部位和致伤器具的种类，鉴别血型、遗传基因是否同一，鉴别医疗事故的原因、损害程序以及当事人劳动能力等专门性问题。

（2）司法精神病鉴定。这是利用司法精神病学专业知识对当事人或证人的精神状态进行检查，鉴别其精神是否正常及其严重程度，以确定当事人对其行为的控制能力，据此判断行为人的民事行为、民事诉讼行为是否有效。

（3）文书物证鉴定。文书物证鉴定是对案件有关的各种文书（包括图表、字迹、图章、纸张及相关资料）本身的物质特性展开的鉴定活动，鉴定人进行比对、分析、推断，以判明文件内容的真实程度，或文件所用图章的真伪，或确定文件的书写人和文件制作方法等。这类鉴定又可分为笔迹鉴定、伪造或变造文书鉴定、图章印文鉴定、打字机文字鉴定、文书作成时间鉴定、文书物质材料鉴定等。

（4）司法会计鉴定。司法会计鉴定是运用会计学的原理和专门知识，对有关财务账目、簿册、报表、单据等依法进行审核鉴定，以确定是否符合会计制度。

（5）工程技术鉴定。这是利用建筑工程专业知识进行的一类鉴定，可以对工程以及造成工程事故的原因、损失的程度和事故责任进行鉴定。在工程事故类的诉讼中，此种鉴定对于确定损失是由自然原因还是当事人责任造成的具有重要的参考价值，往往会成为处理案件的重要依据。

（三）鉴定人

1. 鉴定人的概念与特征

鉴定人是具有某一领域的专门知识，并接受委托对专门性问题进行鉴定的自然人。鉴定人具有以下几个方面的特征：

（1）鉴定人必须是自然人。2012 年《民事诉讼法修正案》第 16 条对我国民事诉讼中的鉴定制度作了较大幅度的调整，其中，涉及鉴定主体方面的变化，主要是进一步强化作为自然人的鉴定人自身的法律地位，弱化了鉴定机构在鉴定中的主导作用，将鉴定人的确定和选择权更多地交给当事人把握。鉴定部门能够为鉴定人完成鉴定活动提供必要的物质技术设备和场所，保证鉴定在程序上的合法性，不能将鉴定部门与鉴定人混为一谈。正因为鉴定人为自然人，法庭审理中，必要时鉴定人应当到庭，接受审判人员、当事人及其诉讼代理人对鉴定意见提出的询问。鉴定人可以是一人，也可以是数人。

（2）鉴定人须具有专门的知识技能。鉴定人必须对本案涉及的专门性问题具有专门的知识或特种技能。这些专门的知识和技能包括专业知识条件、实践能力条件、技术职务条件等。与之相适应，鉴定人还必须掌握使用必要的仪器、设备等鉴定手段，并且能够熟练地使用、掌握这些技术手段。

（3）鉴定人是诉讼参加人。鉴定人是我国诉讼法规定的诉讼参加人之一，享有相应的诉讼权利，也承担一定的诉讼义务。鉴定人同诉讼结果不具有法律上的利害关系，他们基于委托或指定参加诉讼，以协助人民法院和当事人查明案件事实。

鉴定人和证人都是民事诉讼参加人，在诉讼中二者都要享有一定的诉讼权利，在某种意义上可以说鉴定人和证人在诉讼中具有相同的作用，都有助于人民法院查明案件事实。但鉴定人与证人存在诸多不同之处：法律对他们知识结构的要求不同，鉴定人必须具备某种专门知识，且能够解决案件中的专门性问题，证人只要了解案情就可出庭作证；他们知悉案件的时间不同，证人是在案件发生的过程中感知案件事实的，而鉴定人是案件发生后通过阅卷和访谈等途径才了解案件情况的；鉴定人具有可替代性，而证人不可更替。

2. 鉴定人的权利和义务

鉴定人作为一种独立的诉讼参加人，享有以下基本权利：（1）了解和查阅鉴定所需材料的权利，我国现行《民事诉讼法》第 77 条第 1 款规定："鉴定人有权了解进行鉴定所需要的案件材料，必要时可以询问当事人、证人。"（2）独立发表见解的权利。当一个案件有几个鉴定人共同鉴定时，他们可以相互讨论，意见一致时，可以共同作出鉴定意见，意见不一时，有分别表示意见的权利，且可以在法庭上相互辩论。（3）特定情况下，特别是当事人对鉴定人有非法要求时，鉴定人可以拒绝鉴定。（4）鉴定报酬和鉴定费用的请求权。（5）请求保护人身安全的权利。

同时，鉴定人应承担以下义务：（1）认真、负责、客观、公正地进行鉴定。（2）妥善保管鉴定材料，遵守鉴定程序和鉴定纪律。（3）按时出庭当众陈述鉴定意见，并回答审判人员、公诉人、当事人、辩护人等的提问。为检验鉴定意见的可靠性，鉴定人应按要求出庭接受质证。《民事诉讼法》第 78 条规定，当事人对鉴定意见有异议或者人民法院认为鉴定人有必要出庭的，鉴定人应当出庭作证。经人民法院通知，鉴定人拒不出庭作证的，鉴定意见不得作为认定事实的根据；支付鉴定费用的当事人可以要求返还鉴定费用。为强化对鉴定意见的质证力度，《民事诉讼法》第 79 条规定，当事人可以申请人民法院通知有专门知识的人出庭，就鉴定人作出的鉴定意见或者专业问题提出意见。专家辅助人出庭，目的就是辅助当事人对鉴定意见等专业性问题进行质证、辩论。（4）自动回避、保守秘密的义务。

（四）我国民事诉讼鉴定制度的变革

近十多年来，我国民事司法鉴定制度受到的诟病颇多，特别是早期的医疗事故鉴定，仅仅就鉴定主体而言，“老子给儿子鉴定”（由本地医生组成的医学会对本地医生的医疗行为进行鉴定）的制度设置，对于鉴定人能否守住公平公正底线，民众抱着不信任的态度。从《民事诉讼证据规定》到《侵权责任法》，诸如医疗事故责任认定等方面的鉴定制度，都朝着有利于社会公正的方向发展。2012 年《民事诉讼法修正案》在民事司法鉴定制度方面的变革更为显著。

首先，该修正案将此前的“鉴定结论”改为“鉴定意见”，二字之改，充分反映了我国立法机关对鉴定制度的态度、立场的转变，使鉴定制度回归了其在司法中的正确定位。鉴定，本来是为司法遇到的专业性难题提供专业服务和辅助的制度体系，虽然其针对的是专业性较强的问题，司法者可能会有隔行如隔山的感觉，但是，无论怎么说，鉴定仅仅是司法、诉讼的一部分，鉴定得出的“结论”，需要法官在整个诉讼中综合衡量和把握，并由其最终决定如何认定和运用鉴定的结果，鉴定人不是司法中的“科学法官”，其鉴定“结论”无从约束司法，而只能是司法、诉讼的参考“意见”。否则，如果司法必须认可鉴定“结论”，事实上就等于由鉴定人取代了法官，鉴定人在专业性问题的判断上享有了司法权。

其次，2012 年《民事诉讼法修正案》将鉴定以及鉴定意见的运用程序控制权由法院转给当事人，司法鉴定社会化倾向明显。2012 年修订前的《民事诉讼法》第 72 条规定，人民法院对专门性问题认为需要鉴定的，应当交由法定鉴定部门鉴定；没有法定鉴定部门的，由人民法院指定的鉴定部门鉴定。按照这样的法律规范的要求，法院主导着民事司法的鉴定事项，按照该法律规范可以推论，当事人甚至没有鉴定的申请权。而按照现行《民事诉讼法》第 76 条的规定，“当事人可以就查明事实的专门性问题向人民法院申请鉴定。当事人申请鉴定的，由双方当事人协商确定具备资格的鉴定人；协商不成的，由人民法院指定”。“当事人未申请鉴定，人民法院对专门性问题认为需要鉴定的，应当委托具备资格的鉴定人进行鉴定。”由此可以看出，当前我国实行当事人申请鉴定、法院审批原则，法院自主决定鉴定则为补充。2015 年《民诉法司法解释》第 121 条规定，申请鉴定的事项与待证事实无关联，或者对证明待证事实无意义的，人民法院不予准许。人民法院准许当事人鉴定申请的，应当组织双方当事人协商确定具备相应资格的鉴定人。当事人协商不成的，由人民法院指定。符合依职权调查收集证据条件的，人民法院应当依职权委托鉴定，在询问当事人的意见后，指定具备相应资格的鉴定人。

再次，2012 年《民事诉讼法修正案》突出强调作为自然人的鉴定人的鉴定权利和义务，弱化鉴定机构的法律地位。随着鉴定机构的社会化和多元化局面的出现，该修正案取消“法定鉴定部门”优先鉴定的权限，仅仅强调鉴定人的鉴定资质，修正后的《民事诉讼法》第 77 条第 2 款规定，“鉴定人应当提出书面鉴定意见，在鉴定书上签名或者盖章”。而按照修正前的《民事诉讼法》72 条规定，“鉴定部门和鉴定人应当提出书面鉴定结论，在鉴定书上签名或者盖章。鉴定人鉴定的，应当由鉴定人所在单位加盖印章，证明鉴定人身份”。照此规定，事实上，鉴定部门处于鉴定的前位，鉴定人更多的可能是隐而不显的背后实际的鉴定操作者，与鉴定部门相比，作为自然人的鉴定人的责任处于第二位。

最后，《民事诉讼法》进一步强调了鉴定意见作为证据的某些特征，突出了对该证据质证的某些特殊要求。现行《民事诉讼法》第 78 条规定，“当事人对鉴定意见有异议或者人民法院认为鉴定人有必要出庭的，鉴定人应当出庭作证。经人民法院通知，鉴定人拒不出庭作证的，鉴定意见不得作为认定事实的根据；支付鉴定费用的当事人可以要求返还鉴定费用”。此外，《民事诉讼法》第 79 条规定，“当事人可以申请人民法院通知有专门知识的人出庭，就鉴定人作出的鉴定意见或者专业问题提出意见”。这种强化对鉴定意见的质证，特别是专业化的质证要求，是以前诉讼规则中所没有的。2015 年《民诉法司法解释》第 122 条规定，当事人可以依照民事诉讼法第 79 条的规定，在举证期限届满前申请一至二名具有专门知识的人出庭，代表当事人对鉴定意见进行质证，或者对案件事实所涉及的专业问题提出意见。具有专门知识的人在法庭上就专业问题提出的意见，视为当事人的陈述。人民法院准许当事人申请的，相关费用由提出申请的当事人负担。第 123 条规定，人民法院可以对出庭的具有专门知识的人进行询问。经法庭准许，当事人可以对出庭的具有专门知识的人进行询问，当事人各自申请的具有专门知识的人可以就案件中的有关问题进行对质。具有专门知识的人不得参与专业问题之外的法庭审理活动。

八、勘验笔录

（一）勘验笔录的概念

勘验笔录，是法院审判人员亲自或委派其他司法工作人员，就与案件有关的现场进行勘查、检验时所制作的实况记录。勘验笔录主要用文字、图表等形式固定现场状况。在民事诉讼中，常常会遇到与案件有关的物证或者现场，由于某种原因不便于或根本不可能拿到法庭上来，但为了弄清事实真相，审判人员需要到现场进行勘验。常见的如房屋纠纷、宅基地纠纷、相邻关系纠纷、土地山林纠纷等现场的查看与勘查。通过勘验，审判人员对现场情况有清楚的了解，并将勘验情况制成笔录，使与案件有关的现场和物品得以再现出来。勘验笔录及时固定了现场原貌，成为证明案件现场状况的重要证据材料，经查证属实，可作为定案的根据。勘验笔录不是以物品本身的形状、特征直接证明案件事实，而是以书面形式反映现场或物品的客观情况，勘验笔录既不同于一般书证，也不同于一般的物证，我国诉讼法将其作为一种独立的诉讼证据。

勘验笔录可以由现场文字记录、现场绘图和现场照片三部分组成。现场文字记录是指记载现场实地勘验结果的文字材料。现场绘图是运用制图学的原理和方法，固定和反映现场情况的记录形式，现场绘图可以分为平面图、平面展开图、立体图、现场立面图、剖视图、综合图、分析图等。此外，勘查现场应拍现场方位照片、现场全貌照片、现场重点部位照片和现场细目照片等。这三方面内容以不同形式、从不同角度完整地反映现场状况，客观、系统、全面反映现场勘查的全过程和勘查结果，以及发现、提取痕迹、物品及其他物证的情况。

（二）勘验笔录的制作要求

根据我国民事诉讼法及司法解释的有关规定，勘验笔录的制作应符合以下要求：

1. 由法官主持勘验

2015 年《民诉法司法解释》第 124 条规定，人民法院认为有必要的，可以根据当事人的申请或者依职权对物证或者现场进行勘验。法院办理民事案件需要勘验时，应由承办该案的审判人员主持。勘验笔录的制作，是勘验活动不可缺少的组成部分，自然也要在审判人员的主持下进行，实践中，勘验笔录一般是由负责勘验的审判人员指定专人制作。必要时，主审法官也可以委托本院或其他法院有资质的工作人员代为勘验。我国现行《民事诉讼法》第 80 条规定，勘验物证或者现场，勘验人必须出示人民法院的证件。勘验时应当保护他人的隐私和尊严。人民法院可以要求鉴定人参与勘验。必要时，可以要求鉴定人在勘验中进行鉴定。

2. 邀请见证人见证，通知当事人到场

为了确保勘验笔录制作的客观、公正，勘验人应当邀请与案件无关的公民作见证人。我国现行《民事诉讼法》第 80 条规定，勘验物证或者现场，……邀请当地基层组织或者当事人所在单位派人参加。这些被邀请参加人实际上就是以见证人身份到场，此外，按照该条法律规范的要求，有关单位和个人根据人民法院的通知，有义务保护现场，协助勘验工作。为保证勘验的公正性，保障当事人的程序参与权，法院应通知当事人或者当事人的成年家属到场，但当事人或者当事人的成年家属拒不到场的，不影响勘验的进行。

3. 由勘验人等签字或者盖章

为了确保勘验笔录的客观、准确，保证有关人员对勘验笔录负责和便于核查，根据《民事诉讼法》及《民事诉讼证据规定》，勘验人应当将勘验情况和结果制作笔录，由勘验人、当事人和被邀参加人签名或者盖章。

在庭审中运用勘验笔录时，应当庭宣读或出示勘验笔录以及照片、绘制的图表，使当事人都能了解勘验的事实情况，并听取他们的意见。当事人要求重新勘验的，如果要求合理，确有必要的，可以重新勘验。

第三节　民事诉讼证据理论上的分类

我国立法明确规定了当事人陈述、物证、书证、证人证言等八种证据种类和证据表现形式，我们还可以根据民事诉讼证据的来源、作用及特点等对证据进行理论分类，以便于人们进一步认识各种证据的特点、把握证据的运用规律。

一、言词证据与实物证据

根据证据的表现形式，证据可以分为言词证据与实物证据。所谓言词证据，是以人的陈述形式表现案件事实的各种证据，包括当事人陈述、证人证言等。鉴定意见虽然具有书面形式，但其实质是鉴定人就案件中某些专门问题进行鉴定后所作的判断和出具的意见，在法庭审理时，当事人有权就鉴定意见进行质证，鉴定人有义务对各种发问作出口头回答，以阐明或补充其鉴定意见，所以鉴定意见也应归入言词证据。

实物证据与言词证据相对，是以客观存在的物体为证据事实表现形式的证据。这类证据或者以物体的外部特征、性质、位置等证明案情，或者以其记载的内容展现案件事实。书证、物证、勘验笔录等都是实物证据或实物证据的反映。

二、本证与反证

按照证据与当事人所主张的事实之间的关系，以及证据与证明责任承担者的关系，我们可以将证据分为本证与反证。本证是关于某事实由负有证明责任的一方当事人提出的、用以证明自己主张的事实的证据。反证是不负证明责任的当事人提出的证明对方主张的事实不真实的证据。反证一般是为否定对方当事人所主张事实而提出的，或者为抵消本证的证据力而提出的，提出反证的当事人证明的事实往往与对方当事人主张的事实相反。反证不同于抗辩，反证不必提出新事实，当事人直接否认对方主张的事实，并提出反证证明自己的否认成立即可。但抗辩则是在对方所提事实基础上另行提出新事实。例如，原告主张被告借款未还，以借据为凭，该借据属于本证。被告提出证据证明该借贷关系不成立，如以自己当庭书写的笔迹证明借条系伪造的，笔迹、借条就是反证。但如果被告主张借款已清偿完毕，就是被告的抗辩，被告主张原告的债权因清偿而消灭的，并出示原告给他的收据，该收据对于被告主张的清偿这一事实来说，仍然属于本证，因为被告对债权已经消灭的事实负有证明责任。如果原告否认被告主张的债务清偿的事实，并提出证据证明自己的否认是真实的，该证据则属于反证。所以，不仅原告为了证明自己主张的事实而提出的证据是本证，被告为了证明抗辩的基础事实所提出的证据也是本证。

三、直接证据与间接证据

按照民事诉讼证据与案件事实、证明对象的关系，证据可以分为直接证据与间接证据。直接证据是指能够直接、独立证明案件事实的证据，例如，结婚证可以直接证明当事人之间存在夫妻关系；借据可以直接证明双方当事人存在借贷关系；房产证可以直接证明房屋的所有权人身份等。间接证据是间接证明案件事实的证据，例如，甲主张乙造成甲人身伤害，请求侵权赔偿，乙否认侵害甲的人身权，并以车票证明甲受伤害时自己正在外地。车票虽不能直接证明乙未伤害甲的事实，但依车票所能证明的事实，乙当时可能并不在本地，可对乙未伤害甲的事实起到一定的证明作用，车票对于当事人间争执的是否存在侵权行为的事实而言，就是间接证据。

在审判实践中，间接证据与证明对象没有直接关系，运用起来不如直接证据方便。但是，我们不能因此低估间接证据的作用。首先，由于直接证据比较稀缺，当事人只能从间接证据入手，运用间接证据才能促使案件事实逐步明朗，最后达到了解民事案件真相的目的。即使达不到证实案件事实的目的，我们至少可以说，间接证据在很多时候可以作为调查研究整个案情的向导。其次，间接证据可以佐证直接证据的真伪。有的直接证据可能是真实的，有的则可能是伪造的材料，因此，对这些证据必须结合全案所有的证据材料进行鉴别，而间接证据就是鉴别直接证据的重要手段。人们根据间接证据，在经验上可以认定案件事实是否发生、变更和消灭。最后，直接证据和间接证据的划分是相对而言的，直接证据与间接证据对案件真实性的反映都是有条件的，两者都有一定的局限性，几个间接证据联合起来的证明力，可能相当甚至超过一个直接证据的证明力。

当然，由于间接证据是间接证明案件的证据材料，这就决定了间接证据的运用较为复杂，运用间接证据需要把握以下几点：第一，运用间接证据证明案件事实，应当注意间接证据必须有足够的数量，使证据形成一个完整的、严密的证据锁链，而且这个证据锁链是合乎逻辑、无懈可击的。第二，应当注意间接证据所证明的事实与案件本身要有内在的关联，没有内在关联的间接证据就不能成为认定案件事实的证据。第三，应当注意各个间接证据之间必须衔接协调一致，必须都是围绕着案件中的一个主要事实加以证实的；如果间接证据之间有矛盾，而无法加以排除，案件事实就无法认定。第四，应当注意进行综合性的分析研究，根据间接证据锁链得出的结论应是唯一的，人们运用间接证据既能从正面证实案件的事实真相，又能从反面排除虚假成分，从而得出可靠的结论。

四、原始证据与传来证据

按照民事诉讼证据的来源，可以将证据分为原始证据和传来证据。原始证据也称第一手证据，就是直接来源于案件事实的证据，与待证事实有着直接、原始的关系。例如，当事人、证人就案件事实的亲自所为、亲身感受、亲眼所见所作的陈述，都是原始证据。物证、书证、视听资料的原件多是原始证据。

凡是间接来源于案件事实的证据，经过转述、传抄、复制的第二手以及第二手以下的证据就是传来证据，也称派生证据或衍生证据。如证人从他人处得知案件事实的证言，书证的副本等就是传来证据。

一般说来，受技术设备、人的领会和转述能力等因素的影响，经传抄、复制、转述的内容容易发生差错。原始证据比派生证据更具可靠性，原始证据的证明力优于传来证据。实践证明，传来证据经过转述、传抄、复制的次数越多，出现差错的可能性就越大。相对而言，原始证据具有优先性，我国《民事诉讼法》第 70 条规定，书证应当提交原件，物证应当提交原物。

但我们并不能因此否定传来证据的作用，《民事诉讼法》第 70 条同时规定，提交原件或者原物确有困难的，可以提交复制品、照片、副本、节录本。在不可能获得原始证据时，经查证属实的传来证据同样可以用作认定案件事实的根据。2015 年《民诉法司法解释》第 111 条进一步明确了“确有困难”的具体情形，具体包括下列情形：（一）书证原件遗失、灭失或者毁损的；（二）原件在对方当事人控制之下，经合法通知提交而拒不提交的；（三）原件在他人控制之下，而其有权不提交的；（四）原件因篇幅或者体积过大而不便提交的；（五）承担举证证明责任的当事人通过申请人民法院调查收集或者其他方式无法获得书证原件的。前款规定情形，人民法院应当结合其他证据和案件具体情况，审查判断书证复制品等能否作为认定案件事实的根据。

本章小结

证据是认定案件事实的基础，是维护当事人合法权益和司法公正的根本。学界通说认为，证据就是能够证明案件真实情况的客观事实材料。合法性、客观性和关联性是诉讼法律对法院判断案件事实的基本要求。证据能力是指一定事实材料能够成为诉讼证据的资格。证明力与证据能力相对应，是证据证明案件事实的能力。

我国民事诉讼法规定了八种证据形式：当事人本人就案件事实向法庭所作的陈述就是当事人陈述；书证以其表达的思想和记载的内容来证明案件真实情况；物证以其外部特征、存在形式、内在属性来证明案件真实情况；视听资料是采用现代音像等科学技术制作的可以重现案件事实的原始声响、形象的声音影像资料证明案件事实的证据形式；我国民事诉讼法已明确规定了电子数据，这种新型的证据形式很值得我们重视；证人是当事人之外了解案件事实的一类诉讼参与人，证人向法庭所作的陈述就是证人证言；鉴定意见是鉴定人运用自己的专门知识和现代科学技术手段，对诉讼中所涉及的某些专门性问题经过检测、分析出具的判断性书面意见；勘验笔录是法院审判人员对于与案件有关的现场亲自或委派其他司法工作人员进行勘查、检验时所制作的实况记录。

诉讼法、证据法理论还常常将证据分为言词证据与实物证据、原始证据与传来证据、本证与反证、直接证据与间接证据等类别，以方便人们进一步认识证据。

思考题：

1. 什么是诉讼证据？
2. 诉讼法对证据资料与定案证据的具体要求有什么不同？
3. 我国民事诉讼法规定的证据种类有哪些？
4. 如何认识当事人陈述？
5. 书证有什么特征？
6. 物证有何特点？
7. 试述书证与物证的区别与联系。
8. 试述证人应该具备什么样的资格，哪些人不能作为证人。
9. 依靠间接证据定案需要具备什么条件？

案例分析题

[案情简介]2010 年 5 月 25 日，某镇镇政府劳保所所长刘某突然去世，其经手为杜某办理的社会保险事宜引发纠纷。镇政府在处理刘某工作善后事宜时发现，杜某已提交社保申请，也办下了社保卡，但在刘某遗物中没有发现杜某缴纳的社保费，遂拒绝承认杜某的社保法律关系。杜某声称已经把该交的两万多块钱社保费交给了刘某。2011 年 1 月，杜某把刘某的妻子小彭、镇政府，以及县人力资源和社会保障局三方告上了法庭。2011 年 3 月 9 日和 5 月 27 日，杜某请求返还原物纠纷一案在县人民法院进行了两次庭审。

现假设以下内容为庭审的部分实录：

杜某：当时刘某是镇政府里面专门管养老保险的，他是保险所所长，也就是做养老保险的。一开始是他找我的，动员我，他叫我做这个养老保险，我也找他两次。当时我交了 23500 块钱。我让他给我打条子，他说不需要打条子，他说我们互相都认识，一个礼拜就可以给你办好。如果刘某在世，凭他的人品，肯定不会赖账。

证人卢某：在他们镇，的确有很多人在向刘某交钱的时候都没有拿到收款凭证，我办社保时就是这样。他说等这新农保办结束了，我就给你（退钱），我就给你发票，该找补找补（多退少补），该哪样哪样，他也没说不给（退）钱，他说我该退给你的，我找给你，你该补我的，你找给我，就这种情况。没给我打条，后来只是给我小本子（上记载），几个老战友都办的养老保险，一直到办下来都没有发票。

问：那他平常给人家打条子吗？

证人周某：这个办得少。

杜某：当时他有一个日记本上记了我这个钱，当时记的时候，记得不是那么准确，记得不是那么详细，就是没有具体写明白，也没有给我打条子，也没有具体注明是干什么的，就是只是写了我的身份证号码、我的名字和钱。

镇政府在刘某的遗物中找到了这个笔记本，并向法庭提交该份证据资料。

法官查阅笔记本后认为，刘某收别人钱的时候都在这个人的名字后面要记录“预收”“多少多少元”字样，某些人名字后面还记载有“未打收条”字样。但是，恰恰在本案原告名字之后没有记录这样的内容。另外一个关键内容是，刘某对收取的其他人社保费都进行了编号，有第 1 到第 28 个编号。而在有关杜某的记录中，只有“杜某、男、身份证号码、补 7 年、×× 村、（戈老板）、23500”，钱数前后没有“预收”或者“预交”字样，也没有注明“未打收条”字样，而且前一页的编号是 26，杜某之后是第 27、28，唯独他没有编入其中。法官认为，既然没有写，那就有两种可能：收或者没收。怎么来认定这个事实，仅凭这一个书面证据来判断，不是太充分。

杜某声称，他交钱的时候有人在旁边，能证明他确实把钱给了刘某。

法院通知了两位证人出庭作证。

葛某:（描述场景）我从那边往这边来，杜某看到我，对我说，那个、那个你过来，跟我一起到刘某那里办劳保。

（描述刘某办公室）（当时）这个地方他是空出来留着走人的，那个地方是堵死的，这个地方放一个写字台桌子，刘某当时是坐这个位置，坐这个位置不是面向北嘛，他也可以面向东，这个椅子是可以转的。老杜是站在那个位置，这原来是一张桌子。

我亲眼看到杜某带了钱，还带有一条烟，站在刘某桌对面把烟、身份证和钱都交给了刘某。当时我进来在这个地方的时候，刘某把钱收在这里了，烟放在这个底下的柜里。老杜是在那边给他的钱，邹某是坐在那个位置，那边是有椅子的。

邹某：那天我确实在刘某办公室见到了杜某。当时给钱我在场，（杜某）同时带了一条烟，找人办事吸烟，另外五百块，杜某说“你留着喝酒”。杜某的确给了刘某23500元钱，是用信封装的，刘某把钱收起来后，就在笔记本上做了记录。

问：你跟他（杜某）一起进去的吗？

葛某：就是一前一后，他先进来，我是后进来的，不一前一后嘛！

问：你跟他（杜某）一起进去的吗？

邹某：我先到的，后面杜某去的，然后葛某又去了。

问：他们两个不是一起进去的吗？

邹某：不是不是，不是一起进去的。

问：那当时老杜也没跟他说你给我写个收条什么？

葛某：老杜说了，老刘你还得打个条子，他说没有事，不用打条子，就是那么回事，因为老葛在这儿，打条不打条我都给你办好。

问：那当时老杜也没跟他说你给我写个收条什么？

邹某：没有，没有。

法官：我们研究过以后，就是说再把两位证人请过来，分别就当时的细节再询问一下，我们把证人通知来以后，在审查厅里分别给他们做了一个谈话笔录。我们对两份证人证言进行比较，对询问笔记进行比较，发现两位出庭作证的证人在这个细节上，证明的好多不一致，就是说有相互矛盾的地方。比如，就是说两个证人，（一个说）先进来的，有一个说同时进来的，有的证明说这个钱是用报纸或者用信封什么装着的，还有一个证明钱就是没有什么包，或没有什么装，还有，一位证人证明劳保所长是面向南坐，有一位证人证明他是面往北坐或者面往东坐，这个矛盾点挺突出的。

法官：因为这个证人证言他是亲身经历的一个感知的事情，亲眼见的事情，为什么在细节上有这么矛盾的地方，我们对证人证言感觉到不是确实可信，葛某和邹某的证言不能被当作证据使用。结合日记本不能确定，所以我们认为这个案件认为死者收取原告的保险金证据还是欠缺的，不足，证人证言不能形成证据锁链，再加上这个案子有先天缺陷，没有直接证据，没有打收条，再加上这个收钱劳保所长已经死亡，就是说我们感觉这个认定他（刘某）收钱证据不足。

2011 年 5 月 27 日，法院作出一审判决：驳回原告杜某对被告小彭、县人力资源和社会保障局、镇人民政府的诉讼请求。

杜某不服一审判决，随后上诉到中级人民法院。中级人民法院审理认为，笔记本上记录的内容不能证明刘某收取了杜某 23500 元钱，葛某、邹某的证人证言相互矛盾，法院不予采信，因此对杜某的上诉理由不予支持，驳回上诉，维持原判。

案例来源：中央电视台经济与法栏目，2012 年 4 月 18 日节目：《社保款谜案》，视频链接：http：//jingji.cntv.cn/20120418/121532.shtml

[分析问题]

（1）请梳理本案可以作为证据使用的各种证据资料。

（2）你如何认识本案证据之间的矛盾之处？

（3）如果你是本案原告的代理人，你会怎样运用以上证据证明案件事实？

延伸阅读

1. [美] 伦伯特编：《证据故事》，魏晓娜译，中国人民大学出版社 2012 年版。

2. 雷海军：《给力的证据：律师策略与诉讼艺术》，法律出版社 2011 年版。

第九章　民事诉讼证明

本章知识要点： 本章主要内容包括证明对象、证明责任、证明标准和证明过程等。学习证明对象，需要把握其与诉讼标的、争点的关系，以及案件主要事实、基本事实、要件事实所指的范围。如何认识和理解证明责任，分配证明责任的依据，是本章的学习重点和难点。证明标准，是诉讼主体运用证据证明案件事实所要达到的基本要求，学习重点为正确认识我国民事诉讼立法和实践的证明标准。证据的收集程序、举证时限、证据交换、证据失权，以及质证制度，是证据运用过程中的几个基本问题，需要结合我国立法和司法实践来把握。

第一节　民事诉讼证明的基本理论

一、民事诉讼证明概述

（一）诉讼证明的概念与特点

1. 诉讼证明的概念

证明是人类认识自然、社会和自身的一种有目的、有意识的活动。生活中的证明就是人们运用已经掌握的材料、经验或者事实说明事物真实、认识正确的行为。在诉讼领域，证明有特定的含义和特定的要求，诉讼中的证明，就是诉讼主体依照法律规定的程序和标准，运用证据和已知的事实来说明、认定案件事实的活动。

2. 诉讼证明的特点

诉讼证明受到法律规范的制约，具有很强的法律性，诉讼主体必须按照法定的范围、程序和标准进行证明。诉讼证明法律性的表现，第一，证明的主体要符合法律的规定，何人享有证明的权利，何人承担证明的义务，都要按照法律规定予以确定。第二，证明对象由法律确定。第三，证明标准由法律明确规定，即当事人证明案件事实达到什么程度才是合格的，法律一般都有相对明确的标准。第四，对证明所使用的材料、证明的根据——证据法律有明确的限制性规定。第五，证明活动必须依照法定的程序进行，证明活动的法定性最终因其程序的法定性而得到保障，证明程序贯穿诉讼证明活动的始终。证明程序包括调查、收集证据的程序，举证时限与证据交换程序，质证程序，审查认定证据程序，等等。而关于这些程序，诉讼法都会作出相对具体详细的规定。

（二）诉讼证明的意义

诉讼证明是诉讼活动最重要的组成部分，诉讼任务的完成，取决于证明任务的完成。法院正确地处理案件，必须在诉讼主体证明的案件事实基础上正确适用法律，并作出公正的判决。证明更是当事人保护自己正当权益的基本途径。具体来讲，证明的意义具体表现在：

1. 证明是法官作出公正判决的必要前提条件

法官一般不太可能亲身经历案件事实发生过程，在接触案件之前，法官一般并不了解案件的事实。法官要全面地了解案件事实，从而对案件作出正确的分析和判断，最公正的方式就是运用证据证明争议事实。随着调查取证、举证、质证和认证等一系列证明活动的逐步展开，法官就能逐步获得对案件的事实清晰、全面的认识。证明，就是法官不断接近案件客观真相的基本途径，通过当事人的证明活动，法官正确选择和适用法律的事实基础就逐步清晰。

2. 证明是当事人保护其正当权益的根本途径

对于当事人来说，如何让法官支持自己的诉讼主张，完全取决于自己所掌握的证据，以及自己证明任务完成的情况。诉讼程序是一个动态的过程，诉讼证据不能自行证明案件事实，证据的作用发挥依赖于当事人成功完成证明任务。当事人能否获取对自己有利的证据，能否及时完成举证任务，能否参加庭审并对关键证据进行质证，都会直接影响其实体权利的实现，而这些证明活动就是当事人保护正当权利唯一可以依赖的合法手段和途径。

3. 证明是查明案件事实的基本手段

证明本质上是一种认识活动，要保证认识的正确性，就必须使这种认识建立在客观事实的基础上，在诉讼活动中，体现客观事实的就是证据，而证明又是证据发挥作用的根本途径。当事人发现、收集、提出证据并参与质证活动，法官审查、判断证据，都是为了证明、把握案件的真实情况。可以说，证明是查明案件事实的唯一手段，离开了证明，诉讼中的事实就无法令人信服地查清。

4. 证明是完善诉讼程序的关键

审判是诉讼的中心环节，而审判的过程同时也是证明活动逐步展开的过程。由于证明过程与审判程序有密切关系，只有证明活动的各个环节逐步趋于完善，整个诉讼制度才能趋于合理。在当前我国审判方式改革中，我们应该按照证明原理，科学设计各个证明环节的法律规范，以促使我国民事司法活动逐步走向科学、合理。

二、证明对象

（一）证明对象的概念

证明对象亦称证明客体，是诉讼主体在诉讼过程中运用证据加以证明的客体。当事人参加诉讼的目的就是为了获得法院对自己诉讼主张的支持，当事人的诉讼主张需要案件的基本实体事实直接支撑才能成立。当事人提出证据仅是一种手段，只有运用证据证明了证明对象，相应的诉讼请求才有可能得到支持，可以说，证明对象对整个诉讼具有重要的导向作用。首先，诉讼证明活动围绕着证明对象展开，是一切证明活动的最终指向，证明对象就是证明活动的定向机制，构成了证明活动的目标和归宿。其次，证明对象是诉讼标的的具体化，也是整个诉讼审理对象的表现。最后，证明对象与诉辩请求、举证责任紧密相连，当事人提出的诉辩请求也要分解、转换为证明对象，证明对象促使诉讼请求得以具体化。

（二）民事诉讼证明对象的具体范围

司法实践中，人们多从狭义上理解证明对象，认为证明对象仅指诉讼实体要件事实。广义上的证明对象还包括诉讼程序性事实等。

1. 实体事实

诉讼中，当事人权利受到侵害或发生争议的事实，是当事人主张实体权利的依据，也是需要当事人证明的主要对象，这种事实是整个诉讼实体问题的核心，也就是人们常说的实体事实。由于生活的复杂性，诉讼中实体事实也十分丰富，根据实体法的规定以及诉讼对实体事实的要求，可以将实体事实分为以下几个层次。①

（1）实体要件事实。诉讼审判解决纠纷的基本方式，就是把当事人的请求理解为特定的权利主张，而各种权利都是根据实体法的具体规定来确定的，无论权利的发生还是权利的妨碍或消灭，实体法都规定了特定的条件，这就是实体法规定的实体权利的构成要件。诉讼活动中，需要当事人首先主张、证明符合权利构成要件的事实，这类事实的真伪直接决定相关权利能否得到承认。这种与实体法规定的权利构成要件直接关联的事实，就是实体要件事实，也称主要事实、直接事实、基本事实。实体要件事实是诉讼中最为重要、最为基本的证明对象。

（2）间接事实。案件事实中，部分事实不能直接引起法律效果发生，不能直接

① 参见王亚新：《对抗与判定：日本民事诉讼的基本结构》，清华大学出版社 2002 年版，第 99~101 页。

决定特定权利是否成立，但人们可以通过此类事实推导主要事实的真伪，这种能够推导实体要件事实是真还是伪的事实就是间接事实。

（3）辅助事实与背景事实。能够用来推测证据可靠性或证明力的事实，如证人与当事人之间的关系、证人的品行等事实、情况，就是辅助事实。背景事实是与纠纷有关的一些背景情况，如纠纷发生的原因、经过、当事人的动机等。在具体的诉讼中，辅助事实与背景事实很宽泛，二者之间也没有严格的界限，甚至还可以视为间接事实的一部分。

2. 程序事实

程序事实是对解决某些诉讼程序性问题具有法律意义的事实，法院对之作出准确判断影响到诉讼活动的顺利进行，也有可能影响实体问题的正确解决，因而在一定情况下也有可能成为证明对象。程序事实主要有：有关当事人条件的事实，有关管辖的事实，有关审判组织形式的事实，有关回避的事实，有关审判方式的事实，适用强制措施条件的事实，有关诉讼期间的事实，关于诉讼程序中止，终结的事实，等等。

将程序事实纳入证明对象中，在一定意义上提高了程序法的地位，使程序法与实体法获得了同等的重要性，客观上有利于诉讼主体遵守法定程序，也有助于摆正实体法与程序法的关系，加强人们对程序法独立价值的认识。

由于实体事实与实体权利义务相关联，涉及当事人的处分权，一般实行辩论主义，所以，实体事实一般是需要诉讼当事人证明的证明对象。但与实体事实不同的是，程序事实关系到整个诉讼程序的合法性，关系到法院审判权行使的合法性，也会决定法院最终裁判的合法有效性，程序事实一般应由法院依职权查明。但这并不影响程序事实在特定情况下成为证明对象的可能性。

3. 其他需要证明的内容

在涉外民事诉讼中，如果需要援引某外国法律解决纠纷，应将该外国法律的具体内容和有效性作为证明的对象。虽然诉讼中人们要求法官知法，但对浩如烟海的外国法的具体内容、是否现行有效等问题，一概要求审理该案的法官完全知晓是不现实的，所以，外国法也应作为相关案件的证明对象。

另外，我国地方性法规、习惯较多，审判人员同样不可能全部了解，如果诉讼中涉及地方性法规、习惯时，特别是异地诉讼，地方性法规、习惯的具体内容也有可能成为诉讼证明对象。

（三）免证事实

诉讼中，对判决有意义的案件事实并非全部需要运用证据证实，各国法律都会规定一部分免予证明的事实，2015年《民诉法司法解释》第92、93条规定了我国民事诉讼免证事实的具体范围。

1. 诉讼上自认的事实

2015年《民诉法司法解释》第92条规定，一方当事人在法庭审理中，或者在起诉状、答辩状、代理词等书面材料中，对于己不利的事实明确表示承认的，另一方当事人无需举证证明。自认制度在证据章节的当事人陈述部分已有所论述。自认有其特定含义和法律效力，自认的事实，主张该事实、对其负有证明责任的当事人无需举证，即自认事实属于免证事实。法院一般也要受自认约束，不必深究该事实即可将其作为裁判的依据。当事人对事实的承认也可能发生在诉讼程序之外，尽管都是承认对自己不利的事实，诉讼外承认与诉讼上自认在效力上却差别很大，诉讼理论和司法实践都否定诉讼外承认具有免证的效力。但当事人可以将诉讼外承认作为一种证据使用，辅以其他证据以证明自己主张的事实。但是，对于涉及身份关系、国家利益、社会公共利益等应当由人民法院依职权调查的事实，不适用自认的规定。自认的事实与查明的事实不符的，人民法院也可以不予确认。

2. 众所周知的事实

众所周知的事实是指在一定范围内广为人知的事实。判断一事实是否为众所周知的事实应以审理该案件的法院为中心来判断，即该事实为大多数人所知晓，审理案件的审判人员也知晓。“一定范围”则要视具体情况来界定，应具有一定的伸缩性，应根据诉讼的实际情况来判断，比如，在某县基层法院诉讼，众所周知的事实应是该县普通民众皆知的事实；在一省诉讼，众所周知的事实应是该省内皆知的事实。既然是众所周知的事实，在诉讼中自然不必证明。

3. 自然规律及定律

在诉讼中，当事人向法庭陈述的事实中可能会涉及自然规律或科学定理，如日出东方、潮汐涨落、生物有机体新陈代谢、能量守恒与转换定律、作用与反作用定律、三角形的两边之和大于第三边等。自然规律和定理已经过人们千百年实践的反复检验，其客观性及真实性不会有误，在诉讼中也不必证明。

4. 推定事实

根据已知的事实和日常生活经验法则推定出的另一事实，或根据法律规定推定的事实，应予免证。推定的事实就是指根据法律规定或已知事实推论出的另一事实。关于推定制度的内容见本章下文相关论述。

5. 判决、仲裁裁决预决的事实

已为人民法院发生法律效力的裁判所确认的事实，就是预决事实。预决的事实在另一个新的诉讼中重复出现时可不必证明。如生效刑事判决中认定甲犯有盗窃罪并判处有期徒刑，失主向甲提起的民事损害赔偿之诉中，该刑事判决认定的甲盗窃、侵占失主财务这一事实，对失主向甲提出的民事损害赔偿诉讼具有预决的意义，法院不必再要求当事人运用证据证明甲有侵占失主财物的事实。预决事实之所以不必证明，一方面是因为该事实在其他诉讼中已为法院查明，为节约资源，不必重复证明；另一方面是为防止法院就同一事实在不同裁判中作出互相矛盾的认定。对于民事诉讼案件来说，预决事实包括生效民事判决所确认的事实、生效行政判决所确认的事实和生效刑事判决所确认的事实。

此外，已为仲裁机构生效裁决所确认的事实同样应作为预决事实予以免证。作为一种重要的纠纷解决制度，被视为“民间司法”的仲裁已取得世人充分的信任，在国际商业交往中认可度更高，仲裁裁决所确认的事实同样属于免证事实。

6. 公证证明的事实

已为有效公证文书所证明的事实应予以免证。公证机关承担着对各种具有法律意义的文书、事件以及法律行为的合法、真实可靠性进行证明的专门职责，公证自身性质决定公证证明的事实一般是真实可靠的，在诉讼中也属于免证事实。根据《民事诉讼法》第 69 条的规定，当事人提出公证文书证明其所主张的事实后，人民法院不必再对该文书所确认的事实进行审查，不必再要求当事人提供其他证据，只要对方当事人未提出足以推翻公证证明的相反证据，法院就可以直接将公证证明的事实作为认定案件事实的根据。

值得注意的是，根据 2015 年《民诉法司法解释》的规定，众所周知的事实、根据法律规定推定的事实、根据已知的事实和日常生活经验法则推定出的另一事实，当事人有相反证据足以反驳的，不得免除相应的证明任务。已为人民法院发生法律效力的裁判所确认的事实、已为仲裁机构生效裁决所确认的事实、已为有效公证文书所证明的事实，当事人有相反证据足以推翻的，同样不得免除相应当事人证明（其为真）的义务。

三、证明责任及其分配

（一）证明责任概述

1. 证明责任的概念

诉讼中，法官裁判案件一般遵循“三段论”的逻辑模式，按照大前提（法律）、小前提（事实）推导结论的结构对当事人争议的权利进行判断。该逻辑结构表明，查明事实是整个诉讼的基本前提之一，事实是整个诉讼的基础。如果事实能够查清，法官就可以判决。“查清”的事实可能是两种状态：存在或不存在。诉讼主体若能够依靠证据证明某种事实存在，法官就可以作出对主张该权利的当事人有利的判决；如果查清事实不存在，依赖此事实的权利也就不成立，主张该权利的当事人就败诉。

但需要注意的是，当事人运用证据证明案件事实所达到的状态除了“事实存在”和“事实不存在”外，还有第三种可能，即案件事实“真伪不明”。“真伪不明”是案件事实无从查清，法院无法确认事实是真还是伪，就是“事实存在”与“事实不存在”的中间状态。诉讼中，一般案件事实真伪不明可能并不影响法院对权利义务的判断，但实体要件事实是决定权利义务的根据，实体要件事实真伪不明，法院就无法直接对权利义务作出判断，就需要运用特殊规则作出判决。

民事诉讼中的要件事实真伪不明，其实就是关于该事实的证据中，证明其存在、为“真”的证据，与证明其不存在、为“伪”的证据同时存在，两种证据势均力敌，证明力相当。这与刑事诉讼中的“疑罪”十分相似。经法院审理之后，对刑事被告人的指控被证明的结果可能是“有罪”“无罪”和“疑罪”三种状态，“疑罪”就是有一定的证据证明被告人很可能犯罪，但证据不够充分，被告人仍有未犯罪的可能。显然，“疑罪”与“无罪”不一样，但刑事诉讼法出于保护人权的需要，将“疑罪”拟制为“无罪”，判定公诉机关“败诉”，即公诉机关对犯罪嫌疑人罪责的指控不能得到法院判决的认可。

与刑事诉讼不同的是，民事诉讼主要事实真伪不明时，法院并不能一概拟制为“无”，否则会导致一些弱者的权利得不到保护等不公正现象的出现。那么，民事诉讼中关键的要件事实的证明出现中间状态——“真伪不明”时，法院应如何处理该案件呢？人们首先想到的就是让当事人继续收集、提交证据以摆脱这种真伪不明的状态，但真正的真伪不明是在不可能再提交新的证据情况下提出的，甚至法院也不可能查找到什么新的证据。无论是实行辩论主义还是职权调查主义，民事诉讼均难免会出现案件事实处于真伪不明的情形。案件事实真伪不明的状态在诉讼实践中虽然不常见，但并不是没有，我们必须承认其是客观存在的。在司法最终解决纠纷原则的要求下，国家不容许法院拒绝对民事纠纷作出裁判，即使以事实真伪不明为由拒绝裁判也不行。

某一要件事实若处于真伪不明状态，理论上的处理原则一般是，立法者应预见这种可能性，并预先将实体要件事实真伪不明状态的不利后果在当事人之间进行分配，立法预先分配的这种不利后果，就是证明责任。具体来讲，证明责任就是指引起法律关系发生、变更或者消灭的要件事实处于真伪不明状态时，当事人因法院不适用相关法律规范而产生的不利后果的负担。要件事实真伪不明的案件，法院根据证明责任的分配就可以作出合法的判决，法学理论和立法设置证明责任制度，就是解决案件要件事实真伪不明时法院的裁判难题。

理解证明责任的含义时须注意以下几个问题：

（1）证明责任是在要件事实真伪不明时当事人所承担的责任、后果。法院适用法律进行实体裁判时，必须根据引起民事权利发生、变更或消灭的构成要件进行，而判断构成要件是否具备必须以要件事实为依据。要件事实就是诉讼中的主要事实，就是引起法律关系发生、变更或消灭的构成要件事实。依据实体法裁判权利义务必须依据查明的要件事实进行，实体要件事实之外的案件事实处于真伪不明状态，并不影响法院适用法律作出裁判。如果要件事实真伪不明，法院就不能适用相应的实体法进行裁判，这时只能适用证明责任进行裁判。

（2）证明责任不是当事人未能提供证据所承担的责任。在民事诉讼中，当事人对主要事实不提供证据，可能会导致其主张的事实完全缺少证据证明，法院可以据此对主要事实是真是伪作出明确判断，从而可以适用相关实体法的规定进行判决。主要事实真伪分明时不发生证明责任。

（3）证明责任是一方当事人承担的责任。在民事诉讼中，对具体某一主要事实真伪不明引起的后果不可能由双方当事人共同承担，只能由一方当事人承担。具体由谁承担则是立法事先对证明责任进行分配的问题，一旦分配就固定下来，不会在当事人之间发生转移。

（4）法院在民事诉讼中不承担证明责任。证明责任是当事人在主要事实真伪不明时承担的败诉风险，法院在诉讼中是以中立的裁判者身份出现，与案件最终结果没有利害关系，自然也不会因案件主要事实真伪不明承担不利后果。

以主要事实真伪不明为前提、以不利后果的承担为主要内容的证明责任理论，是西方特别是大陆法系国家对证明责任主流认识的基本框架。一旦主要事实真伪不明，根据立法事先就已在当事人之间分配这种不利后果的相关规定，不利后果的归属不以当事人的主观意志为转移，所以，学者多称这种不利后果的承担为客观证明责任。与客观证明责任相对应的还有主观证明责任，主观证明责任就是对某事实承担客观证明责任的当事人同时承担的向法院提出证据的责任，为了使自己主张的事实得到法院的支持、认可，当事人应当收集、提交对其有利的证据，并对该事实加以证明，当事人之间这种收集、提交证据并进行证明的行为上的负担，就是主观证明责任。主观证明责任实际上是客观证明责任在当事人行为上的一种反映、影射，客观证明责任才是证明责任最主要、最实质的内容。主观证明责任与客观证明责任一般情况下都是一致的，即某一方当事人承担客观证明责任，同时他也要承担主观证明责任。

在我国，人们对证明责任的认识有一个逐渐深入的过程。在进行审判方式改革之前，民事审判实践虽采用不告不理的原则，但具体的诉讼中却十分强调要求法院担负调查收集证据、积极查明案件事实的任务，人们并不强调当事人在证据方面担负什么责任和任务。“当事人动动嘴，法官跑断腿”就是对当初我国法院与当事人在证据收集、调查方面分工不当的形象描述，我国司法实践长期习惯于法院调查收集证据的做法。

到底民事诉讼当事人在诉讼中应不应该承担提交证据的责任，法院是否有必要继续负担繁重的调查收集证据的任务，在1991年《民事诉讼法》起草制定过程中引起了激烈的争论，最终，1991年的《民事诉讼法》在第64条第1款中仍只规定“当事人对自己提出的主张，有责任提供证据”，不少人对证明责任的认识仅停留在收集、提交证据的责任上，仅仅围绕法院与当事人关于证据的分工问题来探讨证明责任问题。但随着审判方式改革的推进，我国司法实践还是逐步确立了由当事人承担提交证据责任的格局。随着学者对证据、证明问题研究的深入，人们认识到仅从提供证据责任这一层次理解证明责任只触及证明责任的表皮，而民事证明责任有更深层的含义。经过多年的研讨，我国学界形成了“行为意义上的证明责任”与“结果意义上的证明责任”并重的主流观点。

行为意义上的证明责任，是指当事人对自己提出的诉讼请求所依据的事实或反驳对方诉讼请求所依据的事实有提交证据予以证明的权限和责任，这种证明责任可以称为举证责任。结果意义上的证明责任，是当某一事实陷入真伪不明时，由一方当事人应承担的败诉风险。结果意义上的证明责任是证明责任理论的实质内容，可以与举证责任对应，直接称为证明责任。我国学者理解的行为意义上的证明责任（举证责任）与结果意义上的证明责任（举证责任），和西方诉讼理论中的主观证明责任与客观证明责任大致相当，但在理解二者关系时仍有不少出入。在我国学界，不少学者并不区分举证责任与证明责任这两个概念，认为实际上两者是指同一事物。目前，我国立法一般采用“举证责任”，很少见到“证明责任”一词，而且立法一般对相关概念没有具体界定，司法实践中，与证明责任相关概念的混乱和模糊情况更为突出。如果区分举证责任与证明责任这两个术语，并用举证责任指代行为意义上的证明责任，用证明责任指代结果意义上的证明责任符合汉语简洁、明了要求[①]，也达到了区

① 参见肖建华主编。《民事证据法理念与实践》，法律出版社2005年版，第6~9页。

分不同事物的目的。

我国《民事诉讼法》未明确规定结果意义上的证明责任，但《最高人民法院关于民事经济审判方式改革问题的若干规定》第3条指出："下列证据由人民法院调查收集……上述证据经人民法院调查，未能收集到的，仍由负有举证责任的当事人承担举证不能的后果"；《民事诉讼证据规定》第2条规定，当事人对自己提出的诉讼请求所依据的事实或者反驳对方诉讼请求所依据的事实有责任提供证据加以证明。没有证据或者证据不足以证明当事人的事实主张的，由负有举证责任的当事人承担不利后果。这些司法解释在规定了举证责任（行为意义上的证明责任）的同时，实际上也肯定了证明责任（结果意义上的证明责任）的存在。2015年《民诉法司法解释》使用"举证证明责任"这一术语相对清楚地规定了证明责任。

2. 证明责任的性质

在我国学界，关于证明责任性质的认识曾一度存在很大争议。最早出现的"权利说"认为，证明责任是当事人的一项诉讼权利，但从权利说的依据中可以看出，这种观点是在将证明责任仅作为提交证据责任的基础上理解其性质的，认为当事人提交证据证明自己的主张是其权利。很明显，这种观点实际上与通常理解的证明责任有出入，这样认定证明责任的性质自然就不准确了。随后出现的"义务说"认为，证明责任是当事人负担的一种诉讼义务，该理论的根据是当事人履行证明责任是被强制进行的，这种强制力来自于一项诉讼法上的拟制。持此种观点的学者认为，民事证明责任是伴随诉讼中的事实主张而产生的诉讼义务，当事人有提出诉讼主张的权利，同时相应地负有证明的义务；当事人不尽证明责任就要承担不利的诉讼后果，这属于违反证明义务带来的法律责任。需要注意的是，义务说的观点中，所谓的证明义务，往往是当事人无力完成的，特别是不利后果，就是在当事人无力改变事实真伪不明状态的前提下提出的，与一般的法律义务并不吻合。最后出现的"责任说"认为，证明责任就是一种法律责任，责任的内容既包括当事人提供证据证明其主张、法院收集证据认定案件事实的责任，也包括当事人主张不能被证明时承担风险的责任。其实，这种观点与义务说相当，也有不少不能自圆其说的地方。

目前，我国关于证明责任性质的通说理论是"败诉风险说"，该学说认为证明责任既非权利也非义务，仅是当事人在法院进行诉讼时一种特殊情况下产生的一种风险。当事人向法院提出诉讼请求和主张，本身就有一种风险，如果自己的主张有足够的证据支撑，当事人就会胜诉；如果诉讼主张所依据的事实无从查清，某一方当事人要因此败诉，证明责任就是一种特殊情况下的败诉风险。

另外，认识证明责任性质需要注意其所属法域，就是说，规定证明责任的法律规范属于实体法规范还是程序法规范的问题。对此理论界存在着三种观点：诉讼法说、实体法说和重合说。重合说认为证明责任规范中，既有实体法的规范也有程序法的规范。证明责任主要在诉讼中运用，但证明责任的分配却是实体法的任务，所以，重合说更符合现实情况。

3. 证明责任的作用

国外有学者称证明责任为“民事诉讼的脊梁”，由此足见证明责任在民事诉讼中的重要性，其作用主要有：

（1）证明责任有利于法院在案件事实陷入真伪不明时作出裁判。这是证明责任最为重要的作用，也是设置证明责任制度的根本目的。

（2）在当事人方面，证明责任具有引导当事人在诉讼中收集、提交证据的作用，为当事人展开诉讼攻击与防御提供根据。证明责任分配给某一方当事人之后，他必须认真对待他负担证明责任的案件事实，只有当该事实的证明达到证明标准时他才能胜诉；而对方当事人除了在证明该事实为伪时可以胜诉外，运用证据使该事实陷入真伪不明时该方当事人也可以胜诉。这样，当事人会根据自己担负的证明责任情况，积极收集、提供证据，展开攻击与防御，证明责任差不多成了当事人诉讼行为的指挥棒。

（3）证明责任为当事人预测诉讼结果提供依据。按照证明责任分配情况，同时衡量双方证据的多寡以及证明力的强弱，当事人可以预测关键事实将会出现的证明结果，预测自己是否可以胜诉，进而对自己的诉讼作出决策。

（4）立法通过调整证明责任的分配情况，还可以改变当事人在诉讼中的地位，改变当事人在诉讼中胜诉的可能性，进而达到公平调整社会生活的目的。

（5）证明责任还是其他一些诉讼理论问题的理论前提，比如，本证与反证，就是根据待证事实是哪一方当事人负证明责任来判断的。

（二）证明责任的分配规则

1. 证明责任分配概述

证明责任分配，就是按照一定的标准将证明责任这种因事实真伪不明而导致的不利后果在当事人之间进行公平合理的配置。研究证明责任最终的目的就是公平地分配证明责任。

分配证明责任的任务应当由立法来完成，这是因为，证明责任的分配直接决定了当事人的诉讼负担，证明责任分配给了谁，他在诉讼中败诉的风险就大，与实体法对实体权利义务的分配情况是一样的。也就是说，证明责任的分配就是一种资源分配、一种权利、义务或风险的配置。

合理分配证明责任不仅影响到实体公正和实体法目的和价值能否实现的问题，而且影响到许多程序价值的确立。分配证明责任首先必须确定一个或多个公平分配的标准，应当根据某种因素来决定不利后果的分配。当然，证明责任的分配要坚持诉讼权利平等原则，还要有利于查明案件事实，尽量减少案件事实真伪不明状态。

2. 证明责任分配的主要学说

证明责任分配在证据法学中占据核心地位，不同历史时期的学者提出了不同的学说和观点。大陆法系学者往往以制定法的规定作为裁判的逻辑起点，为追求法律适用的一致性，在证明责任分配上也尽可能地遵循统一抽象的规则，希望能够利用一个统一的规则来解决所有的证明责任分配问题，为此，他们提出了一系列证明责任分配的标准和学说。

（1）待证事实分类说。该学说主张根据待证事实由某方当事人证明的难易程度来分配证明责任。凡是主张在性质或内容上难以或不可能证明事实的当事人无需证明，主张性质或内容上可以或容易证明事实的当事人则承担证明责任。这类学说包括消极事实说、外界事实说等。消极事实说源于罗马法中证明责任分配规则，即“否定者无需证明”，认为主张消极事实者，不负证明责任；主张积极事实者，就该积极事实负证明责任。外界事实说则依据事实能否借助人的五官从外部加以观察，把待证事实分为外界事实与内在事实。所谓外界事实是指人的五官可以从外部体察到的事实，如物的大小、颜色、运动方式等；所谓内在事实是指人的心理状态，如知与不知、故意与恶意、真实与虚伪。依照该说主张外界事实的人应承担证明责任，主张内在事实的人不承担证明责任。但如何区分消极事实与积极事实、外界事实与内在事实成为这些学说的难题，最终导致这些标准失去可操作性。

（2）法律要件分类说。法律要件分类说提出，就具体的法律构成要件事实而言，按该法律构成要件的性质，以不同的价值目标为标准对法律要件进行分类，再根据法律构成要件事实的种类分配证明责任。法律要件分类说包括许多学说，如因果关系说、最低限度事实说、通常事实发生说、特别要件事实说等。

法律要件分类说中的特别要件事实说现已成为通说，也称“规范分类说”，为德国学者罗森贝克所创立。该学说认为，民事法律规范本身已经具有证明责任分配的功能，立法者在立法时已经考虑到证明责任的分配，并在法条中作了安排，通过对民法条文的分析，不难发现证明责任分配的一般原理。依罗森贝克的观点，民事实体法规范相互之间存在着一种补足、支持关系或相互对立、排斥关系，基于这种关系，他首先将实体法规范分为两大类：基本规范和对立规范。基本规范是指能产生一定权利的法律规范，比如，在合同纠纷案件中，合同关系成立并生效的法律根据就是基本规范。对立规范是指与产生权利的规范相对立，妨碍权利产生或使已产生的权利归于消灭的法律规范。对立规范可以进一步分为权利妨碍规范、权利消灭规范和权利受制规范，比如，规定合同关系变更、解除、终止、撤销的法律条文就是对立规范。根据上述分类，罗森贝克展开了自己的证明责任分配理论。他认为，主张权利存在的当事人，应就权利发生的法律要件所依赖的事实承担证明责任；否认权利存在的当事人，应就权利妨碍的要件事实、权利消灭的要件事实或权利受制的要件事实负证明责任。合同纠纷案件中，主张合同关系成立并生效的一方当事人对合同订立和生效的事实承担证明责任；主张合同关系变更、解除、终止、撤销的一方当事人对引起合同关系变更、解除、终止、撤销的事实承担证明责任；对合同是否履行（债权消灭）发生争议的，由负有履行义务的当事人承担证明责任。

罗森贝克的规范分类说因其逻辑严谨、可操作性强，在创立不久后就在德国成为通说，并影响至日本及我国台湾地区，亦成为通说。但规范说过于偏重法律规定的外在形式，有时难以顾及双方当事人之间的实质公正。再者，规范说无法应付昔日立法者未曾考虑到的情形中的证明责任分配问题，如医疗纠纷、交通事故、产品责任等损害赔偿，如果严格按照这一原则分配证明责任，就会产生不公现象。此外，规范说在其他方面也暴露出了一些无法自圆其说的矛盾，在这种背景下，西方学界又产生了许多新的学说。这些新学说包括危险领域说、盖然性说等，也有主张放弃规范分类说的，认为不必再维持统一抽象的形式标准，应改以利益衡量、实质公平、危险领域及社会负担等具体而多元的标准来分配证明责任；多数学者认为规范分类说的理论和分配方法应予维持，只修改有疑问的部分，就当今社会出现的特殊法律问题，另行建立具体公正的分配方法。但这些学说的出现并没有改变规范分类说的通说地位，而是促使规范分类说进一步完善，在现代社会中发挥着分配证明责任基本规则的作用。

（3）危险领域说。危险领域说主张根据待证事实是在哪一方当事人控制的危险领域的具体情况来分配证明责任。对于诉讼中涉及的某种具有较强危险性的事务，危险领域处于加害人控制之下，加害人更了解危险事件发生的经过，因而更容易举证和证明。比如，环境污染案件中，排污人控制着自己的排污设施，一旦有污染事件，排污人就应对自己合法排污、自己排污与受害人遭受的损害之间没有因果关系等事实承担证明责任。受害人难以了解处于加害人控制下的危险领域里所生的事件进程，所以很难证明，让受害人对危险领域内发生的事实承担证明责任会导致不公正现象出现。

（4）盖然性说。该说认为在具体进行证明责任分配时，必须依据待证事实发生的盖然性高低、统计上的原则及例外情况来分配证明责任。依据人类生活经验及统计数字，如果待证事实发生的盖然性高，主张该事实发生的当事人不负证明责任，而相对人就该事实的不成立负证明责任。因为在事实真伪不明而当事人又无法证明的时候，法院认定发生盖然性高的事实，远较认定盖然性低的情形更能接近真实，从而避免不公正的判决结果。

3. 我国民事诉讼证明责任的分配规则

我国现行《民事诉讼法》第 64 条第 1 款规定："当事人对自己提出的主张，有责任提供证据。"这个规定并没有涉及证明责任分配的实质问题。2015 年《民诉法司法解释》第 90 条则进一步明确指出，当事人对自己提出的诉讼请求所依据的事实或者反驳对方诉讼请求所依据的事实，应当提供证据加以证明，但法律另有规定的除外。在作出判决前，当事人未能提供证据或者证据不足以证明其事实主张的，由负有举证证明责任的当事人承担不利的后果。该司法解释第 91 条规定，人民法院应当依照下列原则确定举证证明责任的承担，但法律另有规定的除外：（1）主张法律关系存在的当事人，应当对产生该法律关系的基本事实承担举证证明责任；（2）主张法律关系变更、消灭或者权利受到妨害的当事人，应当对该法律关系变更、消灭或者权利受到妨害的基本事实承担举证证明责任。此外，《民事诉讼证据规定》还采用列举的方式规定一些具体情形的证明责任分配规则，这些情形包括：

（1）合同纠纷案件中的证明责任分配。《民事诉讼证据规定》第 5 条规定，在合同纠纷案件中，主张合同关系成立并生效的一方当事人对合同订立和生效的事实承担举证责任；主张合同关系变更、解除、终止、撤销的一方当事人对引起合同关系变动的事实承担举证责任。对合同是否履行发生争议的，由负有履行义务的当事人承担举证责任。

（2）代理权案件中的证明责任分配。对代理权发生争议的，由主张有代理权的一方当事人承担举证责任。

（3）劳动争议案件中的证明责任分配。《民事诉讼证据规定》第 6 条规定，在劳动争议纠纷案件中，因用人单位作出开除、除名、辞退、解除劳动合同、减少劳动报酬、计算劳动者工作年限等决定而发生劳动争议的，由用人单位负举证责任。

（4）侵权行为案件中的证明责任分配。下列侵权诉讼，按照以下规定承担举证责任：①因新产品制造方法发明专利引起的专利侵权诉讼，由制造同样产品的单位或者个人对其产品制造方法不同于专利方法承担举证责任；②高度危险作业致人损害的侵权诉讼，由加害人就受害人故意造成损害的事实承担举证责任；③因环境污染引起的损害赔偿诉讼，由加害人就法律规定的免责事由及其行为与损害结果之间不存在因果关系承担举证责任；④建筑物或者其他设施以及建筑物上的搁置物、悬挂物发生倒塌、脱落、坠落致人损害的侵权诉讼，由所有人或者管理人对其无过错承担举证责任；⑤饲养动物致人损害的侵权诉讼，由动物饲养人或者管理人就受害人有过错或者第三人有过错承担举证责任；⑥因缺陷产品致人损害的侵权诉讼，由产品的生产者就法律规定的免责事由承担举证责任；⑦因共同危险行为致人损害的侵权诉讼，由实施危险行为的人就其行为与损害结果之间不存在因果关系承担举证责任；⑧因医疗行为引起的侵权诉讼，由医疗机构就医疗行为与损害结果之间不存在因果关系及不存在医疗过错承担举证责任。

需要注意的是，2009 年 12 月全国人大常委会通过的《侵权责任法》中涉及不少具体侵权行为引发的诉讼证明责任分配规则，与此前相关规范比，《侵权责任法》对不少侵权行为中的证明责任分配规则作了调整。比如，《侵权责任法》第 54 条规定，患者在诊疗活动中受到损害，医疗机构及其医务人员有过错的，由医疗机构承担赔偿责任。按照该条规定，《侵权责任法》改变了此前法律规范关于医疗机构过错要件的证明责任分配，即患者原则上还要承担医疗机构过错要件事实的证明责任。为了缓解因“过错”要件证明责任重新分配给患者可能带来的不公现象，《侵权责任法》第 58 条规定，患者有损害，因下列情形之一的，推定医疗机构有过错：（1）违反法律、行政法规、规章以及其他有关诊疗规范的规定；（2）隐匿或者拒绝提供与纠纷有关的病历资料；（3）伪造、篡改或者销毁病历资料。推定过错的情形，事实上是将当事人负担的可能难以证实的过错要件事实转向证明法律明确列举的几种较容易证明的情形，从而缓解患者的证明困难。《侵权责任法》效力高于《民事诉讼证据规定》，就证明责任分配规则而言，二者有冲突的，自然应以《侵权责任法》的规定为准。

《民事诉讼证据规定》第 7 条规定，在法律没有具体规定，依本规定及其他司法解释无法确定举证责任承担时，人民法院可以根据公平原则和诚实信用原则，综合当事人举证能力等因素确定举证责任的承担。虽然我们说证明责任的分配一般是由立法完成的，但在法律没有规定的情况下，委诸法官斟酌分配，这样使得案件的最终裁判成为可能。法官应依据公平、诚实信用等原则斟酌分配证明责任。但是，法官通过实践确立的证明责任分配规则，应该尽快上升为法律规范，以便统一法律适用。顺便提及的是，诉讼实践中，人们常提到的“举证责任倒置”实际上是相对于证明责任分配的一般原则而言的，指一般证明责任分配规则的例外情况，是特殊的证明责任分配规则。

（三）证明责任与推定

1. 推定的概念

所谓推定，是指法院按照法律规定，或者按照日常生活经验从已知的前提事实（基础事实）推断出未知的结果事实（推定事实）的存在，并允许当事人提出反证推翻的一种证明规则。法律上的推定实质是一种事实上的假设，即当基础事实存在时，可以认定另一事实（推定事实）也存在。推定必须遵循一定的逻辑规则，要符合人们认识世界的常规。

推定可以公正合理地分配证明责任，有利于减轻某些处于弱势地位当事人的证明负担，符合公平合理的原则。推定的结果虽然没有使用证据证明的准确度高，但往往也符合事实真相，具有高度的盖然性，因此是接近案件事实的便捷手段。另外，推定可以缓解某些事实证明上的困难，避开难以证明的问题，提高诉讼的效率。

2. 推定的分类

推定一般可以分为法律推定和事实推定两种，法律上的推定是指法律明确规定如果某一基础事实存在，推定待证事实就存在。事实上的推定是在法律没有明确规定的情况下，法官在已知事实的基础上，根据日常生活经验进行逻辑上的演绎，认定另一事实。

（1）法律推定。以是否需要前提事实为标准，该推定又可以分为直接推定和推论推定。

①直接推定。当法律不依赖于任何前提事实就假定某一事实存在时，这种推定即为直接推定。这种推定的典型例子就是“过错推定”。法院在适用该推定时，不再要求因推定而处于有利地位的一方当事人证明任何事实，法律直接推定的作用就在于，把推定事实不存在的证明责任转移给对方当事人承担。因此，直接推定本质上并非根据一事实和另一事实之间的逻辑关系推导出结论，而是一种转移证明责任的实体法规范。

②推论推定。推论推定是指依据法律的规定，从已知事实推论未知事实、从前提事实推论推定事实的法律规则。如自然人失踪达到一定的期限，推定失踪人死亡的“死亡推定”；婚姻关系存续期间所生之子女，推定为婚生子女的“婚生之推定”；占有私产，无证据足以说明其性质的，可作占有之推定。适用推论推定，可以减轻主张推定事实的一方当事人的证明责任，并产生证明责任转移的结果。

（2）事实推定。事实推定，又称裁判上的推定或诉讼上的推定，与法律上的推定相对而言，是指在法律授权下，法官依据已知事实，根据日常生活经验进行逻辑上的演绎，从而认定另一事实。日常生活经验可称为经验法则，是大众在其日常生活中认识和领悟的客观事物之间的必然联系、一般规律，具有普遍公认或不证自明的性质。经验法则是一种客观意义上的普通知识，作为基本常识为公众普遍认可。推定也是免除当事人证明责任的一种手段。《民事诉讼证据规定》第 9 条规定，根据法律规定或者已知事实和日常生活经验法则能推定出的另一事实，当事人不需举证。

3. 适用推定的原则

推定只是一种不完全的证明，并不是对于事实十分准确的确认，通过推定认定的事实、得出的结论，与客观真实可能仍有一定距离。为防止推定的事实出现问题，适用推定规则应遵循一定的原则。

（1）推定的基础事实必须可靠。基础事实是推定的起点和开始，基础事实决定了推定的结果，为了达到推定的客观可靠，就必须确保基础事实的真实性。只有基础事实是真实的，据以推出的推定事实才有可能可靠。作为推断根据的基础事实，除了众所周知的事实和法院在审判上知悉的事实等免证事实外，都应由主张该基础事实的当事人举证证明。

（2）基础事实和推定事实之间必须有必然的逻辑联系。这种联系或互为因果关系，或互为主从、互为排斥、互相包容的关系，这种必然联系要有高度的盖然性，符合日常生活一般规则。

（3）推定的事实必须无反证推翻。推定允许反驳，并且法院应当尽量给因为推定而遭受不利的当事人反驳机会。无论是法律推定还是事实推定，都只是一种证明规则，并不能保证推定结果一定是正确的。推定所依据的虽然是基础事实和推定事实之间的常态联系，但是这种联系也可能是不正确的。为了准确认定案件的事实，就应当允许当事人提出证据加以反驳。当事人进行反驳，可以针对基础事实，只需提出证据证明基础事实不存在，或基础事实存在与否处于真伪不明状态就可以有效地阻碍推定的进行。当事人也可以直接证明推定事实不存在达到反驳推定的目的。另外，当事人也可以针对基础事实与推定事实之间的逻辑关系进行反驳。只要基础事实、推定事实以及二者之间的逻辑关系中有一个被反证证明存在问题，推定就视为被推翻。

四、证明标准

（一）证明标准的概念

证明标准就是法律规定的当事人运用证据证明待证事实所应达到的证实程度的

要求。证明要求、证明水平、证明度是与证明标准密切相关的几个术语，需要略加辨别。证明要求与证明标准含义基本一致，都是对运用证据证明案件事实的一种程度上的要求。与证明标准这一术语相近的还有证明水平和证明度，二者均指当事人运用证据证明待证事实所达到的实际水平。如果这种水平达到或超过证明标准，当事人就证明成功。现代社会的司法中，衡量证明水平的尺度一般都是法官的心证，即由法官衡量当事人诉讼证明的证明水平，并进一步判断证明水平是否达到证明标准的要求。

证明标准是诉讼法一项极其重要的制度。首先，证明标准是法官衡量当事人诉讼证明是否符合要求的基本标尺，是认定案件事实存在、不存在或为真伪不明的基本参照系。其次，证明标准还是当事人决定自己诉讼行为的重要参照，当事人只有比照证明标准，才能衡量自己掌握的证据的证明力度和分量是否满足要求，预测自己在诉讼中能否取胜，并进一步决定自己的诉讼行为。

（二）客观真实与法律真实

在我国，围绕应确定一个什么样的证明标准问题，学者曾展开了较为广泛的论证。其中客观真实与法律真实之争最具有代表意义。客观真实说认为，诉讼中对于案件事实的证明，应当达到客观真实的程度，法官应查明案件的客观真实情况，案件事实认定必须符合客观实际。具体的证明标准表述，就是证明必须达到“案件事实清楚、证据确实充分”的要求。

但许多学者认为，要求民事案件事实证明达到客观真实的标准有许多难以克服的弊端。由于人力物力的限制，要求达到客观真实可能会导致积案久拖不决；要求法官必须把案件事实的裁决建立于完全符合客观真实的基础上，就会进一步要求法官不断地深入调查事实，进一步突出法官的职权作用，最终会导致强化法官职权主义的倾向。另外，强调客观真实也可能会导致审判人员片面追求实体真实，轻视程序法的规范作用。

法律真实说则认为，在证明过程中，诉讼主体运用证据认定案件事实，同时符合实体法和程序法的规定，达到从法律角度可以认定案件事实为真的程度即可。法律真实说实际上就是要求适当降低民事诉讼的证明标准，采纳“高度盖然性”证明标准。目前，法律真实说已为我国学者普遍接受，也逐渐为实务界所接受。承认法律真实说的理由主要有：首先，从马克思主义认识论角度来说，人类对于客观世界的认识，在现实中只能达到一种相对真实的程度，被证明的案件事实不可能与实际上发生的客观事实完全一致；其次，诉讼证明活动是一种法律活动，它不仅追求证明的真理性，还要追求证明的正当性，尊重法律和法律程序，就已表明证明活动满足正当性要求；最后，法律真实的证明标准更加具体明确，容易操作运用，容易为普通民众和当事人接受。

（三）我国民事诉讼的证明标准

现代民事诉讼都要求法官对证据的认定建立在自己内心确信的基础上，但这种内心确信的标准由于诉讼结构、法律文化及传统的不同，形成了不同的证明标准。2015年《民诉法司法解释》第108条规定，对负有举证证明责任的当事人提供的证据，人民法院经审查并结合相关事实，确信待证事实的存在具有高度可能性的，应当认定该事实存在。法律对于待证事实所应达到的证明标准另有规定的，从其规定。第109条规定，当事人对欺诈、胁迫、恶意串通事实的证明，以及对口头遗嘱或者赠与事实的证明，人民法院确信该待证事实存在的可能性能够排除合理怀疑的，应当认定该事实存在。由此可以看出，我国民事诉讼实践实际上确立了多元化的证明标准。

1. 高度盖然性

高度盖然性证明标准，是指虽然从证据中法官尚未形成事实必定如此的内心确信，但也已达到了事实极有可能或非常有可能如此的确信程度，此种内心确信程度就是高度盖然性，以此为诉讼证明标准，就是高度盖然性证明标准。高度盖然性证明标准比刑事诉讼排除合理怀疑的证明标准要低，但却高于盖然性占优势证明标准。盖然性占优势的标准是一种“比较有可能”的确信，而高度盖然性则是“明显有可能”“很有可能”的确信程度。如果用一种百分比来类比说明这些证明标准，排除合理怀疑的标准虽然达不到100%的确信，但应是无限接近100%确信的证明标准；盖然性占优势的标准也许可以认为是60%以上的确信，而高度盖然性的标准应是达到75%以上了。当然，这种百分比仅是一种形象说明，并不可能在诉讼实践中用来衡量证明水平。

不少学者认为，从我国《民事诉讼法》的字里行间里可以读出，我国民事诉讼证明标准与刑事诉讼证明标准相同，也是采用“案件事实清楚，证据确实充分”的标准，这是“客观真实”证明标准的具体表现。《民事诉讼证据规定》第73条第1款对证明标准有明确规定：双方当事人对同一事实分别举出相反的证据，但都没有足够的依据否定对方证据的，人民法院应当结合案件情况，判断一方提供证据的证明力是否明显大于另一方提供证据的证明力，并对证明力较大的证据予以确认。有学者认为，该规定降低了我国民事诉讼的证明标准，将民事诉讼证明标准降至与其自身相适应的程度，实际上是采用了高度盖然性证明标准。2015年《民诉法司法解释》

第 108 条规定的“高度可能性”同样是高度盖然性证明标准。

2. 排除合理怀疑

排除合理怀疑是主要适用于刑事诉讼的证明标准，但在某些民事案件中也可以适用，其对民事诉讼证明标准起到一种补充作用。合理怀疑是相对于想象的怀疑、推测的怀疑而言的，是指理智正常且不带偏见的人持有的理性怀疑。换言之，它是指人们在听取和了解证明的全部过程之后，仍然对证据总体证明效力和事实认定持有理性的怀疑。合理怀疑虽不是一种绝对正确的怀疑，但也不是一种显然没有可能性的怀疑。合理怀疑是对待证案件事实客观的、理性的怀疑，而不是想象出来的怀疑。排除合理怀疑，并非不允许丝毫的怀疑存在，证明某一事实为真实的证据非常显著，而相反的可能性甚微，即可以视为达到此标准。除非在某些特殊案件中，民事诉讼一般不适用排除合理怀疑这一要求很高的证明标准。根据 2015 年《民诉法司法解释》第 109 条的规定，这些特殊案件就是涉及欺诈、胁迫、恶意串通事实，以及口头遗嘱或者赠与事实证明的案件。

3. 盖然性占优势

盖然性占优势也称优势证据，指负有证明责任的当事人证明案件事实需达到让法官相信其存在比不存在相对较为可能的程度，也就是说，证明某一事实存在的证据分量和证明力比证明其不存在的证据相对有说服力，或者说比反对证据的可靠性较高。按照优势证据证明标准的要求，法官在审理案件时，要心如天平，把双方当事人的证据分置于左右的秤盘上，以权衡何方证据的分量较大。盖然性占优势标准的运用与证人的多少或证据的数量无关，而在于证据综合起来要有一种令人信服的力量。相对而言，这一证明标准偏低，没有法律的明确规定，法官不得采用这种证明标准。在理论界，学者认为只有程序事实以及某些特殊的实体事实（比如，否定事实、消极事实）的证明才可以采用这种证明标准。

第二节　民事诉讼证明过程

一、证据的收集、调查与保全

（一）当事人举证与法院调查证据

1. 当事人举证

在现代社会，民事诉讼实行辩论主义已成为各国立法与实践的基本规律。按照辩论主义的基本要求，当事人在诉讼中所追求的根本目的——诉讼请求由当事人自行确定，诉讼请求所依据的事实根据也由当事人决定，即由当事人决定主张什么样的事实。除此之外，辩论主义还有一项重要内容，就是由当事人自行决定提交什么样的证据，也就是说，在民事诉讼中，当事人提交证据是基本原则，法院一般不予干涉。为保持中立，法官一般不应主动帮助任何一方当事人收集证据。

我国《民事诉讼法》第 64 条规定，当事人对自己提出的主张，有责任提供证据。其本意是要求当事人自行负责收集、提交对其有利的证据，而不能指望、等待法院帮助他们收集证据。另外，相关司法解释也规定，当事人收集、提交证据的责任：原告向人民法院起诉或者被告提出反诉，应当附有符合起诉条件要求的证据材料；当事人对自己提出的诉讼请求所依据的事实或者反驳对方诉讼请求所依据的事实有责任提供证据加以证明。《民事诉讼证据规定》同时也要求法院对当事人举证进行指导，法院应当向当事人说明举证的要求及法律后果，促使当事人在合理期限内积极、全面、正确地举证。

关于提交证据的要求，《民事诉讼法》规定，当事人向人民法院提供证据，应当提供原件或者原物。提交原件或者原物确有困难的，可以提交复制品、照片、副本、节录本。当事人向人民法院提供的证据系在中华人民共和国领域外形成的，该证据应当经所在国公证机关予以证明，并经中华人民共和国驻该国使领馆予以认证，或者履行中华人民共和国与该所在国订立的有关条约中规定的证明手续。外文书证或者外文说明资料，应当附有中文译本。

为了完善证据在当事人与法院之间的交接程序，《民事诉讼法》第 66 条规定，人民法院收到当事人提交的证据材料，应当出具收据，写明证据名称、页数、份数、原件或者复印件以及收到时间等，并由经办人员签名或者盖章。

经当事人申请并由人民法院审查批准后，人民法院可以向其他当事人或者任何第三人发出提交证据的命令，在提交证据的命令送达之日起的法定期间内，被指令人应当提供在其占有或者控制下的证据。不论是否为诉讼当事人，任何人均有义务协助人民法院发现事实真相，回答向其提出的问题，接受必要的检查，提交被要求提交的物品，以及做被指定的行为，这就是普通民众承担的协助证据调查的义务。2015 年《民诉法司法解释》第 112 条规定，书证在对方当事人控制之下的，承担举证证明责任的当事人可以在举证期限届满前书面申请人民法院责令对方当事人提交。申请理由成立的，人民法院应当责令对方当事人提交，因提交书证所产生的费用，由申请人负担。对方当事人无正当理由拒不提交的，人民法院可以认定申请人所主张的书证内容为真实。第 113 条规定，持有书证的当事人以妨碍对方当事人使用为目的，毁灭有关书证或者实施其他致使书证不能使用行为的，人民法院可以依照民事诉讼法第 111 条规定，对其处以罚款、拘留。

2. 法院调查收集证据

民事诉讼中，虽然原则上由当事人提供证据，但在某些特殊情况下，法院也可以收集证据。《民事诉讼法》第 64 条第 2 款规定：“当事人及其诉讼代理人因客观原因不能自行收集的证据，或者人民法院认为审理案件需要的证据，人民法院应当调查收集。”

2015 年《民诉法司法解释》第 94 条规定，《民事诉讼法》第 64 条第 2 款规定的当事人及其诉讼代理人因客观原因不能自行收集的证据包括：（1）证据由国家有关部门保存，当事人及其诉讼代理人无权查阅调取的；（2）涉及国家秘密、商业秘密或者个人隐私的；（3）当事人及其诉讼代理人因客观原因不能自行收集的其他证据。当事人及其诉讼代理人因客观原因不能自行收集的证据，可以在举证期限届满前书面申请人民法院调查收集。第 95 条规定，当事人申请调查收集的证据，与待证事实无关联、对证明待证事实无意义或者其他无调查收集必要的，人民法院不予准许。第 96 条规定，《民事诉讼法》第 64 条第 2 款规定的人民法院认为审理案件需要的证据包括：（1）涉及可能损害国家利益、社会公共利益的；（2）涉及身份关系的；（3）涉及《民事诉讼法》第 55 条规定诉讼的；（4）当事人有恶意串通损害他人合法权益可能的；（5）涉及依职权追加当事人、中止诉讼、终结诉讼、回避等程序性事项的。除前款规定外，人民法院调查收集证据，应当依照当事人的申请进行。

除以上情形外，人民法院调查收集证据，应当依当事人的申请进行。当事人及其诉讼代理人申请人民法院调查收集证据，应当提交书面申请，申请应当载明被调查人的姓名或者单位名称、住所地等基本情况、所要调查收集的证据的内容、需要由人民法院调查收集证据的原因及其要证明的事实。人民法院对当事人及其诉讼代理人的申请不予准许的，应当向当事人或其诉讼代理人送达通知书。当事人及其诉讼代理人可以在收到通知书的次日起 3 日内向受理申请的人民法院书面申请复议一次。人民法院应当在收到复议申请之日起 5 日内作出答复。2015 年《民诉法司法解释》第 97 条规定，人民法院调查收集证据，应当由两人以上共同进行。调查材料要由调查人、被调查人、记录人签名、捺印或者盖章。

（二）证据保全

1. 证据保全的概念和条件

证据保全，是指人民法院依申请或依职权，对有可能毁损、灭失或以后难以取得的证据提前进行调查收集和固定保护的行为。民事诉讼程序从当事人起诉到判决的宣判要经过一系列程序环节，需要相对较为漫长的时间。但有些证据可能不等人，如果不及时采取措施，部分关键性证据会因自然或人为的原因灭失或损坏。为此，有必要尽早采取一些必要的措施对证据进行固定或保护。

证据保全需在开庭之前进行，根据《民事诉讼法》第 81 条规定，证据保全要具备以下条件:（1）证据可能灭失。如证人因年老、疾病有可能死亡的，应及时取证；作为证据的物品有腐烂、变质或灭失可能的。（2）证据以后难以取得，如证人马上要出国留学或到国外定居。2015 年《民诉法司法解释》第 98 条规定，当事人根据《民事诉讼法》第 81 条第 1 款规定申请证据保全的，可以在举证期限届满前书面提出。证据保全可能对他人造成损失的，人民法院应当责令申请人提供相应的担保。

根据我国现行《民事诉讼法》第 81 条第 2 款的规定，因情况紧急，在证据可能灭失或者以后难以取得的情况下，利害关系人可以在提起诉讼或者申请仲裁前向证据所在地、被申请人住所地或者对案件有管辖权的人民法院申请保全证据。

某些证据在起诉前需要保全的，还可向公证机关提出申请，由公证机关予以公证解决。

2. 证据保全的程序

证据保全由当事人及其诉讼代理人提出申请。《民事诉讼证据规定》第 23 条规定，当事人向人民法院申请保全证据的，不得迟于举证期限届满前 7 日。当事人申请保全证据的，人民法院可以要求其提供相应的担保。保全证据申请法院不必经过言词辩论就可以作出裁定。对于保全证据的裁定，当事人不得提出不服声明。

人民法院也可以依职权决定进行证据保全，人民法院决定采取保全措施，应当作出裁定，并及时付诸实施。人民法院进行证据保全，可以要求当事人或者诉讼代理人到场。

3. 证据保全的方法

证据保全应根据证据的不同种类而采用不同的方法。人民法院进行证据保全，可以根据具体情况，采取查封、扣押、拍照、录音、录像、复制、鉴定、勘验、制作笔录等方法。对证人证言的保全，用制作证人证言笔录或录音的方法；对物证的保全，可以由人民法院直接勘验并制作勘验笔录，或绘图、拍照、摄像甚至封存原物等方法；对书证、视听资料的保全，可采取复制的方法。不管采取何种方法，均应客观、真实地反映证据情况。证据保全的材料，由人民法院存卷保管。

我国现行《民事诉讼法》第 81 条第 3 款规定：证据保全的其他程序，参照适用本法第九章保全的有关规定。

二、举证时限与证据交换

(一)举证时限

2012年修订前的《民事诉讼法》第125条规定，当事人在法庭上可以提出新的证据。严格来讲，该条规定已经包含了对当事人举证时限的要求，即当事人只能当庭提供“新”证据，非“新”证据应该在庭前提交。但是，哪些证据属于新的证据，立法并未明确其范围，这种暗含的“举证时限”制度很难在司法实践中得到切实遵行，当事人往往利用民事诉讼法的缺陷，庭前不提供证据，在庭审中突然袭击，甚至一审时不提供证据，在二审或再审中提出证据，以达到拖延诉讼的目的。这些情况不仅违反了诚实信用的原则，而且严重地干扰了诉讼活动的正常进行，增加了当事人的诉讼成本，甚至扩大了案件的损失，也导致人民法院大量重复劳动，浪费了有限的审判资源。当事人利用证据拖延诉讼，也成为人民法院审判效率提高的重要妨碍性因素。当事人随时举证的情形导致许多案件难以在审限内审结，社会各界及当事人对此意见较大，影响了人民法院的威信和法律实施的效果。

为了达到庭前固定争点、固定证据的目的，克服“证据随时提出主义”的弊端，提高人民法院的审判效率，《民事诉讼证据规定》以及2012年《民事诉讼法修正案》对举证时限作了具体规定。举证时限是指民事诉讼当事人向法院提交证据的期限。我国现行《民事诉讼法》第65条规定，当事人对自己提出的主张应当及时提供证据。“及时”提供证据，包含了对当事人举证的时间要求，但什么时候提交证据算得上“及时”，需要结合其他相关制度来认定。2015年《民诉法司法解释》第99条规定，人民法院应当在审理前的准备阶段确定当事人的举证期限。《民事诉讼法》第65条第2款规定，人民法院根据当事人的主张和案件审理情况，确定当事人应当提供的证据及其期限。举证期限可以由当事人协商，并经人民法院准许。人民法院确定举证期限，第一审普通程序案件不得少于15日，当事人提供新的证据的第二审案件不得少于10日。举证期限届满后，当事人对已经提供的证据，申请提供反驳证据或者对证据来源、形式等方面的瑕疵进行补正的，人民法院可以酌情再次确定举证期限，该期限不受前款规定的限制。2015年《民诉法司法解释》第100条规定，当事人申请延长举证期限的，应当在举证期限届满前向人民法院提出书面申请。申请理由成立的，人民法院应当准许，适当延长举证期限，并通知其他当事人。延长的举证期限适用于其他当事人。申请理由不成立的，人民法院不予准许，并通知申请人。

法院应当在送达案件受理通知书和应诉通知书的同时以举证通知书的形式向当事人告知。举证通知书应当载明举证责任的分配原则与要求，可以向人民法院申请调查取证的情形，人民法院根据案件情况指定的举证期限以及逾期提供证据的法律后果。

《民事诉讼证据规定》也规定了当事人逾期提交证据的后果。当事人应当在举证期限内向人民法院提交证据材料，在举证期限内不提交的，视为放弃举证权利。对于当事人逾期提交的证据材料，人民法院审理时不组织质证。这种法律效果就是人们常常提到的证据失权。但需要注意的是，自《民事诉讼证据规定》实施以来，我国司法实践中出现了因证据失权制裁导致严重实体不公的现象，证据失权制度遭到人们的严厉批评，不少学者指出，证据失权制裁是以牺牲实体公正为代价追求所谓的程序公正和诉讼效率。2012 年修订后的《民事诉讼法》第 65 条对当事人逾期举证的法律后果作了调整，规定当事人逾期提供证据的，人民法院应当责令其说明理由；拒不说明理由或者理由不成立的，人民法院根据不同情形可以不予采纳该证据，或者采纳该证据但予以训诫、罚款。2015 年《民诉法司法解释》第 101 条规定，当事人逾期提供证据的，人民法院应当责令其说明理由，必要时可以要求其提供相应的证据。当事人因客观原因逾期提供证据，或者对方当事人对逾期提供证据未提出异议的，视为未逾期。第 102 条规定，当事人因故意或者重大过失逾期提供的证据，人民法院不予采纳。但该证据与案件基本事实有关的，人民法院应当采纳，并依照民事诉讼法第 65 条、第 115 条第 1 款的规定予以训诫、罚款。当事人非因故意或者重大过失逾期提供的证据，人民法院应当采纳，并对当事人予以训诫。当事人一方要求另一方赔偿因逾期提供证据致使其增加的交通、住宿、就餐、误工、证人出庭作证等必要费用的，人民法院可予支持。

原则上来讲，超过举证时限当事人只能提交新的证据。我国现行《民事诉讼法》第 139 条规定，当事人在法庭上可以提出新的证据。《民事诉讼证据规定》对《民事诉讼法》第 139 条（2012 年修订前第 125 条）第 1 款规定的“新的证据”作了限定：（1）一审程序中的新的证据包括：当事人在一审举证期限届满后新发现的证据；当事人确因客观原因无法在举证期限内提供，经人民法院准许，在延长的期限内仍无法提供的证据；（2）二审程序中的新的证据包括：一审庭审结束后新发现的证据；当事人在一审举证期限届满前申请人民法院调查取证未获准许，二审法院经审查认为应当准许并依当事人申请调取的证据。

当事人在一审程序中提供新的证据的，应当在一审开庭前或者开庭审理时提出。当事人在二审程序中提供新的证据的，应当在二审开庭前或者开庭审理时提出；二审不需要开庭审理的，应当在人民法院指定的期限内提出。当事人举证期限届满后提供的证据不是新的证据的，人民法院不予采纳。但是，当事人经人民法院准许延期举证，但因客观原因未能在准许的期限内提供，且不审理该证据可能导致裁判明显不公的，其提供的证据可视为新的证据。当事人在再审程序中提供新的证据的，应当在申请再审时提出。一方当事人提出新的证据的，人民法院应当通知对方当事人在合理期限内提出意见或者举证。

为体现诉讼契约精神，尊重对方当事人权利，当事人超过举证时限提交的证据，在对方当事人同意的情况下，人民法院仍应组织对该证据的质证。另外，当事人增加、变更诉讼请求或者提起反诉的，应当在举证期限届满前提出。但有些案件在审理过程中，当事人主张的法律关系性质或者民事行为的效力与人民法院根据案件事实作出的认定不一致，如合同纠纷案件，当事人主张合同有效要求继续履行，而人民法院审查认为合同无效应返还财产，这种情况下应允许当事人在人民法院对法律关系性质或者民事行为效力的认定基础上，变更诉讼请求。这种情况下，人民法院也有告知当事人变更诉讼请求的义务。对于当事人变更诉讼请求的，人民法院应当重新指定举证期限。

（二）证据交换

为完善举证时限制度，对于证据较多或复杂疑难的案件，《民事诉讼法》第 133 条规定，人民法院对受理的案件，分别情形，予以处理，其中需要开庭审理的，通过要求当事人交换证据等方式，明确争议焦点。《民事诉讼证据规定》第 37~40 条设置了证据交换制度。证据交换就是开庭审理前在法官的主持下，双方当事人交流案件事实和证据等信息的制度。在证据固定的前提下，证据交换的主要目的是使当事人双方相互了解对方掌握的证据情况，并据以决定自己下一步的诉讼行为，同时，通过证据交换还可以整理、确定当事人的争点，便于法庭审理。

对于案情不太复杂、证据不多、通过指定举证期限就能够固定争点和证据的案件，以及不必经过庭前准备程序的简单案件，一般不必进行证据交换。对于证据较多或者复杂疑难的案件，当事人可以申请证据交换。法院应当组织当事人在答辩期届满后、开庭审理前交换证据。证据交换的时间可以由当事人协商一致并经法院认可，也可以由法院指定。证据交换是举证时限制度的组成部分，应符合举证时限制度的一般要求，证据交换之日即为举证期限届满之日，证据交换日之前不提供证据的，应承担逾期举证的后果。法院准许当事人延期举证的，证据交换日相应顺延。

在证据交换中，一方当事人收到对方交换的证据后提出反驳证据的，应当允许对方当事人就反驳证据再次举证反驳，为平等保护当事人诉讼权利，法院应当再次组织证据交换。为防止当事人利用证据交换拖延诉讼，证据交换一般不得超过两次。

但对于重大疑难或案情特别复杂的案件，在法院认为确有必要的情况下，可不受两次的次数限制。

主持证据交换的人可以是合议庭的组成人员，也可以是书记员或合议庭之外的审判人员，如法官助理。证据交换是人民法院审判活动的组成部分，非法庭组成人员不得主持证据交换。

三、质证

（一）质证的概念

质证是指当事人在法庭上对一方出示的证据的合法性、真实性及关联性进行辩论的过程。按照我国现行《民事诉讼法》第 68 条的规定，证据应当在法庭上出示，并由当事人互相质证；2015 年《民诉法司法解释》第 103 条规定，证据应当在法庭上出示，由当事人互相质证。未经当事人质证的证据，不得作为认定案件事实的根据。按照《民事诉讼法》第 200 条的规定，原判决、裁定认定事实的主要证据未经质证的，当事人可以据此提出再审请求，人民法院应当再审。由此可见，主要证据的质证，成为立法的硬性要求。但是，当事人在审理前的准备阶段认可的证据，经审判人员在庭审中说明后，视为质证过的证据。涉及国家秘密、商业秘密、个人隐私或者法律规定应当保密的证据，不得公开质证。

关于质证的内容，2015 年《民诉法司法解释》第 104 条规定，人民法院应当组织当事人围绕证据的真实性、合法性以及与待证事实的关联性进行质证，并针对证据有无证明力和证明力大小进行说明和辩论。

（二）质证的程序

我国司法实践中的质证一般按下列顺序进行：（1）原告出示证据，被告、第三人与原告进行质证；（2）被告出示证据，原告、第三人与被告进行质证；（3）第三人出示证据，原告、被告与第三人进行质证。

人民法院依照当事人申请调查收集的证据，作为提出申请的一方当事人提供的证据。人民法院依照职权调查收集的证据应当在庭审时出示，听取当事人意见，并可就调查收集该证据的情况予以说明。案件有两个以上独立的诉讼请求的，当事人可以逐个出示证据进行质证。

对书证、物证、视听资料进行质证时，当事人有权要求出示证据的原件或者原物。但有下列情况之一的除外：（1）出示原件或者原物确有困难并经人民法院准许出示复制件或者复制品的；（2）原件或原物已不存在，但有证据证明复制件、复制品与原件或原物一致的。

当事人申请证人出庭作证，法院予以准许的，应当在开庭审理前通知证人出庭作证，并告知其应当如实作证及作伪证的法律后果。证人出庭作证应接受当事人的质询。证人在人民法院组织双方当事人交换证据时出席陈述证言的，可视为出庭作证。审判人员和当事人可以对证人进行询问。证人不得旁听法庭审理；询问证人时，其他证人不得在场。人民法院认为有必要的，可以让证人进行对质。不能出庭的证人，经人民法院许可，证人可以提交书面证言、视听资料或者通过双向视听传输技术手段作证。

经质证，能够反映案件真实情况、与待证事实相关联、来源和形式符合法律规定的证据，应当作为认定案件事实的根据。

四、证据的审查与认定

（一）审查认定证据的概念

审查认定证据，就是法院在逐个查证和核实证据的基础上，对证据进行综合分析，决定证据的取舍，并确定证据的证明力的诉讼行为。证据的审查核实和判断是整个诉讼活动的重要环节，是确定案件事实的决定性阶段，只有正确地审查核实和判断证据，才能确保证据的真实性和证明力。我国《民事诉讼法》第 64 条第 3 款规定："人民法院应当按照法定程序，全面地、客观地审查核实证据。"第 67 条第 2 款规定："人民法院对有关单位和个人提出的证明文书，应当辨别真伪，审查确定其效力。"第 71 条规定："人民法院对视听资料，应当辨别真伪，并结合本案的其他证据，审查确定能否作为认定事实的根据。"第 75 条规定："人民法院对当事人的陈述，应当结合本案的其他证据，审查确定能否作为认定事实的根据。"

（二）审查认定证据的原则和方法

根据我国《民事诉讼法》及 2015 年《民诉法司法解释》的规定，人民法院应当按照法定程序，全面、客观地审核证据，依照法律规定，运用逻辑推理和日常生活经验法则，对证据有无证明力和证明力大小进行判断，并公开判断的理由和结果。事实上，这是要求法官采用自由心证原则对证据进行审查认定。

单个证据可以从下列方面进行审核认定：（1）证据是否是原件、原物，复印件、复制品与原件、原物是否相符；（2）证据与本案事实是否相关；（3）证据的形式、来源是否符合法律规定；（4）证据的内容是否真实；（5）证人或者提供证据的人与当事人有无利害关系。

同时，《民事诉讼证据规定》也对不能单独作为认定案件事实依据的情况作了规定：（1）未成年人所作的与其年龄和智力状况不相当的证言；（2）与一方当事人或者其代理人有利害关系的证人出具的证言；（3）存有疑点的视听资料；（4）无法与原件、原物核对的复印件、复制品；（5）无正当理由未出庭作证的证人证言。

《民事诉讼证据规定》第73条规定，双方当事人对同一事实分别举出相反的证据，但都没有足够的依据否定对方证据的，法院应当结合案件情况，判断一方提供证据的证明力是否明显大于另一方提供证据的证明力，并对证明力较大的证据予以确认。这是要求法院适用高度盖然性证明标准来判断当事人的证明结果。同时，《民事诉讼证据规定》第73条还规定，因证据的证明力无法判断导致争议事实难以认定的，人民法院应当依据举证责任分配的规则作出裁判。

《民事诉讼证据规定》第77条对一些证据的证明力大小也作了规定。法院就数个证据对同一事实的证明力可以依照下列原则认定：（1）国家机关、社会团体依职权制作的公文书证的证明力一般大于其他书证；（2）物证、档案、鉴定意见、勘验笔录或者经过公证、登记的书证，其证明力一般大于其他书证、视听资料和证人证言；（3）原始证据的证明力一般大于传来证据；（4）直接证据的证明力一般大于间接证据；（5）证人提供的对与其有亲属或者其他密切关系的当事人有利的证言，其证明力一般小于其他证人证言。

另外，法院认定证人证言，可以对证人的智力状况、品德、知识、经验、法律意识和专业技能等进行综合分析，并对其证言作出判断。

2015年《民诉法司法解释》第106条对民事非法证据排除规则有所规定，即对以严重侵害他人合法权益、违反法律禁止性规定或者严重违背公序良俗的方法形成或者获取的证据，不得作为认定案件事实的根据。

此外，为鼓励当事人和解或接受调解，2015年《民诉法司法解释》第107条规定，在诉讼中，当事人为达成调解协议或者和解协议作出妥协而认可的事实，不得在后续的诉讼中作为对其不利的根据，但法律另有规定或者当事人均同意的除外。

本章小结

证明是证据发挥作用的根本途径，证明对象、证明责任及其分配、证明标准等都是证明理论的基本内容。

证明对象是指诉讼主体运用证据将要加以证明的待证事实，司法实践中的证明对象主要是实体要件事实、程序事实等。

证明责任是指案件要件事实处于真伪不明状态时当事人所应承担的不利后果。举证责任是证明责任在诉讼当事人诉讼行为中的映射，影响着每一个当事人诉讼行为的内容。如何分配证明责任，则是证据法学重要的研究对象，也是实体法与诉讼法最现实的任务之一。我国立法实际上采用了法律要件分类说分配证明责任，但为保护弱者、平衡当事人的负担，立法也在许多特殊类型案件中采用特殊的分配规则，这些证明责任的特殊分配规则常被人们称为证明责任倒置。

证明标准就是法律规定的当事人运用证据证明待证事实所应达到的程度。我国民事诉讼法事实上采用的是高度盖然性证明标准。

我国现行诉讼制度要求当事人承担收集、提交证据的主要任务，特殊情况下，法院也可以主动调查证据。当事人举证还受举证时限的限制，复杂的诉讼案件，法院还要组织证据交换。质证是当事人重要的诉讼权利，也是民事案件庭审的基本内容之一。

思考题

1. 简述证明对象的概念和特征。
2. 简述民事诉讼证明对象的范围。
3. 试述证明责任的概念和性质。
4. 民事诉讼中证明责任分配标准的主要学说有哪些？
5.《民事诉讼证据规定》中确定的举证责任主要内容是什么？
6. 试分析我国《侵权责任法》列举的侵权行为中的证明责任分配规则。
7. 民事诉讼理论中有哪些类型的证明标准？我国民事诉讼证明标准是什么？
8. 如何认识质证制度？

案例分析题

[案情简介] 58 岁的老刘被查出患上了恶性淋巴癌，老刘私下总是琢磨自己为什么得了癌症，随着琢磨的深入，他发现近些年癌症好像成了他居住的这个小楼挥之不去的阴影。老刘居住的这幢小楼总共只有 20 多户人家，从 20 世纪 80 年代后期到现在，包括老刘在内总共有 9 人患上了癌症，1998 年之后尤为突出。老刘居住的这幢小楼和市农机局的办公楼在同一个院子里，农机局负责当地农用机械的年检审核工作。为了保持农用机械的美观，从 20 世纪 80 年中后期开始，农机局会给前来年检的农用机械重新喷漆。20 世纪 90 年代初，随着当地经济的发展，农用机械数量迅

猛增加，市现有各种农用机械1000多台，而且每年年检的时间又都集中在6、7、8这3个月。在这段时间里，每天都有十几台，高峰时有三四十台的农用机械前来喷漆。而这个小院面积并不大，只有一二百平方米，四面都是楼房，通风不畅，每到喷漆的时候整个小院都乌烟瘴气。有居民说，喷漆时烟雾特别浓，有时候都看不到人影。

为了证实油漆味的严重，老刘和老伴以一家住户的窗柜为证，窗框原来是深绿色，由于长期受到油漆雾气的侵蚀，已经变成了农用机械常用的那种蓝色了。据了解，油漆中一般都含有化学物质苯，而苯具有强烈致癌作用，现在已经被医学界广泛承认。老刘认为小院居民这些年癌症频发，肯定和喷漆中含有大量有毒物质有关。但农机局认为，他们喷漆对小楼的居民有一定的影响，但是致癌的因素是多种多样的，不能肯定说居民近些年癌症频发和他们的喷漆行为有关。对于农机局的这个说法，老刘很无奈，因为现在生活中确实存在很多致癌的原因，要排除其他因素，认定小楼居民致癌唯一原因就是油漆中的苯，老刘也没有办法认定。但老刘可以证明的是，9名癌症病人的分布与小院里两个主要喷漆地点关系密切，离第一个喷漆地点较近的单元竟然有6名癌症患者，另外一个喷漆地点在小院的东南角，这里有3名癌症患者。9个癌症病人的分布刚好与两个喷漆点的位置吻合。

为了制止小院里越来越严重的油漆味，老刘和小楼的居民曾向当地环保部门进行过投诉。市环保局曾向农机局发出了整改通知书，要求农机局一个星期内将喷漆业务搬离居民区。但事后农机局并没有理睬环保局的这份整改通知书，多年来一直在小院里给农用机械喷漆。对此，作为同级单位的环保局也无可奈何。

最后老刘还是把农机局告上了法庭，要求他们将喷漆的业务迁走并赔偿自己的损失。但通过市两级法院的审理，法院没有支持老刘要求农机局赔偿的请求。从两级法院的判决书上可以看到，法院认为农机局的喷漆行为对小区的居民造成了一定的污染损害，应当搬迁，但老刘患癌症存在多种可能性，老刘没有证据证明自己患病就是由于农机局喷漆所致，要求赔偿的证据不足。

老刘对这个判决十分不满，为此，老刘找到了省人民检察院。省人民检察院向省高级人民法院提出了抗诉。省高级人民法院裁定××中级人民法院对这个案件进行再审，但再审的结果还是维持原判。行政投诉搞了4年多，进入诉讼程序现在又是2年半，这个官司前后打了近7年时间。老刘说，现在自己的身体一天不如一天了，他不知道自己能不能挺过去。

案例来源：中央电视台今日说法栏目，2005年4月18日节目:《小院疑云》。

[分析问题]

（1）请梳理本案可以作为证据使用的各种证据资料。

（2）如果该案事实发生在《侵权责任法》等法律实施之后，根据该法的相关规定，你认为本案关键事实（要件事实）的证明责任应该如何分配？

（3）如果你是本案的审理法官，你会作出怎样的判决？你会怎样运用法律规定、证据和相关理论论证你的判决结果？

延伸阅读

1. 肖建国、包建华：《证明责任——事实判断的辅助方法》，北京大学出版社2012年版。

2. 李浩：《民事证明责任研究》，法律出版社2003年版。

3. [德]罗森贝克：《证明责任论：以德国民法典和民事诉讼法典为基础撰写》（第四版），庄敬华译，中国法制出版社2002年版。

4. [德]普维庭：《现代证明责任问题》吴越译，法律出版社2006年版。

第十章　民事诉讼保障制度

本章知识要点：民事诉讼程序的顺利进行以及诉讼任务的圆满完成需要有相应的保障性制度和程序。我国民事诉讼法规定的诉讼保障制度包括期间、送达、保全、先予执行、对妨害民事诉讼的强制措施和诉讼费用。期间制度是从时间维度保证诉讼行为的有效实施和诉讼程序的顺利进行。送达制度实现了诉讼行为的衔接与贯通。保全制度有利于将来生效判决得以实现和及时保护当事人合法权益。先予执行制度使当事人主张的民事权利在紧急情况下不待给付判决发生法律效力便可预先得以实现。对妨害民事诉讼的强制措施制度能够制止和排除对于民事诉讼的妨害行为。诉讼费用制度则促使当事人自觉遵守法律，减少国家的诉讼开支。

第一节　期间和期日

期间是人民法院、当事人或其他诉讼参与人单方面地独立进行或完成某种诉讼活动的时间。期间可以从广义和狭义两种意义上理解，广义的期间包括期限和期日，狭义的期间仅指期限。本节是从狭义上使用期间这个概念的。

期日是人民法院、当事人及其他诉讼参与人会合进行某种诉讼活动的某一日。如证据交换期日、开庭审理期日、判决宣告期日等。

期间与期日是相互联系的两个概念。它们之间的联系在于，期日总是表现为期间中的某一日，不可能脱离期间而存在。它们之间的区别包括：首先，期间是一段时间，有开始日和届满日，期日指的是某一日。其次，期间有法定期间和指定期间之分，期日只有指定期日。再次，期间是受诉法院、当事人或者其他诉讼参与人各自单独进行或完成诉讼行为的时间，期日则是他们会合进行诉讼活动的某一日。最后，期间开始后，不一定立即着手实施或者完成某种诉讼行为，只要在期间内实施或完成即有效，而期日到来后，必须马上实施某种诉讼行为。

期间和期日是从时间维度来保障诉讼行为的有效实施和诉讼程序的顺利进行。人民法院、当事人及其他诉讼参与人都必须遵守期间和期日的要求。期间、期日制度的设立，一方面为他们实施诉讼行为提供时间上的保障，另一方面也督促他们及时进行诉讼行为，提高诉讼效率。

一、期间的种类

根据不同的标准，可将期间作如下分类：

（一）法定期间与指定期间

以期间是由法律直接规定还是由人民法院指定为标准，分为法定期间与指定期间。

法定期间是指由法律明确规定的期间。如立案期间、提交答辩状期间、公告期间、审理期限、上诉期间等。

指定期间是指法院根据案件的具体情况依职权指定完成某种诉讼行为的期间。指定期间在审判活动中广泛存在，是对法定期间的补充。如法院指定当事人补正诉状的期间，限定当事人提供证据的期间等。

（二）不变期间与可变期间

以期间能否变动为标准，分为不变期间与可变期间。

不变期间，是指必须严格遵守，人民法院和诉讼参与人均不得改变的期间。如对判决的上诉期为 15 日，上诉期间过后，当事人就丧失了上诉权。

可变期间，是指期间确定后，人民法院可以加以变更的期间。例如，依照《民事诉讼法》第 65 条的规定，人民法院根据当事人的主张和案件审理情况，确定当事人提供证据的期限。当事人在该期限内提供证据确有困难的，可以向人民法院申请延期举证。指定期间及部分法定期间都是可变期间。

二、期间的计算

根据《民事诉讼法》第 82 条以及《民诉法司法解释》的规定，期间应按下列方式计算：

（一）期间以时、日、月、年计算

期间的计算单位是时、日、月、年，何种诉讼活动以时或日或月或年为计算标准，则根据法律规定或者法院指定的内容来确定。

（二）期间开始时刻及时限的计算

民事诉讼中以时起算的期间从次时起算；以日、月、年计算的期间从次日起算。具体而言，期间以时、日计算的，其开始的时和日不计算在期间内，而应从开始时、日的第二个时间单位起算；其终期应根据期间的实际时数或日数加以确定。期间以月或年计算的，其起算以日为标准并依从法律规定计算；其终期是根据期间的实际月数或年数所确定的届满月或年中的始期对应日，没有对应日的，以该月的最后一天为届满日。例如，一个适用特别程序审理的宣告死亡案件，按照《民事诉讼法》第185条的规定，宣告死亡案件的公告期间为1年，若发出公告之日是2月28日，此年为闰年，即应从第二日即2月29日开始计算公告期间，且应至第二年的2月29日为期间届满日，但因第二年的2月只有28日，则实际应以2月的最后一日即28日为期间届满日。

（三）期间届满时刻的计算

期间届满的时刻，应该是期间最后一日的24点（实践中通常以法院下班时间为届满时刻）。届满之日是节假日的，应以节假日后的第一个工作日为期间届满日期。这里所说的节假日是指法定节假日，如双休日、元旦、劳动节、国庆节、春节以及少数民族的传统性节日，而不包括某些地区或单位自定的“啤酒节”“厂庆日”等。节假日在期间开始日或期间中间的，该节假日不予扣除。

（四）期间的扣除

期间不包括在途时间，诉讼文书在期间届满前交邮的，不算过期。交邮时间以邮局的邮戳为凭。除此之外，2000年《最高人民法院关于严格执行案件审理期限制度的若干规定》第9条规定，下列期间不计入审理、执行期限：（1）因当事人、诉讼代理人、辩护人申请通知新的证人到庭、调取新的证据、申请重新鉴定或者勘验，法院决定延期审理1个月之内的期间；延期审理超过1个月的时间，仍应计入案件的审结期限；（2）民事案件公告、鉴定的期间；（3）审理当事人提出的管辖权异议和处理法院之间的管辖争议的期间；（4）民事案件、执行案件由有关专业机构进行审计、评估、资产清理的期间；（5）中止诉讼（审理）或执行至恢复诉讼（审理）或执行的期间；（6）当事人达成执行和解或者提供执行担保后，执行法院决定暂缓执行的期间；（7）上级人民法院通知暂缓执行的期间；（8）执行中拍卖、变卖被查封、扣押财产的期间。

三、期间的耽误及顺延

期间的耽误是指当事人没有能够在法定期间或指定期间内实施或完成某项诉讼行为。我国《民事诉讼法》第83条规定：“当事人因不可抗拒的事由或者其他正当理由耽误期限的，在障碍消除后的十日内，可以申请顺延期限，是否准许，由人民法院决定。”

根据此规定，被耽误了的诉讼期间在下列条件下可以获得顺延:(1）期间耽误的原因是不可抗拒的事由或其他正当理由;(2）当事人必须于障碍消除后10日内申请顺延;(3）是否顺延，由人民法院决定。

第二节　送达

一、送达的概念和特征

送达，是指人民法院依法定的方式和程序，将诉讼文书送交当事人和其他诉讼参与人的行为。

送达作为一项诉讼行为具有以下特征:(1）送达的主体是人民法院。当事人及其他诉讼参与人向法院，或者他们相互之间递交诉讼文书均不属送达。(2）接受送达的是当事人及其他诉讼参与人。法院向诉讼参与人以外的主体发送或报送材料，不是送达。(3）送达的文件是诉讼文书。包括起诉状副本、答辩状副本、上诉状副本、各类通知书、传票、判决书等。(4）送达必须按法定程序和方式进行。送达不符合法定程序和方式的，不能产生预期的法律后果。

二、送达的方式

根据《民事诉讼法》第85条至92条和《民诉法司法解释》第130条至141条的有关规定，送达诉讼文书的方式有直接送达、留置送达、电子送达、委托送达、邮寄送达、转交送达和公告送达等七种。

（一）直接送达

直接送达，是指人民法院指派专人将诉讼文书直接送交受送达人本人的送达方式。在民事诉讼中的诸种送达方式中，直接送达是首选方式。只有在直接送达确有困难时，方可酌情使用其他适宜的送达方式。

依照《民事诉讼法》第85条的规定，直接送达具体分为以下几种情形:(1）受送达人是公民的，应送交其本人签收；若本人不在，则应交其同住成年家属签收。(2）受送达人是法人或者其他组织的，应当由法人的法定代表人、其他组织的主要负责人或者该法人、组织的办公室、收发室、值班室等负责收件的人签收或者盖章。(3）受送达人有诉讼代理人的，可以送交其代理人签收。(4）受送达人已经向人民法院指定了代收人的，送交其代收人签收。

受送达人或其同住成年家属，法人或者其他组织的负责收件的人，诉讼代理人或者代收人在送达回证上签收的日期为送达日期。

《民诉法司法解释》第 131 条补充规定了两种直接送达的情形:（1）人民法院直接送达诉讼文书的，可以通知当事人到人民法院领取。（2）人民法院可以在当事人住所地以外向当事人直接送达诉讼文书。

（二）留置送达

留置送达，是指受送达人拒绝签收向其送达的诉讼文书时，送达人依法将诉讼文书放置在受送达人的住所即视为完成送达的送达方式。

依照《民事诉讼法》第 86 条的规定，受送达人或者他的同住成年家属拒绝接收诉讼文书的，送达人可以邀请有关基层组织或者所在单位的代表到场，说明情况，在送达回证上记明拒收事由和日期，由送达人、见证人签名或者盖章，把诉讼文书留在受送达人的住所；也可以把诉讼文书留在受送达人的住所，并采用拍照、录像等方式记录送达过程，即视为送达。有关基层组织和所在单位的代表，可以是受送达人住所地的居民委员会、村民委员会的工作人员以及受送达人所在单位的工作人员。

《民诉法司法解释》补充规定的适用留置送达的情形:（1）法人的法定代表人、该组织的主要负责人或者办公室、收发室、值班室等负责收件的人拒绝签收或者盖章的，适用留置送达。（2）人民法院通知当事人到人民法院领取诉讼文书，当事人到达人民法院，拒绝签署送达回证的，视为送达。审判人员、书记员应当在送达回证上注明送达情况并签名。（3）人民法院在当事人住所地以外向当事人直接送达诉讼文书，当事人拒绝签署送达回证的，采用拍照、录像等方式记录送达过程即视为送达。审判人员、书记员应当在送达回证上注明送达情况并签名。（4）受送达人指定诉讼代理人为代收人的，向诉讼代理人送达时，若其拒绝签收，适用留置送达。（5）人民法院在定期宣判时，当事人拒不签收判决书、裁定书的，应视为送达，并在宣判笔录中记明。

但应注意，调解书应当直接送达当事人本人，不适用留置送达。当事人本人因故不能签收的，可由其指定的代收人签收。

（三）电子送达

电子送达指的是采用传真、电子邮件等方式对诉讼文书予以送达。电子送达是 2012 年修改《民事诉讼法》确立的一种现代社会方便、快捷的送达方式。《民事诉讼法》第 87 条规定，经受送达人同意，人民法院可以采用传真、电子邮件等能够确认其收悉的方式送达诉讼文书，但判决书、裁定书、调解书除外。可见，采用电子送达方式需满足两个条件：（1）受送达人同意；（2）送达的诉讼文书不属于判决书、裁定书或者调解书。采用电子方式送达的，以传真、电子邮件等到达受送达人特定系统的日期为送达日期。

《民诉法司法解释》从三个方面进行了补充规定：（1）电子送达可以采用传真、电子邮件、移动通信等即时收悉的特定系统作为送达媒介。（2）民事诉讼法规定的到达受送达人特定系统的日期，为人民法院对应系统显示发送成功的日期，但受送达人证明到达其特定系统的日期与人民法院对应系统显示发送成功的日期不一致的，以受送达人证明到达其特定系统的日期为准。（3）受送达人同意采用电子方式送达的，应当在送达地址确认书中予以确认。

（四）委托送达

委托送达，是指受诉法院直接送达诉讼文书有困难时（譬如，路途遥远），委托其他人民法院代为送达的送达方式。委托其他人民法院代为送达的，委托法院应当出具委托函，并附需要送达的诉讼文书和送达回证。受送达人在送达回证上签收的日期为送达日期。委托送达的，受委托人民法院应当自收到委托函及相关诉讼文书之日起10日内代为送达。

（五）邮寄送达

邮寄送达，是指人民法院将需要送达的诉讼文书通过邮局以挂号形式邮寄给受送达人的送达方式。邮寄送达与委托送达之间是平行选择关系，它们的适用前提都是受诉法院“直接送达诉讼文书有困难”，因此受诉法院既可以选择委托送达，也可以选择邮寄送达，而且在审判实践中大多选择邮寄送达。邮寄送达的，以回执上注明的收件日期为送达日期。鉴于诉讼实践中出现的“送达难”现象，最高人民法院于2004年9月通过了《关于以法院专递方式邮寄送达民事诉讼文书的若干规定》，规定受送达人及其代收人应当在邮件回执上签名、盖章或者捺印，此即为送达。受送达人及其代收人拒绝签收的，由邮政机构的投递员记明情况后将邮件退回人民法院，文书退回之日视为送达；此外，因受送达人自己提供或者确认的送达地址不准确、拒不提供送达地址、送达地址变更未及时告知人民法院，导致诉讼文书未能被受送达人实际接收的，文书退回之日视为送达之日。

（六）转交送达

转交送达，是指人民法院将诉讼文书交受送达人所在部队或有关单位代收后转交给受送达人的送达方式。

根据《民事诉讼法》第 89 至 91 条的规定，转交送达分为以下三种情形：（1）受送达人是军人的，通过其所在部队团以上单位的政治机关转交。（2）受送达人被监禁的，通过其所在监所转交。（3）受送达人被采取强制性教育措施的，通过其所在强制性教育机构转交。

代为转交的机关、单位收到诉讼文书后，必须立即交受送达人签收。受送达人在送达回证上签收的日期为送达日期。

（七）公告送达

公告送达，是指在受送达人下落不明或者用上述方法无法送达的情况下所采取的一种特殊送达方式。

受送达人下落不明，或者用其他方式无法送达的，公告送达。自发出公告之日起，经过六十日，即视为送达。公告送达，应当在案卷中记明原因和经过。

公告送达可以在法院的公告栏和受送达人住所地张贴公告，也可以在报纸、信息网络等媒体上刊登公告，发出公告日期以最后张贴或者刊登的日期为准。对公告送达方式有特殊要求的，应当按要求的方式进行。公告期满，即视为送达。

人民法院在受送达人住所地张贴公告的，应当采取拍照、录像等方式记录张贴过程。

公告送达应当说明公告送达的原因；公告送达起诉状或者上诉状副本的，应当说明起诉或者上诉要点，受送达人答辩期限及逾期不答辩的法律后果；公告送达传票，应当说明出庭的时间和地点及逾期不出庭的法律后果；公告送达判决书、裁定书的，应当说明裁判主要内容，当事人有权上诉的，还应当说明上诉权利、上诉期限和上诉的人民法院。

适用简易程序的案件，不适用公告送达。

三、送达的效力和送达回证

（一）送达的效力

送达的效力是指人民法院依法将诉讼文书送达给受送达人后所产生的相应法律后果。送达的效力因诉讼文书种类的不同而产生以下几个方面的效力：

1. 受送达人实施有关诉讼行为、行使诉讼权利、履行诉讼义务的起始日期得以确定。譬如，起诉状副本的送达，导致被告提出答辩状的 15 日期限开始计算；受诉法院指定举证期限的举证通知书的送达，导致当事人举证的期限开始计算。

2. 受送达人接受送达的诉讼文书后，若未依法律规定或诉讼文书的要求实施一定的诉讼行为，将承担程序法上的相应后果。例如，必须到庭的被告经两次传票传唤无正当理由拒不到庭的，可以拘传。

3. 引起某些诉讼法律关系的发生或者消灭。例如，在诉讼进行中，原告申请撤诉，若受诉法院准许其撤诉并将裁定书依法送达给有关当事人，则其与当事人之间的民事诉讼法律关系即告终止。

（二）送达回证

送达回证是人民法院制作的用于证明人民法院完成送达行为的书面凭证。《民事诉讼法》第 84 条规定，送达诉讼文书必须有送达回证，由受送达人在送达回证上记明收到日期，签名或者盖章。受送达人在送达回证上的签收日期为送达日期。

第三节　保全

保全是临时性的司法救济措施，依保全时间的不同分为诉讼中保全和诉前保全，依保全客体的不同分为财产保全和行为保全。1991 年民事诉讼法未规定行为保全，但《海事诉讼特别程序法》规定当事人可以在起诉前或者诉讼中申请海事强制令，《专利法》《商标法》《著作权法》以及相关的司法解释中赋予权利人或者利害关系人诉前停止侵权的规定，都属于行为保全的制度内容，2012 年修改的民事诉讼法正式确立了行为保全制度。有关保全的法律依据除了《民事诉讼法》，还有最高人民法院 2015 年《民诉法司法解释》以及 2016 年《最高人民法院关于人民法院办理财产保全案件若干问题的规定》等。

一、保全的概念和种类

保全，是指人民法院在诉讼开始前或开始后，为保证日后给付判决的顺利执行或避免造成当事人受到其他损害，对当事人争议的财产或者与本案有关的财产所依法采取各种强制性保护措施，或者责令当事人作出一定行为或禁止其作出一定行为。保全制度对于保证人民法院生效判决的执行，维护人民法院生效判决的权威性和严肃性，切实实现胜诉一方当事人的合法权益，及时制止侵权发生，防止损害扩大，具有重要作用。

（一）诉讼中保全

诉讼中保全，是指人民法院受理案件后，对于可能因当事人一方的行为或者其他原因，使判决难以执行或者造成当事人其他损害的案件，根据对方当事人的申请或者依职权裁定对其财产进行保全、责令其作出一定行为或者禁止其作出一定行为。诉讼中保全包括财产保全和行为保全，财产保全是对相关财产采取查封、扣押等保护性措施，行为保全是责令当事人作出一定行为或者禁止其作出一定行为。

根据《民事诉讼法》第 100 条规定，诉讼中保全必须具备以下条件：（1）民事案件具有财产或者行为给付内容。不具有给付内容的案件，判决生效后不存在执行的问题，没有必要适用保全。（2）具有采取保全的必要性。即可能因当事人一方的行为或者其他原因，使判决难以执行或者给当事人造成其他损害。所谓当事人一方的行为，是指当事人一方主观恶意的行为，即当事人一方将争议的财产或与本案有关的财产转移、隐匿、挥霍、毁损等，以逃避义务为目的的行为，或者正在实施的侵权行为。其他原因主要指客观上的原因，如争议标的物变质、腐烂等。

（二）诉前保全

诉前保全，是指利害关系人在提起诉讼或者申请仲裁前，为了避免合法权益受到难以弥补的损害，请求人民法院对被申请人的财产或者行为采取的强制性措施。诉前保全也包括财产保全和行为保全。

根据《民事诉讼法》第 101 条规定，诉前保全必须具备下列条件：（1）具有采取保全的紧迫性。即利害关系人因情况紧急，不立即申请保全，将会使其合法权益受到难以弥补的损害。所谓情况紧急，是指因义务人的恶意行为或者其他原因，使利益关系人的合法权益面临实际损害，待提起诉讼或者申请仲裁后申请保全已无实际意义。（2）利害关系人提出保全的申请。诉前保全发生在起诉之前，案件尚未进入诉讼程序，诉讼法律关系还未发生，人民法院不存在依职权采取财产保全措施的前提条件，所以，只有在利害关系人提出申请后，法院才能够采取保全措施。利害关系人不仅包括认为自己的民事权益受到他人侵犯或与他人发生争议的人，还包括对民事权利负有保护责任的人。（3）利害关系人向被保全财产所在地、被申请人住所地或者对案件有管辖权的人民法院提出申请。其他法院对诉前保全没有管辖权。（4）申请人提供担保。申请人不提供担保的，人民法院驳回申请。

申请人在人民法院采取保全措施后 30 日内不依法提起诉讼或者申请仲裁的，人民法院应当解除保全。当事人向采取诉前保全措施以外的其他有管辖权的人民法院起诉的，采取诉前保全措施的人民法院应当将保全手续移送受理案件的人民法院。诉前保全的裁定视为受移送人民法院作出的裁定。

二、保全的程序和解除

（一）保全的程序

1. 保全程序的开始

诉讼中保全既可根据当事人的申请，必要时人民法院也可以依职权主动开始；诉前保全只能由利害关系人申请开始。

诉讼中保全通常发生在诉讼开始后，判决作出前，《民诉法司法解释》又规定了以下两种情形：（1）对当事人不服一审判决提起上诉的案件，在第二审人民法院接到报送的案件之前，当事人有转移、隐匿、出卖或者毁损财产等行为，必须采取保全措施的，由第一审人民法院依当事人申请或者依职权采取。第一审人民法院的保全裁定，应当及时报送第二审人民法院。（2）法律文书生效后，进入执行程序前，债权人因对方当事人转移财产等紧急情况，不申请保全将可能导致生效法律文书不能执行或者难以执行的，可以向执行法院申请采取保全措施。债权人在法律文书指定的履行期间届满后 5 日内不申请执行的，人民法院应当解除保全。

根据 2016 年《最高人民法院关于人民法院办理财产保全案件若干问题的规定》（以下简称《财产保全规定》）的规定，当事人、利害关系人申请财产保全，应当向人民法院提交申请书，并提供相关证据材料。申请书应当载明下列事项：（1）申请保全人与被保全人的身份、送达地址、联系方式；（2）请求事项和所根据的事实与理由；（3）请求保全数额或者争议标的；（4）明确的被保全财产信息或者具体的被保全财产线索；（5）为财产保全提供担保的财产信息或资信证明，或者不需要提供担保的理由；（6）其他需要载明的事项。法律文书生效后，进入执行程序前，债权人申请财产保全的，应当写明生效法律文书的制作机关、文号和主要内容，并附生效法律文书副本。

2. 责令申请人提供担保

诉讼中保全，人民法院认为必要时，可以责令申请人提供担保；诉前保全，申请人必须提供担保。提供担保的数额应相当于请求保全的数额。申请人不提供担保的，驳回申请。责令申请人提供担保体现了对被申请人合法权益的特别保护。因为申请人如果申请错误，很可能会使被申请人的合法权益遭受损害。责令申请人提供担保，能够及时、足额地赔偿被申请人因错误保全所受到的损失。

《民诉法司法解释》规定，人民法院依照民事诉讼法规定，在采取诉前保全、诉讼保全措施时，责令利害关系人或者当事人提供担保的，应当书面通知。具体如下：（1）利害关系人申请诉前保全的，应当提供担保。申请诉前财产保全的，应当提供相当于请求保全数额的担保；情况特殊的，人民法院可以酌情处理。申请诉前行为保全的，担保的数额由人民法院根据案件的具体情况决定。（2）在诉讼中，人民法院依申请或者依职权采取保全措施的，应当根据案件的具体情况，决定当事人是否应当提供担保以及担保的数额。

关于担保的数额，《财产保全规定》规定，诉讼中保全的担保数额不超过请求保全数额的 30%；申请保全的财产系争议标的的，担保数额不超过争议标的的价值的 30%。利害关系人申请诉前财产保全的，应当提供相当于请求保全数额的担保；情况特殊的，人民法院可以酌情处理。财产保全期间，申请保全人提供的担保不足以赔偿可能给被保全人造成的损失的，人民法院可以责令其追加相应的担保；拒不追加的，可以裁定解除或者部分解除保全。

《财产保全规定》规定，当事人在诉讼中申请财产保全，有下列情形之一的，人民法院可以不要求提供担保：（1）追索赡养费、扶养费、抚育费、抚恤金、医疗费用、劳动报酬、工伤赔偿、交通事故人身损害赔偿的；（2）婚姻家庭纠纷案件中遭遇家庭暴力且经济困难的；（3）人民检察院提起的公益诉讼涉及损害赔偿的；（4）因见义勇为遭受侵害请求损害赔偿的；（5）案件事实清楚、权利义务关系明确，发生保全错误可能性较小的；（6）申请保全人为商业银行、保险公司等由金融监管部门批准设立的具有独立偿付债务能力的金融机构及其分支机构的。另外，法律文书生效后，进入执行程序前，债权人申请财产保全的，人民法院可以不要求提供担保。

3. 裁定和执行

人民法院对申请人的申请经过审查，认为符合保全条件的，必须及时作出裁定采取保全措施。人民法院接受申请后，对情况紧急的，必须在 48 小时内作出裁定。人民法院对申请人的申请经过审查认为不符合保全条件的，应裁定驳回保全的申请。

《财产保全规定》规定，人民法院接受财产保全申请后，应当在 5 日内作出裁定；需要提供担保的，应当在提供担保后 5 日内作出裁定；裁定采取保全措施的，应当在 5 日内开始执行。对情况紧急的，必须在 48 小时内作出裁定；裁定采取保全措施的，应当立即开始执行。人民法院进行财产保全，由立案、审判机构作出裁定，一般应当移送执行机构实施。

第二审人民法院裁定对第一审人民法院采取的保全措施予以续保或者采取新的保全措施的，可以自行实施，也可以委托第一审人民法院实施。

再审人民法院裁定对原保全措施予以续保或者采取新的保全措施的，可以自行实施，也可以委托原审人民法院或者执行法院实施。

4. 复议

保全的裁定一经作出，立即发生法律效力。依据《民事诉讼法》第 108 条的规定，当事人或利害关系人不服的，可以申请复议一次，复议期间不停止裁定的执行。

《民诉法司法解释》《财产保全规定》进一步规定，申请保全人、被保全人对保全裁定或者驳回申请裁定不服的，可以自裁定书送达之日起5日内向作出裁定的人民法院申请复议一次。人民法院应当自收到复议申请后10日内审查。对保全裁定不服申请复议的，人民法院经审查，理由成立的，裁定撤销或变更；理由不成立的，裁定驳回。对驳回申请裁定不服申请复议的，人民法院经审查，理由成立的，裁定撤销，并采取保全措施；理由不成立的，裁定驳回。

（二）保全的解除

人民法院裁定采取保全措施后，除作出保全裁定的人民法院自行解除或者其上级人民法院决定解除外，在保全期限内，任何单位不得解除保全措施。

《民诉法司法解释》规定，裁定采取保全措施后，有下列情形之一的，人民法院应当作出解除保全裁定：（1）保全错误的；（2）申请人撤回保全申请的；（3）申请人的起诉或者诉讼请求被生效裁判驳回的；（4）人民法院认为应当解除保全的其他情形。解除以登记方式实施的保全措施的，应当向登记机关发出协助执行通知书。

《财产保全规定》第23条规定，人民法院采取财产保全措施后，有下列情形之一的，申请保全人应当及时申请解除保全：（1）采取诉前财产保全措施后30日内不依法提起诉讼或者申请仲裁的；（2）仲裁机构不予受理仲裁申请、准许撤回仲裁申请或者按撤回仲裁申请处理的；（3）仲裁申请或者请求被仲裁裁决驳回的；（4）其他人民法院对起诉不予受理、准许撤诉或者按撤诉处理的；（5）起诉或者诉讼请求被其他人民法院生效裁判驳回的；（6）申请保全人应当申请解除保全的其他情形。人民法院收到解除保全申请后，应当在5日内裁定解除保全；对情况紧急的，必须在48小时内裁定解除保全。

《财产保全规定》第22条规定，财产纠纷案件，被保全人或第三人提供充分有效担保请求解除保全，人民法院应当裁定准许。被保全人请求对作为争议标的的财产解除保全的，须经申请保全人同意。被保全人申请解除保全，人民法院经审查认为符合法律规定的，亦应当在上述规定的期间内裁定解除保全。

三、保全的范围和措施

（一）保全的范围

《民事诉讼法》第102条规定："保全限于请求的范围，或者与本案有关的财物。"

限于请求的范围，是指保全的财产或行为，应当在对象或价值上与申请人请求的内容相符、相等或者相同。与本案有关的财物，是指当事人在诉讼请求中没有直接涉及，但是与日后本案生效判决的强制执行相牵连的财物。

《民诉法司法解释》规定了几种比较特殊的情形：（1）人民法院对抵押物、质押物、留置物可以采取财产保全措施，但不影响抵押权人、质权人、留置权人的优先受偿权。（2）人民法院对债务人到期应得的收益，可以采取财产保全措施，限制其支取，通知有关单位协助执行。（3）债务人的财产不能满足保全请求，但对他人有到期债权的，人民法院可以依债权人的申请裁定该他人不得对本案债务人清偿。该他人要求偿付的，由人民法院提存财物或者价款。

（二）保全的措施

根据《民事诉讼法》第 103 条的规定，财产保全的措施是查封、扣押、冻结或者法律规定的其他方法。人民法院保全财产后，应当立即通知被保全财产的人。财产已被查封、冻结的，不得重复查封、冻结。《民事诉讼法》对行为保全的具体措施未作出规定。

《民诉法司法解释》规定人民法院采取财产保全的方法和措施，依照执行程序相关规定办理。此外还应注意：（1）人民法院对季节性商品、鲜活、易腐烂变质以及其他不宜长期保存的物品采取保全措施时，可以责令当事人及时处理，由人民法院保存价款；必要时，人民法院可予以变卖，保存价款。（2）人民法院在财产保全中采取查封、扣押、冻结财产措施时，应当妥善保管被查封、扣押、冻结的财产。不宜由人民法院保管的，人民法院可以指定被保全人负责保管；不宜由被保全人保管的，可以委托他人或者申请保全人保管。查封、扣押、冻结担保物权人占有的担保财产，一般由担保物权人保管；由人民法院保管的，质权、留置权不因采取保全措施而消灭。（3）由人民法院指定被保全人保管的财产，如果继续使用对该财产的价值无重大影响，可以允许被保全人继续使用；由人民法院保管或者委托他人、申请保全人保管的财产，人民法院和其他保管人不得使用。

《财产保全规定》规定：（1）人民法院对查询到的被保全人财产信息，应当依法保密。除依法保全的财产外，不得泄露被保全人其他财产信息，也不得在财产保全、强制执行以外使用相关信息。（2）被保全人有多项财产可供保全的，在能够实现保全目的的情况下，人民法院应当选择对其生产经营活动影响较小的财产进行保全。人民法院对厂房、机器设备等生产经营性财产进行保全时，指定被保全人保管的，应当允许其继续使用。（3）被保全财产系机动车、航空器等特殊动产的，除被保全人下落不明的以外，人民法院应当责令被保全人书面报告该动产的权属和占有、使用等情况，并予以核实。（4）人民法院应当依据财产保全裁定采取相应的查封、扣押、冻结措施。可供保全的土地、房屋等不动产的整体价值明显高于保全裁定载明金额的，人民法院应当对该不动产的相应价值部分采取查封、扣押、冻结措施，但该不动产在使用上不可分或者分割会严重减损其价值的除外。对银行账户内资金采取冻结措施的，人民法院应当明确具体的冻结数额。

保全裁定未经人民法院依法撤销或者解除，进入执行程序后，自动转为执行中的查封、扣押、冻结措施，期限连续计算，执行法院无需重新制作裁定书，但查封、扣押、冻结期限届满的除外。

四、保全错误的赔偿与保全异议

《民事诉讼法》第 105 条规定，申请保全有错误的，申请人应当赔偿被申请人因保全所遭受的损失。按照《财产保全规定》，人民法院采取财产保全措施后，出现了应当由申请保全人及时申请人民法院解除保全的情形，而申请保全人未及时申请的，应当赔偿被保全人因财产保全所遭受的损失。人民法院依职权采取保全措施错误造成损失的，由人民法院依法予以赔偿。

《财产保全规定》规定了保全程序中的异议及其处理：（1）申请保全人、被保全人、利害关系人认为保全裁定实施过程中的执行行为违反法律规定提出书面异议的，人民法院应当依照《民事诉讼法》第 225 条规定审查处理。（2）人民法院对诉讼争议标的以外的财产进行保全，案外人对保全裁定或者保全裁定实施过程中的执行行为不服，基于实体权利对被保全财产提出书面异议的，人民法院应当依照《民事诉讼法》第 227 条规定审查处理并作出裁定。案外人、申请保全人对该裁定不服的，可以自裁定送达之日起 15 日内向人民法院提起执行异议之诉。人民法院裁定案外人异议成立后，申请保全人在法律规定的期间内未提起执行异议之诉的，人民法院应当自起诉期限届满之日起 7 日内对该被保全财产解除保全。

第四节　先予执行

先予执行，是指在受理案件后终审判决作出前，为了权利人生活或生产经营的急需，法院裁定义务人预先履行义务的制度。先予执行是一种应急措施，相对于裁判生效后的强制执行而言，目的是解决权利人的燃眉之急。

一、先予执行的适用范围

根据《民事诉讼法》第 106 条先予执行适用于下列案件:(1)追索赡养费、扶养费、抚育费、抚恤金、医疗费用的;(2)追索劳动报酬的;(3)因情况紧急需要先予执行的。《民诉法司法解释》规定的情况紧急包括:(1)需要立即停止侵害、排除妨碍的;(2)需要立即制止某项行为的;(3)追索恢复生产、经营急需的保险理赔费的;(4)需要立即返还社会保险金、社会救助资金的;(5)不立即返还款项,将严重影响权利人生活和生产经营的。

二、先予执行的条件

《民事诉讼法》第 106 条和第 107 条规定了先予执行应当具备的条件:

1. 当事人之间权利义务关系明确

这是先予执行适用的前提条件。先予执行的实质是在判决前就满足了原告全部或部分的请求,它是以原告的请求在将来的判决中也会得到满足,判决的内容会与先予执行裁定的内容相一致或基本相一致为逻辑前提的。这就需要原告、被告之间存在明确的权利义务关系,原告对被告享有要求其履行某种义务的权利和被告对原告负有相应的义务一目了然,否则不能适用先予执行。

2. 不先予执行将严重影响申请人的生活或者生产经营

这是指先予执行对申请人来说具有紧迫性,若不立即执行,便会使申请人的生活无法维持、或者生产经营活动无法继续。

3. 被申请人有履行能力

这是先予执行得以实施的必要基础。这一条件是考虑到先予执行的实效性和平衡双方当事人的利益而设置的。如果被申请人确实没有履行能力,那么,即使人民法院裁定先予执行,也无法实现。所以,对不符合这一条件的被申请人,人民法院不能裁定先予执行。

4. 必须由当事人申请

执行是否具有紧迫性,不先予执行是否会给原告的生活或生产经营活动造成严重不利影响,当事人本人最清楚,因此,应当由当事人来决定是否申请先予执行,人民法院只有在当事人提出申请的情况下,才能裁定先予执行,而不能依职权裁定先予执行。

三、先予执行的程序

（一）先予执行的开始

根据《民事诉讼法》第106条和《民诉法司法解释》第169条规定，人民法院应当在受理案件后终审判决作出前采取先予执行措施。先予执行程序依当事人的申请开始，人民法院不得依职权裁定采取先予执行措施。

（二）责令申请人提供担保

申请人申请先予执行，人民法院可以责令申请人提供担保，申请人不提供担保的，驳回申请。先予执行发生在作出判决之前，当事人的申请可能发生错误，这就需要通过执行回转来补救，给被申请人造成损失的，还要由申请人赔偿损失。可见，责令申请人提供担保，对于保护被申请人的合法权益是十分必要的。但是否责令申请人提供担保，由人民法院视案件具体情况而定。一般而言，追索赡养费、扶养费、抚育费、抚恤金和劳动报酬的案件，双方当事人之间的权利义务关系十分明确，发生执行回转的可能性极小，加之申请人生活困难，往往无力提供担保，所以对这些案件一般不必责令申请人提供担保。

（三）先予执行的裁定

人民法院认为当事人的申请符合法律规定条件的，应当作出先予执行裁定。先予执行裁定一经送达，立即发生法律效力，当事人不服的，不能上诉，但可以申请复议一次，复议期间不停止裁定的执行。

《民诉法司法解释》规定，当事人对先予执行裁定不服的，可以自收到裁定书之日起5日内向作出裁定的人民法院申请复议。人民法院应当在收到复议申请后10日内审查。裁定正确的，驳回当事人的申请；裁定不当的，变更或者撤销原裁定。

先予执行应当限于当事人诉讼请求的范围，并以当事人的生活、生产经营的急需为限。

四、先予执行错误的补救

《民事诉讼法》第107条规定，申请人败诉的，应当赔偿被申请人因先予执行遭受的财产损失。

《民诉法司法解释》第173条规定，人民法院先予执行后，根据发生法律效力的判决，申请人应当返还因先予执行所取得的利益的，适用《民事诉讼法》第233条的规定，拒不返还的，法院强制执行。

第五节　对妨害民事诉讼的强制措施

一、对妨害民事诉讼的强制措施概述

对妨害民事诉讼的强制措施，是指在民事诉讼中，为了保障诉讼活动顺利进行，人民法院对实施妨害民事诉讼行为的人依法采取的强制手段。

对妨害民事诉讼的强制措施，有利于维护正常的诉讼秩序和法制的尊严，保障当事人和其他诉讼参与人充分行使诉讼权利，保障人民法院正常行使审判权，也有利于教育公民自觉遵守法律。

对妨害民事诉讼的强制措施，从性质上看，是一种强制性的约束、教育手段。与刑事诉讼中的强制措施比较，二者有以下区别：

（1）对妨害民事诉讼的强制措施是人民法院依职权适用的；刑事诉讼的强制措施适用主体包括人民法院、公安机关和人民检察院。

（2）对妨害民事诉讼的强制措施适用对象具有广泛性，既可以对案件当事人，也可以对其他诉讼参与人以及案外人适用。刑事诉讼的强制措施只能是对犯罪嫌疑人、被告人、现行犯适用。

（3）对妨害民事诉讼的强制措施以排除妨害、保证诉讼顺利进行为目的，因此适用于已经实施的妨害行为。刑事诉讼的强制措施多以预防为目的，防止被告人或犯罪嫌疑人逃跑、自杀或实施其他犯罪行为。

（4）对妨害民事诉讼的强制措施的适用，与判决结果不发生联系，曾受强制措施的败诉人不得要求抵销或减轻其实体义务。刑事诉讼强制措施中适用逮捕、拘留的，被告人一旦被判决有罪并被处以死刑和无期徒刑以外的主刑时，判决前的羁押期间则依法定标准折抵刑期。

二、妨害民事诉讼行为的构成要件和种类

（一）妨害民事诉讼行为的构成要件

构成妨害民事诉讼的行为，必须同时具备以下条件：

1. 行为人已经实施了妨害民事诉讼的具体行为

这是构成妨害行为的首要客观要件。仅有妨害诉讼的意图而未付诸行动的，不属妨害民事诉讼的行为。妨害行为可以是作为的形式，也可以是不作为的形式，例如拒不履行生效裁判的行为就是不作为。不论是作为还是不作为，只要在客观上妨

害了诉讼活动的正常进行，即构成妨害民事诉讼的行为。

2. 必须是在诉讼过程中实施的行为

妨害民事诉讼行为是以扰乱民事诉讼的正常秩序、阻碍民事诉讼的顺利进行为前提的。所以，妨害民事诉讼的行为只能发生在民事诉讼进行中。诉讼过程包括审判和执行的整个过程。发生在诉讼开始前或结束后的类似行为，则不能被认定为妨害民事诉讼的行为。

3. 行为人主观上必须出于故意

所谓故意，是指行为人明知自己的行为会妨害民事诉讼，而希望或放任这种结果的发生。如果行为人的过失行为妨害了民事诉讼，例如，律师不慎将当事人的重要证据丢失，不属于妨害民事诉讼的行为。

（二）妨害民事诉讼行为的种类

1.《民事诉讼法》第 109 条规定的妨害行为

《民事诉讼法》第 109 条规定的，必须到庭的被告经两次传票传唤，无正当理由拒不到庭的行为。所谓必须到庭的被告，是指负有赡养、抚育、扶养义务和不到庭就无法查清案情的被告。必须到庭的被告只有在经过两次合法传唤，并无正当理由拒不到庭的情况下，才构成妨害民事诉讼的行为。根据《民诉法司法解释》第 174 条规定，必须到庭才能查清案件基本事实的原告，经两次传票传唤，无正当理由拒不到庭的，同样构成此类妨害民事诉讼的行为。在执行程序中，对必须到人民法院接受询问的被执行人的法定代表人或负责人，经两次传票传唤，无正当理由拒不到场的，同样被认为是妨害诉讼的行为。

2.《民事诉讼法》第 110 条规定的妨害行为

《民事诉讼法》第 110 条规定的是诉讼参与人和其他人违反法庭规则的行为。如哄闹、冲击法庭，侮辱、诽谤、威胁、殴打审判人员，扰乱法庭秩序，但情节较轻的行为。

《民诉法司法解释》第 176 条规定，诉讼参与人或者其他人有下列行为之一的，人民法院可以适用《民事诉讼法》第 110 条规定处理：（1）未经准许进行录音、录像、摄影的；（2）未经准许以移动通信等方式现场传播审判活动的；（3）其他扰乱法庭秩序，妨害审判活动进行的。

有前款规定情形的，人民法院可以暂扣诉讼参与人或者其他人进行录音、录像、摄影、传播审判活动的器材，并责令其删除有关内容；拒不删除的，人民法院可以采取必要手段强制删除。

3.《民事诉讼法》第111条规定的妨害行为

《民事诉讼法》第111条规定的妨害行为有:(1)诉讼参与人或者其他人伪造、毁灭重要证据，妨碍人民法院审理案件，但情节较轻而尚未构成犯罪的行为。(2)诉讼参与人或者其他人以暴力、威胁、贿买方法阻止证人作证或者指使、贿买、胁迫他人作伪证,但情节较轻而尚未构成犯罪的行为。(3)诉讼参与人或者其他人隐藏、转移、变卖、毁损已被查封、扣押的财产，或者已被清点并责令其保管的财产，转移已被冻结的财产，但情节较轻而尚未构成犯罪的行为。(4)诉讼参与人或者其他人对司法工作人员、诉讼参加人、证人、翻译人员、鉴定人、勘验人、协助执行的人，进行侮辱、诽谤、诬陷、殴打或者打击报复,但情节较轻而尚未构成犯罪的行为。(5)诉讼参与人或者其他人以暴力、威胁或者其他方法阻碍司法工作人员执行职务，但情节较轻而尚未构成犯罪的行为。(6)当事人拒不履行人民法院已经发生法律效力的判决、裁定等法律文书，但情节较轻而尚未构成犯罪的行为。

《民诉法司法解释》第187条明确规定了“以暴力、威胁或者其他方法阻碍司法工作人员执行职务的行为”，包括:(1)在人民法院哄闹、滞留，不听从司法工作人员劝阻的;(2)故意毁损、抢夺人民法院法律文书、查封标志的;(3)哄闹、冲击执行公务现场，围困、扣押执行或者协助执行公务人员的;(4)毁损、抢夺、扣留案件材料、执行公务车辆、其他执行公务器械、执行公务人员服装和执行公务证件的;(5)以暴力、威胁或者其他方法阻碍司法工作人员查询、查封、扣押、冻结、划拨、拍卖、变卖财产的;(6)以暴力、威胁或者其他方法阻碍司法工作人员执行职务的其他行为。

《民诉法司法解释》第188条明确规定了“拒不履行人民法院已经发生法律效力的判决、裁定的行为”，包括:(1)在法律文书发生法律效力后隐藏、转移、变卖、毁损财产或者无偿转让财产、以明显不合理的价格交易财产、放弃到期债权、无偿为他人提供担保等，致使人民法院无法执行的;(2)隐藏、转移、毁损或者未经人民法院允许处分已向人民法院提供担保的财产的;(3)违反人民法院限制高消费令进行消费的;(4)有履行能力而拒不按照人民法院执行通知履行生效法律文书确定的义务的;(5)有义务协助执行的个人接到人民法院协助执行通知书后，拒不协助执行的。

《民诉法司法解释》第189条规定，诉讼参与人或者其他人有下列行为之一的，人民法院可以适用《民事诉讼法》第111条的规定处理:(1)冒充他人提起诉讼或者参加诉讼的;(2)证人签署保证书后作虚假证言，妨碍人民法院审理案件的;(3)伪造、隐藏、毁灭或者拒绝交出有关被执行人履行能力的重要证据，妨碍人民法院查明被执行人财产状况的;(4)擅自解冻已被人民法院冻结的财产的;(5)接到人民法院协助执行通知书后，给当事人通风报信，协助其转移、隐匿财产的。

4.《民事诉讼法》第 112 条规定的妨害行为

《民事诉讼法》第 112 条规定的是恶意诉讼行为，即当事人之间恶意串通，企图通过诉讼、调解等方式侵害他人合法权益，但情节较轻的行为。

《民诉法司法解释》第 190 条规定，他人合法权益，包括案外人的合法权益、国家利益、社会公共利益。第三人根据《民事诉讼法》第 56 条第 3 款规定提起撤销之诉，经审查，原案当事人之间恶意串通进行虚假诉讼的，适用《民事诉讼法》第 112 条规定处理。

5.《民事诉讼法》第 113 条规定的妨害行为

《民事诉讼法》第 113 条规定的是逃避执行的行为，即被执行人与他人恶意串通，通过诉讼、仲裁等方式逃避履行法律文书确定的义务，但情节较轻的行为。

6.《民事诉讼法》第 114 条规定的妨害行为

《民事诉讼法》第 114 条规定的是有关单位拒不履行协助调查、执行义务的行为：（1）负有协助义务的有关单位拒绝或者妨碍人民法院调查取证的行为。（2）负有协助义务的有关单位接到人民法院的协助执行通知书后，拒不协助查询、扣押、冻结、划拨、变价财产的行为。（3）负有协助义务的有关单位接到人民法院的协助执行通知书后，拒不协助扣留被执行人的收入、办理有关财产权证照转移手续、转交有关票证、证照或者其他财产的行为。（4）其他拒绝协助执行的。

《民诉法司法解释》第 192 条规定，有关单位接到人民法院协助执行通知书后，有下列行为之一的，人民法院可以适用《民事诉讼法》第 114 条规定处理：（1）允许被执行人高消费的；（2）允许被执行人出境的；（3）拒不停止办理有关财产权证照转移手续、权属变更登记、规划审批等手续的；（4）以需要内部请示、内部审批，有内部规定等为由拖延办理的。

三、强制措施的种类及适用

（一）拘传及其适用

拘传，是指人民法院在法定情况下强制当事人到庭，或在执行程序中强制被执行人到场的一种强制措施。

根据民事诉讼法及有关司法解释的规定，拘传适用以下三种情况：

（1）必须到庭的被告，经两次传票传唤，无正当理由拒不到庭的，人民法院可以拘传。这里只有对必须到庭的被告才可以拘传，如果不是必须到庭的被告拒不到庭，可以缺席判决。

（2）必须到庭才能查清案件基本事实的原告，经两次传票传唤，无正当理由拒不到庭的，人民法院可以拘传。

（3）1998 年《最高人民法院关于人民法院执行工作若干问题的规定（试行）》规定必须到人民法院接受询问的被执行人或被执行人的法定代表人或负责人，经两次传票传唤无正当理由拒不到场的，人民法院也可以拘传。

采取拘传措施必须同时具备以下三个条件：（1）被拘传的对象必须是法律规定或人民法院认为必须到庭的被告、原告或者必须到场的被执行人或被执行人的法定代表人或负责人。（2）必须经过两次传票传唤。法院依照法定的送达方式将传票两次送达被告或被执行人，传唤其出庭或到场。（3）被传唤人必须是无正当理由拒不到庭。无正当理由，是指被传唤人没有法律规定或认可的理由。如遇不可抗拒的原因或其他客观情况不能到庭的，即可认为有正当理由。

拘传的程序是，由合议庭、独任审判员或执行员提出意见，报经院长批准，填写拘传票，并直接送达被执行人。在拘传前，应向被拘传人说明拒不到庭或拒不到场的后果，经批评教育仍拒不到庭的，方可拘传。对被拘传人的调查询问不得超过 24 小时，调查询问后不得限制其人身自由。在本辖区以外采取拘传措施时，应当将被拘传人拘传到当地法院，当地法院应予以协助。

（二）训诫

训诫，是指人民法院对妨害民事诉讼行为情节较轻的人，予以批评、教育，并责令其改正的措施。训诫的强制性最弱，一般适用于违反法庭规则情节轻微的行为。

（三）责令退出法庭

责令退出法庭，是指在庭审中，对违反法庭规则的人所采取的强制其退出法庭的措施。责令退出法庭强制力度重于训诫。

训诫、责令退出法庭由合议庭或者独任审判员决定。训诫的内容、被责令退出法庭者的违法事实应当记入庭审笔录。

（四）罚款

罚款，是指人民法院强令妨害民事诉讼行为人缴纳一定数额金钱的措施。罚款是比较严厉的措施。罚款适用范围很广，除可采取拘传的行为外，其他妨害民事诉讼的行为，都可适用罚款。

罚款既可适用于个人，也可适用于单位。对有《民事诉讼法》第 111 条所列行为之一的单位，人民法院除了对该单位予以罚款外，还可以对其主要负责人或者直接责任人员予以罚款、拘留。单位有《民事诉讼法》第 112 条或者第 113 条规定行为的，人民法院应当对该单位进行罚款，并可以对其主要负责人或者直接责任人员予以罚款、拘留。对第 114 条规定的拒不履行协助调查、执行义务的单位，人民法院除责令其履行协助义务外，可以予以罚款；对其主要负责人或者直接责任人员亦可予以罚款，仍不履行协助义务的，可以予以拘留，并可以向监察机关或者有关机关提出予以纪律处分的司法建议。

依照《民事诉讼法》第 115 条和第 116 条的规定，对个人的罚款金额，为人民币 10 万元以下；对单位的罚款金额，为人民币 5 万元以上 100 万元以下。《民诉法司法解释》第 193 条规定，人民法院对个人或者单位采取罚款措施时，应当根据其实施妨害民事诉讼行为的性质、情节、后果，当地的经济发展水平，以及诉讼标的额等因素，在《民事诉讼法》第 115 条规定的限额内确定相应的罚款金额。

适用罚款措施，必须经院长批准。罚款应当用决定书。对决定不服的，可以向上一级人民法院申请复议一次。复议期间不停止执行。《民诉法司法解释》规定，被罚款的人不服罚款决定申请复议的，应当自收到决定书之日起 3 日内提出。上级人民法院应当在收到复议申请后 5 日内作出决定，并将复议结果通知下级人民法院和当事人。上级人民法院复议时认为强制措施不当的，应当制作决定书，撤销或者变更下级人民法院作出的罚款决定。情况紧急的，可以在口头通知后3日内发出决定书。

（五）拘留

所谓拘留，即依法在一定期间内限制行为人的人身自由，以防止其继续实施妨害民事诉讼的行为的强制措施。在所有对妨害民事诉讼的强制措施中，拘留措施的强制力度最大。

根据《民事诉讼法》的规定，拘留的适用范围如下：（1）前述《民事诉讼法》第 110 条规定的妨害民事诉讼的行为中，适用训诫、责令退出法庭、罚款措施尚不足以约束妨害人时，即可适用拘留措施。（2）前述《民事诉讼法》第 111 条至 113 条规定的妨害民事诉讼的行为中，情节较重，适用罚款措施尚不足以约束妨害人时，均可适用拘留措施。（3）前述《民事诉讼法》111 条和 114 条规定的妨害民事诉讼行为人为单位的，对其主要负责人或者直接责任人员适用罚款措施不足以约束妨害人的，可以适用拘留措施。

根据《民事诉讼法》第 115、116 条的规定，拘留的期限，为 15 日以下。适用拘留措施，必须经院长批准。拘留应当用决定书。对决定不服的，可以向上一级人民法院申请复议一次，复议期间不停止执行。被拘留的人，由人民法院交公安机关看管。在拘留期间，被拘留人承认并改正错误的，人民法院可以决定提前解除拘留。关于对拘留决定申请复议，《民诉法司法解释》规定，被拘留的人不服拘留决定申请复议的，应当自收到决定书之日起 3 日内提出。上级人民法院应当在收到复议申请后 5 日内作出决定，并将复议结果通知下级人民法院和当事人。上级人民法院复议时认为强制措施不当的，应当制作决定书，撤销或者变更下级人民法院作出的拘留决定。情况紧急的，可以在口头通知后 3 日内发出决定书

《民诉法司法解释》对拘留的适用作出了具体的规定：（1）人民法院依照《民事诉讼法》第 110 条至第 114 条的规定采取拘留措施的，应经院长批准，作出拘留决定书，由司法警察将被拘留人送交当地公安机关看管。（2）被拘留人不在本辖区的，作出拘留决定的人民法院应当派员到被拘留人所在地的人民法院，请该院协助执行，受委托的人民法院应当及时派员协助执行。被拘留人申请复议或者在拘留期间承认并改正错误，需要提前解除拘留的，受委托人民法院应当向委托人民法院转达或者提出建议，由委托人民法院审查决定。（3）人民法院对被拘留人采取拘留措施后，应当在24小时内通知其家属；确实无法按时通知或者通知不到的，应当记录在案。（4）因哄闹、冲击法庭，用暴力、威胁等方法抗拒执行公务等紧急情况，必须立即采取拘留措施的，可在拘留后，立即报告院长补办批准手续。院长认为拘留不当的，应当解除拘留。（5）被拘留人在拘留期间认错悔改的，可以责令其具结悔过，提前解除拘留。提前解除拘留，应报经院长批准，并作出提前解除拘留决定书，交负责看管的公安机关执行。

必须注意的是，《民事诉讼法》第 110 条至第 113 条规定的罚款、拘留可以单独适用，也可以合并适用。对同一妨害民事诉讼行为的罚款、拘留不得连续适用。发生新的妨害民事诉讼行为的，人民法院可以重新予以罚款、拘留。

《民事诉讼法》第 117 条规定，采取对妨害民事诉讼的强制措施必须由人民法院决定。任何单位和个人采取非法拘禁他人或者非法私自扣押他人财产追索债务的，应当依法追究刑事责任，或者予以拘留、罚款。

第六节 诉讼费用

一、诉讼费用概述

（一）诉讼费用的概念和种类

诉讼费用，是当事人进行民事诉讼，依法应当向人民法院交纳和支付的费用。

我国民事诉讼曾长期实行免费的政策，当事人提起诉讼大体上无须交纳任何费

用。1982 年《民事诉讼法（试行）》原则规定了民事诉讼收费制度，现行《民事诉讼法》沿用了民事诉讼收费的规定，并增加了对经济困难的当事人的司法救助制度。最高人民法院通过 1989 年《人民法院诉讼收费办法》、1992 年《民诉法适用意见》第 128 条至 138 条、1999 年《〈人民法院诉讼收费办法〉补充规定》等一系列规范性文件和司法解释，对诉讼费用的收费范围、征收标准、预交和负担等作了较为具体的规定。2006 年 12 月国务院第 159 次常务会议审议通过了《诉讼费用交纳办法》(2007 年 4 月 1 日起施行)，该办法就诉讼费用的交纳范围、交纳标准、司法救助等问题进行了全方位的调整和细化，规定人民法院不得违反本办法规定的范围和标准向当事人收取费用，对在人民法院进行诉讼的外国人、无国籍人、外国企业或者组织实行国民待遇原则和对等原则。

根据《民事诉讼法》第 118 条和国务院《诉讼费用交纳办法》的规定，我国民事诉讼中当事人应当向人民法院交纳的诉讼费用包括以下三类：

1. 案件受理费

是指人民法院受理案件后，依照有关规定向当事人收取的费用，包括第一审案件受理费、第二审案件受理费和再审案件中依法需要交纳的案件受理费。这种费用具有国家规费的性质，除法律另有规定外，原则上民事案件都要征收案件受理费。

下列案件不交纳案件受理费：(1) 依照特别程序审理的案件；(2) 裁定不予受理、驳回起诉、驳回上诉的案件；(3) 对不予受理、驳回起诉和管辖权异议裁定不服，提起上诉的案件；(4) 根据审判监督程序审理的案件。但是，当事人有新的证据，足以推翻原判决、裁定，向法院申请再审，人民法院经审查决定进行再审的案件，以及当事人对人民法院第一审判决、裁定未提出上诉，第一审判决、裁定或调解书已发生法律效力后又申请再审，人民法院经审查后决定再审的案件，当事人仍应交纳案件受理费。

2. 申请费

当事人依法向人民法院申请下列事项，应当交纳申请费：申请执行人民法院发生法律效力的判决、裁定、调解书，仲裁机构依法作出的裁决和调解书，公证机构依法赋予强制执行效力的债权文书；申请保全措施；申请支付令；申请公示催告；申请撤销仲裁裁决或者认定仲裁效力；申请破产；申请海事强制令、共同海损理算、设立海事赔偿责任限制基金、海事债权登记、船舶优先权催告；申请承认和执行外国法院判决、裁定和国外仲裁机构裁决。

3. 证人、鉴定人、翻译人员、理算人员在人民法院指定日期出庭发生的交通费、住宿费、生活费和误工补贴。

当事人复制案件卷宗材料和法律文书产生的费用不属于诉讼费，当事人应当按实际成本向人民法院交纳工本费。

诉讼过程中因鉴定、公告、勘验、翻译、评估、拍卖、变卖、仓储、保管、运输、船舶监管等发生的依法应当由当事人负担的费用也不属于诉讼费，人民法院根据谁主张、谁负担的原则，决定由当事人直接支付给有关机构或者单位，人民法院不得代收代付。

（二）征收诉讼费用的意义

（1）有利于减少国家财政支出和纳税人的负担。人民法院为解决纠纷，必须支出一定的费用。当事人为了维护自己的利益而利用诉讼机制，却由全体纳税人来承担费用，显然不具有合理性。因此，应当依法向当事人收取诉讼费用，以减少国家财政支出，减轻纳税人的负担。

（2）有利于防止当事人滥用诉权或者无理缠讼。在现实生活中，有少数当事人常常为了一些细小琐事而动辄诉诸法院，甚至无理取闹，缠讼不休，从而造成了司法资源的无谓运作和明显浪费。诉讼费用制度的确立和适用，有助于促使当事人在起诉前慎重考虑、仔细斟酌，避免其轻率地行使诉权提起诉讼，且尽可能理智地选择诉讼外调解、和解等经济而适当的纠纷解决方式，从而既可以使纠纷得到妥当的解决，达到维护自身合法权益的既定目的，同时也有利于减轻人民法院的审判负担。

（3）有利于教育当事人自觉遵守法律。诉讼费用由败诉方负担是诉讼费用制度的一般原则。从诉讼实践来看，败诉方往往是不履行义务或侵犯对方当事人合法权益者，对其征收诉讼费用，具有一定的制裁性和教育性，促使其自觉遵守法律。

（4）有利于维护国家的主权和经济利益。世界各国在民事诉讼中普遍征收诉讼费用，我国如实行免费诉讼制度，必然会对国家主权和经济利益造成负面的影响，也不符合国家间交往所应遵循的平等互利原则。

二、诉讼费用的征收标准

《诉讼费用交纳办法》第 13 至 19 条规定了交纳诉讼费用的具体标准：

（一）案件受理费的征收标准

1. 非财产案件受理费

非财产案件受理费实行“按件计征”原则，具体分以下几种情况:（1）离婚案件，每件交纳 50 至 300 元。涉及财产分割的，财产总额不超过 20 万元的，不另收费；超过 20 万元的部分，按 0.5%交纳；（2）侵害姓名权、名称权、肖像权、名誉权、荣誉权以及其他人格权的案件，每件交纳 100 至 500 元。涉及损害赔偿，赔偿金额不超过 5 万元的，不另行交纳；超过 5 万元至 10 万元的部分，按照 1% 交纳；超过 10 万元的部分，按照 0.5% 交纳；（3）其他非财产案件，每件交纳 50 至 100 元。

2. 财产案件受理费

财产案件受理费实行“按比例计征”原则，即根据诉讼请求的金额或者价额，按照下列比例分段累计交纳：

（1）不超过 1 万元的，每件交纳 50 元；（2）超过 1 万元至 10 万元的部分，按 2.5%交纳；（3）超过 10 万元至 20 万元的部分，按 2%交纳；（4）超过 20 万元至 50 万元的部分，按 1.5%交纳；（5）超过 50 万元至 100 万元的部分，按 1%交纳；（6）超过 100 万元至 200 万元的部分，按 0.9%交纳；（7）超过 200 万元至 500 万元的部分，按 0.8%交纳；（8）超过 500 万元至 1000 万元的部分，按 0.7%交纳；（9）超过 1000 万元至 2000 万元的部分，按 0.6%交纳；（10）超过 2000 万元的部分，均按 0.5%交纳。

《民诉法司法解释》对诉讼标的额难以计算的情形进行了规定：（1）诉讼标的物是证券的，按照证券交易规则并根据当事人起诉之日前最后一个交易日的收盘价、当日的市场价或者其载明的金额计算诉讼标的金额。（2）诉讼标的物是房屋、土地、林木、车辆、船舶、文物等特定物或者知识产权，起诉时价值难以确定的，人民法院应当向原告释明主张过高或者过低的诉讼风险，以原告主张的价值确定诉讼标的金额。

既有财产性诉讼请求，又有非财产性诉讼请求的，按照财产性诉讼请求的标准交纳诉讼费。有多个财产性诉讼请求的，合并计算交纳诉讼费；诉讼请求中有多个非财产性诉讼请求的，按一件交纳诉讼费。

3. 知识产权民事案件受理费

知识产权民事案件，没有争议金额或者价额的，每件交纳 500 元至 1000 元；有争议金额或者价额的，按财产案件的收费标准交纳。

4. 劳动争议案件受理费

劳动争议案件每件交纳 10 元。

5. 管辖权异议案件受理费

当事人提出案件管辖权异议，异议不成立的，每件交纳 50 元至 100 元。

以下情形减半交纳案件受理费：（1）以调解方式结案的；（2）当事人申请撤诉的；（3）适用简易程序审理的；（4）被告提起反诉，人民法院决定合并审理的；（5）有独立请求权第三人提出与本案有关的诉讼请求，人民法院决定合并审理的。人民法院决定减半收取案件受理费的，只能减半一次。

适用简易程序审理的案件转为普通程序的，原告自接到人民法院交纳诉讼费用通知之日起7日内补交案件受理费。原告无正当理由未按期足额补交的，按撤诉处理，已经收取的诉讼费用退还一半。

另外，对财产案件提起上诉的，按照不服一审判决部分的上诉请求数额交纳案件受理费；依照规定需要交纳案件受理费的再审案件，按照不服原判决部分的再审请求数额交纳案件受理费。

（二）申请费的征收标准

1. 申请执行的费用

依法向人民法院申请执行法院发生法律效力的判决、裁定、调解书，仲裁机构依法作出的裁决和调解书，公证机构依法赋予强制执行效力的债权文书，申请承认和执行外国法院判决、裁定和国外仲裁机构裁决的，按照下列标准交纳：

（1）没有执行金额或者价额的，每件交纳50元至500元。

（2）执行金额或者价额不超过1万元的，每件交纳50元；超过1万元至50万元的部分，按1.5%交纳；超过50万元至500万元的部分，按1%交纳；超过500万元至1000万元的部分，按照0.5%交纳；超过1000万元的部分，按照0.1%交纳。

（3）按照《民事诉讼法》第54条第4款的规定，未参加登记的权利人向人民法院提起诉讼的，亦按照这一标准交纳申请费，不再交纳案件受理费。

2. 申请保全措施的费用

申请保全措施的，根据实际保全的财产数额按照下列标准交纳：财产数额不超过1000元或者不涉及财产数额的，每件交纳30元；超过1000元至10万元的部分，按1%交纳；超过10万元的部分，均按0.5%交纳。但是，当事人申请保全措施交纳的费用最多不超过5000元。

3. 申请支付令的费用

依法申请支付令的，比照财产案件受理费标准的1/3交纳。支付令失效后转入诉讼程序的，债权人应当按照《诉讼费用交纳办法》补交案件受理费。支付令被撤销后，债权人另行起诉的，按照《诉讼费用交纳办法》交纳诉讼费用。

4. 申请公示催告的费用

依法申请公示催告的，每件交纳100元。

5. 申请撤销仲裁裁决或者认定仲裁协议效力的费用

申请撤销仲裁裁决或者认定仲裁协议效力的，每件交纳400元。

6. 申请破产的费用

破产案件依据破产财产总额计算，按照财产案件受理费标准减半交纳，但是最高不超过 30 万元。破产程序中有关债务人的民事诉讼案件，按照财产案件标准交纳诉讼费，但劳动争议案件除外。

7. 海事案件的申请费

申请设立海事赔偿责任限制基金的，每件交纳 1000 元至 1 万元；申请海事强制令的，每件交纳 1000 至 5 000 元；申请船舶优先权催告的，每件交纳 1000 至 5000 元；申请海事债权登记的，每件交纳 1000 元；申请共同海损理算的，每件交纳 1000 元。

（三）证人、鉴定人、翻译人员、理算人员在人民法院指定日期出庭发生的交通费、住宿费、生活费和误工补贴，由人民法院按照国家规定标准代为收取。

三、诉讼费用的交纳和退还

（一）诉讼费用的交纳

诉讼费用的交纳主要是指诉讼费用的预交，即由一方当事人预先交纳诉讼费用。诉讼费用通常由原告、有独立请求权的第三人、上诉人等预交，诉讼费用的最终负担待案件审理完毕后再行决定。预先交纳诉讼费用能够保障诉讼费用的有效收取和保护胜诉方当事人的合法权益。

根据《诉讼费用交纳办法》第 20 至 24 条的规定，诉讼费用的交纳应遵照以下规则：

1. 案件受理费由原告、有独立请求权的第三人、上诉人预交。被告提起反诉，依照本办法规定需要交纳案件受理费的，由被告预交。申请费由申请人预交。

原告、被告、第三人分别上诉的，按照上诉请求分别预交二审案件受理费。同一方多人共同上诉的，只预交一份二审案件受理费；分别上诉的，按照上诉请求分别预交二审案件受理费。

预交诉讼费用的例外情形有：（1）追索劳动报酬的案件可以不预交案件受理费。（2）申请执行案件，执行申请费在执行后由被执行方交纳。（3）申请破产程序的，破产申请费在清算后从破产财产中拨付。（4）依照《民事诉讼法》第 54 条审理的案件不预交案件受理费，结案后按照诉讼标的额由败诉方交纳。（5）证人、鉴定人、翻译人员、理算人员在人民法院指定日期出庭发生的交通费、住宿费、生活费和误工补贴，待实际发生后交纳。《民事诉讼法》第 74 条进一步明确规定，证人因履行作证义务而支出的交通、住宿、就餐等必要费用以及误工损失，由败诉一方当事人负担。当事人申请证人作证的，由该当事人先行垫付；当事人没有申请，人民法院依法通知证人作证的，由人民法院先行垫付。

2. 当事人在诉讼中变更诉讼请求数额，案件受理费依照下列规定处理：

当事人增加诉讼请求数额的，按照增加后的诉讼请求数额计算补交；当事人在法庭调查终结前提出减少诉讼请求数额的，按照减少后的诉讼请求数额计算退还。

3. 原告自接到人民法院交纳诉讼费用通知次日起 7 日内交纳案件受理费；反诉案件由提起反诉的当事人自提起反诉次日起 7 日内交纳案件受理费。

上诉案件的案件受理费由上诉人向人民法院提交上诉状时预交。双方当事人都提起上诉的，分别预交。上诉人在上诉期内未预交诉讼费用的，人民法院应当通知其在 7 日内预交。

申请费由申请人在提出申请时或者在人民法院指定的期限内预交。

当事人逾期不交纳诉讼费用又未提出司法救助申请，或者申请司法救助未获批准，在人民法院指定期限内仍未交纳诉讼费用的，由人民法院依照有关规定处理。

依照规定需要交纳案件受理费的再审案件，由申请再审的当事人预交。双方当事人都申请再审的，分别预交。

4. 依照《民事诉讼法》第 36 至 38 条规定移送、移交的案件，原受理人民法院应当将当事人预交的诉讼费用随案移交接收案件的人民法院。

《诉讼费用交纳办法》第 52 条规定，诉讼费用的交纳和收取制度应当公示。人民法院收取诉讼费用按照其财务隶属关系使用国务院财政部门或者省级人民政府财政部门印制的财政票据。案件受理费、申请费全额上缴财政，纳入预算，实行收支两条线管理。人民法院收取诉讼费用应当向当事人开具缴费凭证，当事人持缴费凭证到指定代理银行交费。依法应当向当事人退费的，人民法院应当按照国家有关规定办理。诉讼费用缴库和退费的具体办法由国务院财政部门商最高人民法院另行制定。在边远、水上、交通不便地区，基层巡回法庭当场审理案件，当事人提出向指定代理银行交纳诉讼费用确有困难的，基层巡回法庭可以当场收取诉讼费用，并向当事人出具省级人民政府财政部门印制的财政票据；不出具省级人民政府财政部门印制的财政票据的，当事人有权拒绝交纳。

（二）诉讼费用的退还

《诉讼费用交纳办法》第 25 至 28 条规定了人民法院将预收的诉讼费用退还给交纳诉讼费用的当事人的情形：

（1）人民法院审理民事案件过程中发现涉嫌刑事犯罪并将案件移送有关部门处

理的，当事人交纳的案件受理费予以退还；移送后民事案件需要继续审理的，当事人已交纳的案件受理费不予退还。

（2）中止诉讼、中止执行的案件，已交纳的案件受理费、申请费不予退还。中止诉讼、中止执行的原因消除，恢复诉讼、执行的，不再交纳案件受理费、申请费。

（3）第二审人民法院决定将案件发回重审的，应当退还上诉人已交纳的第二审案件受理费。第一审人民法院裁定不予受理或者驳回起诉的，应当退还当事人已交纳的案件受理费；当事人对第一审人民法院不予受理、驳回起诉的裁定提起上诉，第二审人民法院维持第一审人民法院作出的裁定的，第一审人民法院应当退还当事人已交纳的案件受理费。

（4）依照民事诉讼法规定终结诉讼的案件，已交纳的案件受理费不予退还。

四、诉讼费用的负担

所谓诉讼费用的负担，是指在案件审判终了和执行完毕时，当事人对诉讼费用的实际承担。在我国的民事诉讼中，确立了败诉方负担、当事人协商负担、法院决定负担和自行负担的诉讼费负担规则。

（一）败诉方负担

诉讼费用由败诉方负担，胜诉方自愿承担的除外。部分胜诉、部分败诉的，人民法院根据案件的具体情况决定当事人各自负担的诉讼费用数额。共同诉讼当事人败诉的，人民法院根据其对诉讼标的的利害关系，决定当事人各自负担的诉讼费用数额。

依照规定应当交纳案件受理费的再审案件，诉讼费用由申请再审的当事人负担；双方当事人都申请再审的，诉讼费用由败诉方负担。原审诉讼费用的负担由人民法院根据诉讼费用负担原则重新确定。

债务人对督促程序未提出异议的，申请费由债务人负担。债务人对督促程序提出异议致使督促程序终结的，申请费由申请人负担；申请人另行起诉的，可以将申请费列入诉讼请求。

执行申请费由被执行人负担。

申请撤销仲裁裁决或者认定仲裁协议效力的申请费，由人民法院按照败诉方负担原则决定申请费的负担。

诉讼中拍卖、变卖被扣押船舶、船载货物、船用燃油、船用物料发生的合理费用，由申请人预付，从拍卖、变卖价款中先行扣除，退还申请人。

依法向人民法院申请破产的，诉讼费用依照有关法律规定从破产财产中拨付。

《民诉法司法解释》补充规定：（1）承担连带责任的当事人败诉的，应当共同负担诉讼费用。（2）实现担保物权案件，人民法院裁定拍卖、变卖担保财产的，申请费由债务人、担保人负担；人民法院裁定驳回申请的，申请费由申请人负担。申请人另行起诉的，其已经交纳的申请费可以从案件受理费中扣除。（3）拍卖、变卖担保财产的裁定作出后，人民法院强制执行的，按照执行金额收取执行申请费。

（二）当事人协商负担

经人民法院调解达成协议的案件，诉讼费用的负担由双方当事人协商解决；协商不成的，由人民法院决定。

离婚案件诉讼费用的负担由双方当事人协商解决；协商不成的，由人民法院决定。

执行中当事人达成和解协议的，申请费的负担由双方当事人协商解决；协商不成的，由人民法院决定。

（三）法院决定负担

上述第（二）项当事人协商负担的情形中，协商不成的，均由人民法院决定诉讼费用的负担。

第二审人民法院改变第一审人民法院作出的判决、裁定的，应当相应变更第一审人民法院对诉讼费用负担的决定。

《民诉法司法解释》第196条规定，人民法院改变原判决、裁定、调解结果的，应当在裁判文书中对原审诉讼费用的负担一并作出处理。

（四）自行负担

依照规定应当交纳案件受理费的再审案件，一方当事人申请再审的，诉讼费用由申请再审的当事人负担。

原告或者上诉人申请撤诉，人民法院裁定准许的，案件受理费由原告或者上诉人负担。

当事人在法庭调查终结后提出减少诉讼请求数额的，减少请求数额部分的案件受理费由变更诉讼请求的当事人负担。

公示催告的申请费由申请人负担。

保全申请费由申请人负担，申请人提起诉讼的，可以将该申请费列入诉讼请求。

海事案件中的有关诉讼费用依照规定自行负担的情形：（1）诉前申请海事请求保全、海事强制令的，申请费由申请人负担；申请人就有关海事请求提起诉讼的，可将上述费用列入诉讼请求;（2）诉前申请海事证据保全的，申请费由申请人负担;（3）申请设立海事赔偿责任限制基金、申请债权登记与受偿、申请船舶优先权催告案件的申请费，由申请人负担;（4）设立海事赔偿责任限制基金、船舶优先权催告程序中的公告费用由申请人负担。

当事人因自身原因未能在举证期限内举证，在二审或者再审期间提出新的证据致使诉讼费用增加的，增加的诉讼费用由该当事人负担。

依照特别程序审理案件的公告费，由起诉人或者申请人负担。

案件审结后，人民法院应当将诉讼费用的详细清单和当事人应当负担的数额书面通知当事人，同时在判决书、裁定书或者调解书中写明当事人各方应当负担的数额。需要向当事人退还诉讼费用的，人民法院应当自法律文书生效之日起 15 日内退还有关当事人。《民诉法司法解释》规定，判决生效后，胜诉方预交但不应负担的诉讼费用，人民法院应当退还，由败诉方向人民法院交纳，但胜诉方自愿承担或者同意败诉方直接向其支付的除外。当事人拒不交纳诉讼费用的，人民法院可以强制执行。

当事人不得单独对人民法院关于诉讼费用的决定提起上诉。当事人单独对人民法院关于诉讼费用的决定有异议的，可以向作出决定的人民法院院长申请复核。复核决定应当自收到当事人申请之日起 15 日内作出。当事人对人民法院决定诉讼费用的计算有异议的，可以向作出决定的人民法院请求复核。计算确有错误的，作出决定的人民法院应当予以更正。

价格主管部门、财政部门按照收费管理的职责分工，对诉讼费用进行管理和监督；对违反《诉讼费用交纳办法》规定的收费行为，依照法律、法规和国务院相关规定予以查处。

五、司法救助

司法救助，是指人民法院根据交纳诉讼费用确有困难的当事人的申请，依法准许其缓交、减交或者免交诉讼费用的制度。司法救助制度使经济确有困难的当事人能够依法充分行使诉讼权利，维护其合法权益，确保司法公正。

司法救助包括诉讼费用的缓交、减交和免交三种形式。免交诉讼费用与不交诉讼费用不同。免交以“原本应交”为前提，而不交诉讼费用则是以“本不应交”为基础的。

（一）司法救助的适用情形

1. 免交诉讼费用的适用情形

诉讼费用的免交只适用于自然人。当事人申请司法救助，符合下列情形之一的，人民法院应当准予免交诉讼费用：（1）残疾人无固定生活来源的；（2）追索赡养费、扶养费、抚育费、抚恤金的；（3）最低生活保障对象、农村特困定期救济对象、农村五保供养对象或者领取失业保险金人员，无其他收入的；（4）因见义勇为或者为保护社会公共利益致使自身合法权益受到损害，本人或者其近亲属请求赔偿或者补偿的；（5）确实需要免交的其他情形。

2. 减交诉讼费用的适用情形

当事人申请司法救助，符合下列情形之一的，人民法院应当准予减交诉讼费用：（1）因自然灾害等不可抗力造成生活困难，正在接受社会救济，或者家庭生产经营难以为继的；（2）属于国家规定的优抚、安置对象的；（3）社会福利机构和救助管理站；（4）确实需要减交的其他情形。

人民法院准予减交诉讼费用的，减交比例不得低于30%。

3. 缓交诉讼费用的适用情形

当事人申请司法救助，符合下列情形之一的，人民法院应当准予缓交诉讼费用：（1）追索社会保险金、经济补偿金的；（2）海上事故、交通事故、医疗事故、工伤事故、产品质量事故或者其他人身伤害事故的受害人请求赔偿的；（3）正在接受有关部门法律援助的；（4）确实需要缓交的其他情形。

（二）司法救助的申请与审批

1. 司法救助的申请

司法救助须以当事人提出申请为前提。当事人申请司法救助，应当在起诉或者上诉时提交书面申请、足以证明其确有经济困难的证明材料以及其他相关证明材料。因生活困难或者追索基本生活费用申请免交、减交诉讼费用的，还应当提供本人及其家庭经济状况符合当地民政、劳动保障等部门规定的公民经济困难标准的证明。

2. 司法救助的审批

人民法院对当事人的申请应当及时进行审查，经审查符合法定条件的，应当予以批准。对于当事人申请缓交诉讼费用经审查符合规定的，人民法院应当在决定立案之前作出准予缓交的决定。人民法院对当事人的司法救助申请不予批准的，应当向当事人书面说明理由。

人民法院对一方当事人提供司法救助，对方当事人败诉的，诉讼费用由对方当事人负担；对方当事人胜诉的，可以视申请司法救助的当事人的经济状况决定其减交、免交诉讼费用。

人民法院准予当事人减交、免交诉讼费用的，应当在法律文书中载明。

本章小结

例述诉讼费用的些其适用的标准主要是讼主管范围，其次根据级别管辖的本章学习的各项制度都是保障民事诉讼程序得以顺利进行以及诉讼任务得以圆满完成的制度。期间和期日制度是从时间维度来保障诉讼行为的有效实施和诉讼程序的顺利进行。送达制度是从诉讼行为的衔接与贯通的角度来保障诉讼活动的有序进行，民事诉讼法规定了直接送达、留置送达、电子送达、委托送达、邮寄送达、转交送达和公告送达等送达方式。保全包括财产保全和行为保全，是人民法院在诉讼开始前或开始后，为保证日后给付判决的顺利执行或避免造成当事人受到其他损害，对当事人争议的财产或者与本案有关的财产所依法采取各种强制性保护措施，或者责令当事人作出一定行为或禁止其作出一定行为。先予执行，是在受理案件后终审判决作出前，为了权利人生活或生产经营的急需，法院裁定义务人预先履行义务的制度，为保证部分当事人在诉讼期间能够维护正常生活或生产经营的急需。对妨害民事诉讼的强制措施，是为了保障诉讼活动的顺利进行，人民法院对实施妨害民事诉讼行为的人依法采取的强制手段，包括拘传、训诫、责令退出法庭、罚款和拘留等五种强制措施。诉讼费用是当事人进行民事诉讼，依法应当向人民法院交纳和支付的费用。诉讼费用制度为民事诉讼活动的正常进行提供了必要条件，奠定了相应基础。

思考题

1. 简述期间的计算方法。
2. 简述送达的方式和程序。
3. 简述保全的概念、种类和适用程序。
4. 简述先予执行的条件、适用范围和程序。
5. 简述对妨害民事诉讼的强制措施的种类及其适用。
6. 简述诉讼费用的种类、预交和负担。

案例分析题

案例 1.

[案情简介] 常年居住在Y省A县的王某早年丧妻，独自一人将儿子王甲抚养成人。

2003 年以来王甲以自己没有固定的工作、收入不稳定为由拒绝履行赡养义务。于是，王某将王甲告到法院，要求王甲每月支付给自己赡养费 500 元。诉讼过程中，Y 省适逢十年不遇的冰雪天气，王某急需生煤炉取暖，但已无钱买煤。这时，王某听说王甲准备把自己存折上的 3000 多元钱转到一个朋友的账户上。

[分析问题] 基于以上情况，王某可以向人民法院申请采取什么措施?

案例 2.

[案情简介] 原告甲与被告乙因拖欠房租一案开庭审理时，被告乙经合法传唤，无故拒不到庭。合议庭便裁定将被告拘传到庭。开庭审理过程中，被告乙又违反法庭规则，合议庭裁定对其罚款 12 万元。

[分析问题] 该案中强制措施的适用存在哪些问题?

延伸阅读

1. 廖永安等:《诉讼费用研究——以当事人诉权保护为分析视角》，中国政法大学出版社 2006 年版。

2. 陈杭平:《“职权主义”与“当事人主义”再考察：以“送达难”为中心》，载《中国法学》2014 年第 4 期。

3. 周翠:《行为保全问题研究——对〈民事诉讼法〉第 100–105 条的解释》，载《法律科学（西北政法大学学报）》2015 年第 4 期。

第十一章　第一审普通程序

本章知识要点： 普通程序是适用于中级以上人民法院审理第一审民事案件，基层人民法院审理重大、疑难的第一审民事案件的程序。与其他诉讼程序相比，第一审普通程序是民事诉讼程序中规定得最为完整的程序。本章介绍了普通程序的概念与特点，起诉的条件，受理的法律后果，先行调解，答辩，审前准备，证据交换，当事人的追加，审理的学理分类，法庭调查的内容，法庭辩论，宣判，审限，撤诉及其学理分类，撤诉的条件，撤诉的后果，缺席判决及其适用情形，延期审理及其适用情形，诉讼中止及其适用情形，诉讼终结及其适用情形。本章学习的重点是普通程序与撤诉、缺席判决、延期审理、诉讼中止、诉讼终结等特殊情况的处理制度。

我国民事诉讼法规定的第一审程序有两种：一是普通程序，二是简易程序。它们适用的案件类型不同，传统通说认为，普通程序用于各级人民法院审理一般的第一审民事案件和重大、疑难的第一审民事案件，简易程序用于基层人民法院及其派出法庭审理简单的第一审民事案件。但实际上基层人民法院审理第一审民事案件，除重大疑难者外，多适用简易程序，而非普通程序。2012 年修订后的《民事诉讼法》在简易程序中增加了“小额诉讼程序”，因此，也可以说我国民事诉讼法规定的第一审程序有三种：一是普通程序，二是简易程序，三是小额诉讼程序。然而小额诉讼程序无上诉救济程序。普通程序是人民法院审理民事案件的基础程序，简易程序是普通程序的简化，小额诉讼程序是简易程序基础上的一种更为简捷的，并且不得上诉的独立的程序。

第一节　普通程序概述

一、普通程序的概念

普通程序，是指人民法院审理第一审民事案件所适用的一种程序，又称为第一审普通程序。民事案件有的简单，有的复杂，基层人民法院审理简单的民事案件适用简易程序，审理重大、疑难、复杂的民事案件适用普通程序；中级人民法院、高级人民法院和最高人民法院审理第一审民事案件，不论繁简一律适用普通程序。

二、普通程序的特点

与其他诉讼程序相比，普通程序具有以下三个特征：

1. 普通程序是民事诉讼程序中规定得最为完整的程序，具有程序的完整性

普通程序在民事诉讼法中内容之多居各种民事诉讼程序与非讼程序之首，包括起诉与受理、审理前的准备、开庭审理、判决和裁定，以及对诉讼中特殊情况的处理等制度，此乃其他诉讼程序以及其他非诉讼程序所不具有的特点。民事诉讼法中设置的各种诉讼和非讼程序各不相同，各有其适用对象，但是它们之间必然有许多相同之处，若每一个程序都一一规定，势必重复。为避免重复，就需要选择一种基础程序予以全面设置，相同的部分供其他程序援引适用，普通程序就担当了这一角色。

2. 普通程序的规定在各种民事诉讼程序和非诉讼程序中适用最广，具有广泛的适用性

普通程序广泛的适用性，首先体现为各级人民法院都可以适用，根据我国《民事诉讼法》级别管辖的规定，各级人民法院都可以受理一定范围内的第一审民事案件，除基层人民法院及其派出法庭审理简单的民事案件适用简易程序外，中级以上的人民法院审理第一审民事案件都应当适用普通程序。其次体现为当法院适用其他程序审理案件时，必然援引普通程序中那些普遍适用于其他程序的规定，例如，《民事诉讼法》第 174 规定：“第二审人民法院审理上诉案件，除依照本章规定外，适用第一审普通程序。”

3. 普通程序的规定最为完整，具有相对的独立性

相对的独立性这一特征与程序的完整性 、广泛的适用性两个特征密切相关，因为普通程序规定得完整，故可以独立适用。而其他程序侧重于规定其特别之处，不及普通程序完整，适用其他程序时往往需要适用普通程序中那些各程序共同适用的规定。

第二节　起诉与受理

诉讼程序始于当事人起诉与法院受理，起诉是诉讼的起点。

一、起诉

（一）起诉的概念

起诉，是指公民、法人或其他组织，认为自身的权益或者依法由其管理的民事财产权益受到侵害或与他人发生争议，以自己的名义向法院提出司法保护请求的诉讼行为。起诉的前提是当事人的权益受到侵害或与他人发生争议，起诉的目的是请求法院行使司法裁判权，对双方当事人之间的民事实体权利义务争议作出裁判。

起诉是当事人行使诉权的民事诉讼行为。起诉权是民事诉讼主体依法享有的一项重要诉讼权利，是当事人诉权的动态体现。诉权是指民事主体所享有的请求法院行使审判权，以保护其所享有的或所管理的财产权或人身权的权利。诉权为抽象的权利，起诉权为具体的权利。

（二）起诉的条件

起诉必须符合以下法定条件：

起诉的条件，其狭义是指起诉必须具备的实质要件，广义则既包括实质要件，又包括形式要件。通说认为起诉必须同时具备实质要件与形式要件。我国《民事诉讼法》第 119 条规定了起诉的实质要件，第 120 条和第 121 条规定了起诉的形式要件。

1. 起诉应当具备的实质要件

根据《民事诉讼法》第 119 条的规定以及最高人民法院的司法解释，起诉应当具备

以下实质要件：

第一，原告是与本案有直接利害关系的公民、法人或其他组织。“公民、法人、其他组织”是我国民事诉讼法确定的具有民事诉讼主体资格的不同类型的当事人，原告应当属于其中一种，即应当具备诉讼主体资格。同时，还应当与本案有直接利害关系，即原被告之间有民事权利义务争议，即符合正当当事人的条件。

第二，有明确的被告。原告起诉时，应当向法院明确表示被告的名称、住址等自然情况，即在诉状中载明其与哪一个民事诉讼主体发生了民事权益争议，以便法院传唤被告，向被告送达诉讼文书等。如果原告起诉时没有明确的被告，仅声明其民事权益受到侵害，或者被告不明确，法院因无法审理而不予受理。

第三，有具体的诉讼请求和事实、理由。原告起诉时应当有具体的诉讼请求，以便被告应诉答辩，以便法院确定当事人之间的争点，在当事人诉讼请求范围内审理裁判。另外，原告在提出诉讼请求的同时，还应当提出支持其诉讼请求的根据和

理由，以便被告答辩及法院审理裁判。

根据诉讼法学理论，原告起诉时，这些事实和理由不要求必须提供具体的证据材料，只有原告的陈述也可。因为，原告起诉没有证据的情况下并不必然败诉，如果被告的陈述与原告一致，即被告自认时，甚至任诺时，原告可因此而胜诉，法院可以判原告的主张成立。过去实务中，曾经有法官因原告起诉时无证据材料而拒绝立案或不予受理，这种错误不应当再发生。

第四，属于人民法院主管和受诉法院管辖。属于人民法院主管是指原告提起的诉讼属于人民法院受理民事诉讼纠纷的范围之列，若当事人之间的争议不属于人民法院受理的范畴，法院立案审查时就不会受理。不是所有的纠纷法院都应当受理，法院受理的民事主体之间的纠纷应当具有民事权利义务争议的性质，应当在我国人民法院规定受理的范围内。属于受诉人民法院管辖，是指根据民事诉讼法关于级别管辖和地域管辖的规定，根据各地高级人民法院依据最高人民法院的授权，根据本辖区的具体情况作出的关于级别管辖的补充规定，对原告起诉的案件，受诉人民法院具有管辖权。如果原告起诉的案件仅仅属于法院主管，但并不属于受诉法院管辖的，法院就不应当受理，而应告知原告向有管辖权的人民法院提起诉讼。

以上四方面的条件，原告起诉时必须同时具备，缺一不可。

2. 起诉应当具备的形式要件

根据《民事诉讼法》第 118 条和第 120 条的规定，起诉还必须具备以下形式要件：

第一，提交起诉状。根据《民事诉讼法》第 120 条的规定，当事人起诉应当向人民法院递交起诉状，并按照被告人数提出副本。原告书写起诉状确有困难的，也可以口头起诉，口头起诉的，由人民法院将口头起诉的情况记入笔录，并告知对方当事人。起诉原则上采用书面形式，特殊情况下采用口头方式。

第二，预交案件受理费。原告起诉应当向法院预交案件受理费，预交案件受理费确有困难的，可以依法向法院申请缓交、减交或免交。原告若在规定期内未交案件受理费，经法院通知后仍不预交，或者提出缓交、减交或免交申请未获得法院批准的，法院将作出裁定，按其自动撤诉处理。

（三）起诉的方式

从《民事诉讼法》第 120 条的规定来看，起诉的方式有两种，一种是书面方式，另一种是口头方式。起诉通常采用书面方式，当事人书写起诉状确有困难的特殊情况下适用口头方式。

（四）起诉状的主要内容

根据《民事诉讼法》第121条的规定，起诉状主要应当载明以下内容：（1）原告的基本情况。如果原告是自然人的，起诉状应当记载原告的姓名、性别、年龄、民族、职业、工作单位、住所和联系方式；如果原告是法人或其他组织的，起诉状应当记载法人或者其他组织的名称、住所、法定代表人或主要负责人的姓名、职务和联系方式。（2）被告的基本情况。如果被告是自然人，起诉状应当记载被告的姓名、性别、工作单位和住所等信息；如果被告是法人或其他组织，起诉状应当记载法人或者其他组织的名称和住所等信息。（3）原告的诉讼请求及所根据的事实与理由。（4）原告提供的证据和证据来源，证人姓名和住所。《民事诉讼法》虽然如此规定，但实践中的习惯方式是当事人在诉状之外另行向法院提交书证、物证、证人证言等证据，并提出证人的姓名、住址等情况，以便法院通知证人出庭。另外起诉状还应当有结尾。结尾应当写明原告诉诸哪一个法院，具状人名称，具状时间。

二、受理与立案登记制

受理，是指人民法院以起诉的条件为标准，审查原告的起诉，决定立案审理的诉讼行为。

受理与起诉的性质不同，受理是法院行使司法权的诉讼行为，起诉是当事人行使诉讼权利的一种行为。

立案登记制。我国以往的民诉法学理论强调，原告的起诉并不一定引起诉讼程序的发生，只有经过法院审查，认为符合条件，决定受理之后，才能引起诉讼程序的发生。以往的理论认为我国民事诉讼的起诉与受理属于立案审查制，与外国的立案登记制不同，在外国的民事诉讼中，当事人的起诉只要诉状符合要求，有明确的被告，已交纳诉讼费，法院即予受理。而诉讼要件，即当事人是否适格、案件是否属于法院可行使审判权范围之列、案件是否不属于重复诉讼、案件是否属于本法院管辖等问题的审查在诉讼开始后进行。“立案难”曾经是我国社会反映比较强烈的问题。为解决此问题，2015年，最高人民法院发布实施了《关于人民法院登记立案若干问题的规定》（以下简称《登记立案规定》）。该规定确定了我国人民法院对依法应该受理的一审民事起诉实行立案登记制，要求对符合法律规定的起诉，法院应当当场予以登记立案。对不符合法律规定的起诉，人民法院应当予以释明。对立案工作中存在的不接收诉状、接收诉状后不出具书面凭证，不一次性告知当事人补正诉状内容，以及有案不立、拖延立案、干扰立案、既不立案又不作出裁定或者决定等违法违纪情形，当事人可以向受诉人民法院或者上级人民法院投诉。自此，我国民事诉讼立案审查制向立案登记制转变。

（一）审查起诉条件

原告起诉，法院需要根据法律规定审查是否符合条件。审查的主体是法院，审查的客体是原告的起诉，审查的目的是看起诉是否满足起诉的前述实质要件。根据《民事诉讼法》第 123 条的规定，法院对原告的起诉经审查，认为符合起诉条件的，应当在 7 日内立案，并通知当事人；认为不符合起诉条件的，应当在 7 日内裁定不予受理；原告对裁定不服的，可以提起上诉。《民事诉讼法》针对诉讼实务中以往发生的，当事人起诉符合起诉条件，但法院因某些原因不愿受理，故以种种借口拒绝受理的不当行为，在第 123 条中特别强调："人民法院应当保障当事人依照法律规定享有的起诉权利，对符合本法第 119 条的起诉，必须受理。"

对此，最高人民法院的《民诉法司法解释》又强调，法院接到当事人的起诉状，对符合民诉法第 119 条规定，而且不属于民诉法第 124 条不予受理列举情形的，应当登记立案；对需要补充材料的，应当在 7 日内决定是否立案。

（二）受理的法律后果

法院受理原告的起诉后将产生以下法律后果：

1. 受诉人民法院对该案取得管辖权。受理的结果说明该法院对该案件享有管辖权，可以行使审判权审理裁判。

2. 当事人及其他诉讼参与人与受诉法院之间的民事诉讼法律关系产生。法院受理原告的起诉后，诉讼程序开始，民事诉讼法律关系在当事人、其他诉讼参与人和法院之间产生。当事人、其他诉讼参与人根据民事诉讼法的规定，享有其诉讼权利并承担其诉讼义务；法院根据民事诉讼法的规定行使审判权，履行其诉讼职责。

3. 当事人的诉讼时效中断。根据我国《民法总则》第 195 条的规定，权利人提起诉讼，或者申请仲裁，有与提起诉讼或者申请仲裁具有同等效力的其他情形的，诉讼时效中断。诉讼时效中断后，诉讼时效期间重新计算。

4. 当事人不得重复起诉。根据"一事不再理"的原则，当事人之间的民事纠纷被法院受理后，该当事人任何一方不得就同一诉讼标的、同一事实和理由、相同的诉讼请求对对方当事人再行起诉，法院也不得重复受理。

（三）最高人民法院司法解释对受理的规定

针对法院审查起诉、决定受理时遇到的一些疑难情况，最高人民法院作出司法解释，《民诉法司法解释》规定，下列案件应当按照符合起诉条件受理：

1. 裁定不予受理、驳回起诉的案件，原告再次起诉的，符合起诉条件，而且不属于民诉法第 124 条规定不予受理情形的，法院应当受理。

2. 原告撤诉或人民法院按撤诉处理后，原告以同一诉讼请求再次起诉的，法院应予受理。

3. 当事人在书面合同中订有仲裁条款，或者在发生纠纷后达成书面仲裁协议，该仲裁条款或者仲裁协议不成立、无效、失效或者内容不明确无法执行，当事人向法院起诉的，法院应当受理。

4. 夫妻一方下落不明，另一方诉至人民法院，只要求离婚，不申请宣告下落不明人失踪或死亡的案件，法院应当受理。对下落不明人送达诉讼文书采用公告方式。

5. 赡养费、扶养费、抚育费案件，裁判发生法律效力后，因新情况、新理由，一方当事人再行起诉要求增加或减少费用的，法院应作为新案受理。

6. 当事人超过诉讼时效期间起诉的，法院应予受理。受理后，对方当事人提出诉讼时效抗辩，法院经审理认为抗辩事由成立的，判决驳回原告诉讼请求。

（四）对不符合法定条件起诉的处理

原告的起诉经法院审查，对符合起诉条件的，予以受理；不符合条件的，裁定不予受理。对属于其他机构主管解决的纠纷、属于其他法院受理的案件，以及其他类型的诉讼等，应告知当事人，根据《民事诉讼法》第 124 条的规定以及《民诉法司法解释》第 214 条、215 条的规定，分别以以下方法处理：

1. 依照行政诉讼法的规定，属于行政诉讼受案范围的，告知原告提起行政诉讼；

2. 依照法律规定，双方当事人达成书面仲裁协议申请仲裁、不得向人民法院起诉的，告知原告向仲裁机构申请仲裁；

3. 依照法律规定，应当由其他机关处理的争议，告知原告向有关机关申请解决；

4. 对不属于本院管辖的案件，告知原告向有管辖权的法院起诉；

5. 对判决、裁定、调解书已经发生法律效力的案件，当事人又起诉的，告知原告申请再审，但人民法院准许撤诉的裁定除外；

6. 依照法律规定，在一定期限内不得起诉的案件，在不得起诉的期限内起诉的，不予受理；

7. 判决不准离婚和调解和好的离婚案件，判决、调解维持收养关系的案件，没有新情况、新理由，原告在 6 个月内又起诉的，不予受理。

8. 原告撤诉或者按撤诉处理的离婚案件，没有新情况、新理由，6 个月内又起诉的，比照民诉法 124 条第（七）项的规定，不予受理。

9. 当事人在书面合同中订有仲裁条款，或者在发生纠纷后达成书面仲裁协议，一方向人民法院起诉的，法院应告知当事人向仲裁机构申请仲裁，其坚持起诉的，法院裁定不予受理。

（五）不予受理裁定及其救济

法院决定不予受理的，应当依法在 7 日内作出裁定。不予受理的裁定书由负责审查立案的审判员、书记员署名。原告不服不予受理裁定的，有权提起上诉。

第三节　审理前的准备

一、审理前的准备

审理前的准备，是指法院受理案件以后，至开庭审理之前，为保证诉讼的顺利进行，所作的审查诉讼文书、了解当事人争点、收集证据或组织当事人交换证据、通知诉讼当事人及参加人等一系列诉讼活动。做好审理前的准备工作，可以保障诉讼快捷、顺利地进行，避免因准备不足造成的重复或多次开庭，避免诉讼拖延。根据我国《民事诉讼法》第 125 条至 133 条的规定，根据《民诉法司法解释》及《民事诉讼证据规定》，法院主导下的审理前的准备活动如下：

（一）向被告送达起诉状副本

原告起诉通常要求向法院提交起诉状，并按照被告人数提交起诉状副本。法院立案后，应当在立案之日起 5 日内将起诉状副本送达被告，以便被告准备答辩状。

（二）被告提出答辩状

答辩，是指被告以及无独立请求权的第三人，针对原告的诉讼请求、事实和理由，为维护其自身利益而提出的对答、辩驳意见，以对抗原告诉讼请求的诉讼行为。答辩权是被告依法享有的一项重要的诉讼权利，是辩论原则最重要的体现。被告的答辩权与原告的起诉权相对应，原告、被告分别享有这两项不同的权利体现了民事诉讼当事人在诉讼中的平等。

理论上，答辩不仅是权利，同时也应当是义务，以保障双方当事人平等行使诉讼权利。作为权利，被告可以放弃，作为义务，被告应当依法履行，不得滥用权利，事先有意不提出答辩意见，开庭审理时提出以给原告诉讼突袭。但是实践中这种权利常常被滥用，越来越多的被告在答辩期内不提供答辩状，法庭审理时对原告搞证据突袭，造成诉讼拖延、重复开庭的情况不断发生。因此，2001 年，最高人民法院在《民事诉讼证据规定》中规定：“被告应当在答辩期届满前提出书面答辩，阐明其对原告诉讼请求及所依据的事实和理由的意见。”然而，民事诉讼法和最高人民法院司法解释都未规定逾期不答辩的法律后果，例如是否丧失权利，或者是否视为承认原告的诉讼请求，而是客观上因举证期限和证据交换制度的确立，间接促使被告答辩。

1. 答辩的方式。答辩的方式有书面形式与口头形式两种，答辩状即书面答辩形式。口头答辩主要体现在法庭审理过程中，被告及其诉讼代理人针对原告的起诉进行的口头辩驳。如果被告书写有困难，可以不提供书面答辩，仅以口头方式答辩即可，答辩内容由书记员记入笔录。

2. 答辩状。2012 年修订的《民事诉讼法》第 125 条，在原来内容的基础上增加规定了答辩状中当事人的自然状况：“答辩状应当记明被告的姓名、性别、年龄、民族、职业、工作单位、住所、联系方式；法人或者其他组织的名称、住所和法定代表人或者主要负责人的姓名、职务、联系方式。”答辩的主要内容是针对原告的诉讼请求、事实和理由提出自己的主张、事实和理由。

3. 答辩的程序。被告应当在收到原告的起诉状副本之日起 15 日内提供答辩状。被告在答辩期内提出答辩状的，法院应当在收到之日起 5 日内将答辩状副本发送原告。被告不提供答辩状的，不影响法院审理案件。

此外，《民事诉讼证据规定》还要求，法院受理案件之后，应当在向当事人送达案件受理通知书和应诉通知书的同时，向当事人送达举证通知书。

（三）法院向当事人告知当事人的诉讼权利、诉讼义务及合议庭的组成人员

在民事诉讼中，当事人依法享有各种诉讼权利并承担诉讼义务，为了保障当事人在诉讼过程中充分行使其权利，依法履行其义务，法院在审理前的准备程序中应当告知当事人这些诉讼权利和诉讼义务。对法院审判人员，若有法定情形，当事人享有申请回避的权利。为了保障当事人申请回避权利的及时行使，法院在案件审理之前，应当告诉当事人合议庭的组成人员。

（四）审核诉讼材料

根据民事诉讼法的规定，法官在案件正式开庭审理之前，需要初步了解案件的基本情况，为开庭审理做好准备。了解案情，通过审核当事人提交的起诉状和答辩状进行，被告反诉的，审核其反诉状。以便掌握原告的请求及其根据，掌握被告的反驳及其根据，同时还应当了解当事人双方争执的焦点。

（五）调查收集必要的证据

根据民事诉讼法及最高人民法院的司法解释规定，当事人对自己提出的主张有责任提供证据证明。当事人及其诉讼代理人因客观原因不能自行收集的证据，有权申请法院调取。法院认为审理案件需要的证据，可以依职权收集调查。可以自行调查，也可以委托外地法院调查。当案件涉及法律以外其他专业的问题时，当事人有权申请法院委托专业鉴定部门鉴定。需要勘验现场或物证的，法院应当派员勘验并制作勘验笔录。

《民事诉讼证据规定》和《民诉法司法解释》解释了《民事诉讼法》第 64 条规定的“人民法院认为审理案件需要的证据”是指：1. 涉及可能有损国家利益、社会公共利益的证据；2. 涉及身份关系的证据；3. 涉及《民事诉讼法》第 55 条规定的公益诉讼的证据；4. 涉及当事人有恶意串通损害他人合法权益的可能的证据；5. 涉及依职权追加当事人、中止诉讼、终结诉讼、回避等程序性事项的证据。这些证据法院可以依职权调查收集。

《民事诉讼证据规定》和《民诉法司法解释》解释了《民事诉讼法》第 64 条规定的“当事人及其诉讼代理人因客观原因不能自行收集的证据”是指：1. 证据由国家有关部门保存，当事人及其诉讼代理人无权查阅调取的；2. 涉及国家秘密、商业秘密或者个人隐私的；3. 当事人及其诉讼代理人确因客观原因不能自行收集的其他材料。

当事人及其诉讼代理人申请法院调查收集证据，应在举证期限届满前，当事人申请鉴定，也应在举证期限内提出。

（六）限期举证及证据交换

2001 年最高人民法院制定的司法解释《民事诉讼证据规定》规定了期限举证，为了庭审顺利进行，为了提高审判效率，当事人双方在开庭之前，法院由当事人协商举证期限，协商不成的，由法院确定举证期限。《民诉法司法解释》第 99 条、第 100 条、第 101 条和 102 条规定：法院应当在审前准备阶段确定当事人的举证期限。举证期限可以由当事人协商，并经过法院准许。一审程序中，法院确定的举证期限不得少于 15 日。举证期限届满后，当事人对已经提供的证据，申请提供反驳证据或者对证据来源、形式等方面的瑕疵进行补正的，法院可以酌情再次确定举证期限。当事人也可以申请延长举证期限，但是得在举证期限届满前提出书面申请。申请理由成立的，法院准予延长。当事人因故意或重大过失逾期提供的证据，法院不予采纳。但是该证据与案件基本事实有关的，法院应当采纳，并对逾期提供的当事人予以训诫、罚款。当事人非因故意或重大过失逾期提供的证据，法院应当责令其说明理由，逾期提供的证据法院应当采纳，但是对该当事人予以训诫、罚款。

开庭前由法院组织交换证据，可使双方当事人针对对方的诉讼请求、主张和证据做好充分准备，庭审时平等地行使举证、质证和辩论等诉讼权利；使庭审中的举证、质证顺利进行，避免多次开庭造成的耗费，避免诉讼拖延。最高人民法院早在《关于民事经济审判方式改革问题的若干规定》中，就规定了对案情比较复杂、证据材料较多的案件，法院可以组织当事人在开庭审理前交换证据。《民事诉讼证据规定》中对证据交换又进一步规定：经当事人申请，人民法院可以组织当事人在开庭审理之前交换证据。对证据较多或者复杂疑难的案件，法院应当组织当事人在答辩期届满后，开庭审理前交换证据。证据交换应当在审判人员的主持之下进行，证据交换一般不超过两次，但重大、疑难的案件和案情特别复杂的案件，法院认为确有必要再次交换的可以不限于两次。当事人一方因对方逾期提供证据，使其增加了交通、住宿、就餐、误工、证人出庭作证等必要费用的，可以要求另一方赔偿，法院可予支持。

（七）追加当事人

法院在案件受理后开庭审理前，发现有必须共同诉讼的当事人未参加诉讼的，应当经当事人申请或者依职权通知其参加诉讼。必须共同进行诉讼的当事人包括共同原告和共同被告，因此追加的共同诉讼人可能是共同原告，也可能是共同被告。如果无独立请求权的第三人应当参加诉讼而未参加的，法院也可以依职权通知其参加诉讼。追加当事人的方式有两种：一是由当事人向法院提出申请，由法院审查后决定追加，并以书面形式通知被追加的当事人参加诉讼。二是由法院依职权主动作出决定，追加应当共同参加诉讼的当事人。根据最高人民法院《民诉法司法解释》第222条规定，原告在起诉状中直接列写第三人的，视为其申请人民法院追加该第三人参加诉讼。是否通知第三人参加诉讼，由人民法院审查决定。

（八）审前程序诉讼分流管理

经过审前准备阶段，不同的民事案件概况已经基本呈现，法院可以进行不同渠道的审判管理分流。民事诉讼法规定了各种纠纷解决程序，不是所有的民事纠纷都需要进入正式庭审程序中，有些案件可以进入其他程序处理。第一审程序中有普通程序、简易程序，还有小额诉讼程序。因此《民事诉讼法》第133条规定，法官在审前准备阶段，对不同特征的案件进行如下程序分流：

第一，对当事人没有争议，符合督促程序规定条件的，可以转入督促程序；

第二，开庭前可以调解的，采取调解方式及时解决纠纷；

第三，根据案件情况，确定适用简易程序或者普通程序；

第四，需要开庭审理的，通过要求当事人交换证据等方式，明确争议焦点。

（九）召开庭前会议

以上是我国《民事诉讼法》规定的审前程序，2015 年的《民诉法司法解释》又增加了庭前会议的内容。

庭前会议是指法院在审理前准备阶段，组织双方当事人到庭，明确各自诉讼主张、交换证据、调取证据、归纳争点、进行调解等所进行的诉讼活动。庭前会议是我国审判方式改革试验的成果，根据《民诉法司法解释》第 225 条规定，庭前会议包括内容如下：

1. 明确原告的诉讼请求和被告的答辩意见；

2. 审查处理当事人增加、变更诉讼请求的申请和提出的反诉，以及第三人提出的与本案应该有关的诉讼请求；

3. 根据当事人的申请决定调查收集证据，委托鉴定，要求当事人提供证据，进行勘验，进行证据保全；

4. 组织交换证据；

5. 归纳争议焦点；

6. 进行调解。

第四节　开庭审理

一、开庭审理的概念与分类

（一）开庭审理概念

开庭审理又称法庭审理，是指在当事人及其他诉讼参与人的参加下，法院依照诉讼程序，在法庭上对案件当事人所争议的事实问题和法律问题进行审理的全部诉讼活动。

开庭审理是普通程序中最基本、最重要的阶段，也是整个民事审判活动的基本形式。法院审理一审民事案件，不论是适用普通程序还是适用简易程序，不论是判决结案还是调解结案，除在庭审前被调解，达成调解协议的以外，其他都要开庭审理。案件开庭审理是法院行使审判权、当事人行使诉权的重要形式和重要阶段。

法官在开庭审理阶段的任务，主要是依职权主持当事人以言辞方式陈述案情，提出诉讼请求，围绕争点举证、质证，相互辩论，以查明案件事实，审查判断证据，以便适用法律作出裁判或主持调解。

（二）开庭审理的学理分类

开庭审理在理论上可以根据不同的标准分类如下：

1. 以是否公开为标准，分为公开审理与不公开审理

公开审理，是指法院审理案件的活动过程，除了合议庭评议阶段以外，其他过程均依法向当事人和向社会公开的审理方式。不公开审理，是指对法律规定的涉及国家机密和个人隐私的案件，其审理过程仅对当事人公开，对社会不公开；对离婚案件和涉及商业秘密的案件，如果当事人申请不公开审理的，其审理过程对当事人公开，对社会不公开。对当事人公开，是指当事人对自己的诉讼案件的审理有权参与审理、质证、辩论等，有权阅读法院庭审笔录，有权获得对方当事人提交的诉讼材料和法院调取的证据，对法院所进行的诉讼行为有知情权。对社会公开，是指法庭审理的过程允许公众旁听，允许媒体采访报道。

2. 以案件审理地点是否在法院内为标准，分为法院内审理与就地审理

在法院内开庭审理的，称为法院内审理。法院内审理是诉讼案件开庭审理的通常方式，与此相对应的开庭审理方式是在法院外，案件纠纷发生地开庭审理，这种开庭审理方式称为就地审理。就地审理的目的是为了实现法律教育公众的作用，将有代表性或者典型性的案件庭审置于纠纷发生地或当事人住所地，以便群众旁听，汲取教训，接受法制教育。就地审理、就地办案本是我国人民法院早期经常采取的审理方式，曾经在实现法律的教育价值方面发挥过良好的作用，然而，在如今诉讼案件激增，普法教育形式多样的社会背景下，就不再经常采用了。

3. 以是否言辞审理为标准，分为言辞审理和书面审理

言辞审理，是指在开庭审理时，法院、当事人及其他诉讼参与人的诉讼行为必须以言辞方式进行，当事人提出诉讼主张、陈述，举证、质证，反驳、辩论等必须以言辞方式进行。法院审理第一审民事案件，一律以言辞方式开庭审理。书面审理，是指法院审理案件不开庭，不主持当事人进行言辞陈述、言辞辩论，不当面询问当事人，仅审查当事人提交的诉讼文书，审核当事人提交的证据，即行裁判的审理方式。我国民事诉讼法没有规定书面审理的方式，民事诉讼法规定对符合条件的上诉案件可以用径行判决的方式审理。径行判决与书面审理不同，径行判决是指上诉法院对某些上诉审案件，不主持双方当事人到庭开庭审理，仅对案卷材料审查及对当事人作必要的调查之后直接裁判的审理方式。

二、开庭审理的程序

适用普通程序开庭审理，通常依照以下程序顺序进行。法庭也可以根据具体案情，征得当事人同意，将法庭调查和法庭辩论合并进行。

（一）开庭准备

开庭准备是审理前准备程序的延续，与审理前准备程序的具体任务不同，是开庭审理的前奏，根据民事诉讼法的规定，庭审准备需要完成以下三项工作：

第一，通知当事人和其他诉讼参与人开庭的日期及发布公告。根据民事诉讼法的规定，法院应当在开庭前 3 日通知当事人和其他诉讼参与人开庭的时间、地点。通知当事人用传票，通知其他诉讼参与人用通知书。案件公开审理的，应当发布公告。当事人或者其他诉讼参与人在外地的，应当给他们留有必要的在途时间。

第二，书记员检查当事人及其他诉讼参与人是否到庭，宣布法庭纪律。若有未到庭者，书记员应当向审判长报告，由审判长酌情依法决定是缺席审理，还是延期审理或者按撤诉处理。

第三，审判长核对当事人身份，宣布案由、合议庭组成人员姓名及书记员姓名，再次告知当事人有关的诉讼权利与义务，询问当事人是否申请回避。

（二）法庭调查

法庭调查阶段的任务是听取当事人的陈述，由当事人举证并互相质证，在此基础上由法官认证，以查清案件事实。《民事诉讼法》第 138 条规定了法庭调查按照以下顺序进行：

第一，当事人陈述；

第二，法官告知证人的权利义务，证人作证，宣读未到庭的证人证言；

第三，出示书证、物证、视听资料和电子数据；

第四，宣读鉴定意见；

第五，宣读勘验笔录。

根据民诉法的规定，我国人民法院法庭调查具体步骤通常如下：

第一，当事人分别陈述诉讼请求及其理由。当事人陈述时依原告先，被告后，案件有第三人的则第三人再后的顺序依次进行。首先，由原告陈述事实或宣读起诉状。其次，由被告陈述事实或宣读答辩状。被告对原告的诉讼请求提出异议或者反诉的，需要具体陈述其请求及理由。案件有第三人的，再由第三人陈述或答辩。有独立请求权的第三人陈述诉讼请求和理由，无独立请求权的第三人针对原被告的陈述提出承认或否认的答辩意见，然后，由原告或者被告对第三人的陈述进行答辩。

第二，审判长根据当事人分别陈述的诉讼请求及其理由，归纳案件争议焦点或者法庭调查重点，并征求当事人的意见，以便当事人确认法庭归纳的争议焦点是否全面准确。

第三，当事人各自举证及互相质证。当事人举证、质证按下列顺序进行：首先，由原告出示证据，被告及第三人对原告出示的证据质证。其次，由被告出示证据，原告及第三人对其所出示的证据质证。然后，由第三人出示证据，原被告对第三人出示的证据进行质证。未经质证的证据不得作为法院裁判的依据。证人证言是当事人向法庭提供的证据，也在当事人举证、质证范畴之内。

第四，法院出示其依职权调查收集的证据及当事人依法申请法院调查的证据，由当事人质证。如前所述，当事人因客观原因无法取得的证据，可以申请法院调取。对涉及可能有损国家利益、社会公共利益的证据；涉及身份关系的证据；涉及《民事诉讼法》第 55 条规定的公益诉讼的证据；涉及当事人有恶意串通损害他人合法权益的可能的证据；涉及依职权追加当事人、中止诉讼、终结诉讼、回避等程序性事项的证据，法院可以依职权调查收集证据。法院调查收集的这些证据，应当庭向当事人出示，鉴定意见及勘验笔录应当庭宣读，当事人有权对这些证据质证。同样，这些证据未经质证，不得作为裁判的依据。

第五，审判人员认证及就法庭调查认定的事实。认证是一个复杂的、综合性的工作，有些证据认定比较容易的，法官可以当庭认定的就当庭认定。有些证据一时难以认定，需要休庭后综合全案所有证据认定的，则庭审后认定。

法庭调查，应当围绕当事人争议的事实和证据进行。

法庭调查结束前，审判长应当就当庭认定的事实和当事人争议的问题予以归纳总结。庭审时当事人要求补充证据或者申请重新鉴定、勘验，或者一次法庭调查未能结束的，法庭可以决定再次开庭。决定再次开庭的案件，审判长对本次开庭情况应当进行小结，指出庭审已经确认的证据，并指明下次开庭调查的重点。

根据禁反言原则，当事人在庭审时对其在审前准备阶段认可的事实和证据提出不同主张的，《民诉法司法解释》规定，法院应当责令其说明理由。必要时，可以责令其提供证据。理由成立的，列入争议焦点审理。

（三）法庭辩论

法庭辩论，是指诉讼当事人在审判人员主持下，就案件争点，根据已经质证的证据及法律规定，陈述各自观点并予以论证，以及相互辩驳的诉讼活动。辩论权是当事人依法享有的一项重要的诉讼权利，当事人双方平等地享有。按照《民事诉讼法》第 141 条的规定，法庭辩论按下列顺序进行：第一，原告及其诉讼代理人发言；第二，被告及其诉讼代理人答辩；第三，第三人及其诉讼代理人发言或答辩；第四，互相辩论。

辩论应当由审判人员引导当事人围绕争议焦点进行，审判人员不得对案件性质、是非责任发表意见，不得与当事人辩论。法庭辩论终结，审判人员应当按照原告、被告及第三人的顺序征询各方最后意见，并可以依法进行调解，调解不成的及时判决。

（四）合议庭评议

法庭辩论终结后，当庭达成调解协议的，由审判长签发调解书；经调解未达成协议的，应当及时判决。合议庭评议不公开进行，实行少数服从多数的原则。合议庭评议的全部过程由书记员记入笔录，评议的不同意见也应当记入笔录。笔录由合议庭成员签名。

（五）宣告判决

案件审理结果经合议庭评议后作出判决，无论是否公开审理，一律公开宣告判决。宣告判决的方式有当庭宣判和定期宣判两种，当庭宣判的应当在 10 日内向当事人发送判决书。定期宣判的，宣判后立即向当事人发送判决书。

宣判的注意事项有：（1）宣告判决时必须告知当事人上诉权利、上诉期限和上诉法院，以保障当事人及时行使上诉权。（2）离婚案件与一般的民事案件有不同之处，宣告离婚判决，必须告知当事人在判决发生法律效力前不得另行结婚。（3）一审宣判后，原审法院发现判决有错误，当事人在上诉期内提出上诉的，原审法院可以提出原判决有错误的意见，报送第二审法院按照二审程序审理；当事人不上诉的，按照审判监督程序处理。

三、法庭审理笔录

法庭笔录是书记员制作的开庭审理全过程的如实记录。法庭笔录的内容包括开庭的时间、地点；合议庭组成人员及书记员姓名；到庭的当事人及其诉讼代理人姓名；到庭的其他诉讼参与人姓名及其自然状况；庭审中双方当事人的请求，双方当事人的举证、质证过程，当事人的辩论过程，审判人员的认定及其归纳总结，合议庭评议等全部过程。合议庭评议笔录必须另行制作，因为合议庭的评议不得公开。

根据《民事诉讼法》的规定，合议庭笔录应当当庭宣读，也可以告知当事人及其他诉讼参与人当庭阅读，或者在5日内阅读。绝大多数情况下，法院要求当事人或者其诉讼代理人当庭阅读。当事人和其他诉讼参与人认为对自己的陈述，法庭笔录有遗漏或差错的，有权申请补正。法庭笔录宣读或阅读后，应由当事人及其他诉讼参与人签名或者盖章。若有当事人拒绝签名或者盖章的，应当由书记员记明情况附卷。

四、普通程序的审理期限

审限，即案件的审结期限，是指法院审理民事案件的最长时限。民事诉讼法规定法院适用普通程序审理案件的，应当在立案之日起6个月内审结，但遇有特殊情况，6个月内无法审结需要延长的，可以报本院院长批准延长6个月。一次延长后，由于情况特殊，6个月内仍无法审结还需要延长的，可以报上级人民法院批准。

案件的公告期间、鉴定期间、法院审理当事人提出管辖异议的期间及处理法院之间的管辖争议期间不应当计算在审限之内。另外，2004年最高人民法院发布的《关于人民法院民事调解工作若干问题的规定》第4条规定："双方当事人申请庭外和解的期间，不计入审限。"第6条规定："在答辩期届满前人民法院对案件进行调解，适用普通程序的案件在当事人同意调解之日起15天内，适用简易程序的案件在当事人同意调解之日起7天内未达成调解协议的，经各方当事人同意，可以继续调解。延长的调解期间不计入审限。"

第五节　撤诉和缺席判决

一、撤诉

（一）撤诉的概念与性质

撤诉，是指原告在人民法院受理案件后至宣告判决或作出驳回起诉裁定前，主动要求撤回其诉讼请求的行为。

撤诉是当事人依法享有的一项诉讼权利，当事人可以通过行使这项权利以达到处分其起诉的诉讼权利和请求司法保护的实体权利的目的。但是，当事人行使这项撤诉权不会直接产生撤诉的效果，需要法院准许后方产生效果。我国民事诉讼法规定，原告申请撤诉是否准许，要由人民法院裁定。法院裁定不准许撤诉的，原告经传票传唤，无正当理由拒不到庭的，可以缺席判决。《民事诉讼法》第 145 条规定，当事人撤诉的时间限于法院宣判前。法庭辩论终结后原告申请撤诉，被告不同意的，法院可以不予准许。

（二）撤诉的学理分类

按照民事诉讼法学原理，撤诉以不同的标准可有以下几种不同的分类：

1. 以是否由当事人提出为标准，分为申请撤诉与按撤诉处理

申请撤诉，是指当事人主动向法院提出撤回其起诉的要求，这种行为对撤诉者而言是一种积极的行为，故诉讼理论上称之为积极处分。按撤诉处理，是指当法定原因出现时，法院依职权自行撤销案件不予审理，视为当事人撤诉的行为。这种行为并非当事人主动的行为，故诉讼理论上称之为消极处分。

2. 以诉的性质为标准，分为撤回起诉与撤回反诉

撤回起诉，是一审原告在起诉后至法院宣告判决或者作出驳回起诉的裁定前，主动要求撤回其诉讼请求的行为。撤回反诉，是指本诉的被告将其对本诉的原告提出的反请求予以撤回的行为。

3. 以诉讼程序为标准，分为撤回起诉与撤回上诉

撤回起诉是发生在第一审程序中的行为。撤回上诉是发生在第二审程序中的行为，是指提起上诉的当事人请求撤回其上诉请求的行为。

（三）申请撤诉的条件

当事人申请撤诉应当具备以下条件：

（1）撤诉必须是原告自愿的行为，任何人不得强迫或变相强迫，法官不得以任何借口动员原告撤诉。

（2）撤诉必须在法定期限内提出，即原告申请撤诉必须在法院宣判以前提出，宣判以后，原告就不得行使撤诉权了。因为，判决一经宣告就发生相应的法律效力，当事人撤诉无法变更这些效力。

（3）撤诉申请应以书面或口头方式提出，通常法院多要求以书面方式提出。

（4）撤诉的目的必须合法。根据我国民事诉讼中处分原则的特点，当事人行使的撤诉权不是绝对的，应受法院司法权的制约。即当事人申请撤诉必须目的合法，不得有规避法律的行为，不得损害国家、集体或他人的合法利益，如果当事人有违反法律的行为需要依法处理的，法院有权裁定不准撤诉或者不按撤诉处理。

（四）按撤诉处理

按撤诉处理，是指法院将当事人的特定行为推定为当事人申请撤诉的结果的诉

讼制度。按撤诉处理与撤诉的结果相同，但原因不同。根据民事诉讼法及最高人民法院司法解释的规定，诉讼中有下列情况之一的，法院可按撤诉处理：

（1）原告经传票传唤，无正当理由拒不到庭或未经许可中途退庭。（2）无民事行为能力的原告的法定代理人，经传票传唤拒不到庭。（3）有独立请求权的第三人经法院传票传唤，无正当理由拒不到庭或未经许可中途退庭。（4）原告应当预交而未预交案件受理费，法院通知后仍不预交或者申请减、缓、免缴未获法院批准而仍不预交的。

但是，如果当事人有违反法律的行为需要依法处理的，法院则不按撤诉处理。

（五）撤诉的法律后果

原告申请撤诉，不论法院允许或不允许，在程序上均应作出裁定。裁定的形式可以是书面的，也可以是口头的。口头裁定的内容由书记员记录在案卷中。法院作出的准予撤诉的裁定应当通知对方当事人。法院裁定不准撤诉的，申请撤诉的当事人还应当继续参加诉讼，如果经传票传唤无正当理由拒不到庭，法院有权缺席审理后判决。

有独立请求权的第三人参加诉讼后，若原告申请撤诉，法院准许后，有独立请求权的第三人则作为另案的原告，原审原被告为该另案的被告，诉讼继续进行。

法院裁定准予撤诉，或者裁定按撤诉处理会产生以下法律后果：诉讼程序终结；诉讼法律关系消灭；当事人的诉讼时效重新开始计算。

二、缺席判决

（一）缺席判决的概念

缺席判决，是指在法庭审理中因部分当事人无故未参加诉讼或者无故中途退庭的情况下，法院依职权进行审理并作出判决的一种诉讼制度。缺席判决与对席判决相对称。

（二）缺席判决的适用情形

根据《民事诉讼法》第 143 条至 145 条，及司法解释的规定，以下情况，法院可以缺席判决：（1）在被告反诉的情况下，原告经传票传唤，无正当理由拒不到庭或者未经法庭许可中途退庭；（2）被告经传票传唤，无正当理由拒不到庭或者未经许可中途退庭；（3）宣判前，原告申请撤诉，法院裁定不准撤诉，原告经传票传唤，无正当理由拒不到庭；（4）无民事行为能力的被告的法定代理人，经传票传唤无正当理由拒不到庭；（5）无独立请求权的第三人经法院传票传唤，无正当理由拒不到庭，或者未经许可中途退庭的。

（三）缺席判决的法律后果

缺席判决与对席判决有相同的法律效力，当事人不得以其未到庭为由对裁判的效力提出异议。

第六节　延期审理、诉讼中止和诉讼终结

延期审理、诉讼中止和诉讼终结也是我国民事诉讼法所规定的，用于对案件审理过程中发生的特殊情况处理的制度。

一、延期审理

（一）延期审理的概念

延期审理，是指由于出现法定原因，法院将已指定或者已公告的开庭审理的日期延至另一日期，或者将正在庭审的案件延至另一期日继续审理的诉讼制度。延期审理不同于审理期限的延长，它是在案件的审理期限内变更具体开庭审理的日期；审限的延长是指由于某些原因，案件无法在法律规定的审理期限内审结，经法定程序予以延长的制度。

开庭审理的期日是由受诉法院指定的，诉讼法律关系各主体都应当遵守。但是，当有特殊情况发生，当事人或其他诉讼参与人不能按时到庭时，根据民事诉讼法的规定，法院可以灵活处理，改期开庭。

（二）延期审理的适用情形

根据民事诉讼法的规定，开庭审理时遇有下列情形之一的，应当延期审理：

（1）必须到庭的当事人和其他诉讼参与人有正当理由没有到庭。必须到庭的当事人通常是指负有赡养、扶养、抚育义务的当事人，以及不到庭就无法查清案件事实的当事人。必须到庭的其他诉讼参与人通常是指翻译人员等。

（2）当事人临时提出回避申请。当事人申请回避的权利可以在开庭前行使，可以在开庭审理时行使，也可以在得知有可以申请回避的情形时行使。如果当事人在开庭审理时提出回避的申请，法院需要审查并决定，审理无法继续进行，此时法院可以决定延期审理。

（3）需要通知新的证人到庭，调取新的证据，重新鉴定、勘验，或者需要补充调查的。根据案件的需要，如果法院还需要通知新的证人到庭，或者允许当事人提出新的证人，需要调取新的证据，或者需要重新委托鉴定、勘验，诉讼案件无法进行，法院可以决定延期审理。

（4）其他应当延期审理的情况。诉讼案件情况繁多复杂，法律规定这一弹性条款，以便法院根据具体情况，根据审判需要，酌情决定延期审理。

二、诉讼中止

（一）诉讼中止的概念

诉讼中止，是指在诉讼进行中，由于特定原因的发生，诉讼程序有必要暂时停止，待停止的障碍消除后，诉讼再进行的制度。诉讼中止与延期审理不同，诉讼中止后，案件所有的诉讼活动全部暂时停止，待诉讼程序恢复后，案件的诉讼活动再恢复进行；而延期审理，仅仅是开庭审理活动的延期，其他的诉讼活动并不停止。

（二）诉讼中止的适用情形

根据民事诉讼法的规定，诉讼中有下列情况之一的，诉讼中止：（1）一方当事人死亡，需要等待继承人表明是否参加诉讼的；（2）一方当事人丧失诉讼行为能力，尚未确定法定代理人的；（3）作为一方当事人的法人或者其他组织终止，尚未确定权利义务承受人的；（4）一方当事人因不可抗拒的事由，不能参加诉讼的；（5）本案必须以另一案的审理结果为依据，而另一案尚未审结的；（6）其他应当中止诉讼的情况。

如果诉讼中当事人的利害关系人提出该当事人无民事行为能力或者限制行为能力的，应当要求宣告该当事人无民事行为能力或限制民事行为能力，诉讼案件中止审理。

法院决定中止诉讼的，应当依法作出裁定，裁定应送达或通知当事人和其他诉讼参与人。裁定中止的原因消除后，恢复诉讼程序的，根据《民诉法司法解释》的规定，原裁定不必撤销，法院依职权通知当事人恢复诉讼即可，原中止诉讼的裁定因此自动失效。

三、诉讼终结

（一）诉讼终结的概念

诉讼终结，是指在诉讼进行中，由于特定原因的发生，诉讼程序无法继续进行或者诉讼程序的进行已无意义，因而终结诉讼程序的制度。诉讼终结与诉讼中止不同，法院决定案件诉讼终结后，诉讼程序不再恢复，案件的诉讼程序终止了结；而诉讼中止的案件，在中止的事由消灭后，诉讼还恢复进行。

（二）诉讼终结的适用情形

根据民事诉讼法的规定，诉讼中有下列情形之一发生的，诉讼终结：（1）原告死亡，没有继承人或者继承人放弃继承权的；（2）被告死亡，没有遗产，也没有应当承担义务的人；（3）离婚案件一方当事人死亡的；（4）追索赡养费、扶养费、抚育费以及解除收养关系案件的一方当事人死亡的。

法院决定诉讼终结，应当作出裁定。裁定以书面方式或口头方式作出。口头裁定的，书记员将裁定内容记录在卷，并告知当事人；书面裁定的，法院应将裁定书送达当事人或者其他诉讼参与人。

本 章 小 结

第一审普通程序，是人民法院审理一般或重大疑难的第一审民事案件所适用的诉讼程序。普通程序的基本阶段包括起诉与受理、审理前的准备、开庭审理和裁判。起诉是指公民、法人或其他组织认为自身的权益，或者依法由其管理的民事财产权益受到侵害或与他人发生争议，以自己的名义向法院提出司法保护请求的诉讼行为。起诉必须符合法定条件。受理是人民法院以起诉的条件为标准，审查原告的起诉，决定立案审理的诉讼行为。审理前的准备，是法院受理案件以后，至开庭审理之前，为保证诉讼的顺利进行，所做的审查诉讼文书、了解当事人争点、收集证据或组织当事人交换证据、通知诉讼当事人及参加人等一系列的准备活动。开庭审理，是在当事人及其他诉讼参与人的参加下，法院依照诉讼程序，在法庭上对案件当事人所争议的事实问题和法律问题进行审理的全部诉讼活动。案件审理结果经合议庭评议后作出判决，判决书一律公开宣告。经法院调解，当事人之间达成调解协议的，由法院根据当事人之间达成的调解协议制作调解书，诉讼结束。

原告在人民法院受理案件后至宣告判决或作出驳回起诉裁定前，可以主动要求撤回其诉讼。在法庭审理中，部分当事人无故未参加诉讼或者无故中途退庭，法院可以依职权进行审理并作出判决，即缺席判决。在诉讼进行中，由于特定原因的发生，诉讼程序有必要中止，待障碍消除后诉讼再继续进行。在某些情形下，诉讼程序无法继续进行或者诉讼程序的进行已无意义时，法院可终结诉讼。

思考题

1. 普通程序有哪些特点?
2. 起诉应当具备哪些条件?
3. 什么是先行调解?
4. 开庭审理的程序如何进行?
5. 什么是撤诉?
6. 什么是缺席判决?
7. 什么是诉讼中止?
8. 什么是诉讼终结?

案例分析题

陆老太与黎小明通过房屋中介公司签订房屋买卖合同，约定陆老太将其在北京某小区的一套房屋以500万元的价格卖给黎小明。合同签订时，黎小明交付给陆老太定金10万元，支付中介费10万元。双方合同约定黎小明3天内支付首付款150万元，其余房款签订贷款合同支付。但是，第三天陆老太反悔，声称此房不卖了。此时，黎小明一家老小已经迁入此房居住。黎小明要求陆老太履行合同，陆老太拒绝。黎小明遂诉诸法院，要求履行合同。陆老太的丈夫陈某向法院起诉黎小明和陆老太，声称陆老太未经其同意擅自出卖他们夫妻共有房屋，要求法院认定合同无效。

[分析问题]

(1)黎小明起诉的案件与陆老太丈夫陈某起诉的案件是否是本诉与反诉的关系?

(2)若法院将这两个案件分别审理，两案将发生怎样的关系?

延伸阅读

1. 胡亚球、章建生:《起诉权论》，厦门大学出版社2012年版。
2. 段厚省:《民法请求权论》，人民法院出版社2006年版。

第十二章　简易程序

本章知识要点：我国民事诉讼法专章规定了简易程序，最高人民法院《民诉法司法解释》对该程序作了进一步的解释性规定。本章介绍了简易程序的概念与特点，简易程序与普通程序的关系，简易程序的适用范围，简易程序的排除规定，简易程序案件送达的特别规定，先行调解的适用范围，当事人对适用简易程序的程序异议权和程序选择权，小额诉讼程序，小额诉讼程序的适用范围，小额诉讼程序与简易程序及普通程序的关系。本章学习重点是简易程序的适用范围、排除规定，当事人对适用简易程序的程序异议权、程序选择权，以及小额诉讼程序的适用范围。

第一节　简易程序概述

一、简易程序的概念

简易程序，是指基层人民法院及其派出法庭审理简单的民事案件所适用的程序。简单的案件适用简易程序，其他案件适用普通程序，这样可以节约诉讼成本，提高审判效率。简易程序虽然是简化了的第一审程序，但两者裁判的效力完全一样，当事人的诉讼权利同样应当受到保障。

我国民事诉讼法专章规定了简易程序，原最高人民法院《民诉法适用意见》对该程序也作了解释性规定。为了更好地发挥简易程序的作用，并且进一步规范简易程序制度，2003 年 9 月最高人民法院发布实施了《关于适用简易程序审理民事案件的若干规定》(简称《简易程序规定》)，共计 34 个条文，增加了当事人对简易程序选择权、异议权的规定，增加了适用简易程序的排除规定，确立了适用简易程序审理的六种民事案件应当先行调解的内容，同时从起诉与答辩、审理前的准备、开庭审理、宣判与送达四个方面对简易程序作了具体规范。2015 年发布实施的最高人民法院《民诉法司法解释》在此基础上，进一步发展和完善了解释性规定。

二、简易程序与普通程序的关系

简易程序与普通程序同属第一审程序，但它们是不同的一审程序，二者之间既有联系，又有区别。它们之间的区别如下述简易程序的特点所体现，它们的联系主要体现在以下两个方面：

第一，简易程序是在普通程序的基础上简化了的一种简便易行的程序，它在起诉方式、传唤证人方式、开庭审理程序等方面规定得简单实用、机动灵活，用以审理裁判简单的民事案件。

第二，简易程序与普通程序的转换。适用简易程序审理的案件，在审理过程中，如果法院发现双方当事人争议较大，案件比较复杂，可以转为普通程序审理。或者当事人对适用简易程序有异议的，有权向法院提出。法院经审查认为异议成立的，可以将案件转入普通程序由合议庭进行审理，审理期限从立案的次日起算。《民事诉讼法》第 163 条规定："人民法院在审理过程中，发现案件不宜适用简易程序的，裁定转为普通程序。"《民诉法司法解释》第 258 条第 2 款规定：法院应当在简易程序审限届满前，作出简易程序转换为普通程序的裁定，并书面通知双方当事人。普通程序原则上不能向简易程序转换，即已经适用普通程序审理的案件，在审理过程中通常不可转为适用简易程序审理。但是，双方当事人自愿选择适用的不在此限，原《简易程序规定》第 2 条规定，对基层人民法院适用普通程序审理的民事案件，当事人各方自愿选择适用简易程序的，经法院同意，可以转为适用简易程序审理。现行《民事诉讼法》修订时，第 157 条第 2 款增加规定：基层人民法院和它派出的法庭审理的一般民事案件，双方当事人可以约定适用简易程序。此款规定意即对适用普通程序审理的案件，当事人双方可以约定适用简易程序，法律赋予了当事人这种有条件的程序选择权。但是，《民诉法司法解释》第 260 条规定：已经按照普通程序审理的案件，开庭后不得转为简易程序审理。

三、简易程序的特点

简易程序与普通程序相比，具有以下一些特点：

1. 起诉方式简便

在简易程序中，原告本人不能书写起诉状，委托他人代写起诉状确有困难的，可以口头起诉。

2. 受理程序简便

在简易程序中，当事人双方可以同时到基层人民法院或者其派出法庭，请求解决纠纷，法院可以当即受理并审理或调解，也可以另外指定日期审理，而不必向普通程序那样经历起诉、受理、答辩、传唤、审理的程序以及期间。

3. 传唤当事人和证人、送达诉讼文书的方式简便

根据《民事诉讼法》及《民诉法司法解释》的规定，适用简易程序时，基层人民法院或者其派出法庭可以用口头或其他简便方式传唤当事人、证人。法院可以采取捎口信、电话、传真、电子邮件等简便方式随时传唤双方当事人、证人。另外，现行的《民事诉讼法》第 159 条在原法第 144 条的基础上增加规定：基层人民法院和它派出的法庭审理简单的民事案件，可以用简便的方式送达诉讼文书。

4. 审判组织采用独任制

与普通程序不同，适用简易程序审理案件采用独任制，即由审判员一人独任审理，配备书记员担任记录工作。

5. 审理程序简便

适用简易程序审理民事案件，根据《民事诉讼法》第 160 条的规定，在审理程序上不受《民事诉讼法》第 136、138、141 条的限制。其中，《民事诉讼法》第 136 条规定，法院应当在开庭 3 日前通知当事人和其他诉讼参与人。第 138 条和第 141 条规定，法庭调查和法庭辩论应当按顺序进行。适用简易程序审理案件不必受以上三条规定的约束，法官可以酌情灵活掌握。举证期不得超过 15 日。依据《简易程序规定》，当事人对案件事实无争议的，审判人员可以在听取当事人就适用法律方面的辩论意见后径行判决、裁定。《民事诉讼法》第 159 条中提示性规定，适用简易程序审理案件，虽然可以采用简便方式，但同时应当保证当事人陈述意见的权利，不得因程序简易、灵活而忽视当事人的诉讼权利。

6. 开庭方式灵活

现代科技的发展应用给社会生活和人类工作创造了比以往更多样、便捷的条件和可选择方式，对法院开庭审理而言，对那些当事人因路途遥远到庭确有困难的简单案件，或者当事人双方均希望开庭方式灵活、简洁的，《民诉法司法解释》中规定：“当事人双方可就开庭方式向人民法院提出申请，由人民法院决定是否准许。经当事人双方同意，可以采用视听传输技术等方式开庭。”

7. 判决书可以简化

根据《简易程序规定》，对适用简易程序审理的某些类型的案件，法院在制作裁判文书时对认定事实或者判决理由部分可以适当简化。

8. 当事人可以选择适用

《简易程序规定》中规定，适用普通程序审理的第一审民事案件的当事人，可

以协商同意后自愿选择适用简易程序，这是法律赋予当事人的程序选择权。2012年修订后的《民事诉讼法》第157条在原第1款“基层人民法院和它派出的法庭审理事实清楚、权利义务关系明确、争议不大的简单的民事案件，适用本章规定”的基础上增加规定第2款“基层人民法院和它派出的法庭审理前款规定以外的民事案件，当事人双方也可以约定适用简易程序”。但是《民诉法司法解释》第264条第2款又强调：司法解释规定排除适用简易程序那几类案件，即使当事人约定适用简易程序，法院也不得准许。

9. 案件的审限较短，除双方当事人同意外的不可延长

与普通程序的审限不同，适用简易程序审理民事案件，应当在立案之日起3个月内审结。而且，一般情况下简易程序的审限不得延长。如果在审理过程中，发现案情复杂，审判人员可以决定将简易程序转为普通程序。但是，《民诉法司法解释》第258条第1款规定：“适用简易程序审理的案件，审理期限到期后，双方当事人同意继续适用简易程序的，由本院院长批准，可以延长审理期限。延长后的审理期限累计不得超过六个月。”意即，简易程序审限在双方当事人一直同意的情况下可以延长。延长几次未有限制，但是延长的时间累计不得超过6个月。

第二节 简易程序的适用范围

一、简易程序的适用范围

《民事诉讼法》第157条规定：“基层人民法院和它派出的法庭审理事实清楚、权利义务关系明确、争议不大的简单的民事案件，适用本章规定。”由此可见，简易程序的适用范围体现在三方面：一是简易程序适用的法院，二是简易程序适用的审级，三是简易程序适用的案件类型。

（一）简易程序适用的法院

从《民事诉讼法》第157条的规定来看，简易程序适用的法院，仅限于基层人民法院及其派出法庭，而不适用于其他法院。派出法庭是法院的派出机构，是人民法院在法院之外的地点设立的固定的法庭和法院，就地审理案件设立的临时法庭。派出法庭制作的法律文书就是其所属法院制作的法律文书，因此《民诉法司法解释》第262条强调：“人民法庭制作的判决书、裁定书、调解书，必须加盖基层人民法院

印章，不得用人民法庭的印章代替基层人民法院的印章。”

（二）简易程序适用的审级

简易程序仅适用于审理第一审民事案件，二审案件不得适用简易程序审理。发回重审和按照审判监督程序再审的案件，虽然仍然是第一审案件，但不得适用简易程序，应当适用普通程序。

（三）简易程序适用的案件范围

《民事诉讼法》第 157 条第 1 款规定了简易程序适用的案件范围，即简易程序适用于审理事实清楚、权利义务关系明确、争议不大的简单的民事案件。但如何界定“事实清楚”“权利义务关系明确”“争议不大”，《民诉法司法解释》第 256 条解释为：事实清楚，是指当事人双方对争议的事实陈述基本一致，并能提供相应的证据，无须人民法院调查收集证据即可查明事实；权利义务关系明确，是指能明确区分谁是责任的承担者，谁是权利的享有者；争议不大，是指当事人对案件的是非、责任承担以及诉讼标的的争执无原则性分歧。

《民事诉讼法》第 157 条第 2 款还规定，基层人民法院和它派出的法庭审理应当适用普通程序审理的案件，如果当事人双方约定适用简易程序审理的，也可以适用简易程序，但是下列排除规定的案件除外。

二、适用简易程序的排除规定

关于简易程序的适用范围，《民事诉讼法》作了原则规定，《民诉法司法解释》作了排除性规定，以下案件不得适用简易程序审理：1. 起诉时被告下落不明的案件；2. 发回重审的案件；3. 当事人一方人数众多的案件；4. 适用审判监督程序的案件；5. 涉及国家利益、社会公共利益的案件；6. 第三人起诉请求改变或者撤销生效判决、裁定、调解书的案件。7. 其他不宜适用简易程序审理的案件。

第三节　简易程序的具体规范

一、起诉与答辩

（一）起诉方式

适用简易程序审理的案件，当事人起诉的方式可以是书面方式，也可以是口头方式。原告以书面方式起诉的应当提交起诉状，原告本人不能书写起诉状，委托他人代写起诉状确有困难的，可以口头起诉。起诉状应当按照民事诉讼法的要求撰写。《民诉法司法解释》第265条具体规定：口头起诉的，由法院书记员将当事人的姓名、性别、工作单位、住所、联系方式等基本信息，诉讼请求、事实及理由等准确记入记录，由原告核对无误后签名或者捺印。对当事人提交的证据材料，应当出具收据。

（二）答辩形式

被告答辩可以书面形式，也可以口头形式。双方当事人被法院传唤到庭后，被告可以口头答辩，法院可以当即开庭审理；这种情况下，被告要求书面答辩的，法院应当允许其书面答辩，并合理确定答辩的期限。同时告知双方当事人开庭的日期，并向他们释明逾期举证的后果和拒不到庭的后果。

双方当事人均表示不需要举证期限、答辩期间的，法院可以立即开庭审理或者却行开庭日期。

（三）诉讼文书的送达

《民事诉讼法》规定，适用简易程序审理的民事案件的法律文书的送达，可以采用简便的方式。为了实现简易程序的效率目标，为了敦促当事人积极行使诉讼权利和主动履行诉讼义务，《简易程序规定》对诉讼文书的送达特别规定如下：当事人应当在起诉和答辩时，向法院提供自己准确的送达地址、收件人、电话号码等联系方式，并以签名或者捺印方式确认。送达地址应当写明受送达人住所地的邮政编码和详细地址，受送达人是有固定职业的自然人的，其从业的场所可以视为送达地址。

法院按照原告提供的被告的送达地址或者其他联系方式无法通知被告应诉的，应当按以下方式处理：第一，原告提供了被告准确的送达地址，但是法院无法向被告直接送达或者留置送达应诉通知书的，应当将案件转入普通程序审理；第二，原告不能提供被告准确的送达地址，法院经查证后仍不能确定被告送达地址的，可以被告不明确为由，裁定驳回原告的起诉。

被告到庭后拒不提供自己的送达地址和联系方式的，法院应当告知其拒不提供的后果，经法院告知后仍不提供的，可以按照以下方式处理：第一，被告是自然人的，以其户籍登记中的住所地或者经常居住地为送达地址；第二，被告是法人或者其他组织的，应当以其工商登记或者其他依法登记、备案中的住所地为送达地址。法院应当将以上告知的内容记入笔录。

法院应当在原告起诉或者被告答辩时，以书面或口头方式告知当事人下述事项及其法律后果：因当事人自己提供的送达地址不准确、送达地址变更未及时告知人民法院，或者当事人拒不提供自己的送达地址而导致诉讼文书未能被其实际接收的，按下列方式处理：第一，邮寄送达的，以邮件回执上注明的退回之日为送达之日；第二，直接送达的，送达人当场在送达回证上记明情况之日为送达之日。

受送达的自然人以及他的同住成年家属拒绝签收诉讼文书的，或者法人、其他组织负责收件的人拒绝签收诉讼文书的，送达人应当邀请有关基层组织或者所在单位的代表到场见证。被邀请的人不愿到场见证的，送达人应当在送达回证上记明拒收事由、时间和地点以及被邀请人不愿到场见证的情形，将诉讼文书留在受送达人的住所或者从业场所，即视为送达。如果受送达人的同住成年家属或者法人、其他组织负责收件的人是同一案件的对方当事人的，不适用此规定。

二、审理前的准备

除当即开庭审理的案件以外，对定期开庭的案件，开庭审理前法院应当做以下审理前的准备：阅读双方当事人的诉状，审查当事人提交的证据材料，了解当事人之间争议的事项等。另外，法律及其司法解释对某些准备事项有以下特别规定：

1. 举证期限的特别规定

当事人申请法院调查取证以及申请证人出庭作证，应当在举证期限届满前提出，但是适用简易程序的案件，当事人提出这些申请不受《民事诉讼证据规定》第 19 条第 1 款和第 54 条第 1 款规定的期限的限制，即不限于在举证期限届满前 7 日和举证期限届满前 10 日提出。

2. 当事人对适用简易程序的异议救济及法院裁定

《民诉法司法解释》中规定当事人对案件适用简易程序有异议的，可以行使程序异议权。对当事人的异议，法院应当审查。经审查，认为异议成立的，应当将案件转入普通程序审理，并将合议庭组成人员及相关事项以书面形式通知双方当事人。经审查异议不成立的，法院将口头告知双方当事人，并将上述内容记入笔录。转为普通程序的，人民法院应当将合议庭组成人员及相关事项以书面形式通知双方当事人。对转为普通程序前双方当事人已经确认的事实，法院可以不再重复举证、质证。

3. 先行调解

适用简易程序，对有些类型的案件法院可以在开庭之前先行调解。《简易程序规定》，除根据案件的性质和当事人的实际情况不能调解或者显然没有调解必要的以外，对下列民事纠纷案件，法院在开庭审理前应当先行调解：（1）婚姻家庭纠纷案件和继承纠纷；（2）劳务合同纠纷；（3）交通事故和工伤事故引起的权利义务关系较为明确的损害赔偿纠纷；（4）宅基地和相邻关系纠纷；（5）合伙协议纠纷；（6）诉讼标的额较小的纠纷。

4. 调解协议、调解书及其效力

开庭审理前，经调解双方当事人达成调解协议解决纠纷的，通常法院应当制作调解书，调解书送达当事人签收后生效。但是，就调解书的生效方式当事人可以协商，当事人协商同意调解协议采取双方签名或者捺印的方式生效的，该调解协议自双方当事人签名或者捺印之日发生法律效力。当事人要求摘录或者复制该调解协议的，法院应当准予。调解协议生效后一方当事人拒不履行的，另一方当事人可以申请法院强制执行。

关于调解书的送达。法院可以告知当事人到法院领取调解书的具体日期，也可以在当事人达成调解协议的次日起 10 日内将调解书发送给当事人。

关于调解书的异议及其补正。如果调解书与调解协议的原意有不符之处，当事人有权提出异议，法院对当事人的异议应当予以审查，经审查异议成立的，法院应当作出裁定补正。

三、开庭审理

简易程序虽然简化了诉讼程序事项，但对当事人依法所享有的诉讼权利同样应当像适用普通程序那样给予充分的保障，不得因程序简易而忽视。案件开庭审理前，书记员应当查明当事人及其他诉讼参与人是否到庭，宣布法庭纪律等。当事人若有未到庭的，应报告法官，由法官根据具体情况决定是否延期审理、中止审理、缺席审理或按撤诉处理。庭审时法官应当核对当事人及其诉讼代理人的身份，并询问各方当事人对于对方当事人出庭人员有无异议。《简易程序规定》对简易程序开庭审理的特别规定如下：

1. 对当事人告知与释明

为了保障当事人行使诉讼权利，《民事诉讼法》规定，法院开庭审理时应当由审判员宣布审判员、书记员姓名，告知当事人有关的诉讼权利义务，询问各方当事人是否申请回避等。为了简化诉讼程序，《简易程序规定》规定，如果开庭前已经书面或者口头告知当事人诉讼权利义务，或者当事人各方均委托代理律师的，审判人员可以不再告知当事人其他的诉讼权利义务，仅告知其申请回避的权利即可。

为了充分保障当事人行使诉讼权利以及理解诉讼程序规范及其法律后果，《民诉法司法解释》规定，开庭审理时，对没有委托律师代理诉讼的当事人，审判人员应当对回避、自认、举证责任等制度向当事人作必要的解释或者说明，并在庭审过程中适当提示当事人正确行使诉讼权利、履行诉讼义务，指导当事人进行正常的诉讼活动。

2. 法庭调查和法庭辩论

为了提高庭审的效率，为了便于法庭调查和法庭辩论的顺利、快速进行，庭审时，审判人员可以根据当事人的诉讼请求和答辩意见归纳出案件争议的焦点，经过当事人确认，然后由当事人围绕争点举证、质证、辩论。

对适用简易程序审理的民事案件，原则上要求一次庭审审结，法院认为有必要再次开庭的可以再次开庭。

3. 按撤诉处理、缺席判决和径行裁判

以捎口信、电话、传真、电子邮件等简便方式发送的开庭通知，如果未经当事人确认或者没有其他证据足以证明当事人已经收到的，法院不得将其作为按撤诉处理和缺席判决的依据。诉讼中，原告经传票传唤，无正当理由拒不到庭或者未经许可中途退庭的，可以按撤诉处理；被告经传票传唤，无正当理由拒不到庭或者未经许可中途退庭的，法院可以根据原告的诉讼请求及双方已经提交给法庭的证据材料缺席判决。为了避免程序的无谓耗费，当事人对案件事实无争议的，审判人员可以在听取双方当事人就适用法律问题的辩论意见后径行判决、裁定。

四、裁判文书简化及其送达

（一）裁判文书的简化

由于适用简易程序的案件性质比较简单，除了其审判程序可以简化外，其裁判文书在特定情况下也可以适当简化。《民诉法司法解释》第 270 条规定：适用简易程序审理的民事案件，有下列情形之一的，法院在制作判决书、裁定书、调解书时，可以对认定事实部分或者裁判理由部分适当简化：1. 当事人达成调解协议并需要制作民事调解书的；2. 一方当事人明确表示承认对方全部诉讼请求或者部分诉讼请求的；3. 涉及商业秘密、个人隐私的案件，当事人一方要求简化裁判文书中的相关内容，人民法院认为理由正当的；4. 双方当事人同意简化裁判文书的。

（二）裁判文书的送达

根据最高人民法院关于适用简易程序的司法解释，裁判文书当庭宣判的，法院应当告知当事人或者诉讼代理人领取裁判文书的期间和地点以及逾期不领的法律后果，当事人要求邮寄的除外。法院已经告知当事人领取裁判文书的期间和地点的，当事人在指定期间内领取裁判文书之日即为送达之日；当事人在指定期间内未领取的，指定领取裁判文书期间届满之日即为送达之日，当事人的上诉期从法院指定领取裁判文书届满之日的次日起开始计算。

当事人因交通不便或者其他原因要求邮寄裁判文书的，法院可以按照当事人自己提供的送达地址邮寄送达。法院根据当事人自己提供的送达地址邮寄送达的，邮件回执上注明收到或者退回之日即为送达之日，当事人的上诉期从邮件回执上注明收到或者退回之日的次日起开始计算。

定期宣判的案件，定期宣判之日即为送达之日，当事人的上诉期自定期宣判的次日起开始计算。当事人在定期宣判的日期无正当理由未到庭的，不影响该裁判上诉期间的计算。当事人确有正当理由不能到庭，并在定期宣判前已经告知法院的，法院可以按照当事人自己提供的送达地址将裁判文书送达给未到庭的当事人。

对按撤诉处理或者缺席判决的裁判文书，法院可以按照当事人自己提供的送达地址将裁判文书送达给未到庭的当事人。

第四节　小额诉讼程序

一、小额诉讼程序的概念

小额诉讼程序是指基层人民法院受理的，诉讼标的在一定金额以下的简单民事纠纷所适用的诉讼程序。这是我国 2012 年修改《民事诉讼法》时，借鉴国外的立法经验新设的制度。《民事诉讼法》第 162 条规定："基层人民法院和它派出的法庭审理符合本法第一百五十七条第一款规定的简单的民事案件，标的额为各省、自治区、直辖市上年度就业人员年平均工资百分之三十以下的，实行一审终审。"小额诉讼有两种不同的立法例：一是并列式，即小额诉讼与简易程序是两种并列适用的程序；二是包含式，即将小额诉讼包含在简易程序中。我国在立法时采用了第二种方式，将小额诉讼作为简易程序的组成部分。

二、建立小额诉讼程序的必要性

建立小额诉讼程序的目的主要在于解决法院案多人少，不少法院法官超负荷工作的困境。近二十多年来，我国民商事纠纷数量激增并大量涌入法院，法院又没有随之大幅增加审判人员数量，以致司法不能满足国民日益增加的需求的矛盾愈发突出，法院案多人少，许多地方法院的法官超量工作的现实困境不断加剧。为了缓解这种不利局面，我国各地法院积极探索、实验能够与案件类型相适应的诉讼程序，丰富司法解决纠纷的渠道。在这种情况下，小额诉讼简化、便捷的优势备受推崇，并且在各地法院的小额诉讼试点工作中取得了积极的成果。

利用小额诉讼程序快速解决纠纷也是法治发达国家的普遍做法。在德国，只要诉讼标的额在600欧元以下的财产权及非财产权案件，无须当事人申请就可以直接交付小额诉讼程序。在韩国，2000万韩元以下的请求给付金钱或者其他替代物或有价证券的案件都可适用小额诉讼程序。在日本，30万日元以下的请求给付金钱的民事案件应该适用小额诉讼程序。有鉴于此，我国民事诉讼法正式确立了小额诉讼制度，这是民事诉讼制度的重大进步。

三、小额诉讼程序的适用条件

1. 基层人民法院及其派出法庭可以适用小额诉讼程序

小额诉讼是简易程序的一种形式，只有基层人民法院及其派出的法庭才能适用，中级以上人民法院对小额诉讼案件没有管辖权，因为小额诉讼案件的特征，不需要中级以上的人民法院审理。

《民诉法司法解释》第273条规定，海事法院可以适用小额诉讼程序，审理小额的海事、海商案件，案件诉讼标的额也以实际受理案件的海事法院或者其派出法庭所在省、自治区、直辖市上年度就业人员平均工资的30%为限。

2. 小额诉讼适用于简单的金钱给付案件

小额诉讼旨在为民众提供简单、便捷的解决纠纷渠道，也为减轻法院的审案压力。因此，适用的案件应以小额、简单为宜，不应当适用于复杂案件。具体而言，事实清楚、权利义务关系明确、争议不大的简单的民事案件才能适用小额诉讼。事实清楚是指当事人双方对争议的事实陈述基本一致，并能提供可靠的证据，无须人民法院调查收集证据即可判明事实、分清是非；权利义务关系明确是指谁是责任的承担者，谁是权利的享有者，关系明确；争议不大是指当事人对案件的是非、责任以及诉讼标的争执无原则分歧。同时，我国《民事诉讼法》第162条对小额诉讼的标的额有明确的要求，而且只有金钱或者财物的给付案件才有诉讼标的额。因此，诉讼标的额在各省、自治区、直辖市上年度就业人员年平均工资的30%以下的小额债权债务的给付案件，应当适用小额诉讼。金钱纠纷之外的离婚或者收养等具有人身性质的案件，不适用小额诉讼程序，此外，确认之诉与形成之诉也不适用小额诉讼。例如，2011年全国城镇单位就业人员年平均工资为41799元，其30%为12500元左右。但是，我国东西部经济发展不平衡，经济水平不一致，具体标准不能“一刀切”，而应由最高人民法院根据国家统计局公布的各省、自治区、直辖市的每年数据确定。

3. 小额诉讼适用一审终审制

在我国，小额诉讼实行一审终审制。也就是说，只要基层人民法院及其派出法庭作出一审判决就产生既判力，当事人无权上诉。这是对我国两审终审的审级制度的巨大突破，主要目的在于简便、快速处理民事纠纷，提高民事诉讼效率。但是，小额诉讼的判决有错误，或者当事人认为有错误应当如何救济呢？因当事人不能通过上诉程序进行救济，因此案件满足再审的法定事由的，当事人可寻求再审程序予以救济。

三、小额诉讼程序适用案件类型及其排除规定

（一）小额诉讼程序适用案件类型

关于小额诉讼程序适用什么类型案件，我国《民事诉讼法》第 162 条只原则规定适用于标的额为各省、自治区、直辖市上年度就业人员平均工资 30% 以下的、简单的民事案件，《民诉法司法解释》第 274 条则列举规定小额诉讼程序适用符合以上条件的下列金钱给付案件：

1. 买卖合同、借款合同、租赁合同纠纷；

2. 身份关系清楚，仅在给付的数额、时间、方式上存在争议的赡养费、抚育费、扶养费纠纷；

3. 责任明确，仅在给付的数额、时间、方式上存在争议的交通事故损害赔偿和其他人身损害赔偿纠纷；

4. 供用水、电、气、热力合同纠纷；

5. 银行卡纠纷；

6. 劳动关系清楚，仅在劳动报酬、工伤医疗费、经济补偿金或者赔偿金给付数额、时间、方式上存在争议的劳动合同纠纷；

7. 劳务关系清楚，仅在劳务报酬给付数额、时间、方式上存在争议的劳务合同纠纷；

8. 物业、电信等服务合同纠纷；

9，其他金钱给付纠纷。

（二）小额诉讼程序排除适用案件类型

为了准确理解和掌握小额诉讼适用案件范围，《民诉法司法解释》第 275 条规定：下列案件，不适用小额诉讼程序审理：

1. 人身关系、财产确权纠纷；

2. 涉外民事纠纷；

3. 知识产权纠纷；

4. 需要评估、鉴定或者对诉前评估、鉴定结果有异议的纠纷；

5. 其他不宜适用一审终审的纠纷。

四、小额诉讼程序特别规定

小额诉讼案件因其诉讼标的额小，争议不大，比较简单，故在程序规范设计方面与普通程序和简易程序相比较有所不同。

（一）法院诉讼告知义务。

小额诉讼程序在我国民事诉讼法中出现才几年，其一审终审的审级制度与人们所熟悉的不同，特别是当事人没有上诉救济途径，诉讼程序中一些期限和期间较短，而且小额诉讼案件当事人请律师代理的比例很低，因此，需要帮助当事人充分了解和注意程序规范，以利于他们充分行使诉讼权利。所以，《民诉法司法解释》第 276 条规定：法院受理小额诉讼案件时，应当向当事人告知该类案件的审判组织、一审终审、审理期限、诉讼费用交纳标准等小额诉讼程序的有关规定。

（二）当事人享有程序异议权。

为了保障当事人的程序利益，最高人民法院司法解释中明确了当事人的程序异议权利。《民诉法司法解释》第 281 条规定：当事人对按照小额诉讼案件审理有异议的，应当在开庭前提出。法院经审查，认为其异议成立的，适用简易程序的其他规定审理；异议不成立的，告知当事人，并记入笔录。

（三）判决、裁定不得上诉

民事诉讼法规定小额诉讼实行一审终审。一审终审是小额诉讼的一项标志性规定，以利小额案件低成本、高效率审结。因此，小额诉讼案件的判决不得上诉，当事人对小额诉讼判决有异议的，无上诉救济途径。同样，那些适用简易程序和普通程序可以上诉的裁定，在小额诉讼程序中也无上诉救济途径，也不得上诉。《民诉法司法解释》第 278 条、279 条规定管辖异议裁定、驳回起诉裁定不得上诉："当事人对小额诉讼案件提出管辖异议的，人民法院应当作出裁定。裁定一经作出即生效。""人民法院受理小额诉讼案件后，发现起诉不符合民事诉讼法第一百一十九条规定的起诉条件的，裁定驳回起诉。裁定一经作出即生效。"但是，不予受理的裁定仍然可以上诉，因为是否受理是案件受理阶段的诉讼行为，此时案件尚未进入小额诉讼程序，不涉及一审终审的问题。

（四）可以转为简易程序或普通程序

与简易程序同理，案件适用小额诉讼程序审理中，因当事人申请增加或者变更诉讼请求、提出反诉、追加当事人等，以致案件不符合小额诉讼程序适用条件的，法院应当转为适用简易程序审理，或者适用普通程序审理。

（五）裁判文书可以简化

小额诉讼案件的裁判文书可以简化，但是案件基本信息、当事人的诉讼请求、法院的裁判主文这些主要内容不可简化。

本 章 小 结

简易程序适用于基层人民法院和它派出的法庭，审理事实清楚、权利义务关系明确、争议不大的简单的民事案件。简易程序是普通程序的简化。简易程序对于提高诉讼效益、节约诉讼成本、更好实现方便当事人诉讼的目的具有重要意义。

与普通程序相比较，简易程序的特点有：起诉方式简便；受理程序简便；传唤当事人和证人的方式简便；审判组织采用独任制；审理程序简便；判决书可以简化；当事人可以选择适用；案件的审限较短且不得延长。

法律规定有些案件不得适宜用简易程序审理。适用简易程序审理的下列民事纠纷案件，法院在开庭审理前应当先行调解：婚姻家庭纠纷案件和继承纠纷；劳务合同纠纷；交通事故和工伤事故引起的权利义务关系较为明确的损害赔偿纠纷；宅基地和相邻关系纠纷；合伙协议纠纷；诉讼标的额较小的纠纷。根据案件的性质和当事人的实际情况不能调解或者显然没有调解必要的除外。

小额诉讼程序是依法由基层人民法院受理的，诉讼标的在一定金额以下的简单民事纠纷所适用的诉讼程序，是我国 2012 年修改民事诉讼法时增设的制度。建立小额诉讼程序的主要目的在于解决法院“案多人少”的难题，在于为民众提供简单、便捷的解纷渠道，以利快速处理民事纠纷，提高民事诉讼效率。小额诉讼实行一审终审制，判决一经作出就产生既判力，当事人无权上诉，这是对我国两审终审的审级制度的巨大突破。当事人不能通过上诉程序进行救济，但是案件满足再审的法定事由的，当事人仍可寻求再审程序予以救济。

思考题

1. 简易程序与普通程序有什么样的关系？

2. 简易程序的适用范围是什么?

3. 简易程序有哪些主要特点?

4. 适用简易程序的哪些案件应当先行调解?

5. 哪些案件不可以适用简易程序?

6. 什么是小额诉讼程序?

案例分析题

A公司与B公司签订一份橄榄油买卖合同，约定A公司向B公司购买某国产橄榄油10吨。A公司第一期购买若干吨后，因B公司不能提供原产地证明等国际货物买卖文件，不再履行合同。B公司催促A公司履行合同未果，遂聘律师与A公司交涉，要求赔偿其可得利益损失90万元。B公司的要求被拒绝后，B公司请律师代理在双方合同约定的北京市某区人民法院起诉，索赔。根据北京市高级人民法院确定的关于各级法院级别管辖的标准，此案由该区法院管辖正确。受诉法院适用简易程序审理。答辩期届满后，法院通知双方当事人某日开庭。

[分析问题]

(1)法院适用简易程序审理的案件当事人是否有权主张适用普通程序审理?

(2)适用简易程序审理的案件，法院是否可以不经审前证据交换就进入法庭审理?

延伸阅读

1. 章武生:《民事简易程序研究》，中国人民大学出版社2002年版。

2. 美国加利福尼亚州法院行政办公室司法教育和研究中心编著:《美国加州小额诉讼程序指南》，蒋惠岭、黄斌等译校，罗东川审定，人民法院出版社2011年版。

3. 范愉:《小额诉讼程序研究》，载《中国社会科学》2001年第3期。

4. 傅郁林:《小额诉讼与程序分类》，载《清华法学》2001年第3期。

第十三章　第二审程序

本章知识要点：我国实行二审终审制。针对未生效的裁判，当事人可以向上级人民法院提起上诉，启动二审程序。二审程序的设置，对于维护当事人权益、上级法院对下级法院进行监督和实现司法公正，具有重要意义。第二审程序在审判组织、审理对象、审理期限和审理方式上，均和第一审程序存在区别。上诉权是当事人的重要诉讼权利，当事人行使上诉权是启动第二审程序的依据。当事人上诉的提起要符合法定条件。第二审人民法院通过对上诉案件的审理，根据情况的不同，作出不同的判决和裁定。第一审程序与第二审程序的区别、上诉提起的条件和第二审裁判的种类，是本章的学习重点。

第一节　第二审程序概述

一、第二审程序的概念与性质

第二审程序，是指当事人不服第一审人民法院的未生效裁判，而在法定期限内向上一级人民法院提出上诉，上一级人民法院对案件进行重新审理所适用的程序。第二审程序是由当事人的上诉引起的，因此又称为上诉审程序。我国民事诉讼实行两审终审制，一个案件经过两级法院审理即告终结，因此第二审程序又称为终审程序。

第二审程序的性质如何，决定了第二审程序制度设计的方向与重点。学术界关于第二审程序的性质，主要有三种观点：

一是复审说。该学说认为，第二审是对案件的重新审理，它与第一审无关。第二审人民法院应全面地重新收集一切诉讼资料，当事人也可以不受限制地提出新的事实和新的证据，并在此基础上作出裁判。该审理模式被法律界戏称为“第二次一审”。从诉讼经济学的角度看，该学说浪费时间和法律资源的现象十分严重，民事诉讼不宜采取这一原则。

二是事后审制说。该学说只限于就一审判决当否的审查，审查的诉讼资料原则上只限于第一审资料，二审中限制新事实的主张。因此，又称为限制二审主义。第二审只能以当事人在第一审中提出的诉讼资料为依据，不允许当事人在第二审中提出新的诉讼资料。第二审只能对第一审法律适用是否正确进行审查，而不是审查第一审法院所认定的事实。该学说是与复审说相对立的一种学说。美国联邦民事诉讼规则确立的便是事后审制。

三是续审制说。该学说通常被认为是上述两种学说的折中，续审制说认为，第二审是第一审的继续和发展，第二审的诉讼资料并不限于第一审原有的诉讼资料。当事人在第二审中还可以提出新的事实及新的证据。续审制模式以德国、日本现行民事诉讼法的规定最为典型。

目前世界上大多数国家的第二审程序采用续审制。但对当事人在第二审程序中提出的新证据是否加以限制有不同的规定。大多数大陆法系国家对于向上诉法院提出新证据不加任何限制。少数大陆法系国家则对向二审法院提出新证据加以限制，如德国、意大利。德国法之所以对采纳新的证据加以限制，其主要目的是为了提高第一审程序的威信，阻止诉讼当事人把主要精力放到第二审程序上。英国判例法对向二审法院提出新证据加上了两条限制：（1）新证据必须是表面上可信的；（2）采纳这些新证据至少能对案件的结果产生重大的影响。

我国民事诉讼法采用续审制，在第二审程序中，允许当事人提出新的证据和新的事实主张且未加以任何限制。最高人民法院《民事诉讼证据规定》中规定了当事人在第二审程序中只能提交“新的证据”，且对何谓“新的证据”作了明确界定，但这并未改变我国第二审程序的续审制原则。

二、第二审程序的意义

审判是通过诉讼的方式来解决当事人之间发生的纠纷。为了保证纠纷能得到有效公正的处理，满足当事人的诉讼需求并尽可能地降低审判错误的出现，各国在审判程序的设置上除第一审程序外，都建立了上诉审程序。大多数发达国家都建立了三审终审制，如法国、德国、日本、美国等。我国地大物博，人口众多，案件数量的增长远大于司法资源的增长，因此在 1954 年公布的《人民法院组织法》中，我国确立了适合我国国情的四级两审终审制并延续至今。第二审程序作为我国民事诉讼程序的重要组成部分，其意义主要体现为以下两个方面：

1. 有利于保护当事人的合法权益

上诉是法律赋予当事人的一项司法救济权利。当事人不服第一审人民法院的判决、裁定，可依法提起上诉，由上级人民法院根据当事人的上诉请求对案件进行第二次审理。在上诉审理中，当事人可以再次行使辩论权，更全面、更充分地向法院阐述自己的理由，以弥补在一审审理中的不足和遗漏。案件经过两级人民法院审理，就可以更好地避免当事人的合法权益因人民法院的错误裁判而受到损害，从而更好地保护当事人的权益。

2. 有利于上级法院监督和检查下级法院的审判工作

裁判结果的实体真实性会受到案件证据材料、法官个人素质等多方面因素的影响，错误有时在所难免。上级人民法院通过对案件的事实认定是否清楚，证据是否确实、充分，法律适用是否准确，诉讼程序是否合法等进行重新审判，可以发现下级人民法院在审判过程中存在的问题，通过二审裁判，加强审判监督，及时纠正或撤销错误的判决裁定，保护当事人的合法权益；帮助下级人民法院总结审判工作经验，提高审判工作水平和办案质量，保证人民法院正确行使审判权，充分发挥第二审人民法院的审判监督作用。

三、第二审程序与第一审程序的关系

（一）第二审程序与第一审程序的联系

1. 第一审程序是第二审程序的前提和基础

第一审程序是每个案件的初次审理程序，也是每个案件的必经程序，因此第一审程序中对案件的审查是全面审查。在一审结束后，当事人如果对一审裁判不服，有权在上诉期限内向上一级人民法院提出上诉，这样案件就进入第二审程序。

我国《民事诉讼法》第 168 条规定：“第二审人民法院应当对上诉请求的有关事实和适用法律进行审查。”由此可知，我国第二审程序的审查范围应当是当事人不服一审裁判而提出要求重新审理的上诉请求范围。对于不在当事人上诉请求范围内的一审裁判结果，二审审理过程中一般不再予以审查而直接认定其效力。总之，不论是对第一审裁判错误的纠正还是对第一审裁判公正的肯定，都是建立在第一审程序的基础上的。

2. 第二审程序是第一审程序的继续和发展

第二审程序在第一审认定事实和证据的基础上，针对当事人的上诉请求，对相关事实和证据进行重新审查，并作出最终的裁判结果。第二审裁判除了要解决当事人的实体法律关系，还要对一审裁判的正确与否作出评价，是第一审程序的延续。

（二）第二审程序与第一审程序的区别

1. 审判程序发生的原因不同

第二审程序是因为当事人不服第一审人民法院已经作出的未生效裁判而提出上诉引起的，其启动是因为当事人行使上诉权与第二审人民法院行使审判监督权；第一审程序是当事人因为权利受到侵害或者因民事权利义务与他人发生争议而提出起诉引起的，其启动是因为当事人行使起诉权与第一审人民法院行使审判权。

2. 审级与审判组织不同

第二审程序是民事案件的第二次审理程序，也是终审程序，案件只能由审判人员组成合议庭进行审理；第一审程序是各级人民法院在第一次审理民事案件时所适用的程序，其审判组织可以由审判人员独任，也可以由审判人员或审判人员与人民陪审员共同组成合议庭。

3. 审理的对象不同

第二审程序的审理对象为当事人上诉请求的范围，即只审理与当事人上诉请求事项有关的事实及法律适用部分，同时也要对第一审程序中违反法律程序规定的行为进行法律监督和审查；第一审程序的审理对象为双方当事人间发生法律争议的权利义务关系及相关的法律适用。

4. 审理的方式不同

第二审程序的审判方式以开庭审理为原则，以径行裁判为例外；而第一审程序则一律开庭审理，不能采用书面审理或者径行裁判。

5. 裁判的法律效力不同

人民法院适用第二审程序作出的裁判，是终审的裁判，一经宣告和送达，立即发生法律效力，当事人就同一事实和理由不得再行起诉。第一审程序的裁判作出后，除法定不许上诉的以外，在法定的上诉期限内，如果当事人没有提出上诉，则上诉期满后，第一审裁判发生法律效力；如果当事人在上诉期内提出上诉的，则案件进入第二审程序，第一审裁判不发生法律效力。

第二节　上诉的提起与受理

一、上诉的概念

上诉，是指当事人不服第一审人民法院作出的尚未发生法律效力的裁判，在法定期限内提出的要求上一级人民法院对案件进行重新审理的诉讼行为。上诉权是法律赋予当事人的一项重要的诉讼权利。除了法律规定不允许上诉的案件外，当事人不服第一审裁判或者认为第一审裁判确有错误，都可提出上诉要求上一级人民法院再次审理。

上诉的提起，是启动第二审程序的关键，是当事人继续寻求司法救济的渠道，也是人民法院开展审判监督工作的前提。因此立法上对上诉权的保护是明确的。除了在判决书、裁定书中要写明当事人享有上诉权及上诉的期限、上诉的法院等事项外，我国《民事诉讼法》第 152 条还明确规定在宣告判决时，司法人员必须告知当事人上诉权利、上诉期限和上诉法院。

上诉与起诉都是当事人请求人民法院通过审理和裁判，保护自己合法权益的诉讼行为，但两者存在以下几个方面的区别：（1）提起的原因不同。上诉是当事人不服第一审人民法院作出的尚未发生法律效力的裁判，因而要求上一级人民法院进行重新审理并作出新的裁判的诉讼行为；起诉是当事人认为自己的合法权益受到他人侵犯或者与他人之间发生了民事权益争议，而要求人民法院予以裁判解决的诉讼行为。（2）提起的时间不同。上诉的提起受上诉期限限制，我国《民事诉讼法》规定，对判决不服的上诉期是 15 天，对裁定不服的上诉期是 10 天；起诉一般不受时间限制，当事人可以在任何时间起诉，但如果当事人的起诉超过诉讼时效，那么当事人就丧失了胜诉权。（3）提起的对象不同。上诉只能向第一审人民法院的上一级法院提出，因此有权审理上诉案件的法院只能是中级以上人民法院，基层人民法院无权审理上诉案件。而当事人起诉则要根据管辖的有关规定，选择有管辖权的相应法院。我国四级人民法院依法都有权受理当事人的起诉。

二、提起上诉的条件

上诉必须符合法定的条件，只有符合法律规定条件的上诉，才能引起第二审程序的发生。根据我国法律规定，当事人提起上诉必须符合以下四个条件：

（一）上诉的对象必须是法律允许上诉的判决、裁定

根据《民事诉讼法》第 154 条和第 155 条，以及《最高人民法院关于审理企业破产案件若干问题的规定》第 13 条和第 14 条的规定，上诉只能就法律规定可以上诉的裁判提起，对于法律规定不准上诉的裁判，当事人无权上诉。

1. 关于判决

允许上诉的判决有：地方各级人民法院适用普通程序、简易程序作出的判决以及人民法院发回重审与按照一审程序对案件进行再审后作出的判决。法律规定不允许

上诉的判决有两类：一是最高人民法院作出的第一审判决；二是法院适用特别程序、公示催告程序作出的判决。

2. 关于裁定

允许上诉的裁定有：管辖权异议裁定、不予受理裁定、驳回起诉裁定和驳回破产申请的裁定。除了上述法律明确规定可以上诉的裁定之外，对于其他裁定，当事人都不可以提出上诉。

（二）上诉的主体必须是合格的上诉人与被上诉人

当事人提起上诉，必须具有合格的主体身份，即必须是合格的上诉人与被上诉人。上诉人是指提起上诉的一方当事人，被上诉人是指与上诉人的上诉请求有直接利害关系的当事人。

根据民事诉讼法的规定及最高人民法院的司法解释，第一审程序中的原告、被告、共同诉讼人、诉讼代表人、有独立请求权的第三人、判决承担民事责任的无独立请求权的第三人，可以作为上诉人。

必要共同诉讼人中的一人或者部分人提出上诉的，按下列情况列明被上诉人：（1）该上诉是对与对方当事人之间权利义务分担有意见，不涉及其他共同诉讼人利益的，对方当事人为被上诉人，未上诉的同一方当事人依原审诉讼地位列明；（2）该上诉仅对共同诉讼人之间权利义务分担有意见，不涉及对方当事人利益的，未上诉的同一方当事人为被上诉人，对方当事人依原审诉讼地位列明；（3）该上诉对双方当事人之间以及共同诉讼人之间权利义务承担有意见的，未提出上诉的其他当事人均为被上诉人。

第二审程序不同于第一审程序，由于第一审程序审理的是双方当事人之间的实体权利义务争议，因此必须要有争议的相对方存在。而第二审程序审理的则是当事人对第一审裁判不服而提出的上诉请求，因此在第二审程序中既可以存在双方当事人，即上诉人与被上诉人，也可以只有上诉人一方当事人而没有被上诉人，即双方当事人和第三人都提出上诉的，均为上诉人。

（三）上诉的提出必须在法定的期限内

上诉的提起必须在法律规定的期限内，超过上诉期限的，当事人就丧失上诉权。《民事诉讼法》第 164 条规定："当事人不服地方人民法院第一审判决的，有权在判决书送达之日起十五日内向上一级人民法院提起上诉。当事人不服地方人民法院第一审裁定的，有权在裁定书送达之日起十日内向上一级人民法院提起上诉。"对各方当事人而言，如果不是同时收到裁判文书，上诉期从各自收到裁判文书之日的次日开始计算。超过上诉期间而没有提起上诉的当事人，当其上诉期间届满时丧失上诉权。

对必要共同诉讼而言，上诉期间以最后一个收到裁判文书的共同诉讼人的上诉期间来计算。对普通共同诉讼而言，则分别计算各共同诉讼人的上诉期间。

在上诉期间内，当事人因不可抗拒的事由或者有其他正当理由耽误上诉期间的，在障碍消除后 10 日内，可以申请顺延期间，是否准许由人民法院决定。

（四）上诉必须递交上诉状

当事人提起上诉必须以书面形式进行，口头上诉无效。上诉状是上诉人表示不服第一审人民法院的裁判，要求第二审人民法院撤销或变更第一审裁判的诉讼文书。根据《民事诉讼法》第 165 的规定，上诉状的内容应当包括：（1）当事人的姓名，法人的名称及其法定代表人的姓名或者其他组织的名称及其主要负责人的姓名；（2）原审人民法院的名称、案件的编号和案由；（3）上诉的请求和理由。

《民诉法司法解释》第 320 条规定："一审宣判时或判决书、裁定书送达时，当事人口头表示上诉的，人民法院应告知其必须在法定上诉期间内递交上诉状。未在法定上诉期间内递交上诉状的，视为未提起上诉。"

三、提起上诉的程序

根据《民事诉讼法》第 166 条和第 167 条的规定，上诉的受理有两种程序。

（一）上诉人提起上诉，应向原审人民法院提交上诉状

上诉人提起上诉，原则上应通过原审人民法院提出上诉状，并按对方当事人或者代表人的人数提出副本，上诉于原审人民法院的上一级人民法院。向原审人民法院提出上诉状，既便于当事人行使上诉权，也便于人民法院对上诉状进行审查并及时向当事人送达相关书状，为第二审程序做好准备。

原审人民法院在收到上诉状后，应当在 5 日内将上诉状副本送达对方当事人，并告知其在 15 日内提出答辩状。人民法院收到答辩状，应在 5 日内将答辩状副本送达上诉人。被上诉人在法定期限内不提出答辩状的，不影响第二审人民法院的审理。原审人民法院收到上诉状、答辩状后，应当在 5 日内连同全部案卷和证据，报送第二审人民法院。

（二）上诉人也可以直接向第二审人民法院上诉

为了消除当事人的思想疑虑，法律也不禁止当事人直接向第二审人民法院提出上诉状，以保障当事人行使上诉权。当事人直接向第二审人民法院递交上诉状的，第二审人民法院应当在5日内将上诉状移交原审人民法院。由原审人民法院将上诉状、

答辩状连同全部案卷和证据，再一起报送第二审人民法院。

四、上诉的撤回

上诉的撤回，是指上诉人提起上诉后，在第二审人民法院宣告判决前撤回上诉请求的诉讼行为。

撤回上诉同撤回起诉一样，是法律赋予当事人的一项诉讼权利，在第二审人民法院对上诉请求进行审理的过程中，如果上诉人不想继续诉讼，可撤回上诉。与撤回起诉不同的是，第二审人民法院作出的准予撤回上诉的裁定是终审裁定，因此上诉人撤回上诉后，即使其上诉期间未满，也不得再行上诉。

当事人撤回上诉，应当向第二审人民法院提出申请，该申请既可以用书面的形式，也可以用口头的方式，口头申请撤回上诉的，应当记入笔录。

《民事诉讼法》第 173 条规定："第二审人民法院判决宣告前，上诉人申请撤回上诉的，是否准许，由第二审人民法院裁定。"可见，上诉人能否撤回上诉，要由第二审人民法院审查后作出裁定。《民诉法司法解释》第 337 条规定，第二审人民法院经审查认为一审判决确有错误，或者双方当事人恶意串通损害国家利益、社会公共利益及他人合法权益的，不应准许上诉人撤回上诉。

一般来讲，不准许撤回上诉的裁定，可以用书面形式也可以用口头形式作出。因为不准许撤回上诉，案件还要继续审理，口头裁定不涉及对当事人实体权利义务的处分，不影响当事人的合法权益。而准许撤诉一般应制作裁定书。第二审人民法院一旦作出准许撤回上诉的裁定，第二审程序即告终结，第一审裁判发生法律效力。

第三节　上诉案件的审理

我国《民事诉讼法》第 174 条规定："第二审人民法院审理上诉案件，除依照本章规定外，适用第一审普通程序。"可见，第二审人民法院审理上诉案件适用的程序，既有自己的特点，也有与第一审程序相同的地方。

一、上诉案件审理前的准备

（一）组成合议庭

根据《民事诉讼法》的规定，第二审人民法院审理上诉案件，应当由审判员组成合议庭进行审理。这是第二审程序中审判组织的法定形式，也就是说，上诉案件不能由审判员一人独任审判，也不能由审判员与人民陪审员共同组成的合议庭进行审理。

第二审程序是民事案件的第二次审理程序，也是最终审理程序。因此，第二审裁判作为终审裁判，一经宣告立刻产生法律效力，当事人就同一事实不得再行上诉和起诉。作为保护当事人合法权益的诉讼上的最后屏障，第二审程序在制度设计上尽可能以完善的程序来确保实体公正的实现。合议庭是一个审判集体，案件的裁判结果由合议庭成员集体讨论作出。在集体力量与智慧发挥作用的前提下，二审裁判结果会更加令人信服。所以世界绝大多数国家在上诉审程序中的审判组织都是采用合议制。

（二）审查案卷，询问当事人、证人，进行调查

合议庭应该认真审阅全部上诉材料，这是审理前阶段最重要的准备工作之一。首先，合议庭应审查当事人的上诉是否符合提出上诉的四个条件。如果缺少相关材料的，应通知当事人补足。对于没有正当理由超过法定上诉期限提起上诉的，应裁定驳回上诉。其次，如果符合上诉条件，合议庭应进一步对当事人的上诉请求进行审查，确定案件争议焦点所在。再次，有重点、有针对性、有计划地询问当事人、证人，对案件事实进行调查，核对证据，必要时收集和调查新的证据材料。最后，根据调查的情况，决定案件应当开庭审理或是径行判决。

二、上诉案件的审理范围

我国《民事诉讼法》第 168 条规定：“第二审人民法院应当对上诉请求的有关事实和适用法律进行审查。”由此可知，我国第二审程序的审理范围仅限于当事人上诉请求的有关事实和法律适用。和西方国家上诉审程序多为法律审不同的是，我国的二审程序既是事实审又是法律审。事实审查部分包括对第一审人民法院认定而上诉人不服的事实的审查，也包括对上诉人在上诉请求中提出的新的事实与证据的审查；法律审包括对上诉人提出不服第一审人民法院适用的实体法律的审查，也包括对一审中程序法的审查。对于上诉人没有提出上诉的第一审裁判中认定的事实与法律适用，第二审人民法院原则上不予审理。《最高人民法院关于民事经济审判方式改革问题的若干规定》第 36 条规定，被上诉人在答辩中要求变更或者补充第一审判决内容的，第二审人民法院可以不予审查。

二审审理范围的有限性并不是绝对的，司法实践中存在一个现实的问题，即如

果上诉人对一审裁判中认定的事实以及适用法律有误之处并未提出上诉，那么第二审人民法院对上诉请求之外的该错误能否予以审查纠正？《民诉法司法解释》第 323 条规定："第二审人民法院应当围绕当事人的上诉请求进行审理。当事人没有提出请求的，不予受理，但一审判决违反法律禁止性规定，或者损害国家利益、社会公共利益、他人合法利益的除外。"《最高人民法院关于民事经济审判方式改革问题的若干规定》第 35 条作出了明确的规定，即第二审案件的审理应当围绕当事人上诉请求的范围进行，当事人没有提出请求的，不予审查。但判决违反法律的禁止性规定、侵害社会公共利益或者他人利益的除外。

对于二审审理范围的有限性与二审人民法院可不受上诉范围影响纠正原裁判错误的问题，可从两方面加以理解：首先，我国第二审程序的审理范围限定为上诉人的上诉请求范围。对于双方当事人无争议的事实、证据以及法律适用二审人民法院可以直接认定，这就避免了重复审查所带来的司法浪费及诉讼拖沓。其次，二审人民法院承担审判监督职能。对上诉请求的审查不可能脱离原裁判，二审人民法院必须是在掌握全案情况的基础上重点审查、解决当事人争议问题。因此在了解全案情况的过程中，有时会发现在上诉请求范围外的原判事实或法律适用存在错误。二审人民法院除了审判职能外，还肩负着监督职能，而对一审裁判错误的纠正正是法院在履行监督职能。所以二审审理范围的有限性原则与二审人民法院纠正上诉请求范围外原裁判错误的行为并不矛盾，而且也体现出我国法律规定当事人处分权与法院职权干预的有机结合。

三、上诉案件的审理方式

《民事诉讼法》第 169 条第 1 款规定："第二审人民法院对上诉案件，应当组成合议庭，开庭审理。经过阅卷、调查和询问当事人，对没有提出新的事实、证据或者理由，合议庭认为不需要开庭审理的，可以不开庭审理。"由此可知，我国上诉案件的审理方式以开庭审理为原则，以径行裁判为例外。

（一）开庭审理

开庭审理是上诉案件审理的基本方式，它是在各方当事人及其他诉讼参与人同时到庭参与下，通过法庭调查、法庭辩论、合议庭评议、宣判等环节，对原判事实、法律进行审理并作出裁判的审理方式。

开庭审理是第二审人民法院审理上诉案件的主要审理方式，不开庭审理的径行裁判方式只适用于少数案件，是开庭审理的例外。但在司法实践中，由于诸多因素的作用，绝大多数二审案件并没有开庭审理。这实际上是对二审审理方式的滥用，我们应坚持贯彻上诉案件的依法开庭审理。

开庭审理是实现直接言词原则、辩论原则等诉讼原则的基本要求，能使诉讼达到最大程度的透明化、公开化，促进公平审判，能够有效地维护当事人的诉讼权利，增强当事人对裁判结果的信服感，同时促使当事人自愿履行生效裁判。

（二）径行裁判

径行裁判，又称不开庭审理，是指第二审人民法院不同时传唤和不通知当事人和其他诉讼参与人到庭参加法庭调查和辩论，而在案件经过阅卷和必要的调查之后，直接作出裁判的审理方式。

关于径行裁判有下列几点需要注意：

1. 径行裁判不同于书面审理

我国民事诉讼法规定的“径行裁判”同一些西方国家民事诉讼法规定的“书面审理”是不相同的。所谓“书面审理”是指不开庭，不调查，不询问当事人、证人，只通过审查一审案卷材料即作出裁判的审理方式。而径行判决是在书面审理的基础上询问当事人、调查证据以后，无须开庭而直接作出的裁判。

2. 径行裁判必须组成合议庭

根据《民事诉讼法》第 169 条第 1 款的规定，无论采取何种审理方式，第二审程序都必须组成合议庭进行审理，不能由一名审判员独任审判。第二审程序实行径行裁判的，同样必须组成合议庭，不能由一名审判员独任审判。

3. 径行裁判适用范围受到严格限制

新《民事诉讼法》将不开庭审理的条件中的“事实核对清楚”改为“没有提出新的事实、证据或者理由”。“事实清楚”是一个模糊的概念，而“提出新的事实、证据或者理由”则是可以量化的。

《民诉法司法解释》第 333 条规定，对下列案件，第二审人民法院可以不开庭审理：（1）一审就不予受理、驳回起诉和管辖权异议作出裁定的案件；（2）当事人提出的上诉请求明显不能成立的案件；（3）原审裁判认定事实清楚，但适用法律错误的案件；（4）原判决严重违反法定程序，需要发回重审的案件。

《最高人民法院关于民事经济审判方式改革问题的若干规定》第 37 条规定：“第二审人民法院在审理上诉案件时，需要对原证据重新审查或者当事人提出新证据的，应当开庭审理。对事实清楚、适用法律正确和事实清楚，只是定性错误或者适用法律错误的案件，可以在询问当事人后径行裁判。”

径行裁判的适用范围是相当严格的。除了法律规定的上述几种情况外，二审法院不能随意扩大径行裁判的适用范围。如果经过合议庭审查，询问当事人，核对、调查事实后，认为事实不清，案情复杂的，仍应开庭审理。

四、上诉案件的证据

证据是查明案件事实作出正确裁判的根据和基础。第二审程序在举证、质证、认证等证据规则方面，与第一审程序中的规定基本相同，只在新的证据和举证时限两个方面存在差异。

（一）上诉案件中的“新的证据”

当事人可以在第二审程序中提出“新的证据”。根据《民事诉讼证据规定》第 41 条，二审程序中的“新的证据”包括：一审庭审结束后新发现的证据；当事人在一审举证期限届满前申请人民法院调查取证未获准许，二审法院经审查认为应当准许并依当事人申请调取的证据。

《民事诉讼证据规定》第 43 条规定，当事人举证期限届满后提供的证据不是新的证据的，人民法院不予采纳。但为了在提高诉讼效率的同时保证实体公正，当事人经人民法院准许延期举证，但因客观原因未能在准许的期限内提供，且不审理该证据可能导致裁判明显不公的，其提供的证据可视为新的证据。

（二）上诉程序中的举证时限

我国民事诉讼法中没有举证时限的规定。依据《民事诉讼法》第 139 条“当事人在法庭上可以提出新的证据”和第 200 条“当事人有新的证据，足以推翻原判决、裁定的，人民法院应当再审”的规定，一般认为我国的民事诉讼实行“证据随时提出主义”，当事人在法庭辩论终结前，法庭审理的各个阶段都可以提出证据。《民事诉讼证据规定》第 32 条至 36 条则对举证时限作了明确规定，当事人在举证期限内不提供证据材料的，将导致证据失权的法律后果。

上诉审举证时限的确定、计算及逾期举证的法律后果等同第一审程序的相关规定，不同之处体现在“新的证据”问题上。第一，上诉案件中的举证时限仅指对“新的证据”的举证时限。这里的“新的证据”特指上文提及的二审中的两类“新的证据”。第二，上诉案件举证时限的确定方式比较明确。《民事诉讼证据规定》第 42 条第 2 款规定，在主张有新证据的情况下，当事人应对存在新的证据的情形承担举证责任。依据民事诉讼法的规定，对于开庭审理的上诉案件，新的证据应当在开庭审理前或开庭审理时提出。对于不开庭审理的上诉案件，人民法院应当指定提出新的证据的期限，由当事人在人民法院指定的期限内提出。

《民事诉讼证据规定》第46条还规定，由于当事人的原因未能在指定期限内举证，致使案件在二审或者再审期间因提出新的证据被人民法院发回重审或者改判的，原审裁判不属于错误裁判案件。一方当事人请求提出新的证据的另一方当事人负担由此增加的差旅、误工、证人出庭作证、诉讼等合理费用以及由此扩大的直接损失，人民法院应予支持。

五、上诉案件的调解

根据《民事诉讼法》第172条的规定，第二审人民法院审理上诉案件，可以进行调解。这一规定体现了调解制度贯穿民事诉讼各个阶段的指导思想，在我国民事诉讼中，不仅一审程序可以调解，在第二审程序中同样可以进行调解。

（一）上诉案件调解的范围

第二审人民法院审理上诉案件时，可根据自愿、合法原则主持双方当事人进行调解。这体现了我国法律对当事人处分权的尊重。

《民诉法司法解释》第328条第1款规定："在第二审程序中，原审原告增加独立的诉讼请求或原审被告提出反诉的，第二审人民法院可以根据当事人自愿的原则就新增加的诉讼请求或反诉进行调解；调解不成的，告知当事人另行起诉。"可见，上诉案件的调解范围没有限制。二审法院可以就一审程序中涉及的事项进行调解，可以就当事人上诉请求事项进行调解，也可以就当事人新增加的诉讼请求或反诉进行调解。

根据《民诉法司法解释》第326条至329条对二审程序中调解问题的规定，调解对象的不同，处理方式也不同：

第一，遗漏诉讼请求的问题。对当事人在一审中已经提出的诉讼请求，原审人民法院未作审理、判决的，第二审人民法院可以根据当事人自愿的原则进行调解，调解不成的，发回重审。

第二，遗漏必要共同诉讼人的问题。必须参加诉讼的当事人在一审中未参加诉讼的，第二审人民法院可以根据当事人自愿的原则予以调解，调解不成的，发回重审。发回重审的裁定书不列应当追加的当事人。

第三，新增加诉讼请求与反诉的问题。在第二审程序中，原审原告增加独立的诉讼请求或原审被告提出反诉的，第二审人民法院可以根据当事人自愿的原则就新增加的诉讼请求或反诉进行调解，调解不成的，告知当事人另行起诉。双方当事人同意由第二审人民法院一并审理的，第二审人民法院可以一并裁判。

第四，离婚案件问题。一审判决不准离婚的案件，上诉后，第二审人民法院认为应当判决离婚的，可以根据当事人自愿的原则，与子女抚养、财产问题一并调解，调解不成的，发回重审。

根据上述规定我们可以得知，第二审程序中的调解与第一审程序中的调解有所不同。在一审程序中，当调解不成时，法院应及时作出判决；而在二审程序中，因涉及当事人的上诉权问题，所以当调解的对象是一审裁判中未涉及的事项时，调解不成，应发回重审或告知当事人另行起诉，而不能直接作出判决。

（二）上诉案件中的调解书

《民事诉讼法》第 172 条规定：“调解达成协议，应当制作调解书，由审判人员、书记员署名，并加盖人民法院印章。”

调解书一经合法送达，即与终审判决具有同等的法律效力，同时原审人民法院的判决视为撤销。但应注意的是，第二审人民法院不能在调解书上写“撤销一审判决”的字样。“视为撤销”与“撤销原判”不同，“撤销原判”是人民法院的裁判行为，是行使审判权的结果。而调解并不单是法院的诉讼行为，其主要是在法院的主持下，当事人处分自己权利的诉讼行为，是当事人行使处分权的结果。“视为撤销”不是第二审人民法院撤销了第一审法院的判决，而是因为调解具有终结诉讼的效力，调解书生效后，原审法院的判决就不再有效。

六、上诉案件的审理地点与期限

（一）上诉案件的审理地点

《民事诉讼法》第 169 条第 2 款规定：“第二审人民法院审理上诉案件，可以在本院进行，也可以到案件发生地或者原审人民法院所在地进行。”二审案件的审理，可在二审法院、原审法院或案件发生地法院之中进行选择。具体地点的选择，二审法院可参考下列原则：是否有利于提高办案质量及诉讼效率；是否便于法院查清案情，行使审判权；是否便于当事人及其他诉讼参与人参加诉讼等。

（二）上诉案件的审理期限

为了保证上诉案件的及时审理，《民事诉讼法》第 176 条规定，人民法院审理对判决的上诉案件，应当在第二审立案之日起 3 个月内审结，有特殊情况不能在规定期限内审结需要延长的，应报本院院长批准。

人民法院审理对裁定的上诉案件，应当在第二审立案之日起 30 日内作出终审裁定，不得申请延长。因为裁定主要是解决案件审理中的诉讼程序问题，不涉及实体问题。因此对其的审查相对简单，可以在较短的时间内完成。

第四节　上诉案件的裁判

在民事诉讼中，当事人针对判决、裁定提出的上诉，二审人民法院根据不同情况作出处理。

一、对一审判决、裁定不服的上诉案件的裁判

当事人对一审判决、裁定不服，提起上诉后，二审人民法院应当根据审理的情况分别作出以下处理：

（一）以判决、裁定方式驳回上诉，维持原判决、裁定

如果第二审人民法院对上诉案件经过审理后，认为原判决、裁定认定事实清楚，适用法律正确，应当依法判决、裁定驳回上诉，维持原判决、裁定。即确认一审人民法院的判决、裁定是正确合法的，当事人的上诉请求和理由不成立，依法不予支持。

（二）以判决、裁定方式依法改判、撤销或者变更

第二审人民法院在审理过程中，发现以下三种情况，可依法改判：（1）原判决、裁定适用法律错误的；（2）原判决、裁定认定事实错误；（3）认定事实和法律均存在错误。

根据《民诉法司法解释》第332条规定，第二审人民法院经过审理，认为原裁定认定事实不清或证据不足，适用法律错误的，应当裁定撤销原裁定，并根据情况作出如下具体处理：第一，第二审人民法院查明第一审人民法院作出的不予受理裁定有错误的，应在撤销原裁定的同时，指令第一审人民法院立案受理。第二，查明第一审人民法院作出的驳回起诉裁定有错误的，应在撤销原裁定的同时，指令第一审人民法院进行审理。第三，认为第一审人民法院驳回管辖权异议的裁定错误的，应当在撤销原裁定的同时，指令原审人民法院中止诉讼，将案件移送至有管辖权的人民法院。第四，查明认为第一审人民法院驳回破产申请的裁定错误的，应当在裁定撤销原裁定的同时，指令原审人民法院受理破产申请并依法进行审理。

《民事诉讼法》第171条规定："第二审人民法院对不服第一审人民法院裁定的上诉案件的处理，一律使用裁定。"

（三）查清事实后改判

原判决认定基本事实不清的，裁定撤销原判决，发回原审人民法院重审，或者查清事实后改判。在原判决认定事实不清的情况下，为节约司法资源、提高效率，第二审人民法院能够查清事实后改判的，应当首先考虑改判。

（四）发回重审

发回重审的情况有：（1）原判决认定基本事实不清；（2）原判决遗漏当事人；（3）存在违法缺席判决等严重违反法定程序的情形。此外，《民事诉讼法》第 170 条第 2 款规定："原审人民法院对发回重审的案件作出判决后，当事人提起上诉的，第二审人民法院不得再次发回重审。"

《民诉法司法解释》第 325 条规定了四种违反法定程序的情形：（1）审判组织的组成不合法；（2）应当回避的审判人员未回避；（3）无诉讼行为能力人未经法定代理人代为诉讼的；（4）违法剥夺当事人辩论权利的。

原判决违反法定程序，可能影响正确判决的属于应当裁定撤销原判、发回重审的情形；而原判决认定事实不清，则属于法院可自由裁量处理的情形，即法院可以查清事实后依法改判，也可以裁定撤销原判，发回重审。

根据《民诉法司法解释》第 326、327 条和第 329 条的规定，二审法院对于以下三种案件调解不成的，应当发回重审：第一，对当事人在一审中已经提出的诉讼请求，原审人民法院未作审理、判决的，第二审人民法院可以根据当事人自愿的原则进行调解，调解不成的，发回重审。第二，必须参加诉讼的当事人或者有独立请求权的第三人，在第一审中未参加诉讼的，第二审人民法院可以根据当事人自愿的原则予以调解，调解不成的，发回重审。发回重审的裁定书不列应当追加的当事人。第三，一审判决不准离婚的案件，上诉后，第二审人民法院认为应当判决离婚的，可以根据当事人自愿的原则，与子女抚养、财产问题一并调解，调解不成的，发回重审。

《最高人民法院关于民事经济审判方式改革问题的若干规定》第 38 条规定："第二审人民法院根据当事人提出的新证据对案件改判或者发回重审的，应当在判决书或者裁定书中写明对新证据的确认，不应当认为是第一审裁判错误。"

（五）撤销原判，驳回起诉

根据《民诉法司法解释》第 330 条的规定，人民法院依照第二审程序审理的案件，认为依法不应由人民法院受理的，可以由第二审人民法院直接裁定撤销原裁判，驳回起诉。

二、二审裁判的法律效力

《民事诉讼法》第 175 条规定，第二审人民法院的判决、裁定，是终审的判决、裁定。该判决、裁定一经作出即产生如下法律效力：

（一）当事人不得再行上诉

我国实行两审终审制度，第二审程序是我国民事案件审理的终审程序。所以当二审程序终结时，当事人通过诉讼程序寻求救济的渠道即告终止，当事人不得再行上诉。

（二）一事不再理

一事不再理是民事诉讼法中的一项基本原则，其含义包括两个方面：其一，当事人不得就已经向法院起诉的案件，再重新起诉。其二，本案判决之后，就产生既判力，当事人不得就双方争议的法律关系，向本法院和其他法院再行起诉。所以当第二审人民法院的审理终结后，从当事人角度讲，不得再行起诉，从法院角度讲，不得再次受理。

（三）具有强制执行效力

对于具有给付内容的生效裁判，如果义务人不履行法律文书所确定的实体义务，权利人可以依法在法定期限内申请人民法院强制执行。

三、二审中的特殊情况

根据《民诉法司法解释》第 336 条和第 339 条的规定，在第二审程序中遇到下列特殊情况时，应作如下相应处理：

（一）第二审程序中当事人的诉讼承担

第二审程序中，作为当事人的法人或者其他组织分立的，人民法院可以直接将分立后的法人或者其他组织列为共同诉讼人；合并的，将合并后的法人或者其他组织列为当事人。作为当事人的法人或其他组织分立或合并，引起民事法律关系主体的变化，或由一个变为多个，或由多个变为一个，但这种主体的变化发生在诉讼过程中，因此原来诉讼主体的权利义务由变更后的一个或数个主体共同承担，而无需另行起诉。

（二）第二审程序中的当事人和解

当事人在二审程序中可以和解。当事人达成和解协议后，有两种处理方式：第一，由人民法院根据当事人的请求，对双方达成的和解协议进行审查，在符合自愿与合法原则的基础上，制作调解书并送达双方当事人，调解书送达之日起，发生法律效力。第二，双方当事人达成和解协议后，可申请撤诉。人民法院经审查认为符合撤诉条件的，可以准许。这也体现了对当事人处分权的尊重。但要注意的是，当事人因达成和解而申请撤诉，是撤回起诉而不是撤回上诉。因为当事人双方和解以后，争议已告解决，诉讼（包括此前已经进行的第一审及其裁判）已成多余。[①]

本 章 小 结

第二审程序是指当事人不服第一审人民法院的未生效裁判，而在法定期限内向上一级人民法院提出上诉，上一级人民法院对案件进行重新审理所适用的程序。第二审程序是当事人上诉引起的，故又称上诉审程序，是对第一审程序的继续和发展。

当事人提起上诉必须符合法定条件，即上诉的对象必须是法律允许上诉的判决、裁定；上诉的主体必须是合格的上诉人与被上诉人；上诉的提出要在法律规定期限内；上诉必须递交上诉状。当事人依法提出上诉后，第二审人民法院对案件依法审查，决定开庭审理或采用径行裁判。

适用第二审程序审理案件时，法院原则上不对案件进行全面审查，只在上诉人上诉请求的有关事实和适用法律范围内进行审查。第二审案件的审理应当围绕当事人上诉请求的范围进行，当事人没有提出请求的，不予审查，但判决违反法律禁止性规定、侵害社会公共利益或者他人利益的除外。被上诉人在答辩中要求变更或者补充第一审判决的内容的，第二审人民法院可以不予审查。

在第二审程序中，当事人可以和解也可以在法院的主持下达成调解。如果达不成调解协议的，人民法院应根据不同情况作出不同处理：原判决、裁定认定事实清楚，适用法律正确的，以判决、裁定方式驳回上诉，维持原判决、裁定；原判决、裁定认定事实错误或者适用法律错误的，以判决、裁定方式依法改判、撤销或者变更；原判决认定基本事实不清的，裁定撤销原判决，发回原审人民法院重审，或者查清事实后改判；原判决遗漏当事人或者违法缺席判决等严重违反法定程序的，裁定撤销原判决，发回原审人民法院重审。

第二审裁判一经作出即为生效的裁判，即产生如下法律效力：当事人不得再行上

① 参见江伟主编:《民事诉讼法学原理》，中国人民大学出版社 1999 年版，第 667 页。

诉；一事不再理；强制执行效力。

思考题

1. 简述第二审程序与第一审程序的关系。两者发生的基础有何不同？

2. 什么是上诉？提起上诉的条件、程序和法律后果怎样？

3. 在审判实践中，对一些特殊情况应当如何正确确定上诉人和被上诉人？如何正确计算上诉期间？

4. 简要论述撤回上诉的条件、方式、法律后果，撤回上诉与撤回起诉的区别。

5. 简述民事上诉案件的审理方式、审理范围、审理程序和审结期限。

6. 简述民事第二审裁判的种类和它们各自的适用范围。

7. 简述第二审调解书与第一审判决书的关系和第二审裁判的法律效力。

案例分析题

[案情简介] 郭某与孙某系夫妻，因感情不和郭某提起离婚诉讼，一审法院经审理判决不准予离婚。郭某不服提出上诉，二审法院经审理认为应当判决离婚，并对财产分割与子女抚养一并作出判决。

[分析问题] 关于二审法院的判决，违反了《民事诉讼法》的哪些原则或制度？

延伸阅读

1. 齐树洁:《民事上诉制度研究》，法律出版社 2006 年版。

2. 傅郁林:《论民事上诉程序的功能与结构——比较法视野下的二审上诉模式》，载《法学评论》2005 年第 4 期。

第十四章　再审程序

本章知识要点：通常情况下，裁判一旦生效，就具有法律上的约束力，当事人不得再对裁判确认的实体法律关系进行争议，法院非依法定程序不得随意撤销或者变更该裁判。但如果该生效裁判确实存在重大错误而不予纠正，则显然有违人们对于公平正义的基本诉求。再审程序即是针对已经发生法律效力的错误裁判所设计的专门的“事后救济程序”。民事诉讼法第十六章审判监督程序主要规定了再审程序的启动主体、启动事由和启动程序。再审程序启动主体包括人民法院、当事人和人民检察院。人民法院决定再审的事由是生效裁判确有错误，当事人和人民检察院启动再审的事由涉及13项具体情形。当事人启动再审程序分为申请的提出、再审事由的审查和对本案的再次审理三个阶段。

第一节　再审程序概述

一、再审程序的概念

再审程序，是为了纠正已经发生法律效力的裁判中的错误而对案件再次审理所适用的程序。[①] 再审程序只是纠正生效裁判错误的法定程序，它不是案件审理的必经程序，也不是诉讼的独立审级。

再审程序与第二审程序都是为了保证判决、裁定的正确性，纠正原裁判中的错误。但是二者之间存在明显的区别：

1. 程序的性质不同

第二审程序是审级制度内的通常程序；再审程序是审级制度结构之外的程序，具

① 我国传统理论认为，《民事诉讼法》第16章规定的“审判监督程序”即指再审程序，本书即采此种观点。另有认为审判监督程序只是启动再审的前置程序，再审程序是审判监督程序后续的、纠正错误裁判的程序；也有观点认为审判监督程序属于再审程序的一部分，二者是包含和被包含的关系。详见杨荣新主编：《民事诉讼法学》，中国政法大学出版社1997年版，第368页。

有事后补救性。

2. 提起的主体不同

有权提起第二审程序的主体只能是第一审程序的当事人，即原告、被告、共同诉讼人、诉讼代表人、有独立请求权的第三人和法院判决承担民事责任的无独立请求权第三人；有权提起再审程序的主体则包括人民法院、人民检察院和当事人。

3. 审理的对象不同

第二审程序的审理对象是地方各级人民法院尚未生效的第一审判决、裁定；再审程序的审理对象包括各级人民法院已经生效的第一审和第二审判决、裁定和调解书。

4. 提起的期限不同

提起第二审程序的期限是法定的 15 日或 10 日；提起再审程序的期限，当事人申请再审一般应当在裁判发生法律效力后 6 个月内提出，存在“有新的证据，足以推翻原裁判的；原判决、裁定认定事实的主要证据是伪造的；据以作出原判决、裁定的法律文书被撤销或者变更的；审判人员审理该案件时有贪污受贿，徇私舞弊，枉法裁判行为的”四种情形的，自知道或者应当知道之日起 6 个月内提出。人民法院和人民检察院提起再审则不受时间限制。

5. 审理的法院不同

第二审案件的审理法院只能是第一审法院的上一级法院；再审案件的审理法院则包括原审法院和所有上级法院。

6. 提起的理由不同

第二审程序的提起理由是当事人不服地方法院的第一审裁判，不以一审裁判确有错误为前提；再审程序的提起，人民法院决定再审的事由是发现生效裁判“确有错误”，当事人申请再审和人民检察院提起再审都要求有法定的具体理由。

此外，还应注意再审与重审的区别：重审是第二审法院依法撤销一审判决后，由一审法院对案件重新进行审理，当事人对重审的判决、裁定不服的，仍可以上诉；再审则是原审法院或上级法院对生效的判决、裁定、调解书进行的再次审理，当事人能否对再审裁判提起上诉，取决于再审所适用的程序。

二、再审程序的意义

通常情况下，裁判一旦生效，就具有法律上的约束力，就必须维护其稳定性和权威性，当事人不得再对裁判确认的实体法律关系进行争议，法院也不得非依法定程序而随意撤销或者变更该裁判。但生效裁判的稳定性应当建立在正确性的基础上。民事案件的复杂性和其他原因都在客观上决定了生效裁判即使经过了第一审、第二审，仍有可能出错。如果生效裁判确实有错误并到了必须纠正的程度，就应当通过再审程序来改变它，而没有理由去维护这种错误裁判的稳定性。

再审程序与上诉审程序两种复审程序设立的目的具有共同之处，二者都是为了保证判决、裁定的正确性，纠正原裁判错误的法定程序。但是，再审程序是一种特殊的纠错程序，它是判决、裁定已经发生法律效力后所适用的程序，它使发生法律效力裁判中的错误仍有通过法律程序得以纠正的机会，是对合法民事权益的更完善的保护。正是由于再审程序是在生效裁判有严重瑕疵的情况下不得已而采取的补救措施，因此，与上诉审程序相比，再审程序的启动要困难得多。

我国民事再审程序立法贯彻"实事求是，有错必纠"的指导思想，并设计了人民法院决定再审、人民检察院抗诉引起再审和当事人申请再审三种进入再审程序的途径。但在诉讼实务中，"申请再审难""申诉难"的问题一直未能得到切实解决，损害了当事人的合法权益，也危害了国家司法权威和司法公正。理论界指出我国民事再审程序存在立法指导思想有失偏颇，职权色彩过于浓厚，再审事由过于原则不易把握，再审程序规定不具体等弊病，以至于造成大部分案件"申诉难"和个别案件"再审滥"现象并存，解决问题的基本思路应当是变"无限再审"为"有限再审"，确立平衡纠正错误裁判与维护生效裁判稳定性的再审程序立法指导思想[①]，重构再审程序发动主体，取消法院依职权发动再审，完善检察机关的抗诉监督[②]，明确界定具体的再审事由[③]，构建再审之诉的三阶结构，将全部再审程序分解为三个阶段，即再审之诉是否合法的形式审查阶段，再审之诉是否确有理由的实质性审查阶段和对本案的审理阶段[④]，等等。2007 年 10 月立法机构对实施了 16 年的《民事诉讼法》进行了局部修改，主要涉及审判监督程序和执行程序两部分内容。在审判监督程序方面，通过细化再审事由、调整申请再审案件的管辖法院和申请期限，以及确立对再审事由的审查程序等，力图保障当事人申请再审权利的实现。2008 年 11 月最高人民法院出台了《关于适用〈中华人民共和国民事诉讼法〉审判监督程序若干问题的解释》（以下简称《审判监督程序解释》），为贯彻落实民事诉讼法有关审判监督程序的新规定提供了具体依据。2012 年 8 月，全国人民代表大会常务委员会对《民事诉讼法》进行了全面修改，2008 年以来审判监督程序新规定在司法实践中的得失经验也直接反映到了这次修改之中，《全国人民代表大会常务委员会关于修改〈中华人民共和国民

① 参见章武生:《论民事再审程序的改革》，载《法律科学》2002 年第 1 期。

② 参见李浩:《民事再审程序改造论》载《法学研究》2000 年第 5 期。

③ 参见虞政平:《我国再审改革的必由之路》，载《人民司法》2003 年第 1 期。

④ 参见李浩:《构建再审之诉的三个程序设计》，载《法商研究》2006 年第 4 期。

事诉讼法〉的决定》中针对审判监督程序的修改就有八项，涉及当事人申请再审的管辖法院、再审事由、申请期限，检察机关的监督方式、监督范围、监督手段等各个方面。2015 年《民诉法司法解释》第 375 条至第 426 条对审判监督程序进一步作出规定。

第二节　人民法院决定再审

人民法院决定再审是法院内部对自己的审判工作行使监督权，也是发动再审程序的重要途径。

一、人民法院决定再审的条件

根据《民事诉讼法》第 198 条的规定，人民法院决定再审的条件是：（1）判决、裁定、调解书已经发生法律效力。这是对再审对象的限制。如果判决、裁定、调解书尚未生效，法院不能提起再审程序。（2）判决、裁定、调解书确有错误。这是对人民法院提起再审理由的限制，包括判决、裁定、调解书在认定事实及适用法律等方面存在的错误。

二、人民法院提起再审的程序

（一）本法院提起再审的程序

各级人民法院院长发现本院作出的已生效的判决、裁定、调解书确有错误，认为需要再审的，应当提交审判委员会讨论决定。按照我国现行法律的规定，各级人民法院院长和审判委员会对本院的审判工作享有监督权，当院长发现本院已经生效的判决、裁定确有错误时，应提交审判委员会讨论决定是否再审。2002 年《最高人民法院关于人民法院对民事案件发回重审和指令再审有关问题的规定》对本法院提起再审的次数进行了限制，即各级人民法院按照民事诉讼法的规定本院决定再审的，对同一案件进行再审，只能再审一次。

（二）最高人民法院和上级人民法院提起再审的程序

最高人民法院对地方各级人民法院已经发生法律效力的判决、裁定、调解书，上级人民法院对下级人民法院已经发生法律效力的判决、裁定、调解书，发现确有错误的，有权提审或者指令下级人民法院再审。2002 年《最高人民法院关于人民法院对民事案件发回重审和指令再审有关问题的规定》规定，上级人民法院指令下级人民法院再审的，只能指令再审一次。上级人民法院认为下级人民法院作出的发生法律效力的再审判决、裁定需要再次进行再审的，上级人民法院应当依法提审。但是上级人民法院因下级人民法院违反法定程序而指令再审的，不受此限。

关于人民法院决定再审制度的存废，理论上存在不同观点。有观点认为应当进一步完善该制度。人民法院作为专门的审判机关，对民事案件的处理结果有监督、检查的责任，但这一责任不应和当事人的选择权相互冲突，应当限定在当事人提起再审条件的范围内，并且作为当事人提起再审的补充，即人民法院提起再审应该征求当事人的意见，如果某一案件人民法院认为应该提起再审，但当事人不同意再审的不必再审。人民法院可以通过其他途径对民事裁判中出现的错误和不当予以修正。多数学者主张取消人民法院依职权决定再审。理由主要是：首先，法院主动再审不符合民事诉讼中的处分原则。原审法院裁判生效后，当事人未申请再审，说明双方当事人均认可了裁判的结果，是服判的。民事权利属于私法上的权利，在当事人未要求再审的情况下，法院主动再审是与处分原则相抵触的。其次，法院主动再审也不符合诉审分离的原则。司法权是一种被动性的权力，法院对案件应当不告不理，诉和审必须分离。法院主动发动再审，实际上是自诉自审，诉审合一，是对诉审分离原则的背离。再次，法院主动再审不利于民事法律关系的稳定。法院裁判生效后，发生争议的民事关系因确定裁判的效力而重新趋于稳定，法院主动再审会造成当事人之间民事关系的变动，甚至动摇建立在原民事关系之上的当事人与第三人的关系。即使通过再审改正了确有错误的裁判，付出的代价也过于沉重。[①] 此次民事诉讼法修改讨论过程中，学界普遍认为，一旦规定利害关系人可以申请再审以维护合法权益，就没有必要保留法院依职权启动再审的权力。而实务部门认为，法院依职权启动再审的情形并不多，保留此项权力应对特殊情形也是必要的。[②] 立法部门最终保留了人民法院决定再审的制度。

---

① 参见李浩：《民事再审程序改造论》，载《法学研究》2000 年第 5 期。

② 参见张卫平：《诉讼公正与效率的双重提升：泛论〈民事诉讼法〉的修改》，载《国家检察官学院学报》2011 年第 5 期。

第三节　当事人申请再审

一、当事人申请再审的概念

当事人申请再审，是指当事人对已经发生法律效力的判决、裁定、调解书，认为有错误，向上一级人民法院申请再行审理的行为。申请再审是当事人享有的一项重要诉讼权利，有利于维护当事人的合法权益。

1982年《民事诉讼法（试行）》没有规定当事人申请再审，当事人、法定代理人对已经发生法律效力的判决、裁定认为确有错误的，可以向原审人民法院或者上级人民法院申诉。1991年《民事诉讼法》确立了当事人申请再审制度，不再规定当事人的申诉权。申请再审与申诉不同。申诉是宪法赋予公民的一项民主权利，在实践中，申诉是人民法院、人民检察院发现生效裁判存在错误的主要渠道。申诉与申请再审的区别主要体现为：（1）性质不同。申诉是宪法赋予公民的一项民主权利；申请再审则是民事诉讼法赋予当事人的一项诉讼权利。（2）提起的时间不同。申诉没有法定期限的限制；申请再审一般应当在裁判生效后6个月内提起。（3）提交的机关不同。申诉既可以向人民法院提出，也可以向人民检察院提出；申请再审则只能向人民法院提出。（4）法律后果不同。申诉与再审没有必然的联系，申诉只是人民法院、人民检察院发现生效裁判错误的一种渠道，是否提起再审由人民法院或人民检察院裁量决定；申请再审只要符合法定条件，即可引起再审程序的发生。

二、当事人申请再审的条件

申请再审作为当事人的诉讼权利，只要符合法定条件，就可以引起再审程序的发生。由于申请再审针对的是已经生效的裁判，因此申请再审的条件相对于起诉、上诉要求更为严格，以防止滥用申请再审权，随意动摇已确定的裁判文书。根据民事诉讼法和最高人民法院的司法解释，当事人申请再审必须同时具备以下条件：

1. 申请再审的对象

申请再审的对象必须是已经发生法律效力且准予提出再审申请的判决、裁定和调解书。如果判决书、裁定书、调解书尚未发生效力，可以通过上诉等途径解决。判决、裁定、调解书虽已生效，但属于法定不准提出申请再审的，当事人也不得申请再审。

《民事诉讼法》第202条、《民诉法司法解释》第380条规定了不得申请再审的情形:(1)当事人对已经发生法律效力的解除婚姻关系的判决、调解书，不得申请再审。(2)适用特别程序、督促程序、公示催告程序、破产程序等非讼程序审理的案件，当事人不得申请再审。

当事人就离婚案件中的财产分割问题申请再审，如涉及判决中已分割的财产，人民法院应当依照《民事诉讼法》第200条的规定进行审查，符合再审条件的，应当裁定再审;如涉及判决中未作处理的夫妻共同财产，应当告知当事人另行起诉。

当事人认为发生法律效力的不予受理、驳回起诉的裁定错误的，可以申请再审。

调解协议是当事人自愿达成的处分其权利的意思表示，发生法律效力后一般不得反悔，但当事人提出证据证明调解违反自愿原则或者调解协议的内容违反法律的，可以申请再审。经人民法院审查属实的，应当再审。

2. 申请再审的时间限制

当事人申请再审应在判决、裁定、调解书发生法律效力后6个月内提出。有新的证据，足以推翻原判决、裁定的，原判决、裁定认定事实的主要证据是伪造的，据以作出原判决、裁定的法律文书被撤销的，以及审判人员审理该案件时有贪污受贿，徇私舞弊，枉法裁判行为的，当事人申请再审自知道或者应当知道之日起6个月内提出。这是对当事人申请再审的时间限制。其目的主要是为了促使当事人及时行使申请再审的权利，以利于再审工作的顺利进行，防止当事人无休止的缠讼，维护民事法律关系的稳定性。

1991年《民事诉讼法》规定的当事人申请再审的期间是在判决、裁定发生法律效力后2年内。司法实践中，有的再审事由可能2年后才发现，这种情形下当事人不能申请再审，不利于保护其合法权利，因此，2007年修改《民事诉讼法》时增加规定了例外情形，即2年后据以作出原判决、裁定的法律文书被撤销或者变更，以及发现审判人员在审理该案件时有贪污受贿，徇私舞弊，枉法裁判行为的，自知道或者应当知道之日起3个月内提出。但是，这样规定仍然存在问题，一是2年的申请再审期限过长，不利于法律关系的稳定;二是2年后可以申请再审的事由过窄，不利于对当事人合法权利的全面维护。2012年修改《民事诉讼法》把申请再审的期间缩短为判决、裁定发生法律效力后6个月，同时拓宽了例外情形的适用范围。

3. 申请再审的管辖法院

当事人对已经发生法律效力的判决、裁定，认为有错误的，可以向上一级人民法院申请再审;当事人一方人数众多或者当事人双方为公民的案件，也可以向原审人民法院申请再审。这是对当事人申请再审管辖法院的限制。

《民诉法司法解释》进一步规定，民事诉讼法规定的人数众多的一方当事人，包括公民、法人和其他组织，当事人双方为公民的案件，是指原告和被告均为公民的案件。当事人一方人数众多或者当事人双方为公民的案件，当事人分别向原审人民法院和上一级人民法院申请再审且不能协商一致的，由原审人民法院受理。

1991 年《民事诉讼法》规定当事人申请再审可以向原审人民法院提出，也可以向上一级人民法院提出。实践中当事人多头申诉、反复申诉，给当事人造成讼累，也导致人民法院重复审查，浪费有限的司法资源。针对这一问题，2007 年修改《民事诉讼法》明确规定，当事人对已经发生法律效力的判决、裁定，认为有错误的，只可以向上一级人民法院申请再审。因当事人申请裁定再审的案件由中级人民法院以上的人民法院审理，由此申请再审案件管辖法院得以“上提一级”。这使颇受诟病的“申诉难”在一定程度上得到缓解，但在司法实践中却出现了一些问题。由于我国实行两审终审制，再审申请大量涌向中级人民法院、高级人民法院、最高人民法院。再审案件数量的不断增加加重了高层级法院的审判任务，但司法资源是有限的，再审立案的难度日益增大。同时，大量矛盾纠纷转移至高层级法院，不仅加重了当事人的诉讼成本，更重要的是也不利于社会的和谐安定。根据 2012 年修改后的条款，当事人不仅可以向上一级人民法院申请再审，特定情形下，即当事人一方人数众多或当事人双方均为公民的也可以向原审人民法院申请再审。公民之间的纠纷在民事再审申请总数中所占比重相当大，多数是传统的事实认定，如继承纠纷、相邻关系纠纷、民间借贷纠纷等，基层人民法院可以就近审查案件，节约诉讼成本。另外，在当事人一方人数众多的案件中，因为涉及当事人之间协调意见、认定证据等情形，基层人民法院受理该类再审案件也较为便利。从当事人角度出发，上述规定主要是减少为了一些对原审判决没有异议或服从原审判决的相关当事人的诉讼成本支出。

4. 申请再审的理由

当事人申请再审必须符合法定情形，这是对当事人申请再审理由的限制。

《民事诉讼法》第 200 条规定了当事人对发生效力的判决、裁定申请再审的 13 项理由：（1）有新的证据，足以推翻原判决、裁定的；（2）原判决、裁定认定的基本事实缺乏证据证明的；（3）原判决、裁定认定事实的主要证据是伪造的；（4）原判决、裁定认定事实的主要证据未经质证的；（5）对审理案件需要的主要证据，当事人因客观原因不能自行收集，书面申请人民法院调查收集，人民法院未调查收集的；（6）原判决、裁定适用法律确有错误的；（7）审判组织的组成不合法或者依法应当回避的审判人员没有回避的；（8）无诉讼行为能力人未经法定代理人代为诉讼或者应当参加诉讼的当事人，因不能归责于本人或者其诉讼代理人的事由，未参加诉讼的；（9）违反法律规定，剥夺当事人辩论权利的；（10）未经传票传唤，缺席判决的；（11）原判决、裁定遗漏或者超出诉讼请求的;（12）据以作出原判决、裁定的法律文书被撤销或者变更的;（13）审判人员审理该案件时有贪污受贿，徇私舞弊，枉法裁判行为的。

根据《民事诉讼法》第 201 条的规定，当事人对已经发生法律效力的调解书申请再审的理由是，调解违反自愿原则或者调解协议的内容违反法律。

关于“有新的证据，足以推翻原判决、裁定的”情形,《民诉法司法解释》规定，再审申请人提供的新的证据，能够证明原判决、裁定认定基本事实或者裁判结果错误的，应当认定为该项规定的情形。对于符合规定的证据，人民法院应当责令再审申请人说明其逾期提供该证据的理由；拒不说明理由或者理由不成立的，依照《民事诉讼法》第 65 条第 2 款和《民诉法司法解释》第 102 条的规定处理。再审申请人证明其提交的新的证据符合下列情形之一的，可以认定逾期提供证据的理由成立:（1）在原审庭审结束前已经存在，因客观原因于庭审结束后才发现的;（2）在原审庭审结束前已经发现，但因客观原因无法取得或者在规定的期限内不能提供的;（3）在原审庭审结束后形成，无法据此另行提起诉讼的。再审申请人提交的证据在原审中已经提供，原审人民法院未组织质证且未作为裁判根据的，视为逾期提供证据的理由成立，但原审人民法院依照《民事诉讼法》第 65 条规定不予采纳的除外。

关于“原判决、裁定认定事实的主要证据未经质证的”情形,《民诉法司法解释》规定，当事人对原判决、裁定认定事实的主要证据在原审中拒绝发表质证意见或者质证中未对证据发表质证意见的，不属于此项规定的未经质证的情形。

关于“原判决、裁定适用法律确有错误的”情形,《民诉法司法解释》规定，有下列情形之一，导致判决、裁定结果错误的，应当认定为原判决、裁定适用法律确有错误:（1）适用的法律与案件性质明显不符的;（2）确定民事责任明显违背当事人约定或者法律规定的;（3）适用已经失效或者尚未施行的法律的;（4）违反法律溯及力规定的;（5）违反法律适用规则的;（6）明显违背立法原意的。

关于“违反法律规定，剥夺当事人辩论权利的 ”情形,《民诉法司法解释》第 391 条规定，原审开庭过程中有下列情形之一的，应当认定为《民事诉讼法》规定的剥夺当事人辩论权利:（1）不允许当事人发表辩论意见的;（2）应当开庭审理而未开庭审理的;（3）违反法律规定送达起诉状副本或者上诉状副本，致使当事人无法行使辩论权利的;（4）违法剥夺当事人辩论权利的其他情形。

关于“原判决、裁定遗漏或者超出诉讼请求的”情形,《民诉法司法解释》第 392 条规定，民事诉讼法规定的诉讼请求，包括一审诉讼请求、二审上诉请求，但当事人未对一审判决、裁定遗漏或者超出诉讼请求提起上诉的除外。

关于“据以作出原判决、裁定的法律文书被撤销或者变更的”情形,《民诉法司法解释》第393条规定，此处规定的法律文书包括：（1）发生法律效力的判决书、裁定书、调解书；（2）发生法律效力的仲裁裁决书；（3）具有强制执行效力的公证债权文书。

关于“审判人员审理该案件时有贪污受贿，徇私舞弊，枉法裁判行为的”情形，《民诉法司法解释》第394条规定，审判人员审理该案件时有贪污受贿、徇私舞弊、枉法裁判行为，是指已经由生效刑事法律文书或者纪律处分决定所确认的行为。

再审事由是再审制度的重要内容，再审事由的科学设置对于正确适用再审程序意义重大。1982年《民事诉讼法（试行）》没有规定具体的再审事由，何种情形应当再审由人民法院裁量决定，实践中出现当事人反复申诉却屡屡无效的“申诉难”状况。1991年《民事诉讼法》规定了5种申请再审的情形：（1）有新的证据，足以推翻原判决、裁定的；（2）原判决、裁定认定事实的主要证据不足的；（3）原判决、裁定适用法律确有错误的；（4）人民法院违反法定程序，可能影响案件正确判决、裁定的；（5）审判人员在审理该案件时有贪污受贿，徇私舞弊，枉法裁判行为的。与之前没有规定再审事由相比，1991年再审事由的规定有了长足的进步。但上述再审事由规定得仍然比较笼统，容易引发当事人和再审管辖法院之间是否满足再审理由的争议，而且上述规定尚不能全部涵盖司法实践中需要再审的情形，这也是导致“申诉难”未能得到有效解决的重要原因。2007年修改的《民事诉讼法》将再审事由具体化，规定了诉讼证据类、法律适用类、诉讼程序类等13种情形：（1）有新的证据，足以推翻原裁判的；（2）原判决、裁定认定的基本事实缺乏证据证明的；（3）原判决、裁定认定事实的主要证据是伪造的；（4）原判决、裁定认定事实的主要证据未经质证的；（5）对审理案件需要的证据，当事人因客观原因不能自行收集，书面申请人民法院调查收集，人民法院未调查收集的；（6）原判决、裁定适用法律确有错误的；（7）违反法律规定，管辖错误的；（8）审判组织的组成不合法或者依法应当回避的审判人员没有回避的；（9）无诉讼行为能力人未经法定代理人代为诉讼或者应当参加诉讼的当事人，因不能归责于本人或者其诉讼代理人的事由，未参加诉讼的；（10）违反法律规定，剥夺当事人辩论权利的；（11）未经传票传唤，缺席判决的；（12）原判决、裁定遗漏或者超出诉讼请求的；（13）据以作出原判决、裁定的法律文书被撤销或者变更的。对违反法定程序可能影响案件正确判决、裁定的情形，或者审判人员在审理该案件时有贪污受贿，徇私舞弊，枉法裁判行为的，人民法院应当再审。再审事由的具体化增强了实践中的可操作性，有利于避免应当再审的不予再审，保障了当事人申请再审的权利。2012年《民事诉讼法》修改时对上述再审事由进行了微调：一是将第5项再审事由中“审理案件需要的证据”限定为“主要证据”；二是取消了“违反法律规定，管辖错误的”情形，以与新增加的应诉管辖制度相适应；三是删去了“违反法定程序可能影响案件正确判决、裁定的情形”。

三、当事人申请再审的程序

1. 申请与受理

根据《民事诉讼法》和《民诉法司法解释》的规定，当事人申请再审的，应当提交再审申请书等材料，具体包括：（1）再审申请书，并按照被申请人和原审其他当事人的人数提交副本。（2）再审申请人是自然人的，应当提交身份证明；再审申请人是法人或者其他组织的，应当提交营业执照、组织机构代码证书、法定代表人或者主要负责人身份证明书。委托他人代为申请的，应当提交授权委托书和代理人身份证明。（3）原审判决书、裁定书、调解书。（4）反映案件基本事实的主要证据及其他材料，其中第 2 项、第 3 项、第 4 项规定的材料可以是与原件核对无异的复印件。

再审申请书应当记明下列事项：（1）再审申请人与被申请人及原审其他当事人的基本信息；（2）原审人民法院的名称，原审裁判文书案号；（3）具体的再审请求；（4）申请再审的法定情形及具体事实、理由。此外，再审申请书应当明确申请再审的人民法院，并由再审申请人签名、捺印或者盖章。

经审查，当事人的申请符合条件的，人民法院应当受理。根据《民事诉讼法》第 203 条和《民诉法司法解释》第 385 条的规定，人民法院应当自收到符合条件的再审申请书等材料之日起 5 日内向再审申请人发送受理通知书，并向被申请人及原审其他当事人发送应诉通知书、再审申请书副本等材料。对方当事人应当自收到再审申请书副本之日起 15 日内提交书面意见；不提交书面意见的，不影响人民法院审查。人民法院可以要求申请人和对方当事人补充有关材料，询问有关事项。

《民诉法司法解释》第 383 条规定了对当事人申请再审，人民法院不予受理的情形：（1）再审申请被驳回后再次提出申请的；（2）对再审判决、裁定提出申请的；（3）在人民检察院对当事人的申请作出不予提出再审检察建议或者抗诉决定后又提出申请的。其中第 1 项、第 2 项规定情形，人民法院应当告知当事人可以向人民检察院申请再审检察建议或者抗诉，但因人民检察院提出再审检察建议或者抗诉而再审作出的判决、裁定除外。

当事人死亡或者终止的，其权利义务承继者可以根据《民事诉讼法》第 199 条、第 201 条的规定申请再审。

判决、调解书生效后，当事人将判决、调解书确认的债权转让，债权受让人对该判决、调解书不服申请再审的，人民法院不予受理。

2. 再审事由的审查

人民法院应当自收到再审申请书之日起 3 个月内对当事人主张的再审事由进行审查，有特殊情况需要延长的，由本院院长批准。

人民法院根据审查案件的需要决定是否询问当事人。对于“有新的证据，足以推翻原判决、裁定”的情形，人民法院应当询问当事人。

当事人主张的再审事由成立，且符合民事诉讼法和《民诉法司法解释》规定的申请再审条件的，人民法院应当裁定再审。当事人主张的再审事由不成立，或者当事人申请再审超过法定申请再审期限、超出法定再审事由范围等不符合《民事诉讼法》和《民诉法司法解释》规定的申请再审条件的，人民法院应当裁定驳回再审申请。审查再审申请期间，被申请人及原审其他当事人依法提出再审申请的，人民法院应当将其列为再审申请人，对其再审事由一并审查，审查期限重新计算。经审查，其中一方再审申请人主张的再审事由成立的，应当裁定再审。各方再审申请人主张的再审事由均不成立的，一并裁定驳回再审申请。

审查再审申请期间，再审申请人申请人民法院委托鉴定、勘验的，人民法院不予准许。

审查再审申请期间，再审申请人撤回再审申请的，是否准许，由人民法院裁定。再审申请人经传票传唤，无正当理由拒不接受询问的，可以按撤回再审申请处理。人民法院准许撤回再审申请或者按撤回再审申请处理后，再审申请人再次申请再审的，不予受理，但有《民事诉讼法》第 200 条第 1 项、第 3 项、第 12 项、第 13 项规定情形，自知道或者应当知道之日起 6 个月内提出的除外。

再审申请审查期间，有下列情形之一的，裁定终结审查：（1）再审申请人死亡或者终止，无权利义务承继者或者权利义务承继者声明放弃再审申请的；（2）在给付之诉中，负有给付义务的被申请人死亡或者终止，无可供执行的财产，也没有应当承担义务的人的；（3）当事人达成和解协议且已履行完毕的，但当事人在和解协议中声明不放弃申请再审权利的除外；（4）他人未经授权以当事人名义申请再审的；（5）原审或者上一级人民法院已经裁定再审的；（6）有《民诉法司法解释》第 383 条第 1 款规定情形的。

3. 本案的再审

因当事人申请裁定再审的案件由中级人民法院以上的人民法院审理，但当事人依照《民事诉讼法》第 199 条的规定选择向基层人民法院申请再审的除外。最高人民法院、高级人民法院裁定再审的案件，由本院再审或者交其他人民法院再审，也可以交原审人民法院再审。

根据2015年《最高人民法院关于民事审判监督程序严格依法适用指令再审和发回重审若干问题的规定》规定，因当事人申请裁定再审的案件一般应当由裁定再审的人民法院审理。有下列情形之一的，最高人民法院、高级人民法院可以指令原审人民法院再审：(1)依据《民事诉讼法》第200条第4项、第5项或者第9项裁定再审的；(2)发生法律效力的判决、裁定、调解书是由第一审法院作出的；(3)当事人一方人数众多或者当事人双方为公民的；(4)经审判委员会讨论决定的其他情形。

虽然符合以上可以指令再审的条件，但有下列情形之一的，应当提审：(1)原判决、裁定系经原审人民法院再审审理后作出的；(2)原判决、裁定系经原审人民法院审判委员会讨论作出的；(3)原审审判人员在审理该案件时有贪污受贿，徇私舞弊，枉法裁判行为的；(4)原审人民法院对该案无再审管辖权的；(5)需要统一法律适用或裁量权行使标准的；(6)其他不宜指令原审人民法院再审的情形。

第四节　人民检察院抗诉和检察建议再审

一、人民检察院抗诉和检察建议再审概述

民事检察监督权启动再审程序的方式包括抗诉和检察建议。1982年《民事诉讼法(试行)》仅在总则部分概括规定“人民检察院有权对人民法院的民事审判活动实行法律监督”，审判监督程序中并未赋予人民检察院抗诉提起再审的权力。鉴于司法实践中出现日益突出的“申诉难”问题，1991年《民事诉讼法》在“审判监督程序”一章中明确规定，最高人民检察院和上级人民检察院对人民法院已经发生法律效力的判决、裁定发现有“原判决、裁定认定事实的主要证据不足的；原判决、裁定适用法律确有错误的；人民法院违反法定程序，可能影响案件正确判决、裁定的；审判人员在审理该案件时有贪污受贿，徇私舞弊，枉法裁判行为的”四种情形，应当按照审判监督程序提出抗诉。2007年修改《民事诉讼法》对人民检察院抗诉事由与当事人申请再审事由进行了统一规定，明确了接受抗诉的人民法院是上级人民检察院的同级人民法院，规定接受抗诉的人民法院应当自收到抗诉书之日起30日内作出再审的裁定。2012年修改《民事诉讼法》强化了检察机关对民事诉讼活动的法律监督，在以下方面进行了补充修改：(1)增加了监督方式，即地方各级人民检察院对同级人民法院已经发生法律效力的判决、裁定和调解书，发现有错误的，可以向同级人民法院提出检察建议；(2)扩大了监督范围，即人民检察院发现调解书损害国家利益、

社会公共利益的，应当提出检察建议或者提出抗诉；（3）强化了监督手段，即人民检察院因履行法律监督职责提出检察建议或者抗诉的需要，可以向当事人或者案外人调查核实有关情况。为适应民事诉讼法对民事检察监督的新规定、新要求，2013 年最高人民检察院出台《人民检察院民事诉讼监督规则（试行）》，以规范人民检察院的民事检察监督工作。

根据《人民检察院民事诉讼监督规则（试行）》第 23 条的规定，人民检察院提起抗诉和检察建议案件的来源包括：（1）当事人向人民检察院申请再审检察监督；（2）当事人以外的公民、法人和其他组织向人民检察院控告、举报；（3）人民检察院依职权发现。《民事诉讼法》第 209 条规定了当事人申请再审检察监督的权利，即出现下列情形之一的，当事人可以向人民检察院申请检察建议或者抗诉：（1）人民法院驳回再审申请的；（2）人民法院逾期未对再审申请作出裁定的；（3）再审判决、裁定有明显错误的。人民检察院对当事人的申请应当在 3 个月内进行审查，作出提出或者不予提出检察建议或者抗诉的决定。当事人不得再次向人民检察院申请再审检察建议或者抗诉。

二、人民检察院提起抗诉

民事抗诉，是指人民检察院对人民法院已经生效的判决、裁定，发现有提起抗诉的法定情形，提请人民法院对案件重新审理的诉讼行为。对生效的民事裁判提起抗诉是人民检察院法律监督权的实现方式之一。

（一）人民检察院提起抗诉的条件

根据民事诉讼法的规定，人民检察院提起抗诉须具备以下条件：

1. 人民法院的判决、裁定、调解书已经生效

判决、裁定、调解书已经生效是发动再审程序的共性条件，也是对人民检察院抗诉对象的限制。

2. 生效判决、裁定、调解书存在法定的抗诉情形

这是民事诉讼法对抗诉理由的限制。人民检察院对判决、裁定提起抗诉的法定事由与当事人申请再审的事由相同，即《民事诉讼法》第 200 条规定的 13 项再审事由。对调解书提起抗诉的事由是调解书损害国家利益、社会公共利益。

（二）人民检察院抗诉的程序

最高人民检察院对各级人民法院已经发生法律效力的判决、裁定，上级人民检察院对下级人民法院已经发生法律效力的判决、裁定，发现有《民事诉讼法》第 200 条

规定情形之一的，或者发现调解书损害国家利益、社会公共利益的，应当提出抗诉。民事诉讼中的抗诉，体现的是上级人民检察院对下级人民法院的监督，这种自上而下的监督是对生效裁判进行检察监督的普遍方式。最高人民检察院对最高人民法院生效裁判提出的抗诉，是自上而下检察监督的例外。

《民诉法司法解释》第 413 条规定，人民检察院依法对损害国家利益、社会公共利益的发生法律效力的判决、裁定、调解书提出抗诉，或者经人民检察院检察委员会讨论决定提出再审检察建议的，人民法院应予受理。

《民诉法司法解释》第 414 条规定，人民检察院对已经发生法律效力的判决以及不予受理、驳回起诉的裁定依法提出抗诉的，人民法院应予受理，但适用特别程序、督促程序、公示催告程序、破产程序以及解除婚姻关系的判决、裁定等不适用审判监督程序的判决、裁定除外。

《民诉法司法解释》第 415 条 规定，人民检察院依照《民事诉讼法》第 209 条第 1 款第 3 项规定对有明显错误的再审判决、裁定提出抗诉或者再审检察建议的，人民法院应予受理。

人民检察院决定对人民法院的判决、裁定、调解书提出抗诉的，应当制作抗诉书，向同级人民法院提出抗诉。人民检察院提出抗诉的案件，接受抗诉的人民法院应当自收到抗诉书之日起 30 日内作出再审的裁定。《民诉法司法解释》第 417 条规定，人民检察院依当事人的申请对生效判决、裁定提出抗诉，符合下列条件的，人民法院应当在 30 日内裁定再审：（1）抗诉书和原审当事人申请书及相关证据材料已经提交；（2）抗诉对象为依照《民事诉讼法》和本解释规定可以进行再审的判决、裁定；（3）抗诉书列明该判决、裁定有《民事诉讼法》第 208 条第 1 款规定情形；（4）符合《民事诉讼法》第 209 条第 1 款第 1 项、第 2 项规定情形。不符合规定的，人民法院可以建议人民检察院予以补正或者撤回；不予补正或者撤回的，人民法院可以裁定不予受理。

有《民事诉讼法》第 200 条第 1 项至第 5 项规定情形之一的，可以交下一级人民法院再审，但经该下一级人民法院再审的除外。《民诉法司法解释》第 418 条规定，当事人的再审申请被上级人民法院裁定驳回后，人民检察院对原判决、裁定、调解书提出抗诉，抗诉事由符合《民事诉讼法》第 200 条第 1 项至第 5 项规定情形之一的，受理抗诉的人民法院可以交由下一级人民法院再审。

三、人民检察院提起再审检察建议

再审检察建议是人民检察院发现同级人民法院的生效判决、裁定，具有法定的再审情形，或者发现调解书损害国家利益、社会公共利益的，建议同级人民法院自行启动再审程序进行重新审理的一种民事检察监督方式。

《民事诉讼法》第208条第2款规定，地方各级人民检察院对同级人民法院已经发生法律效力的判决、裁定，发现有本法第200条规定情形之一的，或者发现调解书损害国家利益、社会公共利益的，可以向同级人民法院提出检察建议，并报上级人民检察院备案；也可以提请上级人民检察院向同级人民法院提出抗诉。

《民诉法司法解释》第416条规定，地方各级人民检察院依当事人的申请对生效判决、裁定向同级人民法院提出再审检察建议，符合下列条件的，应予受理：（1）再审检察建议书和原审当事人申请书及相关证据材料已经提交；（2）建议再审的对象为依照《民事诉讼法》和本解释规定可以进行再审的判决、裁定；（3）再审检察建议书列明该判决、裁定有《民事诉讼法》第208条第2款规定情形；（4）符合《民事诉讼法》第209条第1款第1项、第2项规定情形；（5）再审检察建议经该人民检察院检察委员会讨论决定。

《民诉法司法解释》第419条规定，人民法院收到再审检察建议后，应当组成合议庭，在3个月内进行审查，发现原判决、裁定、调解书确有错误，需要再审的，依照《民事诉讼法》第198条规定裁定再审，并通知当事人；经审查，决定不予再审的，应当书面回复人民检察院。

人民检察院因履行法律监督职责提出检察建议或者抗诉的需要，可以向当事人或者案外人调查核实有关情况。

四、人民法院对抗诉和再审检察建议案件的审理

《民诉法司法解释》第420条规定，人民法院审理因人民检察院抗诉或者检察建议裁定再审的案件，不受此前已经作出的驳回当事人再审申请裁定的影响。

《民诉法司法解释》第421条规定，人民法院开庭审理抗诉案件，应当在开庭3日前通知人民检察院、当事人和其他诉讼参与人。同级人民检察院或者提出抗诉的人民检察院应当派员出庭。检察人员出席法庭的任务是：（1）宣读抗诉书；（2）参加法庭调查；（3）说明抗诉的根据和理由；（4）对法庭审判活动是否合法实行监督。人民检察院因履行法律监督职责向当事人或者案外人调查核实的情况，应当向法庭提交并予以说明，由双方当事人进行质证。

第五节　再审案件的审判

一、裁定中止原判决的执行

《民事诉讼法》第206条规定，按照审判监督程序决定再审的案件，裁定中止原判决、裁定、调解书的执行，但追索赡养费、扶养费、抚育费、抚恤金、医疗费、劳动报酬等案件，可以不中止执行。《民诉法司法解释》第396条进一步规定，人民法院对已经发生法律效力的判决、裁定、调解书依法决定再审，依照《民事诉讼法》第206条规定，需要中止执行的，应当在再审裁定中同时写明中止原判决、裁定、调解书的执行；情况紧急的，可以将中止执行裁定口头通知负责执行的人民法院，并在通知后10日内发出裁定书。

法律之所以要"中止原判决"的执行，是因为再审的案件，有可能在审结后撤销或者变更原判决，为了避免因继续履行或强制执行可能给当事人的合法权益造成更大的损害，减少和制止由于错判造成的不良后果，所以在再审期间要中止原判决的执行。至于法律规定决定再审的案件，只"中止原判决"的执行，而不是"撤销原判"，主要是为了慎重。因为尽管决定再审时已经"发现"原判决有错误，但不经实体审理就撤销原判，是不符合诉讼程序的，也是不严肃的。只有经过再审程序审理后才能决定是撤销原判决，还是维持原判决；是部分撤销原判决，还是全部撤销并予以改判。

二、另行组成合议庭

根据《民事诉讼法》规定，人民法院审理再审案件，一律实行合议制，而不允许实行独任制。若原审人民法院再审，还应另行组成合议庭，原合议庭成员或独任审判员不得参加新组成的合议庭，以防止其先入为主，从而保证对案件的公正审判。

三、分别适用第一、第二审程序处理

再审的案件，原来是第一审审结的，再审时适用第一审普通程序进行审理（最高人民法院或上级人民法院提审的例外），经过再审后所作的判决、裁定，仍是第一审的判决、裁定，当事人不服可以上诉。

再审的案件，原来是第二审审结的，再审时仍适用第二审程序进行审理，审理终结所作的裁判是终审裁判，当事人不得上诉。

最高人民法院或上级人民法院提审的再审案件，不论原来是第一审还是第二审，一律按第二审程序审理，所作的判决、裁定是终审的判决、裁定，当事人不得上诉。

四、《民诉法司法解释》对再审案件审判的具体规定

1. 再审案件的审理方式

人民法院审理再审案件应当组成合议庭开庭审理，但按照第二审程序审理，有特殊情况或者双方当事人已经通过其他方式充分表达意见，且书面同意不开庭审理的除外。符合缺席判决条件的，可以缺席判决。

人民法院开庭审理再审案件，应当按照下列情形分别进行：（1）因当事人申请再审的，先由再审申请人陈述再审请求及理由，后由被申请人答辩、其他原审当事人发表意见；（2）因抗诉再审的，先由抗诉机关宣读抗诉书，再由申请抗诉的当事人陈述，后由被申请人答辩、其他原审当事人发表意见；（3）人民法院依职权再审，有申诉人的，先由申诉人陈述再审请求及理由，后由被申诉人答辩、其他原审当事人发表意见；（4）人民法院依职权再审，没有申诉人的，先由原审原告或者原审上诉人陈述，后由原审其他当事人发表意见。对第 1 项至第 3 项规定的情形，人民法院应当要求当事人明确其再审请求。

2. 再审案件的审理范围

人民法院审理再审案件应当围绕再审请求进行。当事人的再审请求超出原审诉讼请求的，不予审理；符合另案诉讼条件的，告知当事人可以另行起诉。

被申请人及原审其他当事人在庭审辩论结束前提出的再审请求，符合《民事诉讼法》第 205 条规定的，人民法院应当一并审理。

人民法院经再审，发现已经发生法律效力的判决、裁定损害国家利益、社会公共利益、他人合法权益的，应当一并审理。

3. 再审案件的裁判

人民法院经再审审理认为，原判决、裁定认定事实清楚、适用法律正确的，应予维持；原判决、裁定认定事实、适用法律虽有瑕疵，但裁判结果正确的，应当在再审判决、裁定中纠正瑕疵后予以维持。

原判决、裁定认定事实、适用法律错误，导致裁判结果错误的，应当依法改判、撤销或者变更。

按照第二审程序再审的案件，人民法院经审理认为不符合《民事诉讼法》规定的起诉条件或者符合《民事诉讼法》第 124 条规定不予受理情形的，应当裁定撤销一、二审判决，驳回起诉。

人民法院对调解书裁定再审后，按照下列情形分别处理：（1）当事人提出的调解违反自愿原则的事由不成立，且调解书的内容不违反法律强制性规定的，裁定驳回再审申请。（2）人民检察院抗诉或者再审检察建议所主张的损害国家利益、社会公共利益的理由不成立的，裁定终结再审程序。前款规定情形，人民法院裁定中止执行的调解书需要继续执行的，自动恢复执行。

一审原告在再审审理程序中申请撤回起诉，经其他当事人同意，且不损害国家利益、社会公共利益、他人合法权益的，人民法院可以准许。裁定准许撤诉的，应当一并撤销原判决。一审原告在再审审理程序中撤回起诉后重复起诉的，人民法院不予受理。

当事人提交新的证据致使再审改判，因再审申请人或者申请检察监督当事人的过错未能在原审程序中及时举证，被申请人等当事人请求补偿其增加的交通、住宿、就餐、误工等必要费用的，人民法院应予支持。

部分当事人到庭并达成调解协议，其他当事人未作出书面表示的，人民法院应当在判决中对该事实作出表述；调解协议内容不违反法律规定，且不损害其他当事人合法权益的，可以在判决主文中予以确认。

《民诉法司法解释》第 426 条对小额诉讼案件的申请再审特别予以规定：（1）对小额诉讼案件的判决、裁定，当事人以《民事诉讼法》第 200 条规定的事由向原审人民法院申请再审的，人民法院应当受理。申请再审事由成立的，应当裁定再审，组成合议庭进行审理。作出的再审判决、裁定，当事人不得上诉。（2）当事人以不应按小额诉讼案件审理为由向原审人民法院申请再审的，人民法院应当受理。理由成立的，应当裁定再审，组成合议庭审理。作出的再审判决、裁定，当事人可以上诉。

4. 再审案件的调解

适用再审程序审理的案件，仍然可以调解。当事人在再审审理中经调解达成协议的，人民法院应当制作调解书。调解书经各方当事人签收后，即具有法律效力，原判决、裁定视为被撤销。

5. 未参加诉讼的当事人或者案外人申请再审的特别规定

《民诉法司法解释》第 422 条规定，必须共同进行诉讼的当事人因不能归责于本人或者其诉讼代理人的事由未参加诉讼的，可以根据《民事诉讼法》第 200 条第 8 项规定，自知道或者应当知道之日起 6 个月内申请再审，但符合本解释第 423 条规定情形的除外。人民法院因前款规定的当事人申请而裁定再审，按照第一审程序再审的，应当追加其为当事人，作出新的判决、裁定；按照第二审程序再审，经调解不能达成协议的，应当撤销原判决、裁定，发回重审，重审时应追加其为当事人。

《民诉法司法解释》第423条规定，根据《民事诉讼法》第227条规定，案外人对驳回其执行异议的裁定不服，认为原判决、裁定、调解书内容错误损害其民事权益的，可以自执行异议裁定送达之日起6个月内，向作出原判决、裁定、调解书的人民法院申请再审。

《民诉法司法解释》第424条规定，根据《民事诉讼法》第227条规定，人民法院裁定再审后，案外人属于必要的共同诉讼当事人的，依照本解释第422条第2款规定处理。案外人不是必要的共同诉讼当事人的，人民法院仅审理原判决、裁定、调解书对其民事权益造成损害的内容。经审理，再审请求成立的，撤销或者改变原判决、裁定、调解书；再审请求不成立的，维持原判决、裁定、调解书。

6. 再审程序的终结

《民诉法司法解释》第406条规定，再审审理期间，有下列情形之一的，可以裁定终结再审程序：(1）再审申请人在再审期间撤回再审请求，人民法院准许的；(2）再审申请人经传票传唤，无正当理由拒不到庭的，或者未经法庭许可中途退庭，按撤回再审请求处理的；(3）人民检察院撤回抗诉的；(4）有本解释第402条第1项至第4项规定情形的：再审申请人死亡或者终止，无权利义务承继者或者权利义务承继者声明放弃再审申请的；在给付之诉中，负有给付义务的被申请人死亡或者终止，无可供执行的财产，也没有应当承担义务的人的；当事人达成和解协议且已履行完毕的，但当事人在和解协议中声明不放弃申请再审权利的除外；他人未经授权以当事人名义申请再审的。

因人民检察院提出抗诉裁定再审的案件，申请抗诉的当事人有前款规定情形，且不损害国家利益、社会公共利益或者他人合法权益的，人民法院应当裁定终结再审程序。

再审程序终结后，人民法院裁定中止执行的原生效判决自动恢复执行。

本章小结

本章主要介绍了再审程序启动的相关制度和程序。有权启动再审程序的主体包括人民法院、人民检察院和当事人，三者引起再审程序的条件和程序各不相同。人民法院决定再审是法院内部对自己的审判工作行使监督权，也是发动再审程序的重要途径。当事人申请再审，是指当事人对已经发生法律效力的判决、裁定、调解书，认为有错误，向上一级人民法院申请再行审理的行为。申请再审是当事人享有的一项重要诉讼权利，民事诉讼法对当事人申请再审规定了详细的再审事由和专门的审查程序以及具体的审查方式，有利于解决司法实践中存在的“申诉难”顽疾。对生效的民事裁判提起抗诉是人民检察院法律监督权的实现方式之一。最高人民检察院对各级人民法院已经发生法律效力的判决、裁定、调解书，上级人民检察院对下级人民法院已经发生法律效力的判决、裁定、调解书，发现有法定情形之一的，应当提出抗诉。地方各级人民检察院对同级人民法院已经发生法律效力的判决、裁定、调解书发现有法定情形之一的，可以向同级人民法院提出检察建议，或者提请上级人民检察院向同级人民法院提出抗诉。

对再审案件的审理，分别适用第一审程序和第二审程序的审理程序。

思考题

1. 再审程序的概念和意义是什么？

2. 简述再审程序与第二审程序、重审的关系。

3. 简述人民法院、人民检察院启动再审的程序。

4. 试述当事人申请再审的条件和程序。

5. 当事人申请再审的事由有哪些？

6. 汤某设宴为母祝寿，向成某借了一尊清代玉瓶装饰房间。毛某来祝寿时，看上了玉瓶，提出购买。汤某以 30 万元将玉瓶卖给了毛某，并要其先付钱，寿典后 15 日内交付玉瓶。毛某依约履行，汤某以种种理由拒绝交付。毛某诉至甲县法院，要求汤某交付玉瓶，得到判决支持。汤某未上诉，判决生效。在该判决执行时，成某知晓了上述情况。对此，成某依法可采取哪些救济措施？（2017 年司法考试试卷三第 77 题，多项选择题）

A. 以案外人身份向甲县法院直接申请再审

B. 向甲县法院提出执行异议

C. 向甲县法院提出第三人撤销之诉

D. 向甲县法院申诉，要求甲县法院依职权对案件启动再审

案例分析题

[案情简介] 刘南与王妮于 1997 年 1 月结婚，双方因性格各异，常为生活琐事发生矛盾，致使夫妻关系紧张。1999 年 4 月，刘南以双方无共同语言，无法继续共同生活为理由，起诉要求与王妮离婚。一审法院准予离婚，并对子女抚养、财产分割等问题进行了判决。判决生效后，王妮认为法院不应判决共同财产房屋归刘南所有，

因此申请再审。另外，她与刘南结婚时父亲曾送给她一件祖传瓷器，这件瓷器一直由刘南保管，在一审时双方当事人均未提及此事，她希望人民法院再审时一并处理。

[分析问题] 对于本案中王妮的诉讼请求，人民法院应如何处理？

延伸阅读

1. 江必新、孙祥壮、王朝辉:《新民事诉讼法审判监督程序讲座》，法律出版社2012年版。

2. 吴杰:《民事再审原理及程序构造》，法律出版社2012年版。

3. 李浩:《民事调解书的检察监督》，载《法学研究》2014年第3期。

4. 王亚新:《民事再审：程序的发展及其解释适用》，载《北方法学》2016年第5期。

第十五章　民事诉讼中的法院调解

本章知识要点： 法院调解是我国民事司法中一项重要的案件处理方式。本章主要介绍法院调解制度的特征、历史沿革、法院调解应当遵循的原则、程序以及法院调解的法律效力等内容。学习重点是法院调解的原则和法院调解的法律效力。

第一节　法院调解概述

一、法院调解的概念

法院调解，是指在民事诉讼中，人民法院审判人员对双方当事人进行说服劝导，促使其就民事争议自愿协商，达成协议，解决纠纷的活动和结案方式。我国的法院调解是在诉讼中进行的，所以又称为诉讼中调解。

法院调解是我国民事诉讼法的一项重要制度，自愿合法的调解原则是我国民事诉讼法的一项基本原则。法院调解在民事诉讼中具有广泛的适用性。从适用的法院看，各级各类人民法院审理民事案件都可以进行调解；从适用的程序看，除了特别程序、督促程序、公示催告程序、企业法人破产还债程序以及执行程序外，在第一审普通程序、简易程序、第二审程序和审判监督程序中，均可以适用法院调解；从适用的审理阶段看，开庭审理前可以进行调解，开庭审理后、判决作出之前也可以进行调解；从适用的案件看，除了婚姻关系、身份关系确认案件以及其他依案件性质不能进行调解的案件外，其他属于民事权益争议性质、具备调解可能的案件，在当事人自愿的基础上都可以进行调解。

二、法院调解的特征

（一）法院调解与诉讼外调解的区别

诉讼外调解主要包括仲裁机构的调解、行政机关的调解和人民调解委员会的调解等。法院调解和诉讼外调解都是建立在当事人自愿基础上的民事纠纷解决方式，但二者之间存在明显区别，主要有：

1. 性质不同

法院调解中，双方当事人达成协议是在人民法院审判人员的主持下进行的，法院调解是人民法院行使审判权和当事人行使处分权的结合，具有司法性质。诉讼外调解的主持者是仲裁机构、行政机关或者人民调解委员会，所进行的调解活动不具有司法性质。

2. 法律依据和程序要求不同

法院调解以民事诉讼法为依据，诉讼外调解以仲裁法、行政法规、人民调解法规为依据。二者在程序上的要求不完全相同，诉讼外调解比较灵活，不像法院调解那样规范。

3. 效力不同

经过法院调解达成的协议（无论是制作调解书还是只记入调解笔录）由当事人签收或者签名后，都与生效判决具有同等的法律效力，有给付内容的调解书具有执行力。同时，当事人签收调解书，或者在记入笔录的调解协议上签名或盖章后，诉讼即告终结。诉讼外调解，除仲裁机构制作的调解书外，其他机构主持下达成的调解协议而形成的调解书不具有强制执行力（民事调解协议经法院特别程序确认之后，才具有强制执行力），当事人反悔或者不履行调解协议的，可以向人民法院起诉。

（二）法院调解与诉讼中和解的区别

诉讼中和解，是指民事诉讼当事人在诉讼过程中，通过自行协商，就双方争议的问题达成协议，从而终结诉讼程序的制度。诉讼中和解与法院调解都发生在民事诉讼过程中，都以达成协议的方式解决纠纷，并在一定的情况下，诉讼中和解可以转化为法院调解。如当事人通过自行协商达成协议后，为保证和解协议得到顺利履行，共同请求法院以调解书的形式确认他们的和解协议，法院经审查后，认为协议内容不违反法律的，可以将和解协议的内容制作成调解书。但是二者也存在以下不同：

1. 性质不同

法院调解是法院审理民事案件的一种方式，是人民法院审判权和当事人处分权的结合。而诉讼中和解完全是当事人对自己实体权利和诉讼权利的自行处分。

2. 参加的主体不同

法院调解的参加主体包括双方当事人和人民法院的审判人员，并且调解由审判人员主持。而参加诉讼中和解的主体只有双方当事人。

3. 效力不同

法院调解是人民法院审结案件的一种方式，所达成的调解协议具有与判决同等的法律效力，有给付内容的调解协议具有执行力。诉讼中和解却不能作为法院的结案方式，不能直接终结诉讼，通常都是通过原告方申请撤诉或者转换为法院调解来终结诉讼程序的。同时，诉讼中和解达成的协议只能依靠当事人自愿履行，不具有强制执行力。

三、法院调解制度的历史沿革

我国的法院调解制度可追溯到新民主主义革命时期。在当时边区根据地的审判实践中，调解就占有重要地位。自新中国成立以来，法院调解被作为一种制度传统纳入了新的诉讼制度体系中。一般认为，我国的法院调解制度自新中国成立至今大致经历了以下三个发展阶段：

（一）“调解为主”阶段

该阶段为从中华人民共和国成立到1982年《民事诉讼法（试行）》颁布。这一阶段我国的民事审判工作始终以调解作为其主旋律。1956年10月，最高人民法院在《各级人民法院民事案件审判程序总结》中提出了“调查研究，就地解决，调解为主”的民事审判工作方针。1964年这一方针又被发展成为“依靠群众，调查研究，就地解决，调解为主”的十六字方针。最高人民法院于1979年2月制定的《人民法院审判民事案件程序制度的规定（试行）》再次肯定了十六字方针。从新中国成立之初到改革开放之前，我国的社会生活高度政治化，法律控制手段也极为薄弱，“调解为主”的民事审判方式适应了当时的历史条件，取得了很好的社会效果。

（二）“着重调解”阶段

该阶段为从1982年《民事诉讼法（试行）》颁行至1991年《民事诉讼法》颁布实施。为了改变审判实践中忽视判决的倾向，1982年颁行的《民事诉讼法（试行）》取消了“调解为主”方针，确定为“着重调解”原则。《民事诉讼法（试行）》第6条规定：“人民法院审理民事案件，应当着重进行调解；调解无效的，应当及时判决。”

（三）“自愿、合法调解”阶段

该阶段为从1991年《民事诉讼法》颁行至今。虽然《民事诉讼法（试行）》将原先的“调解为主”改为“着重调解”，但“着重调解”的提法实质上仍然保持着调解优先的倾向性，并没有解决实践中重调解、轻判决的问题。片面追求调解结案率、强迫调解、违法调解等现象仍普遍存在。鉴于此，1991年的《民事诉讼法》对法院调解又进行了修改。对“着重调解”的否定摆正了调解与判决的关系，自愿原则的突出使得法院调解更加贴近了调解制度的本质，我国的法院调解制度得到了进一步的完善。2012 年《民事诉讼法》仍然坚持自愿、合法调解的原则。

第二节 法院调解的原则

所谓法院调解的原则，是指在进行调解活动和达成调解协议的过程中，人民法院和当事人应当共同遵守的基本准则。根据民事诉讼法的规定，法院调解应当遵守自愿原则、合法原则和查明事实、分清是非原则。

一、自愿原则

自愿原则，是指调解的进行和调解协议的达成都必须以双方当事人完全自愿为前提，不能强迫。这包括程序上自愿和实体上自愿两个方面的内容。

（一）程序上的自愿

即用调解的方式解决民事纠纷，应当出于双方当事人的意愿，或取得双方当事人的同意，人民法院不得强制进行。《民事诉讼法》第 93 条规定："人民法院审理民事案件，根据当事人自愿的原则……进行调解。"第 122 条规定："当事人起诉到人民法院的民事纠纷，适宜调解的，先行调解，但当事人拒绝调解的除外。"

程序自愿的例外是调解前置（或称为强制性调解）制度，即基于不同民事纠纷对解纷程序的不同需求，将对某些特定类型民事案件的调解作为其审判的前置程序，对这些案件法院应当先行调解，调解不成的再进行审判。我国《婚姻法》第 32 条第 2 款规定："人民法院审理离婚案件，应当进行调解；如感情确已破裂，调解无效，应准予离婚。"《民诉法司法解释》第 145 条第 2 款规定："人民法院审理离婚案件，应当进行调解，但不应久调不决。" 此外，依据 2003 年 12 月 1 日起施行的《最高人民法院关于适用简易程序审理民事案件的若干规定》第 14 条，在简易程序中，对于下列民事案件，人民法院在开庭审理时应当先行调解：婚姻家庭纠纷和继承纠纷；劳务合同纠纷；交通事故和工伤事故引起的权利义务关系较为明确的损害赔偿纠纷；宅基地和相邻关系纠纷；合伙协议纠纷；诉讼标的额较小的纠纷。但是根据案件的性质和当事人的实际情况不能调解或者显然没有调解必要的除外。

（二）实体上的自愿

即调解协议的内容必须是当事人双方真实意思的表示，不得勉强，尊重当事人对协议内容的决定权和对自己实体权益的处分权。《民事诉讼法》第 96 条规定，调解达成协议，必须双方自愿，不得强迫。调解协议的内容是当事人对自己权利自由处分的体现，是当事人之间自主协商的结果，必须充分反映当事人的意愿。审判人员可以根据法律和政策对当事人进行引导，向当事人提出调解的建议，但是不能将自己对案件的处理意见强加给当事人。

自愿是调解制度的本质属性，是调解制度正当化的基石，是当事人意思自治的体现和要求，也是调解区别于审判的关键所在。自愿原则在法院调解制度中应当处于核心地位。当事人一方或双方坚持不愿调解的，人民法院不得强行调解；审判人员不得对当事人施加压力，强迫或变相强迫当事人达成协议；在调解不成的情况下，人民法院要及时判决，不得拖延诉讼时日。

二、合法原则

合法原则，是指人民法院主持的调解活动和双方当事人达成调解协议的内容，必须符合法律的规定。《民事诉讼法》第 96 条规定，调解协议的内容不得违反法律规定。

合法原则要求：第一，调解活动必须依照法定程序进行；第二，当事人双方达成的调解协议内容，不得违背法律规定，不能损害国家、集体和他人的利益。依据《民事诉讼法》第 208 条的规定，人民检察院发现人民法院已经发生法律效力的调解书损害国家利益、社会公共利益的，可以提出抗诉。依据第 112 条，当事人之间恶意串通，企图通过调解等方式侵害他人合法权益的，人民法院应当驳回其请求，并根据情节轻重予以罚款、拘留；构成犯罪的，依法追究刑事责任。依据第 113 条，被执行人与他人恶意串通，通过调解方式逃避履行法律文书确定的义务的，人民法院应当根据情节轻重予以罚款、拘留；构成犯罪的，依法追究刑事责任。

在理解合法原则时，应当注意以下两个 [分析问题] 第一，要正确处理自愿与合法的关系。调解必须当事人自愿，但当事人自愿的，不等于都合法。第二，对调解协议合法性的要求与判决合法性的要求程度不同。法院调解不仅仅是法院运用审判权解决民事纠纷，同时，也是法院行使审判权和当事人行使处分权的结合。当事人可以在不违反法律禁止性规定的情况下，对自己的民事权利自由处分。

三、查明事实、分清是非原则

查明事实、分清是非原则，是指人民法院对民事案件进行调解必须在查明案件事实、分清责任的基础上进行。《民事诉讼法》第 93 条规定："人民法院审理民事案件……在事实清楚的基础上，分清是非，进行调解。”调解不等于和稀泥。虽然调解遵循的是一种宽松的合法性，调解协议中权利义务的划分需尊重当事人的意愿，与判决中权利义务的划分有所差别，但是这种差别的存在并不意味着是非不分或者基本事实不明。事实清楚、是非分明，可以使审判人员避免盲目调解，使当事人更自觉履行双方达成的协议。

第三节　法院调解的程序

法院调解的程序，是指审判人员进行调解活动和双方当事人达成调解协议的步骤和方式。由于法院调解的过程同时也是人民法院对民事案件的审理过程，因此法院调解没有单独的程序而是与整个审理程序结合在一起。根据法律规定和司法实践，法院调解主要分为开始、进行和结束三个步骤。

一、调解的开始

依据《民事诉讼法》第 133 条，开庭前可以调解的，采取调解方式及时解决纠纷。《民诉法司法解释》第 142 条规定，人民法院受理案件后，经审查，认为法律关系明确、事实清楚，在征得当事人双方同意后，可以径行调解。《最高人民法院关于人民法院民事调解工作若干问题的规定》（简称《法院调解工作规定》）第 1 条规定：“人民法院对受理的第一审、第二审和再审民事案件，可以在答辩期满后裁判作出前进行调解。在征得当事人各方同意后，人民法院可以在答辩期满前进行调解。”法院调解无论在哪种程序和哪个阶段适用，它的开始均包括两种方式：一是由当事人提出申请而开始；二是法院在征得双方当事人同意后主动依职权调解而开始。

二、调解的进行

法院调解在审判人员的主持下进行。《民事诉讼法》第 94 条规定：“人民法院进行调解，可以由审判员一人主持，也可以由合议庭主持，并尽可能就地进行。人民法院进行调解，可以用简便方式通知当事人、证人到庭。”第 95 条规定：“人民法院进行调解，可以邀请有关单位和个人协助。被邀请的单位和个人，应当协助人民法院进行调解。”《法院调解工作规定》第 5 条规定，人民法院应当在调解前告知当事人主持调解人员和书记员姓名以及是否申请回避等有关诉讼权利和诉讼义务。《民诉法司法解释》第146条规定，人民法院审理民事案件，调解过程不公开，但当事人同意公开的除外。调解时当事人各方应当同时在场，根据需要也可以对当事人分别做调解工作。

调解开始后，审判人员应当认真听取双方当事人关于案件事实和理由的陈述，查明事实，分清是非，明确双方各自的责任。然后，有针对性地对双方当事人阐明有关的政策和法律，引导当事人就具体的争议事项进行协商。根据《法院调解工作规定》第8条的规定，在协商过程中，“当事人可以自行提出调解方案，主持调解的人员也可以提出调解方案供当事人协商时参考”。但是审判人员不能强迫当事人接受其提出的方案。调解协议通常是在调解方案的基础上形成的。当事人达成调解协议的，法院应当将调解协议的内容记入笔录，并由双方当事人或者经特别授权的委托诉讼代理人或者法定诉讼代理人签名。另据《法院调解工作规定》第6条规定，在答辩期满前人民法院对案件进行调解，适用普通程序的案件在当事人同意调解之日起15天内，适用简易程序的案件在当事人同意调解之日起7天内未达成调解协议的，经各方当事人同意，可以继续调解。延长的调解期间不计入审限。

《民诉法司法解释》第147条规定，人民法院调解案件时，当事人不能出庭的，经其特别授权，可由其委托代理人参加调解，达成的调解协议，可由委托代理人签名。离婚案件当事人确因特殊情况无法出庭参加调解的，除本人不能表达意志的以外，应当出具书面意见。

无民事行为能力人的离婚案件，由其法定代理人进行诉讼。法定代理人与对方达成协议要求发给判决书的，可根据协议内容制作判决书。

三、调解的结束

调解的结束包括两种情况：一是因当事人达成调解协议而结束；二是因调解不成，未达成调解协议而结束。

对于经调解达成协议的，人民法院应当及时对调解协议进行审查。对于当事人双方自愿达成，内容又不违反法律禁止性规定的协议，人民法院应当认可。调解协议依法成立后，对于应当制作调解书的，人民法院应当制作调解书，送达双方当事人签收；对于不需要制作调解书的调解协议，由书记员记入笔录，并由双方当事人、审判人员、书记员签名或者盖章。《法院调解工作规定》第9条至11条的规定，调解协议内容超出诉讼请求的，人民法院可以准许。人民法院对于调解协议约定一方不履行协议应当承担民事责任的，应予准许。调解协议约定一方不履行协议，另一方可以请求人民法院对案件作出裁判的条款，人民法院不予准许。调解协议约定一方提供担保或者案外人同意为当事人提供担保的，人民法院应当准许。案外人提供担保的，人民法院制作调解书应当列明担保人，并将调解书送交担保人。担保人不签收调解书的，不影响调解书生效。当事人或者案外人提供的担保符合担保法规定的条件时生效。另外，第 3 条规定，人民法院可以委托与当事人有特定关系或者与案件有一定联系的企业事业单位、社会团体或者其他组织，和具有专门知识、特定社会经验、与当事人有特定关系并有利于促成调解的个人对案件进行调解，达成调解协议后，人民法院应当依法予以确认。

依据《法院调解工作规定》第 12 条的规定，调解协议具有下列情形之一的，人民法院不予确认：侵害国家利益、社会公共利益的；侵害案外人利益的；违背当事人真实意思的；违反法律、行政法规禁止性规定的。对于经调解未达成协议或者调解协议不被人民法院认可的，人民法院应当结束调解程序，恢复审判，及时作出裁判，不能久调不决。

第四节　法院调解书的制作

在审判人员主持下，双方当事人通过平等协商，自愿达成了调解协议，调解程序即告结束。《民事诉讼法》第 97 条第 1 款规定："调解达成协议，人民法院应当制作调解书。"《法院调解工作规定》第 4 条规定："当事人在诉讼过程中自行达成和解协议的，人民法院可以根据当事人的申请依法确认和解协议制作调解书。"法院调解书是指人民法院制作的，记载当事人之间协议内容的法律文书。它既是当事人相互协商结果的记录，又是人民法院行使审判权的重要标志。

一、法院调解书的内容

根据《民事诉讼法》第 97 条的规定，法院调解书的内容包括以下三项：一是诉讼请求。即原告向被告提出的实体权利请求。如果被告向原告提出反诉的，调解书中也应当列明。有第三人参加诉讼的，还应当写明第三人的主张和理由。二是案件事实。即当事人之间有关民事权利义务争议发生、发展的全过程和双方争执的问题。三是调解结果。即当事人在审判人员的主持下达成的调解协议的内容，其中包括诉讼费用的负担。

依据《法院调解工作规定》第 16 条和第 17 条的规定，当事人以民事调解书与调解协议的原意不一致为由提出异议，人民法院审查后认为异议成立的，应当根据调解协议裁定补正民事调解书的相关内容。当事人就部分诉讼请求达成调解协议的，人民法院可以就此先行确认并制作调解书。当事人就主要诉讼请求达成调解协议，请求人民法院对未达成协议的诉讼请求提出处理意见并表示接受该处理结果的，人民法院的处理意见是调解协议的一部分内容，制作调解书的记入调解书。

二、法院调解书的格式

法院调解书应当按统一的格式制作，一般包括首部、正文和尾部三部分。

第一，首部。首部应当依次写明制作调解书的人民法院名称，案件编号，当事人、第三人以及诉讼代理人的基本情况，案由。

第二，正文。调解书的正文应当写明诉讼请求、案件事实和调解结果。这部分内容是调解书的核心部分，不能简略或疏漏，应当具体、明确而有重点地写在调解书里，避免当事人履行调解书时因有异议而发生新的纠纷。

第三，尾部。要写明本调解书经双方当事人签收后即具有法律效力。由审判人员、书记员署名，写明调解书的制作时间，并加盖人民法院印章。

第五节　法院调解的效力

一、法院调解发生法律效力的时间

法院调解发生法律效力的时间，因人民法院是否制作调解书而不同。

（一）调解书的生效时间

《民事诉讼法》第 97 条第 3 款规定：“调解书经双方当事人签收后，即具有法律效力。”这一规定包括两个方面的要求：一是调解书必须送达双方当事人签收。据此，调解书应当直接送达当事人本人，不适用留置送达和公告送达的方式。二是调解书必须经双方当事人签收后才能生效。调解书不能当庭送达双方当事人的，应以后收到调解书的当事人签收的日期为调解书生效日期。如果一方或双方当事人拒绝签收的，应当视为调解不成立，调解书不发生法律效力。《民事诉讼法》第 99 条规定：“调解未达成协议或者调解书送达前一方反悔的，人民法院应当及时判决。”

案件涉及第三人的，调解书应当同时送达第三人。《民诉法司法解释》第 150 条规定，人民法院调解民事案件，需由无独立请求权的第三人承担责任的，应当经其同意。该第三人在调解书送达前反悔的，人民法院应当及时判决。另据《法院调解工作规定》第 15 条的规定，对调解书的内容既不享有权利又不承担义务的当事人不签收调解书的，不影响调解书的效力。第 14 条规定，当事人不能对诉讼费用如何承担达成协议的，不影响调解协议的效力。人民法院可以直接决定当事人承担诉讼费用的比例，并将决定记入调解书。第 18 条规定，当事人自行和解或者经调解达成协议后，请求人民法院按照和解协议或者调解协议的内容制作判决书的，人民法院不予支持。

（二）记入笔录的调解协议的生效时间

1. 不需要制作调解书的情形

在某些情形下，人民法院对于当事人达成的调解协议可以不制作调解书。根据《民事诉讼法》第 98 条的规定，不需要制作调解书的案件有：第一，调解和好的离婚案件；第二，调解维持收养关系的案件；第三，能够即时履行的案件；第四，其他不需要制作调解书的案件。对不需要制作调解书的协议，应当记入笔录，由双方当事人、审判人员、书记员签名或者盖章后，即具有法律效力。

2. 双方当事人同意调解协议直接生效的

《法院调解工作规定》第 13 条规定："当事人各方同意在调解协议上签名或者盖章后生效，经人民法院审查确认后，应当记入笔录或者将协议附卷，并由当事人、审判人员、书记员签名或者盖章后即具有法律效力。当事人请求制作调解书的，人民法院应当制作调解书送交当事人。当事人拒收调解书的，不影响调解协议的效力。一方不履行调解协议的，另一方可以持调解书向人民法院申请执行。"《最高人民法院关于适用简易程序审理民事案件的若干规定》第 15 条也规定："调解达成协议并经审判人员审核后，双方当事人同意该调解协议经双方签名或者捺印生效的，该调解协议自双方签名或者捺印之日起发生法律效力。当事人要求摘录或者复制该调解协议的，应予准许。调解协议符合前款规定的，人民法院应当另行制作民事调解书。调解协议生效后一方拒不履行的，另一方可以持民事调解书申请强制执行。"

二、法院调解的效力

法院调解书和只记入笔录的调解协议生效后，可以产生以下几个方面的法律后果：

1. 结束诉讼程序

法院调解是人民法院的结案方式之一。调解书或调解协议生效，表明人民法院最终解决了双方当事人的纠纷，民事诉讼程序也因此而终结，人民法院不得对该案继续进行审理。

2. 确认当事人之间的权利义务关系

调解书或调解协议生效后，当事人之间的权利义务关系已得到确认，民事争议已得到解决，当事人不得对此法律关系再发生争议。

3. 不得以同一诉讼标的、同一的事实和理由再行起诉

调解书或调解协议生效后，民事纠纷已依法解决，当事人不得以同一诉讼标的、同一事实和理由，向人民法院再次提起民事诉讼。《民事诉讼法》第 124 条第（五）项规定，对调解书已经发生法律效力的案件，当事人又起诉的，告知原告申请再审。但是，对于调解和好的离婚案件或者调解维持收养关系的案件，原告如果有新情况、新理由，在 6 个月届满后，还可以再次起诉，请求法院审理解决。

4. 不得提出上诉

调解协议是在双方当事人自愿的前提下达成的，当事人一旦接受调解书或调解协议，就意味着放弃了上诉权。因此，无论是在一审、二审还是再审程序中达成的调解协议，均不能提起上诉。

5. 有给付内容的调解书或调解协议具有强制执行力

调解协议是双方当事人在人民法院主持下自愿达成的，一般情况下当事人都能自觉履行。如果具有给付内容的调解书或调解协议生效后，负有义务的一方当事人不履行义务时，对方当事人可以向人民法院申请强制执行。依据《法院调解工作规定》第 19 条的规定，调解书确定的担保条款条件或者承担民事责任的条件成就时，当事人申请执行的，人民法院应当依法执行。

本 章 小 结

法院调解，是指在民事诉讼中，人民法院审判人员对双方当事人进行说服劝导，促使其就民事争议自愿协商，达成协议，解决纠纷的活动和结案方式。

法院调解是我国民事诉讼中的一项重要制度，它体现了法院行使审判权和当事人行使处分权的结合，是人民法院审结民事案件的一种方式。

法院调解应遵循自愿原则、合法原则和查明事实、分清是非原则。自愿原则，是指调解的进行和调解协议的达成都必须以双方当事人完全自愿为前提，不能强迫，

包括程序上的自愿和实体上的自愿两方面内容。合法原则，是指人民法院主持的调解活动和双方当事人达成调解协议的内容，必须符合法律的规定。查明事实、分清是非原则，是指人民法院对民事案件进行调解必须在查明案件事实、分清责任的基础上进行。

调解达成协议的，人民法院应当制作调解书。调解书经双方当事人签收后，即具有与生效判决同等的法律效力。不需要制作调解书的，或者双方当事人同意调解协议直接生效的，调解协议在双方当事人、审判人员、书记员签名或者盖章后，即具有法律效力。调解结案的，当事人不得提出上诉。有给付内容的调解书或调解协议具有强制执行力。

思考题

1. 试述法院调解的原则。

2. 法院调解的效力如何？

3. 哪些案件无需制作调解书？

4. 甲公司诉乙公司合同纠纷一案，双方达成调解协议。法院制作调解书并送达双方当事人后，发现调解书的内容与双方达成的调解协议不一致，应当如何处理？

延伸阅读

1. 强世功编：《调解、法制与现代性：中国调解制度研究》，中国法制出版社2001年版。

2.［英］迈克尔·努尼：《法律调解之道》，杨利华、于丽英等译，法律出版社2006年版。

第十六章　民事诉讼中的法院裁判

本章知识要点：民事判决、裁定和决定是法院在审理民事案件的过程中，对实体事项、程序事项或紧急事项作出的判定。本章介绍了民事判决的概念、种类，民事判决的形式、内容和效力，民事裁定的概念，形式和内容，适用范围，民事裁定的效力，民事决定的概念，适用范围，民事决定的效力。学习重点是民事判决的效力。

第一节　民事判决

一、民事判决的概念

民事判决，是指人民法院通过对民事案件的审理，根据查明和认定的案件事实和法律规定，对当事人之间争议的权利义务关系或具有法律意义的事实作出的权威性判定。

民事判决是人民法院代表国家对民事实体问题作出的判定，是人民法院行使审判权的表现形式。在我国，有权行使审判权的职能机关仅限于人民法院，其他机关、社会团体和个人都无权审理民事案件，无权作出民事判决，也无权干涉人民法院的民事判决。

民事判决是人民法院审理民事案件和当事人进行诉讼的结果。审理与判决是在法院的主持下，在当事人及其他诉讼参与人的参加下进行的。只有经过法庭调查、法庭辩论等阶段之后才能作出最后的判定。因此，民事判决是人民法院适用法律审理案件的结果，也是当事人运用法律进行诉讼的结果。

民事判决具有权威性，一经作出，对当事人、法院和社会都产生相应的拘束力，非经法定程序，不得随意撤销或者变更判决所认定的事实和法律关系。一审判决，当事人可以在法定期限内提出上诉，通过二审程序变更或者撤销。当事人在上诉期限内未提出上诉的，判决就发生法律效力。除了判决确有错误，可以依再审程序加以改变外，任何单位和个人都无权改变。

二、民事判决的种类

民事判决可以根据不同的标准进行分类，以便于认识和把握判决，正确地运用判决。

（一）诉讼判决和非讼判决

根据其所解决的案件是否涉及民事权益争议，民事判决可以分为诉讼判决和非讼判决。

诉讼判决，是解决双方当事人之间的民事权益争议，确认争议的权利义务关系的判决。适用普通程序、简易程序、二审程序、审判监督程序审理案件作出的判决，都是诉讼判决。

非讼判决，是指对申请人要求确认的法律事实，作出肯定或者否定的判决。适用特别程序审理的宣告失踪或者宣告死亡、认定公民无民事行为能力或者限制民事行为能力以及认定财产无主案件作出的判决，是非讼判决。

诉讼判决和非讼判决在许多方面存在差异，例如，非讼判决均为不得上诉的判决。

（二）给付判决、确认判决和变更判决

根据其所解决的诉的不同种类或不同性质，民事判决可以分为给付判决、确认判决和变更判决。

确认判决，是指人民法院单纯确认当事人间存在或者不存在某种民事权利义务关系或者某项法律事实的判决。例如，判决确定某合同为无效合同；判决确认甲乙之间不存在收养关系等。

给付判决，是指人民法院责令一方当事人向另一方当事人履行一定义务的判决。既包括给付一定金钱、财物，也包括履行一定的行为，比如，责令败诉方归还胜诉方的借款；责令败诉方停止或者履行某种行为等。如果负有义务的一方当事人不履行义务，享有权利的一方当事人可以申请人民法院强制执行。

有学者认为，这种对判决的划分是与诉的种类一致的，给付判决是在认定原告请求权存在的基础上，判令对方履行义务的判决。[①] 有学者却认为，判决的分类与诉的分类是有区别的。诉的分类是依据当事人诉讼的目的和内容来确定的，判决的分类是依据案件审理后所解决问题的性质来确定的。在给付判决中可以同时有确认判决的内容，比如，判决首先确认合同有效，然后判令一方当事人向对方履行一定的

---

① 参见江伟主编:《民事诉讼法》（第二版），高等教育出版社、北京大学出版社 2004 年版，第 318 页。

合同义务。但当事人提出的给付之诉，其判决不一定都是给付判决，如对当事人提出的继承遗产的给付之诉，人民法院可能作出认定收养关系不成立的确认判决。[①]我们赞同后一种观点。

变更判决，是指变更或者消灭当事人之间原来存在的民事法律关系的判决，如判令解除双方当事人之间婚姻关系的判决。

（三）一审判决、二审判决和再审判决

根据其所依据的审级和审判程序不同，民事判决可以分为一审判决、二审判决和再审判决。

一审判决，是一审法院适用第一审程序对案件进行审理后作出的判决，它包括适用普通程序、简易程序和特别程序作出的判决。对于一审判决，法律规定可以上诉的，当事人可以在法定上诉期限内提起上诉，如适用普通程序、简易程序作出的一审判决即是。法律规定不准许上诉的，判决书送达当事人后即发生法律效力，如根据特别程序作出的判决即是。

二审判决，是二审法院依照第二审程序对上诉案件进行审理后，依法作出的判决。二审判决是终审判决，判决书在宣告或者送达后即发生法律效力，当事人对此不得上诉。

再审判决，是人民法院对已经发生法律效力的判决，发现在认定事实上或者适用法律上确有错误，适用再审程序，对案件再行审理后作出的判决。按照第一审程序再审后作出的再审判决，当事人仍然可以于法定期限内提起上诉；按照第二审程序再审后作出的再审判决，为终审判决，当事人不能提起上诉。

（四）生效判决和未生效判决

根据其是否生效，民事判决可以分为生效判决和未生效判决。

生效判决，是指已经发生法律效力的判决，包括地方各级人民法院作出的、已过法定期限没有上诉的一审判决，最高人民法院作出的一审判决以及所有的二审判决；依照特别程序审理作出的判决和依照公示催告程序作出的除权判决。

未生效判决，是指尚未发生法律效力的判决，例如，地方各级人民法院对民事案件所作的准予上诉而未过上诉期的一审判决。

（五）全部判决和部分判决

根据其是终结案件的全部还是一部分，民事判决可以分为全部判决和部分判决。

---

① 参见章武生主编:《民事诉讼法新论》，法律出版社 2002 年版，第 366~367 页。

全部判决，是指人民法院在案件全部审理结束时所作出的判决。

部分判决，是指人民法院对已查清的部分事实和部分诉讼请求所作出的判决。部分判决主要适用于当事人提出多项诉讼请求，或被告提出反诉，或存在诉的合并等情况。部分判决作出后，该案的诉讼程序并未结束，人民法院应当继续审理余下的部分事实并作出判决。部分判决的法律效力与全部判决的法律效力相同。

（六）对席判决和缺席判决

根据双方当事人是否都到庭参加诉讼，民事判决分为对席判决和缺席判决。

对席判决，是指人民法院在双方当事人自始至终都参加诉讼活动的情况下所作出的判决。其中若当事人本人未到庭，但委托了诉讼代理人出庭的，法院作出的判决也属于对席判决。

缺席判决，是在一方当事人未出庭或者中途退庭的情况下，法院所作出的判决。

（七）原判决和补充判决

根据其作出的时间先后，民事判决可以分为原始判决和补充判决。

原始判决，是指人民法院首次制作，并已送达或宣判的判决。

补充判决，是指在原始判决宣告后，人民法院在原始判决主文不明或者有遗漏错误的情况下，针对原始判决所作的更正、解释或者补充的判决。补充判决与原始判决具有同等的法律效力。

三、民事判决的形式和内容

民事判决必须采取书面形式，即制作民事判决书。根据民事诉讼法的规定和审判实践中的做法，民事判决除了有标题、案号外，还应包括以下内容：

（一）诉讼参加人的基本情况

判决应当写明诉讼参加人的基本情况，包括当事人的姓名、性别、年龄、民族、职业、住址等，当事人是法人或其他组织的，应写明法人或其他组织的全称、住所和法定代表人或主要负责人的基本情况，有共同诉讼人、第三人和诉讼代理人的，也应分别写明他们的基本情况。

（二）案由、诉讼请求、争议的事实和理由

适用普通程序的案件案由，一般应当包括两部分：当事人诉争的法律关系及其争议，如买卖合同质量纠纷，最高人民法院出台的《民事案件案由规定（试行）》，是各级法院确定案由的根据，该规定只列出当事人诉争的法律关系部分，而当事人的

争议部分由受理法院根据当事人的具体争议确定；适用特别程序的案件案由，可以根据当事人的诉讼请求直接表述。第一审法院立案时可根据当事人的起诉确定案由。当事人起诉的法律关系与实际诉争的法律关系不符时，结案时以法庭查明的当事人之间实际存在的法律关系作为确定案由的依据，例如，名为联营实为借贷的，定为借款纠纷。当事人在同一起诉中涉及不同法律关系，如某一案件涉及主从合同关系的，根据主合同所涉及的法律关系确定案由。当事人仅因为从合同发生争议，按照从合同涉及的法律关系及当事人的争议确定案由，如担保合同效力纠纷。

诉讼请求既包括原告的诉讼请求，也包括被告的反诉请求和有独立请求权第三人提出的诉讼请求。

争议的事实和理由是指双方当事人各自对案件所主张的事实和理由。

（三）判决认定的事实、理由和法律依据

判决的重要内容之一就是对案件事实的认定，判决理由是法院依据认定的事实和法律根据，针对当事人的诉讼请求得出判决结论的过程的表述。判决中除了陈述判决的直接理由外，还包括某些复杂案件中法院对重要证据是否采纳的理由。在我国的判决书理由中一般不包括对法律理论和学说的引用，这一点与国外的判决书不同。但从合理性出发，有些案件可以考虑引用法律理论和学说以加强判决书的说理性。①

（四）判决结论和诉讼费用的负担

判决结论是法院经过审理对当事人诉讼请求或上诉请求的答复，是对当事人争议的实体问题作出的结论。根据案件审理的具体情况，按照诉讼费用负担的原则对诉讼费用的负担作出裁判。

（五）上诉期间和上诉法院

除了最高人民法院作出的一审判决和适用特别程序审理作出的判决外，地方各级人民法院作出的一审判决都应注明当事人上诉的期限和上诉的法院。

此外，判决书应由审判人员、书记员署名，同时要注明该判决书制作的年、月、日，并加盖人民法院印章。

如果制作判决书时发生笔误，可以用裁定的方式对判决书的内容进行补正。《民诉法司法解释》第 245 条对《民事诉讼法》中的“笔误”作了具体解释：“民事诉讼法第 154 条第 1 款第 7 项规定的笔误是指法律文书误写、误算，诉讼费用漏写、误

① 参见江伟主编:《民事诉讼法（第二版）》，高等教育出版社，2004 年版，第 332 页。

算和其他笔误。”裁定书的内容中写明关于某判决书中某一内容的更正。直接改动判决书的做法是错误的。

四、民事判决的效力

民事判决的效力，是指生效的民事判决发生的实际效果。民事判决的效力包括民事判决生效的时间、对人的拘束力和对事的确定力。

（一）民事判决生效的时间

民事判决生效时间分为以下两种情况：一是上诉期届满当事人未上诉的判决，因上诉期届满而生效。地方各级人民法院作出的、法律允许上诉的一审判决，在上诉期内当事人没有上诉的，上诉期届满，判决即发生法律效力。二是不能上诉的判决因送达而生效。这类判决包括中级以上人民法院所作的二审判决，最高人民法院作出的一审判决，地方各级人民法院作出的不准上诉的一审判决，如适用特别程序作出的判决和适用公示催告程序作出的除权判决。上述判决一经送达立即发生法律效力。

（二）对人的拘束力

生效的民事判决对当事人具有的拘束力表现为，民事判决生效后，当事人必须履行判决所确定的义务，若拒不履行义务，对方当事人可以申请人民法院强制其履行。生效判决对人民法院也具有约束力，生效判决非经法定程序不得随意地撤销或变更。人民法院还要维护生效判决的权威性，必要时可以强制手段使判决内容得以实现。另外，生效判决所确定的事实还可以成为人民法院审理其他相关案件的定案依据。生效判决对社会的拘束力表现为，任何机关、社会团体及其他组织和个人都无权撤销或变更人民法院依法作出的生效判决，不得违反判决的有关规定，有协助执行义务的单位和个人，还应当积极协助人民法院执行生效判决，不得拒绝或者推诿。

（三）对事的确定力

对事的确定力又称既判力、实质上的确定力，是指确定的终局判决所裁判的诉讼标的对当事人和法院的强制性适用力。生效判决确定了当事人之间争议的民事法律关系，当事人和其他人不得对同一诉讼标的重新提起诉讼。但《民诉法司法解释》第 218 条规定，赡养费、扶养费、抚育费案件，裁判发生法律效力后，因新情况、新理由，一方当事人再行起诉要求增加或减少费用的，人民法院应作为新案受理。

生效的民事判决还具有执行力，判决中的权利人在义务人不履行生效判决确定的义务时，有权请求法院予以强制执行。

第二节　民事裁定

一、民事裁定的概念

民事裁定，是指人民法院在审理民事案件或执行的过程中，对所发生的程序问题以及个别实体问题所作出的权威性判定。民事裁定主要用于解决程序问题，在个别情况下也可用于对实体问题的处理，例如，关于财产保全的裁定。

民事诉讼过程中经常会出现一些阻碍程序正常推进的程序问题，人民法院可以用裁定的方式，对这些问题进行及时处理，以保证审判活动的顺利进行。

民事判决和裁定，都是人民法院为了实现诉讼的公正以及保护当事人的合法权益而制作的法律文书，都是法院审判权在民事诉讼中的具体表现形式。但两者有不同之处表现在：第一，适用的事项不同。判决主要是解决民事实体问题，而裁定主要是解决民事案件的程序问题。即使有些程序问题涉及实体方面的事项，法院并不能用裁定对实体权利义务关系作出判定。第二，适用阶段不同。判决通常只能在案件审理终结时作出，而裁定可以在案件审理终结时作出，也可以在案件审理的过程中作出。第三，形式不同。判决只能采用书面形式，而且有严格的格式，裁定可以用书面形式，也可以用口头形式。第四，上诉期间不同。依法准许上诉的民事判决的上诉期是 15 天，而依法准许上诉的民事裁定的上诉期只有 10 天。

二、民事裁定的形式和内容

裁定既可以以书面形式作出，也可以以口头形式作出。但在审判实践中，裁定大多为书面形式，尤其是依法准予上诉的裁定，必须以书面形式作出。民事裁定的书面形式就是民事裁定书。

民事裁定书由首部、正文、尾部组成。首部应当写明标题、案号以及当事人及其诉讼代理人的基本情况，其要求与民事判决书的要求基本相同。正文应当写明事实、理由和结论。事实即该案诉讼程序进行中所遭遇到的客观情况；理由即该案的审判组织依据法律所确认的理由。结论即人民法院根据事实和理由对所遇问题作出的权威性判断。民事裁定书的尾部应当由审判人员、书记员署名，加盖人民法院印章。凡法律允许当事人上诉的民事裁定，人民法院必须在民事裁定书中注明上诉的期间及上诉的法院。

以口头形式作出的裁定，书记员应当记入笔录。

三、民事裁定的适用范围

裁定的适用范围，即哪些程序上的问题需要适用裁定的方式解决。根据《民事诉讼法》第 154 条的规定，裁定的适用范围是：（1）不予受理；（2）管辖权异议；（3）驳回起诉；（4）保全和先予执行；（5）准许或者不准许撤诉；（6）中止或者终结诉讼；（7）补正判决书的笔误；（8）中止或者终结执行；（9）撤销或者不予执行仲裁裁决；（10）不予执行公证机关赋予强制执行效力的债权文书；（11）其他需要裁定解决的事项。

其他需要裁定解决的事项有：由简易程序审理的案件，改用普通程序进行审理；第二审法院撤销一审法院裁判的案件，按审判监督程序决定再审，中止原判决的执行；督促程序中，申请人申请不成立的，驳回申请；经公示催告，利害关系人申报后，终结公示催告程序；宣告进入破产还债程序；承认和执行外国的判决、裁定等。根据审判实践的需要，法律作出这一项弹性规定，以保证审判实践中新情况、新问题得以顺利解决。

上述民事裁定中，不予受理、管辖权异议、驳回起诉的裁定，可以上诉；保全和先予执行裁定可以申请复议，对其他裁定不服的，当事人既不能上诉，也不能申请复议。

四、民事裁定的效力

对于法律规定准许上诉的裁定，上诉期限为 10 天，超过上诉期不上诉的，裁定就发生法律效力。对于其他不准许上诉的裁定，一经宣布或者送达，即发生法律效力。但对财产保全和先予执行的裁定，虽然也不许上诉，但可以依法申请复议一次，在复议期间，不停止裁定的执行。

发生法律效力的裁定包括：第一，最高人民法院作出的裁定；第二，二审法院作出的裁定；第三，一审法院作出的依法不得上诉的裁定；第四，一审法院作出的可以上诉但在上诉期内没有上诉的裁定。

裁定生效后也在法律上对法院和当事人产生拘束力；有的裁定如先予执行等还具有执行力。裁定的效力表现在：第一，当事人及其他诉讼参与人必须依裁定办事，不得再对同一事项提出相同要求。第二，人民法院未经法定程序，不得随意改变生效裁定的内容。第三，有些裁定对社会有关部门和人员也具有拘束力。如财产保全裁定、先予执行裁定、补正判决书中笔误的裁定生效后，有关部门和人员有协助执行的义务。

第三节　民事决定

一、民事决定的概念

民事决定，是指人民法院对民事诉讼中某些有相当的紧迫性和特别的重要性的事项依法作出的权威性判定。为保证人民法院公正地审理民商事案件，维护正常的诉讼秩序，正确处理人民法院内部的工作关系，常常使用民事决定。

一般认为，判决、裁定和决定三者具有以下不同点：第一，判决解决的是纠纷的实体问题，裁定和决定所处理的都是涉及诉讼程序的事项，对裁定和决定在处理对象上的区分主要是从法律和司法解释的已有规定出发的，并从这些规定中归纳出的某些倾向和特征，一般认为，决定处理的事项是那些阻碍诉讼程序正常进行的特殊事项。从法律规定来看，这些事项的处理往往具有紧迫性。第二，判决是在实体问题审理终结（包括全部终结或部分终结）之后作出的，而裁定和决定则可能在诉讼程序中，例如，关于先予执行的裁定、关于审判人员回避的决定。第三，大部分的一审民事判决和一些民事裁定是允许上诉的，而民事决定一经作出或送达，立即生效，不允许上诉，除了法律明确规定允许当事人申请复议的决定外，其他决定也不允许申请复议。

人民法院适用民事决定处置特殊事项时，可以视情况选用口头形式或者书面形式。如果口头作出民事决定，应当由书记员记入笔录；如果使用书面形式时，应当写明人民法院的全称、决定书种类和案号、该决定所依据的事实、理由以及该决定的内容，最后还应注明该决定是否准予申请复议。同时，应当有作出决定的组织、人员署名以及作出决定的日期，并加盖人民法院印章。

二、民事决定的适用范围

根据民事诉讼法规定，民事决定主要适用于民事诉讼中的下列事项：

（1）决定回避。民事诉讼法规定当事人有权申请回避，人民法院认为符合法定条件者应当决定其回避，否则决定不予回避。

（2）决定对妨害民事诉讼的行为采取强制措施。对妨害民事诉讼的行为采取强制措施，必须由人民法院决定。其中，拘传、罚款、拘留等措施必须由人民法院院长批准，并制作决定书。

（3）决定诉讼费用的减、免、缓。依据民事诉讼法的救济原则，当事人交纳诉讼费用有一定的困难时，在一定条件下，当事人可以向法院申请减交、免交或者缓交诉讼费用，是否准许，由人民法院审查决定。

（4）决定顺延期限。当事人因不可抗拒的事由或者其他正当理由耽误期限的，在障碍消除后的 10 日内，可以申请顺延期限，是否准许，由人民法院决定。

（5）决定再审。各级人民法院院长对本院已经发生法律效力的判决、裁定，发现确有错误，认为需要再审的，应当提交审判委员会讨论决定是否再审。

（6）决定暂缓执行。在执行程序中，被申请执行人向人民法院提供担保，并经申请执行人同意的，人民法院可以决定暂缓执行及暂缓执行的期限。

（7）其他需要人民法院作出决定的事项。

三、民事决定的效力

由于民事决定的制作有紧迫性，通常情况下，民事决定一经人民法院作出或者送达，就发生法律效力，而不论其是否可以依法申请复议。法律为保护当事人的权益，规定对有些决定，如是否回避决定，拘留、罚款决定等可以申请复议一次，但复议期间不停止原决定的执行。

本 章 小 结

人民法院在审理民事案件的过程中，根据案件的事实和有关的法律，就诉讼中发生的各种程序性问题和特定事项以及当事人之间的民事实体权利义务关系所作出的结论性判定，就是法院裁判。民事诉讼中的法院裁判，一般包括民事判决、民事裁定和民事决定等，民事判决是最重要的法院裁判形式。

民事判决，是指人民法院通过对民事案件的审理，根据查明和认定的案件事实和法律规定，对当事人之间争议的权利义务关系或具有法律意义的事实作出的权威性判定。

民事裁定，是指人民法院在审理民事案件或执行的过程中，对所发生的程序问题以及个别实体问题所作出的权威性判定。

民事决定，是指人民法院对民事诉讼中某些有相当的紧迫性和特别的重要性的事项依法作出的权威性判定。

思考题

1. 民事诉讼中法院裁判的形式有哪些？它们有什么区别？

2. 如何理解民事裁定的适用范围？

3. 如何理解民事决定的适用范围？

案例分析题题

[案情分析]

王某以借款纠纷为由起诉吴某。经审理，法院认为该借款关系不存在，王某交付吴某的款项为应支付的货款，王某与吴某之间存在买卖关系而非借用关系。法院向王某作出说明，但王某坚持己见，不予变更诉讼请求和理由。法院遂作出裁定，驳回王某的诉讼请求。

[分析问题]

关于本案，法院的做法有什么不符合法律规定之处？

延伸阅读

1. 常廷彬:《民事判决既判力主观范围研究》，中国人民公安大学出版社 2010 年版。

2. 林剑锋:《民事判决既判力客观范围研究》，厦门大学出版社 2006 年版。

第十七章　特别程序

本章知识要点： 特别程序是相对于普通诉讼程序而言的，它是民事审判程序的一种，专门用于解决法律规定的特殊案件。学习本章应着重掌握特别程序的概念、特征以及特别程序的种类，掌握我国民事诉讼法规定的六类特别程序案件，即：选民资格案件、宣告公民失踪或者宣告公民死亡案件、认定公民无民事行为能力或者限制民事行为能力案件、认定财产无主案件、确认调解协议案件和实现担保物权案件。

第一节　特别程序概述

一、特别程序的概念和特征

（一）特别程序的概念

特别程序，是指人民法院审理某些特殊类型的非民事权益纠纷案件所适用的特殊程序。特别程序不同于通常程序中的普通程序和简易程序，有着自身的特殊性和独立性。我国《民事诉讼法》第十五章设专章对特别程序予以了专门规定，使不同类型的民事案件能按照不同的审判程序进行审理，以保证案件审理的有效性和科学性。

（二）特别程序的特征

特别程序是与通常诉讼程序相对应的特殊审判程序，是人民法院行使审判权确认一定的法律事实或者当事人权利义务现实状态的程序规范，只适用于审理某些非民事权益争议的案件。与通常程序相比，特别程序具有以下特征：

1. 审理案件的性质不同

特别程序审理的案件产生于申请人或起诉人请求人民法院对某项法律事实存在的状况或者对某种民事权利存在的实际情况加以确定和判定，在当事人之间不存在民事权益的争议。按照我国《民事诉讼法》第 179 条的规定，如果法院依照特别程序审理案件过程中，发现案件属于民事权益争议的，应当裁定终结特别程序，转入普通程序或者告知利害关系人另行按照普通诉讼程序或者简易程序起诉。而普通程序审理的案件则在双方当事人之间一定存在民事权利义务的争议。

2. 没有原告和被告

特别程序审理的案件，不存在利害关系相对立的双方当事人，只有一方当事人即起诉人或申请人，并且，申请人或者起诉人不一定与本案有直接的利害关系。而在普通程序中则存在原告、被告。

3. 审判组织的特殊性

特别程序审理的案件一般比较简单，请求事项单一，独任制一般就能够保证办案质量。因此，我国《民事诉讼法》第 178 条规定，特别程序中，除审理选民资格案件或者重大、疑难的其他案件由审判员组成合议庭，且只能由审判员组成合议庭审理外，其他适用特别程序审理的案件实行独任制，由审判员一人独任审理。而在普通程序中，一般由合议庭进行审理，并且，合议庭可以由审判员组成，也可以由审判员和陪审员组成。只有根据简易程序审理的简单民事案件，才适用独任制。

4. 一审终审

我国《民事诉讼法》第 178 条规定，依本章程序审理的案件实行一审终审。因此，按照特别程序审理的案件，判决书一经送达，立即发生法律效力，即使申请人或者起诉人不服，也不得提起上诉。而依照普通程序、简易程序审理的案件，除最高人民法院审理第一审民事案件实行一审终审外，都实行两审终审，当事人对第一审人民法院作出的判决、裁定不服的，有权向上一级人民法院提起上诉，二审人民法院的判决、裁定，才是终审的判决、裁定，一经作出，就产生法律效力。

5. 不适用再审程序

按照特别程序审理的案件，在判决生效后，如果发现该判决在认定事实或者适用法律方面存在错误，或者有新情况、新事实的出现，人民法院根据有关人员的申请，并经审查属实后，原审人民法院可以依照特别程序撤销原判决，并作出新判决，而无须按照再审程序进行审理。而依照普通程序、简易程序审理案件时，在判决、裁定、调解书生效后，如果发现确有错误，必须依照法律规定提起再审程序，予以纠正，不经过再审程序，任何单位和个人均无权撤销。

6. 案件的审限比较短

根据我国《民事诉讼法》第 180 条的规定：“人民法院适用特别程序审理的案件，应当在立案之日起 30 日内或者公告期满后 30 日内审结。有特殊情况需要延长的，由本院院长批准。但审理选民资格的案件除外。”即按特别程序审理的案件，除审理选民资格案件必须在选举日前审结，且不得延长外，审理其他案件应当在立案之日起 30 日内或公告期满后 30 内审结。但特殊情况，经本院院长批准可以延长。而在通常诉讼程序中，对于适用普通程序审理的一审案件，审限为 6 个月，即在立案之日起 6 个月内审结，有特殊情况需要延长的，经本院院长批准可延长 6 个月，还需要延长的，应当报上级法院批准；对于上诉案件，审限为 3 个月，有特殊情况需要延长的，由本院院长批准。由此可以看出，通常诉讼程序的审限比特别程序的审限要长。

7. 免交诉讼费

根据民事诉讼法以及司法解释的规定，依据特别程序审理的案件，一律免交诉讼费用。而按照通常诉讼程序审理的案件，一般均应缴纳案件受理费。

二、特别程序的适用范围

按照《民事诉讼法》第十五章的规定，特别程序适用于人民法院审理的下列六类案件：选民资格案件、宣告公民失踪或者宣告公民死亡案件、认定公民无民事行为能力或者限制民事行为能力案件、认定财产无主案件、确认调解协议案件和实现担保物权案件。

第二节　选民资格案件的审理程序

一、选民资格案件的概念和意义

选民资格案件，是指公民不服选举委员会对于选民资格的申诉所作出的处理决定，依法向选区所在地的基层法院提起诉讼的案件。

选民资格案件的审理程序是一种特殊类型的诉讼程序。选民资格案件诉讼必须以起诉人向选举委员会提出过申诉，选举委员会对其申诉进行了处理，申诉人对处理不服为前提；选民资格案件的审理程序仅解决选民资格问题，是起诉人与选举委员会之间关于选民资格发生的争议；选民资格案件的起诉与裁判均有严格的时间限制。

选举权与被选举权是我国公民享有的一项重要的政治权利。根据我国宪法和选举法的规定，凡年满 18 周岁的我国公民都具有选举权和被选举权。未满 18 周岁的公民和依法被剥夺政治权利的人没有选举权和被选举权。精神病人虽然拥有选举权，但由于其自身的原因，往往无法行使该项权利。我国选举法规定的选民登记制度，就是通过登记选区内的选民的方法来确定选民是否具有选举资格的一项保障制度。

选民登记过程中，由于种种原因，如人口流动、公民年龄的变化、政治权利的变化，有关选举机构公布的选民名单可能会出现差错，如列入没有选举权的人、漏列有选举权的公民等情况。为了纠正选民名单中出现的错误，我国选举法规定：选举前，应当按照选区进行登记，并在选举日前20日公布选民资格名单，发给选举证，公民对公布的选民名单有不同意见的，可以向选举委员会提出申诉，选举委员会对申诉意见应在3日内作出处理决定。申诉人如果不服该处理决定，则可以在选举日的5日之前向人民法院提起关于选民资格的诉讼，受理的人民法院应在选举日之前作出判决，人民法院的判决为最后的决定。我国民事诉讼法在特别程序中规定选民资格案件，有利于从诉讼程序上保障我国宪法赋予公民的选举权和被选举权的实现，对于保障选举的依法、顺利进行具有重要意义。

二、选民资格案件的审理程序

选民资格案件作为一种特殊类型的案件，其审理程序分为起诉与受理、审理、裁判等几个阶段，以下分别进行阐述。

（一）选民资格案件的管辖

按照我国《民事诉讼法》第181条的规定，选民资格案件由选区所在地基层人民法院管辖。这样规定，从级别管辖来看，所有的选民资格案件均由基层人民法院管辖，中级以上的人民法院不得管辖此类案件；从地域管辖来看，选民资格案件由选区所在地人民法院管辖。选区所在地与选民的空间距离最近，便于起诉人、与选民名单有关的公民、选举委员会代表参加诉讼活动，也便于人民法院进行调查，查明情况，作出正确的裁判。

（二）选民资格案件的起诉人

根据我国《民事诉讼法》第181条的规定，公民不服选举委员会对选民资格的申诉所作的处理决定，可以在选举日的5日前向选区所在地的人民法院提起诉讼。因此，选民资格案件起诉人的范围非常广泛。选民名单涉及的公民本人认为选举委员会公布的选民名单有错误的，可以向选举委员会申诉，对选举委员会所作的申诉处理决定不服的，可以向人民法院起诉。除了选民名单涉及的公民本人之外，其他任何公民认为选民名单有错误的，也可以向选举委员会进行申诉，对申诉处理决定不服的，依法向人民法院提起诉讼。可见，选民资格案件的起诉人并不像普通诉讼的原告一样，必须与本案有直接利害关系。提起诉讼的公民并不称原告，而只称起诉人，选举委员会也不是选民资格案件的被告。而在其他公民作为起诉人的选举资格案件中，虽然该有关公民必须参加诉讼，但他也不是选民资格案件的被告。

（三）选民资格案件的审判组织

由于涉及公民重大的政治权利，按照我国《民事诉讼法》第 178 条规定，人民法院审理选民资格案件，只能由审判员组成合议庭进行审理，不能实行独任制和陪审制。

（四）选民资格案件的审理

根据我国《民事诉讼法》第 182 条的规定，审理选民资格案件时，起诉人、选举委员会的代表和有关公民必须参加。庭审中人民法院应充分听取各方当事人的意见，必要时可让各方辩论。在事实清楚的基础上，由合议庭进行评议并作出判决。案件必须在选举日前审结。判决书应当在选举日前送达选举委员会和起诉人，并通知有关公民。并且，人民法院对选民资格案件所作的判决一经送达就立即发生法律效力，当事人不得提起上诉。实行一审终审有利于案件的迅速审结，也是选举活动顺利进行的必然要求。

第三节　宣告公民失踪案件的审理程序

一、宣告公民失踪案件的概念

宣告公民失踪案件，是指公民离开自己的住所或经常居住地，去向不明，经过法律规定的期限仍无音讯，人民法院经利害关系人申请，经审理后判决宣告该下落不明人为失踪人，并为其指定财产代管人的案件。

公民长期下落不明，必然导致与其相关的各种民事法律关系处于不稳定的状态，显然不利于社会生活的稳定和发展。我国法律设定的宣告失踪人制度对于保护失踪人的合法民事权益、保护与失踪人有利害关系的第三人的利益均具有重要意义。

二、宣告公民失踪案件的条件

按照我国《民法总则》第 40 条、《民事诉讼法》第 183 条的规定，宣告公民失踪必须同时具备以下几个条件：

（一）必须有被申请人下落不明满 2 年的事实

公民离开自己的住所或经常居住地，与利害关系人无通讯联系，也不明其去向和归宿。认定公民下落不明的起算时间，应当从公民离开自己的最后住所地或者居住地之日起，连续计算满 2 年，中间不能间断；战争期间下落不明的，从战争结束之日起计算；因意外事故下落不明的，从事故发生之日起计算。

（二）必须由有利害关系人提出申请

利害关系人，是指与下落不明的被申请人有人身关系或者民事权利义务关系的人。根据《最高人民法院关于贯彻执行〈中华人民共和国民法通则〉若干问题的意见（试行）》（简称《民法通则执行意见》）第 24 条规定，申请宣告失踪的利害关系人，包括被申请宣告失踪人的配偶、父母、子女、兄弟姐妹、祖父母、外祖父母、孙子女、外孙子女以及其他与被申请人有民事权利义务关系的人。宣告失踪，必须有人提出申请，而且提出申请的人必须是利害关系人。无人申请，人民法院不得依职权宣告公民失踪；提出申请的人与失踪人没有利害关系，其申请就不能成立，人民法院不得宣告公民失踪。并且，如果几个利害关系人对于是否申请公民失踪意见不一致的，按照申请在前的利害关系人的意见处理。按照最高人民法院《民法通则执行意见》第 25 条规定，申请权的行使顺序为：配偶，父母、子女，兄弟姐妹、祖父母、外祖父母、孙子女、外孙子女，其他与被申请人有民事权利义务关系的人。

（三）必须采取书面形式提出申请

申请书应当载明失踪的事实、时间和申请人的请求，并附公安机关或者其他有关机关关于该公民下落不明的书面证明。其中，公安机关或者其他有关机关关于该公民下落不明的书面证明，是申请宣告失踪的必不可少的附件。

三、宣告公民失踪案件的管辖

根据我国《民事诉讼法》第 183 条以及最高人民法院《民法通则执行意见》第 28 条第 2 款的规定，宣告失踪的案件，由被宣告失踪人住所地的基层人民法院管辖。住所地与居住地不一致的，由最后居住地的基层人民法院管辖。这样规定便于受诉人民法院就近调查案件事实、发出寻找失踪人公告并作出正确的判决。

四、宣告公民失踪案件的审理

按照我国《民事诉讼法》第 185 条的规定，人民法院立案受理宣告公民失踪的案件后，应当发出寻找下落不明人的公告。公告应当载明申请人的姓名、住所，寻找下落不明人的姓名、年龄、性别、职业、面貌特征，公告期间，向接受申请的人民法院陈述该公民的下落和信息等内容。同时，人民法院应当查清被申请人的财产。

公告期为3个月。公告期间是寻找失踪人、等待其出现的期间。公告期间届满，人民法院应当根据被申请人失踪的事实是否得到确认，作出宣告该公民失踪的判决或者驳回申请人申请的判决。宣告失踪的判决和驳回申请的判决，一经送达，立即发生法律效力。

我国法律规定的宣告失踪人制度本质上是一种法律推定，而这一推定又会给失踪公民及其利害关系人的民事权益带来重大影响。因此，我国《民事诉讼法》规定，公告寻找失踪人是人民法院审理宣告公民失踪案件的必经程序，这一规定体现了法律对宣告公民失踪的慎重态度。

五、宣告公民失踪的法律后果

（一）指定财产代管人

受理案件的人民法院在作出宣告公民失踪的判决的同时，应当依法为失踪人指定财产代管人。根据《民法总则》第42条的规定，失踪人的财产由其配偶、成年子女、父母或者其他愿意担任财产代管人的人，例如关系密切的其他亲属、朋友等代管。对代管有争议的，没有以上规定的人或者以上规定的人无能力代管的，或者其他原因，不宜作为代管人的，由人民法院指定的人代管。

（二）实现或履行与失踪人有关的权利义务

与失踪人有关的权利义务得以实现或履行，具体包括：

1. 失踪人所欠税款、债务和应付的其他费用，由代管人从失踪人的财产中支付。代管人的职责是管理和保护失踪人的财产。因此，宣告失踪后，代管人可以以失踪人的财产清偿失踪人所欠税款、债务和应付的其他费用。其中，“其他费用”包括赡养费、扶养费、抚育费和因代管财产所需的管理费等必要的费用。失踪人的财产代管人拒绝支付失踪人所欠的税款、债务和其他费用，债权人可以以代管人为被告向人民法院提起民事诉讼。

2. 失踪人对他人享有债权的，代管人可以请求债务人偿还，也可以作为原告向法院提起诉讼。财产代管人有权要求失踪人的债务人清偿到期债务。失踪人的债务人拒绝偿还其对失踪人的债务的，财产代管人可以作为原告向人民法院提起诉讼，要求偿还债务。

3. 遇有侵害代管财产情形的，代管人有权向法院提起诉讼，保护失踪人的财产。失踪人的财产受到侵害时，财产代管人可以作为原告向人民法院提起诉讼，请求停止侵害，造成损失的，还可以请求赔偿损失。

（三）被宣告为失踪人的民事权利能力

被宣告为失踪人后，公民的民事权利能力并不因宣告失踪而消灭，具有民事行为能力的公民在被宣告失踪期间实施的民事法律行为有效，与失踪人人身有关的民事法律关系，如婚姻关系、收养关系等，也不发生变化。

六、代管人的变更

根据最高人民法院《民诉法司法解释》第344条的规定，失踪人的财产代管人经人民法院指定后，代管人申请变更代管的，人民法院应当比照民事诉讼法特别程序的有关规定进行审理。申请有理的，裁定撤销申请人的代管人身份，同时另行指定财产代管人；申请无理的，裁定驳回申请。失踪人的其他利害关系人申请变更代管的，人民法院应当告知其以原指定的代管人为被告起诉，并按普通程序进行审理。

七、被宣告失踪的公民重新出现的处理

人民法院判决宣告公民失踪，只是根据法律规定的条件认定该公民不知去向、杳无音讯的事实，是一种法律推定的事实，与事情的真实情况并不完全一致，被宣告失踪的公民完全有可能重新出现。根据我国《民事诉讼法》第186条的规定，被宣告失踪的公民重新出现或者确知其下落的，本人或者利害关系人有权向原审人民法院提出申请，请求撤销宣告失踪的判决，以恢复其正常的权利义务状态。原审人民法院审查属实的，应当作出新判决，撤销原判决，该判决相应产生如下的法律后果：（1）财产代管人的职责终止。宣告失踪的判决撤销后，财产代管人的职责终止，无权再行使代管人的权利。（2）返还代管的财产及其收益。代管人有义务对原代管的财产进行清理，向已重新出现的失踪人返还代管的财产及其收益。（3）偿付必要费用。财产代管人为管理和保护失踪人财产所支出的必要费用，有权要求重新出现的失踪人偿付。

第四节　宣告公民死亡案件的审理程序

一、宣告公民死亡案件的概念和意义

宣告公民死亡案件，是指公民离开自己的住所或经常居住地，去向不明，杳无音讯，已满法定期限，经利害关系人申请，法院确认宣告该公民死亡的事实存在的，

作出判决，从法律上推定该公民死亡的案件。

宣告公民死亡，是在一定条件下的法律推定，与公民自然死亡相对。宣告公民死亡的法律后果与公民自然死亡基本相同，宣告公民死亡对被宣告死亡的公民及其利害关系人的权利义务都将产生重大影响。尽管我国法律规定了宣告失踪制度，但该制度并不能从根本上解决由于公民下落不明导致的其曾经参与的民事法律关系的稳定，财产代管人对财产的代管也仅仅是一种临时性的措施，失踪人的权利义务仍然处于不确定的状态。建立宣告死亡制度的意义就在于，通过法律推定的方式宣告失踪人死亡，可以结束由于公民长期下落不明而使其曾经参与的某些法律关系处于不稳定的状态，从而保护该公民及其利害关系人的合法权益，维护正常的生产秩序和生活秩序。

二、宣告公民死亡的条件

宣告公民死亡对被宣告死亡的公民及其利害关系人的权利义务都将产生重大影响，因此，人民法院宣告公民死亡必须严格依照法律规定的条件与程序进行。根据我国《民法总则》第 46 条以及《民事诉讼法》第 184 条的规定，宣告公民死亡应当同时具备以下几个方面的条件：

（一）必须存在公民下落不明的事实

宣告公民死亡，必须首先存在公民下落不明、生死未卜的事实。根据我国《民事诉讼法》的规定，宣告公民死亡的法律事实包括三种情况：一是正常情况下公民离开其住所或者经常居住地下落不明；二是因意外事故下落不明；三是因意外事故下落不明，经有关机关证明该公民不可能生存。只要具备以上三种情况之一且符合其他法定条件的，利害关系人就可申请宣告死亡。如果确知公民的下落或者确知公民已经死亡的，均不能宣告死亡。根据最高人民法院《民法通则执行意见》的规定，对于在中国台湾或者在国外，无法正常通讯联系的，不得以下落不明宣告死亡。另外，被申请宣告为死亡的公民，可以是已经被宣告为失踪的人，也可以是未经宣告失踪的下落不明人。宣告失踪不是宣告死亡的必经程序。公民下落不明，只要符合宣告死亡的条件，利害关系人可以不经申请宣告失踪而直接申请宣告死亡。宣告失踪程序与宣告死亡程序是两种相互独立而完整的程序制度。

（二）公民下落不明必须达到法定期限

根据我国《民事诉讼法》的规定，作为宣告公民死亡条件的下落不明必须达到一定的期限。该期限分为三种情况：第一，在正常情况下，公民下落不明满 4 年。从该公民最后离开自己的住所地之日起，连续4年不知生死，杳无音信。第二，因意外事故下落不明满2年。即公民因意外事故下落不明，从意外事故发生之次日起，已经连续2年没有音讯、生死未卜；因战争下落不明的，从战争结束之日起，已经连续2年杳无音讯、生死未卜。第三，因意外事故下落不明，经有关机关证明该公民不可能生存。也就是说，因意外事故下落不明，有关机关证明该公民不可能生存的，不受下落不明时间的限制。

（三）有利害关系人提出书面申请

宣告公民死亡，必须有利害关系人提出申请。没有利害关系人提出申请，人民法院不得依职权宣告公民死亡；申请人不是利害关系人的，人民法院不得宣告公民死亡。根据最高人民法院《民法通则执行意见》的规定，申请宣告死亡的利害关系人的顺序是：（1）配偶；（2）父母、子女；（3）兄弟姐妹、祖父母、外祖父母、孙子女、外孙子女；（4）其他有民事权利义务关系的人。同一顺序的利害关系人，有的申请宣告死亡，有的不同意宣告死亡的，如果符合宣告死亡条件的，人民法院应当宣告死亡。

利害关系人申请宣告死亡应当采取书面的形式，不得口头申请宣告死亡。申请书应当写明下落不明的事实、时间和请求，并附有公安机关或者其他有关机关关于该公民下落不明的书面证明。

三、宣告公民死亡案件的管辖

根据我国《民事诉讼法》第184条的规定，宣告公民死亡案件，由下落不明人住所地的基层人民法院管辖。从级别管辖来看，宣告公民死亡案件只能由基层人民法院管辖，中级以上的人民法院不得管辖宣告死亡案件。从地域管辖来看，宣告死亡案件由下落不明人住所地的人民法院管辖。利害关系人只有向有管辖权的人民法院提出宣告死亡申请，该人民法院才能依法进行审查并作出宣告该公民死亡的判决。

四、宣告公民死亡案件的审理

人民法院审理宣告公民死亡的案件，一般要经过申请、受理、发出公告和判决这几个阶段或者步骤。

（一）申请和受理

宣告公民死亡，必须由利害关系人向有管辖权的人民法院提出书面申请。对利害关系人的申请，人民法院应当进行审查，认为手续不完备且无法补正的，驳回申请；认为手续完备的，受理案件，进行审理。

人民法院受理申请后，可以根据申请人的请求，清理下落不明人的财产，并指定审理期间的临时财产管理人。

（二）发出寻找下落不明人的公告

根据我国《民事诉讼法》第 185 条的规定，人民法院受理宣告公民死亡案件后，必须发出寻找失踪人的公告，公告应当载明申请人的姓名、住所，寻找下落不明人的姓名、年龄、性别、职业、面貌特征，公告期间，向接受申请的人民法院陈述该公民的下落和信息等内容。公告期间为 1 年，因意外事故下落不明，经有关机关证明该公民不可能生存的，宣告死亡的公告期间为 3 个月。公告期满，下落不明的人仍然下落不明的，人民法院应依法判决，宣告下落不明的人死亡。被宣告死亡的人，判决宣告之日为其死亡的日期。判决书除送达申请人外，还应当在被宣告死亡的人住所地和人民法院所在地公告。公告期间是寻找下落不明人、等待其出现的期间，也是宣告公民死亡的必经期间，人民法院不得缩短或者延长。

根据《民诉法司法解释》第 345 条规定，人民法院判决宣告公民失踪后，利害关系人又向人民法院申请宣告失踪人死亡的，从失踪的次日起满 4 年的，人民法院应当受理，宣告失踪的判决即是该公民失踪的证明，审理中仍应当根据法律规定发出寻找下落不明人的公告，公告期间适用《民事诉讼法》第 185 条的相关规定。

（三）法院判决

在寻找下落不明人的公告期间，被申请宣告死亡的公民出现，或者确知其下落的，经本人或利害关系人申请，人民法院应当作出驳回申请的判决，终结案件的审理。

公告期间届满，下落不明人仍未出现，宣告死亡的事实得到确认的，人民法院应当作出宣告该公民死亡的判决。判决书除应当送达申请人外，还应当在被宣告死亡的公民的住所地和人民法院所在地公告。判决一经宣告，即发生法律效力。判决宣告的日期，就是被宣告死亡的公民的死亡日期。

五、宣告公民死亡的法律后果

公民被宣告死亡与其自然死亡的后果基本相同，即与被宣告死亡的公民的人身有关的民事权利义务关系也随之终结，主要体现在：（1）民事权利能力终止。该公民的民事权利能力因宣告死亡而终止。（2）婚姻关系消灭。该公民与配偶的婚姻关系自宣告死亡之日起消灭，继承因宣告死亡而开始。（3）民事法律关系结束。该公民以自己的住所地或者经常居住地为活动中心所发生的民事法律关系全部结束。

宣告死亡毕竟只是法律上的推定死亡，如果该公民在异地生存，并不影响其在那里的民事活动。其当然享有民事权利能力，仍可以进行民事活动。根据法律规定，具有民事行为能力的公民在被宣告死亡期间实施的民事法律行为有效。根据最高人民法院《民法通则执行意见》第 36 条第 2 款的规定，被宣告死亡和自然死亡的时间不一致的，被宣告死亡所引起的法律后果仍然有效，但自然死亡前实施的民事法律行为与被宣告死亡引起的法律后果相抵触的，则以其实施的民事法律行为为准。

六、被宣告死亡的公民重新出现的处理

宣告死亡，是人民法院依照法定的条件和程序对下落不明人作出的死亡推定，被宣告死亡的公民完全有可能重新出现或者确知其没有死亡。如果被宣告死亡的公民重新出现或者确知其没有死亡的，经本人或者利害关系人申请，人民法院应当作出新判决，撤销原判决。

根据《民法总则》第 51 条至 53 条的规定，以及最高人民法院《民法通则执行意见》第 37 条至 39 条的规定，人民法院作出新判决，撤销宣告死亡的判决后，被撤销死亡宣告的公民因宣告死亡而消灭的人身关系，有条件恢复的，可以恢复。

（一）婚姻关系

该公民的配偶尚未再婚的，夫妻关系从撤销死亡宣告之日起自行恢复；其配偶已再婚，或者再婚后又离婚，或者再婚后配偶又死亡的，或其配偶向婚姻登记机关书面声明不愿恢复婚姻关系的则不得认定夫妻关系自行恢复。

（二）子女收养

在被宣告死亡期间，子女被他人收养，死亡宣告被撤销后，被撤销死亡宣告的公民仅以未经本人同意而主张收养关系无效的，一般不应当准许，但收养人和被收养人同意的除外。

（三）返还财产

被撤销死亡宣告的公民有权请求返还财产。其原物已被第三人合法取得的，第三人可以不予返还。但依继承法取得原物的公民或者组织，应当返还原物或者给予适当补偿。利害关系人隐瞒真实情况使他人被宣告死亡而取得财产的，除应当返还原物及孳息外，还应当对造成的损失予以赔偿。

第五节　认定公民无民事行为能力、限制民事行为能力案件的审理程序

一、认定公民无民事行为能力或限制民事行为能力案件的概念和意义

认定公民无民事行为能力、限制民事行为能力案件，是指人民法院根据利害关系人的申请，对不能辨认或者不能完全辨认自己行为的精神病人、痴呆病人，按照法定程序，认定并宣告该公民为无民事行为能力人或者限制民事行为能力人的案件。

民事行为能力，是民事主体通过自己的行为行使民事权利、履行民事义务的能力。根据我国《民法总则》第 17 条、18 条、21 条、22 条的规定，18 周岁以上的公民是成年人，具有完全民事行为能力，可以独立进行民事活动，是完全民事行为能力人。16 周岁以上不满 18 周岁的公民，以自己的劳动收入为主要生活来源的，视为完全民事行为能力人。不能辨认自己行为的成年人是无民事行为能力人，不能完全辨认自己行为的成年人是限制民事行为能力人。

与《民法总则》的上述规定相适应，我国《民事诉讼法》通过第 187 条至 190 条规定了认定公民无民事行为能力或者限制民事行为能力案件的程序。这种程序设计，从法律上认定和宣告那些因患精神病或者其他病症丧失了全部或者部分民事行为能力的公民是否具有民事行为能力，并为其指定监护人，这样，不仅有利于维护该公民的合法权益，而且有利于维护其利害关系人、民事活动对方当事人的合法权益。因此，认定公民无民事行为能力或者限制民事行为能力程序对于确保民事流转安全以及维护正常的社会、经济秩序具有重要的意义。

二、申请认定公民无民事行为能力或限制民事行为能力的条件

根据《民事诉讼法》第 187 条的规定，申请认定公民无民事行为能力或限制民事行为能力案件必须具备以下条件：

1. 必须有利害关系人和有关组织提出申请

利害关系人包括近亲属和其他利害关系人。近亲属包括：配偶、父母、子女、兄弟姐妹、祖父母、外祖父母、孙子女、外孙子女。其他利害关系人是指，近亲属以外的，与被申请人关系密切的其他亲属、朋友，愿意承担监护责任，经被申请人住所地的居民委员会、村民委员会或者民政部门的同意。

有关组织包括：居民委员会、村民委员会、学校、医疗机构、妇女联合会、残疾

人联合会、依法设立的老年人组织、民政部门等。

2. 法定事由

精神病人有不能辨别自己行为或不能完全辨认自己行为的事实存在。

3. 申请必须以书面形式提出

申请书应当写明：申请人姓名、性别、年龄、住址；与认定为无民事行为能力或者限制民事行为能力人的关系；被申请人认定为无民事行为能力或者限制民事行为能力人的姓名、性别、年龄、住址；该公民无民事行为能力或者限制民事行为能力的事实和根据。

4. 向有管辖权的法院提出

申请应当向被申请人住所地的基层人民法院提出。

三、认定公民无民事行为能力或限制民事行为能力案件的程序

人民法院审理认定公民无民事行为能力或者限制民事行为能力案件的核心是对有关公民的精神健康状况进行审查和判断，最终作出该公民是否为无民事行为能力人或者限制民事行为能力人的认定与宣告。因此，此类案件的审理程序一般要经过申请与受理、鉴定与审查、判决等几个主要阶段。

（一）申请与受理

人民法院审理认定公民无民事行为能力或者限制民事行为能力案件，应当尊重利害关系人的意愿，只有当利害关系人提出申请时，人民法院才能启动认定公民无民事行为能力或者限制民事行为能力程序。未经利害关系人申请，人民法院不能依职权作出认定。对于符合条件且手续完备的申请，人民法院应当受理；对于不符合条件且不能补正的申请，应当裁定不予受理。

此外，根据《民诉法司法解释》第 349 条的规定，在诉讼中，当事人的利害关系人提出该当事人患有精神病，要求宣告该当事人无民事行为能力或限制民事行为能力的，应由利害关系人向人民法院提出申请，由受诉人民法院按照特别程序立案审理，原诉讼中止。

（二）鉴定

根据我国《民事诉讼法》第 188 条的规定，人民法院受理利害关系人的申请后，必要时应当对被请求认定无民事行为能力或者限制民事行为能力的公民进行司法精神病学鉴定或者医学诊断、鉴定，以取得科学依据。申请人已提供鉴定结论的，应当对鉴定结论进行审查，对鉴定结论有怀疑的，可以重新鉴定。对被申请认定为无

民事行为能力人或者限制民事行为能力人进行鉴定，并不是审理此类案件的必经程序。根据最高人民法院《民法通则执行意见》第 5 条和第 7 条的规定，当事人是否患有精神病（包括痴呆症人），人民法院应当根据司法精神病学鉴定或者参照医院的诊断、鉴定确认。在不具备诊断、鉴定条件的情况下，也可以参照群众公认的当事人的精神状态认定，但应当以利害关系人没有异议为限。

（三）审理

根据我国《民事诉讼法》第 189 条第 1 款的规定，人民法院审理认定公民无民事行为能力或者限制民事行为能力案件，应当由该公民的近亲属作代理人，但申请人除外。近亲属互相推诿的，由人民法院指定其中一人为代理人。在审理中，该公民健康状况许可的，还应当询问本人意见。本人不能到庭的，审判人员应当就地询问，把申请书内容告知本人，征询本人意见。为被申请认定为无民事行为能力或者限制民事行为能力的公民确定代理人，并由代理人实施诉讼行为，有利于人民法院查明事实，作出正确的判决，维护公民的合法权益。

（四）判决

根据我国《民事诉讼法》第 189 条第 2 款的规定，人民法院经过审理，如果认为申请人的申请符合法律规定，申请成立的，应当作出判决，认定该公民无民事行为能力或者限制民事行为能力，并为其指定监护人；如果认为申请人的申请没有根据或者根据不足，应当作出判决，驳回申请人的申请。

认定公民是否为无民事行为能力人或者限制民事行为能力人，关键在于对该公民是否能够辨认自己的行为作出判断。根据最高人民法院《民法通则执行意见》第 4 条和第 5 条的规定，精神病人（包括痴呆症人）如果没有判断能力和自我保护能力，不知其行为后果的，可以认定为不能辨认自己行为的人；对于比较复杂的事物或者比较重大的行为缺乏判断能力和自我保护能力，并且不能预见其行为后果的，可以认定为不能完全辨认自己行为的人。

公民被认定为无民事行为能力人或者限制民事行为能力人，应当由配偶、父母、成年子女或者其他近亲属担任监护人。没有近亲属的，经其所在住所地居民委员会、村民委员会或民政部门同意，可以由愿意承担监护责任的关系密切的其他亲属、朋友担任监护人。没有上述监护人的，由被申请人的所在单位或者住所地的居民委员会、村民委员会、学校、医疗机构、妇女联合会、残疾人联合会、依法设立的老年人组织、民政部门等担任监护人。监护人可以是一人，也可以是同一顺序中的数人。

根据《民法总则》第 31 条的规定，对担任监护人有争议的，由被申请人住所地的居民委员会、村民委员会、民政部门或者人民法院指定监护人。有关当事人对居民委员会、村民委员会、民政部门指定不服的，可以向人民法院申请指定监护人。

人民法院应当尊重被监护人的真实意愿，按照最有利于被监护人的原则在依法具有监护资格的人中指定监护人。

公民无民事行为能力或者限制民事行为能力的时间从判决生效之日开始，判决生效以前公民所为的行为，其效力不受判决的影响。

（五）临时监护人

根据《民法总则》第 31 条第 3 款规定，指定监护人前，被监护人的人身权利、财产权利以及其他合法权益处于无人保护状态的，由被监护人住所地的居民委员会、村民委员会、法律规定的有关组织或者民政部门担任临时监护人。

（六）监护人的撤销

根据《民法总则》第 36 条规定，监护人有下列情形之一的，人民法院根据有关个人或者组织的申请，撤销其监护人资格，安排必要的临时监护措施，并按照最有利于被监护人的原则依法指定监护人：（1）实施严重损害被监护人身心健康行为的；（2）怠于履行监护职责，或者无法履行监护职责并且拒绝将监护职责部分或者全部委托给他人，导致被监护人处于危困状态的；（3）实施严重侵害被监护人合法权益的其他行为的。这里规定的有关个人和组织包括：其他依法具有监护资格的人，居民委员会、村民委员会、学校、医疗机构、妇女联合会、残疾人联合会、未成年人保护组织、依法设立的老年人组织、民政部门等。如果上述个人和民政部门以外的组织未及时向人民法院申请撤销监护人资格的，民政部门应当向人民法院申请。

四、公民民事行为能力的恢复与原判决的撤销

公民被宣告为无民事行为能力或者限制民事行为能力后，经过治疗病情痊愈，精神恢复正常，能够判断自己行为的后果，清醒地处理自己的事务。这种情况下，造成其无民事行为能力或者限制民事行为能力的原因已经消除，如果原判决继续有效，显然有损于该公民的合法权益。因此，我国《民事诉讼法》第 190 条规定，人民法院根据被认定为无民事行为能力人、限制民事行为能力人或者他的监护人的申请，在证实该公民无民事行为能力或者限制民事行为能力的原因已经消除后，应当作出与客观实际相符合的新判决，撤销原判决，在法律上恢复该公民的民事行为能力。并且，监护人的监护权也随着原判决的撤销而消灭。

第六节　认定财产无主案件的审理程序

一、认定财产无主案件的概念

认定财产无主案件，是指对于归属不明或者失去所有权人的财产，人民法院根据公民、法人或者其他组织的申请，依照法定程序将上述财产判决认定为无主财产，并将其收归国家或者集体所有的案件。

社会上总存在一些所有人不明的财产，如果不对这些财产的权属进行认定，不但不利于这些财产物尽其用，而且可能会引起不必要的纷争。认定财产无主案件的意义就在于，司法机构依照法定的程序和条件，查明财产的权利主体是否存在，解决财产的归属问题。对于确认的无主财产收归国家或者集体所有，这样有利于这些财产的保护和利用。

二、认定财产无主的条件

根据我国民事诉讼法的规定，申请认定财产无主必须同时具备以下条件：

1. 认定的财产必须是有形财产

认定的财产必须是有形财产，无形财产或者精神财富，不能成为此类案件的认定对象。

2. 没有所有人或者所有人不明的财产

实践中常见的无主财产主要有以下几种类型：第一，财产的所有人不存在或者已经无法确定谁是财产的所有人，权利归属长期无法确定；第二，所有人不明的埋藏物和隐藏物；第三，拾得的遗失物、漂流物、失散的饲养动物；第四，经公安机关或者有关单位公告限期招领，但无人认领的遗失物、赃款、赃物等；第五，无人继承的财产。

3. 已满法定期间

财产没有所有人或者所有人不明的持续状态已满法定期间。不满法定期间的，即使财产所有人已经消失或者一时不清，也不能认定为无主财产。

4. 必须有申请人提出书面申请

根据我国《民事诉讼法》第 191 条的规定，申请人既可以是公民，也可以是法人或者其他组织。申请书应当写明申请认定无主财产的种类、数量、目前占有状况或者存放位置、要求认定财产无主的根据等情况。

5. 必须向有管辖权的人民法院提出申请

根据我国《民事诉讼法》第 191 条第 1 款的规定，认定财产无主的案件，由财产所在地基层人民法院管辖。由财产所在地基层人民法院管辖申请认定财产无主案件，便于人民法院就近调查研究，了解并查明财产的所有权归属情况，发挥认领公告的作用，维护财产所有权人的合法权益。

三、认定财产无主案件的审理程序

（一）申请和受理

认定财产无主案件的审理程序，由申请人向财产所在地基层人民法院提出书面申请而启动。没有申请人提出申请，人民法院不得依职权启动认定财产无主程序。任何公民、法人或者其他组织，只要认为财产无主或者财产所有权归属不明，均可以向人民法院提出申请。

对于符合条件的申请，人民法院应当受理，并立案审理；对于不符合条件且不能补正的申请，人民法院应当裁定不予受理。

（二）公告

根据我国《民事诉讼法》第192条规定，人民法院受理认定财产无主案件后，经审查核实，若认为该财产不属于无主财产的，则应当判决驳回申请人的申请；（没有明确规定不属于无主物要判决驳回申请）若认为该财产在形式上属于无主财产，则应当发出财产认领公告，寻找该财产的所有权人。申请人申请认定为无主财产的财产，虽然经过人民法院的初步审查认定其所有权人不明，但是该财产是否确实没有所有权人或者已经失去所有权人，还必须在一定范围内进行公示才能确认。人民法院发出公告的目的就在于通过公示的方式寻找财产的所有权人，防止作出错误的判决，维护财产所有权人的合法权益。

认领财产的公告期间为1年。该期间是等待财产所有权人出现并认领财产的法定期间，人民法院不得延长或者缩短。

（三）判决

根据我国《民事诉讼法》第192条的规定，公告期间，如果财产所有人出现，人民法院应当作出裁定，驳回申请，并通知财产所有人认领财产。公告期满，无人认领财产的，人民法院应当作出判决，认定该财产为无主财产，并将其收归国家或者集体所有。判决书送达后立即发生法律效力，并交付执行。财产由他人非法占有的，执行机关应当责令非法占有人交出财产，拒绝交出的，强制执行。

根据最高人民法院《民诉法司法解释》第350条规定，公告期间，有人对财产提出请求的，人民法院应当裁定终结特别程序，告知申请人另行起诉，受诉人民法院应当适用普通程序进行审理。最高人民法院的这一规定语焉不详，容易引起混淆。首先，在人民法院发出的财产认领公告期间无非有两种情况出现，其一，有人来认领财产；其二，无人来认领财产。其次，有人来认领财产的，又可以分两种情况，一种情况是，认领人出具了有说服力的证明文件并说明了理由，无主财产的申请人对此没有异议，人民法院也予认可，于是，人民法院驳回无主财产申请人认定无主财产的申请，财物由认领人认领；但是另一种情况是，虽然财产认领人主张公告的财产归其所有，但无主财产的申请人却不认可其主张，此时，申请认定无主财产案件的特别程序不能对双方的争议进行裁决，于是，就有“人民法院应当裁定终结特别程序，告知申请人另行起诉，受诉人民法院应当适用普通程序进行审理”。鉴于此，我们认为，应当明确“有人对财产提出请求”所包含的两层含义：其一，提出请求的人主张公示的财产归其所有；其二，无主财产的申请人不同意其上述主张，也即，无主财产的申请人与对财产提出权利主张的人之间对于财产的归属发生分歧。另外，需要说明的是，“告知申请人另行起诉”中的申请人也容易引起混淆，究竟是无主财产的申请人呢？还是主张财产权利的人呢？我们认为，应当明确，申请人即是对无主财产主张权利的人，而非无主财产的申请人。

四、认定财产无主判决的撤销

人民法院作出的认定财产无主判决，实质上仍只是对财产无主的一种推定，与客观情况并不完全相符，因为财产的所有权人或者所有权人的继承人还有可能出现。因此，我国《民事诉讼法》第 193 条规定，认定财产无主的判决作出后，财产的原所有人或者继承人有权在诉讼时效期间内对财产提出权利主张，请求恢复所有权。人民法院查证属实后，应当作出新判决，撤销原判决。原判决撤销后，已被国家或者集体取得的财产，应当返还给原所有权人或者原所有权人的继承人。原财产尚存在的，应当返还原财产；原财产不存在的，可以返还同类财产，或者按照原财产的实际价值折价返还。财产的原所有权人或者原所有权人的继承人超过法定的诉讼时效期间提出权利主张的，人民法院不予支持。

第七节　确认调解协议案件的审理程序

一、确认调解协议案件的概念和特点

确认调解协议案件是指对于涉及当事人可以处分的民事权利义务的纠纷，经行

政机关、人民调解组织、商事调解组织、行业调解组织或者其他具有调解职能的组织调解达成的具有民事合同性质的协议，经调解组织和调解员签字盖章后，当事人可以共同申请有管辖权的人民法院确认其效力。

对其含义的理解应包括以下几方面的内容：（1）司法确认的主体是有管辖权的基层人民法院，对调解协议没有管辖权的人民法院不能作出司法确认决定。（2）司法确认的客体是具有民事合同性质的调解协议，不具有民事合同内容的协议不在司法确认的范围之内。调解协议既包括在法院注册的调解员主持下达成的，也包括受法院委托对案件进行调解的单位或者个人主持下达成的调解协议。但调解协议不包括劳动争议调解协议。（3）司法确认应依申请作出，未经双方当事人申请，人民法院不得强行作出司法确认，调解机构亦不能自行申请司法确认。（4）人民法院依法对调解协议进行审查，审查的内容既包括程序性审查，也包括实质性审查。（5）确认调解协议案件的目的在于使调解协议获得强制执行力。在民事诉讼法正式确立调解协议案件的司法审查程序之前，调解协议达成后，调解协议所约定的义务须仰赖双方当事人自觉履行。若一方当事人未自觉履行，对方当事人只能向人民法院提起请求履行调解协议之给付之诉，只有在获得胜诉的给付判决后，再以该给付判决为执行名义申请强制执行，如此才能实现私权。当事人断然不能仅依据调解协议向人民法院申请强制执行。而根据《民事诉讼法》第 195 条规定，人民法院受理当事人申请确认调解协议的申请后，符合法律规定的，裁定调解协议有效，一方当事人拒绝履行或者未全部履行的，对方当事人可以向人民法院申请执行。《人民调解法》第 33 条也规定，人民调解协议一旦经由司法确认，任何一方当事人若不自觉履行约定之义务，对方当事人均可据之向人民法院申请强制执行。显而易见，相对于普通的调解协议，经由司法确认的调解协议在私权的实现上省去了可能经过的诉讼程序而直接获得了国家强制执行力的保障。（6）调解协议司法确认程序属于非讼程序的范畴。调解协议经由司法确认后，并不能产生类似民事确定判决既判力的效果。

二、确认调解协议案件的意义

目前，我国正处于转型时期，国内经济社会发展进入了一个矛盾凸显期。民事纠纷方面，2003 年全国法院审结的一审民事案件为 4416168 件，到 2009 年，全国法院审结的一审民事案件已经上升至 5797160 件[①]，呈现出“诉讼爆炸”的态势，以至于“案多人少、法官压力巨大”成为各地法院的普遍写照。而另外一方面，人民调解、

① 民事案件结案数据来源于《中国法律年鉴》（2003 — 2010），中国法律年鉴出版社出版。

行政调解以及行业调解组织的作用却没有能够发挥出来，导致资源闲置，浪费严重。这种情况下，如何通过相应的程序设置，实现司法程序和非诉调解程序的无缝对接，进而司法确认符合特定条件的调解协议的效力，赋予确认书以法律强制力，缓解“诉讼爆炸”与审判力量不足之间的紧张关系。正是在这种背景下，经过全国法院系统的多年实践,2004 年《最高人民法院关于人民法院民事调解工作若干问题的规定》(以下简称《民事调解若干规定》) 第 3 条: 根据民事诉讼法第 87 条的规定，人民法院可以邀请与当事人有特定关系或者与案件有一定联系的企业事业单位、社会团体或者其他组织，和具有专门知识、特定社会经验、与当事人有特定关系并有利于促成调解的个人对案件进行调解，达成调解协议后，人民法院应当依法予以确认。该规定首次提出并明确了调解协议的司法确认程序。2009 年 7 月 24 日,《最高人民法院关于建立健全诉讼与非诉讼相衔接的矛盾纠纷解决机制的若干意见》(以下简称《诉讼与非诉讼衔接的意见》) 以司法解释的形式规定了调解协议的司法确认制度，2010 年 8 月 28 日，第十一届全国人大常委会第十六次会议通过了《人民调解法》，对人民调解协议的司法确认以法律形式正式予以确认，2011 年 3 月 21 日最高人民法院审判委员会第 1515 次会议通过了《关于人民调解协议司法确认程序的若干规定》(以下简称《人民调解司法确认若干规定》)，首次以司法解释的形式对人民调解协议司法确认之适用程序作了具体规定，从而为该项制度的进一步规范化运作提供了操作依据。2012 年 8 月修订的《民事诉讼法》在原法第十五章特别程序第五节后增加了两节，其中第六节是确认调解协议案件，从而使确认调解协议案件正式纳入民事诉讼法特别程序的体系中。

司法确认制度通过司法程序对调解协议的效力予以确认，赋予确认书执行力，从而加强调解协议的效力，使调解制度在预防矛盾发生、及时灵活方便地处理纠纷方面真正发挥其作用。许多国家和地区，如德国、日本、美国以及我国台湾地区都有类似的制度。根据日本《民事调停法》第 16 条规定，调停中当事人之间达成协议，并记录在案，调停即成立，原记载的笔录同审判上的和解具有同等效力。即协议的一方当事人不履行协议约定的内容时，另一方当事人可依据日本《民事执行法》的规定申请有管辖权的法院强制执行。总之，司法确认作为诉调对接的关键环节，不但有利于充分发挥各类纠纷解决机制的作用，对促进民事纠纷当事人选择人民调解的方式解决纠纷、减轻司法负担，促进社会和谐具有重大的现实意义，对整个国家和社会有效地建立和完善多元化解决民事纠纷机制同样具有积极的意义。

三、确认调解协议案件的审理程序

根据 2017 年《民事诉讼法》《人民调解法》以及最高人民法院《人民调解司法

确认若干规定》《诉讼与非诉讼衔接的意见》的规定，确认调解协议案件应遵循下列程序：

1. 提起主体

向人民法院申请调解协议司法确认，即赋予调解协议强制力，提起者当然是纠纷主体，关键在于，是一方当事人提起还是双方当事人共同提起。由于确认调解协议案件属于特别程序案件，双方当事人不存在民事权利义务关系则是特别程序的前提，因此，《民事诉讼法》第 194 条、《人民调解法》第 33 条以及最高人民法院《诉讼与非诉讼衔接的意见》第 22 条均规定，双方当事人应当共同向有管辖权的人民法院以书面形式或者口头形式提出申请。共同申请可以理解为双方当事人共同申请和一方当事人申请，另一方当事人同意两种情形。

2. 案件范围

司法确认制度有助于减轻法院和当事人的讼累，为民事纠纷的有效解决提供了一条可供选择的快捷的渠道。但是为了司法确认裁定书的执行力与正当性，就必须对司法确认制度适用的案件类型有所限定。目前，我国法律没有明确规定。最高人民法院的《诉讼与非诉讼衔接的意见》第 24 条以及《人民调解司法确认若干规定》第 4 条规定了不予确认的案件类型，有下列情形之一的，人民法院不予受理：（1）不属于人民法院受理民事案件的范围或者不属于接受申请的人民法院管辖的；（2）确认身份关系的；（3）确认收养关系的；（4）确认婚姻关系的。

应当特别强调的是：第一，可以通过司法确认赋予强制执行效力的纠纷所涉及的权益必须是当事人可以自由处分的权益；第二，可以通过司法确认的案件应该属于法院的民事主管范围之内；第三，要求确认的调解协议所涉及的权益应该是可以通过强制执行予以实现的，并且明确具体，否则也就失去了申请司法确认的必要性。

3. 管辖法院

调解协议司法确认的管辖法院，级别管辖统一规定为基层法院，地域管辖则在《民事诉讼法》修订过程中存在两种意见，司法实践中也有两种不同的规定。《诉讼与非诉讼衔接的意见》第 21 条规定，当事人可以在书面调解协议中选择当事人住所地、调解协议履行地、调解协议签订地、标的物所在地基层人民法院管辖，但不得违反法律对专属管辖的规定。当事人没有约定的，除《民事诉讼法》第 33 条规定的情形外，由当事人住所地或者调解协议履行地的基层人民法院管辖。经人民法院委派或委托有关机关或者组织调解达成的调解协议的司法确认案件，由委派或委托的人民法院管辖。而《人民调解司法确认若干规定》第 2 条则规定，当事人申请确认调解协议的，由主持调解的人民调解委员会所在地基层人民法院或者其派出的法庭管辖。人民法院在立案前委派人民调解委员会调解并达成调解协议，当事人申请司法确认的，由委派的人民法院管辖。两者的区别在于：第一，前者规定了协议管辖制度，允许当事人可以在调解协议中约定管辖；第二，法律直接规定的管辖法院有区别，前者侧重于当事人的住所地及调解协议履行地，后者则强调人民调解委员会所在地。效力上，前者是司法政策、指导性文件，后者则是针对《人民调解法》适用的具体司法解释。从中不难发现，两者的适用范围并不一致。但《民事诉讼法》规定，司法确认案件的管辖法院为调解组织所在地的基层人民法院，主要考虑纠纷解决的便利性。

4. 申请期限

根据《人民调解法》第33条的规定，调解协议达成后，双方当事人认为有必要的，应当在调解协议生效之日起30日内向有管辖权的基层人民法院申请司法确认。调解协议书自各方当事人签名、盖章，并由调解员或者调解组织盖章之日起生效。口头的调解协议自各方当事人达成协议之日起生效。

5. 申请形式和申请材料

当事人提出确认申请，可以采取书面审理方式或者口头形式，当事人口头提出申请的，人民法院应当记入笔录，并由当事人签字或者盖章。

根据最高人民法院司法解释的规定，当事人申请确认调解协议，应当向人民法院提交司法确认申请书、盖有调解组织印章或者调解员签字的调解协议和当事人个人身份证明或者企业法人营业执照、资格证明，以及与调解协议相关的财产权利证明等证明材料，并提供双方当事人的送达地址、电话号码等联系方式。委托他人代为申请的，必须向人民法院提交由委托人签名或者盖章的授权委托书。除以上材料外还应提供双方当事人签署的承诺书，承诺书应当明确载明以下内容：（1）双方当事人出于解决纠纷的目的自愿达成协议，没有恶意串通、规避法律的行为；（2）如果因为该协议内容而给他人造成损害的，愿意承担相应的民事责任和其他法律责任。

6. 申请受理

基层人民法院收到当事人司法确认申请后，应当在3日内决定是否受理，人民法院决定受理的，及时向当事人送达受理通知书。双方当事人同时到法院申请司法确认的，人民法院可以立即受理，一方当事人到法院申请司法确认的，人民法院应当通知另一方当事人到场，并询问其意见，然后决定是否受理。

7. 审理方式

根据《诉讼与非诉讼衔接的意见》第23条规定：案件由审判员一人独任审理，双方当事人应当同时到庭。《人民调解司法确认若干规定》第6条规定，人民法院受理司法确认申请后，应当指定一名审判人员对调解协议进行审查。人民法院在必要时可以通知双方当事人同时到场，当面询问当事人。显然最高人民法院的上述两个司法文件在是否采书面审理上存在较大差异，《诉讼与非诉讼衔接的意见》规定，案件审理时，双方当事人应当同时到庭；而《人民调解司法确认若干规定》规定，必要时可以通知双方当事人到庭。由此可见，前者要求当事人必须到庭，规定了言辞审理的原则，而后者以书面审理为原则。考虑到前者涉及行政机关、人民调解组织、商事调解组织、行业调解组织或者其他具有调解职能的组织进行调解的案件，调解主体范围广泛，素质难以掌握，尤其涉及行业调解等案件，具有较强的专业性，因此，规定了言辞审理；而后者则专门针对人民调解组织调解的案件，相对而言，案件多以简单的民事案件为主，且人民调解组织长期从事调解工作，具有较丰富的调解经验，并且不容忽视的是，该类型调解案件数量巨大，对该类案件的审理，《人民调解司法确认若干规定》规定，法院以进行书面审理为原则，言辞审理为补充。综上，我们认为，考虑到我国的实际情况，在审理方式上区别对待上述不同的调解案件是适当的。

8. 审查期限

根据《人民调解司法确认若干规定》第 5 条规定，人民法院应当自受理司法确认申请之日起 15 日内作出是否确认的决定。因特殊情况需要延长的，经本院院长批准，可以延长 10 日。

9. 审查内容

人民法院在司法确认程序中应当对调解协议内容进行审查，主要是对“自愿性”和“合法性”进行审查，主要包括：一是审查调解协议是否违反自愿原则，例如，违背当事人真实意思的情况下签订调解协议、调解员与案件有利害关系等；二是审查调解协议是否违法，例如，侵害国家利益、社会公共利益的、侵害案外人利益的或者违反法律、行政法规禁止性规定的以及调解员强迫调解或者调解员存在其他严重违反职业道德准则的行为等；三是审查调解协议内容是否不明确，无法确认和执行；四是审查调解协议是否损害社会公序良俗。

此外，法院还应对当事人行为能力、当事人是否有处分权以及调解协议是否显失公平等进行审查。

10. 审查后果

人民法院经司法审查调解协议后，产生两种不同的法律后果：一是产生强制执行力。我国《民事诉讼法》第 195 条规定，人民法院受理当事人申请确认调解协议的申请后，经审查，符合法律规定的，裁定调解协议有效，一方当事人拒绝履行或者未全部履行的，对方当事人可以向人民法院申请执行。《人民调解法》第 33 条也规定，人民调解协议一旦经由司法确认，任何一方当事人若不自觉履行约定之义务，对方当事人均可据之向人民法院申请强制执行。二是调解协议经审查后不符合法律规定的，裁定驳回当事人申请。

11. 确认申请的撤回

在人民法院受理调解协议确认案件后，尚未作出是否确认的裁定前，一方或者双方当事人撤回司法确认申请的，人民法院应当准许，并出具终结司法确认程序通知书。撤回确认申请的，双方当事人仍可在法定期间内重新申请司法确认。当事人无正当理由未按时补充证明材料、拒不接受询问或者拒绝签收确认裁定书，人民法院应按撤回司法确认申请处理。

12. 不予确认调解协议的效力

根据《人民调解司法确认若干规定》第 7 条规定，具有下列情形之一的，人民法院不予确认调解协议效力：（1）违反法律、行政法规强制性规定的；（2）侵害国家利益、社会公共利益的；（3）侵害案外人合法权益的；（4）损害社会公序良俗的；（5）内容不明确，无法确认的；（6）其他不能进行司法确认的情形。

13. 案外人的救济

对于生效的确认裁定书存在错误，损害案外第三人合法权益的，《人民调解司法确认若干规定》规定了对案外人的救济。该规定第 10 条规定，案外人认为经人民法院确认的调解协议侵害其合法权益的，可以自知道或者应当知道权益被侵害之日起 1 年内，向作出确认决定的人民法院申请撤销确认决定。另外，由于司法确认案件适用裁定书的形式，因此，对于司法确认案件的错误可以适用审判监督程序的有关规定予以纠正。

第八节　实现担保物权案件程序

一、实现担保物权案件及其意义

担保物权是指以担保债务清偿为目的，在债务人或者第三人的特定物或者权利上设定的，就担保财产优先受偿的物权，包括抵押权、质权和留置权。担保物权的目的在于通过对担保人或者第三人提供担保的物优先受偿的方式担保债权的清偿，从而保护抵押权人的利益。担保物权的实现，是指担保物权人在特定条件下对担保物权行使优先受偿权的行为。实现担保物权是担保物权最重要的效力，直接关系到担保物权人的利益保护和担保交易的秩序稳定。担保物权的实现有自力救济和公力救济两种途径，自力救济是指担保物权人依靠自己的力量径自决定担保物权的处分方式并自行实施，无需经担保人同意，也无需法院或者其他公权力的介入。公力救济在是担保物权人实现担保物权时，需要获得法院或者其他国家机关签发的判决或者决定，而不能独立实现。目前世界范围内，有些国家采自力救济主义模式，如法国、英国和美国等国家；有些国家采公力救济主义模式，如德国、日本和瑞士等国家。

1995 年，我国《担保法》第 53 条第 1 款规定，债务履行期满抵押权人未受清偿的，可以与抵押人协议抵押物折价或者以拍卖、变卖该抵押物所得价款受偿；协议不成的，抵押权人可以向人民法院提起诉讼。从《担保法》的上述规定可以看出，在我国，担保物权的实现方式为公力救济主义模式。同时，《最高人民法院关于适用〈中华人民共和国担保法〉若干问题的解释》第 130 条进一步明确规定，在主合同纠纷案件中，对担保合同未经审判，人民法院不应当依据对主合同当事人所作出的判决或者裁定，直接执行担保人的财产。《担保法》及其司法解释的上述规定，使得抵押权人只能通过提起民事诉讼的方式方能实现其担保物权，但是通过诉讼的方式实现担保物权明显存在效率低下、成本过高等问题，抵押权人难以及时得到清偿，对抵押权人明显不利，使担保制度不能充分发挥应有的功能。此后，《物权法》对抵押权的实现途径作了变化，该法第 195 条第 2 款规定，抵押权人与抵押人未就抵押权实现方式达成协议的，抵押权人可以请求人民法院拍卖、变卖抵押财产，由“向人民法院提起诉讼”到“请求人民法院拍卖、变卖抵押财产”的变化，显示出立法者简化、便捷抵押权实现的程序，降低抵押权实现成本的意图。此外，《合同法》《海商法》以及《民用航空法》等法律也规定了建筑工程、船舶和民用航空器抵押权人，均可依照法律规定向人民法院申请实现担保物权。为实现并具体落实上述实体法律的规定，修订后的《民事诉讼法》第十五章特别程序新增第七节规定了实现担保物权案件。

《民事诉讼法》将实现担保物权案件规定在第十五章特别程序中明确了实现担保物权案件的性质，即属于特别程序的非讼案件。实现担保物权案件之所以规定在特别程序中，是由物权法的基本原则——公示公信原则所决定的。公示公信原则意味着物权的变动要依法进行公示，而基于公示的权利状态受法律保护，因此，抵押权在经过登记等公示方式，动产质权和留置权等经过占有等权利公示方式，即具有了公信力和对抗力，此时权利为有效、确定的权利，这种情况下，如果当事人之间能够自行协议实现权利，公权力就无需介入，如果当事人之间无法达成协议，那么即使公权力介入也应当通过迅速、达成合目的性的非讼程序进行，以便抵押权人快捷实现权利。

二、实现担保物权案件的审理程序

1. 申请与受理

《民事诉讼法》第 196 条规定，申请实现担保物权，由担保物权人以及其他有权请求实现担保物权的人依照物权法等法律，向担保财产所在地或者担保物权登记地基层人民法院提出。申请人包括担保物权人以及其他有权请求实现担保物权的人，如抵押权人、质权、留置权的权利人；被申请人包括担保人担保财产的实际占有人等。

实现担保物权案件应向人民法院提交有关证件材料，一是担保物权成立的证明文件。包括主合同、担保物权合同、抵押权登记证明或他项权利证书，质权的权利凭证等；二是担保物权实现条件成立的证明。主要是担保物权人应当提供担保物权实现条件成就的相关证据材料，如债务人不履行到期债务，发生当事人约定的实现担保物权的情形等。

按照《民事诉讼法》第 197 条规定，人民法院受理申请后，要进行必要的审查，但由于实现担保物权案件属于非讼性质的特别程序案件，法院无需进行实质审查，原则上应实行独任审理、书面审理。

2. 审查期限

《民事诉讼法》将实现担保物权案件设置在第十五章特别程序中，因此，应当适用《民事诉讼法》第十五章第一节的一般规定，即人民法院应当在立案之日起 30 日内审结。有特殊情况需要延长的，由本院院长批准。

3. 裁定

根据《民事诉讼法》第 197 条的规定，人民法院对申请进行形式审查后，符合法律规定的，裁定拍卖、变卖担保财产，当事人依据该裁定可以向人民法院申请执行；不符合法律规定的，裁定驳回申请，当事人可以向人民法院提起诉讼。

4. 被申请人异议

对于人民法院受理实现担保物权案件后，被申请人向法院提出的有关主债权或者担保物权的合法性、真实性等异议应当如何处理，存在不同的意见。有观点认为，只要申请人的申请形式上符合规定，即应当裁定拍卖、变卖担保财产，被申请人的异议不影响法院依法作出裁定。对于被申请人的异议原则上可以通过在强制执行程序中以执行异议的方式解决，这种观点强调快速、便捷实现《物权法》等法律规定的抵押权人的权利，将对被申请人的救济放在执行程序中解决；我们认为，应用特别程序——实现担保物权程序实现抵押权人的权利，其前提条件是双方之间存在真实的、合法的主债权和担保物权，如果双方之间实体权利的真实性、合法性存在争议，那么，适用特别程序的条件即不存在。况且，将被申请人的异议推延至执行程序并不能使问题得到解决，反而有可能使问题更加复杂。基于此，我们认为，对于被申请人提出的异议，人民法院应当书面通知被申请人，于限定期限内向有管辖权的法院起诉，当事人未在限定期限内起诉的，人民法院仍应继续裁定对抵押财产进行拍卖、变卖；如果当事人提起诉讼，法院应裁定终结实现担保物权程序。

当然，在具体司法实践中，人民法院应当灵活、交错和综合应用诉讼与非讼程序，在保障双方当事人权益的情况下，尽可能地快速予以解决。

本章小结

特别程序是相对于通常程序而言的，它是民事审判程序的一种，是人民法院行使审判权确认一定的法律事实或者当事人权利义务现实状态的程序规范，只适用于审理某些非民事权益争议的案件。

依照我国《民事诉讼法》第十五章的规定，本章涉及的特别程序包括选民资格案件、宣告公民失踪案件、宣告公民死亡案件、认定公民无民事行为能力或限制民事行为能力案件以及宣告财产无主案件、确认调解协议案件和实现担保物权案件。特别程序是与通常诉讼程序相对应的特殊审判程序，与通常诉讼程序相比，它具有不同的案件性质，没有原告和被告，审判组织特殊，实行一审终审，不适用审判监督程序，案件的审限比较短以及免交诉讼费等特征。

特别程序的各案件程序的特点在本章中占有特别重要的意义，应当对各程序特点逐一理解。

思考题

1. 简述特别程序的特征。
2. 简述审理选民资格案件的程序。
3. 简述审理宣告公民死亡案件的程序。
4. 简述审理确认调解协议案件程序。

案例分析题

[案情简介] 张红，女，38岁，患有精神病。由于其丈夫王强不尽监护职责，张红曾多次出门追打附近小孩。一天，她用棍子将邻居家的孩子杨兵（8岁）打伤，花去医药费用等3000元。杨兵的父亲杨发以杨兵法定代理人的身份向人民法院提起诉讼，其诉讼请求为赔偿杨兵的医药费3000元；撤销王强对张红的监护资格。法院立案后，按照特殊程序审理了此案，最后作出判决：王强赔偿杨兵的医药费用3000元；撤销王强对张红的监护资格，并重新指定张红的父亲张青为其监护人。

[分析问题] 你认为本案的处理有何违法之处？

延伸阅读

1. 王强义:《民事诉讼特别程序研究》, 中国政法大学出版社 1993 年版。
2. 郝振江:《论非讼程序在我国的重构》, 载《法学家》2011 年第 4 期。
3. 潘剑锋:《论司法确认》, 载《中国法学》2011 年第 3 期。
4. 王亚新:《诉调对接和对调解协议的司法审查》, 载《法律适用》2010 年第 6 期。

第十八章　督促程序

本章知识要点： 了解督促程序的概念和特征，明确申请支付令的条件和支付令的效力，掌握申请支付令的程序以及普通程序与督促程序相互转化的条件。尤其应当注意，虽然2012年《民事诉讼法》增加规定了人民法院对当事人异议的审查程序，但该审查环节的目的在于摒除被申请人滥用异议权，而不是对当事人之间争议的处理解决，当双方当事人就债权债务是否存在发生争议时，人民法院不能进行评判，而应终结督促程序。

第一节　督促程序概述

一、督促程序的概念和意义

督促程序，是指人民法院根据债权人的申请，以支付令的方式，催促债务人在法定期间内向债权人履行给付金钱和有价证券义务，如果债务人在法定期间内未履行义务又不提出书面异议，支付令就发生法律效力，债权人可以根据支付令向人民法院申请强制执行的程序。

司法实践中存在一些以给付金钱和有价证券为标的且债权债务关系明确的案件，并且，在这些案件中，双方当事人对他们之间的债权债务关系并没有争议，而仅仅是债务人没有自动履行义务，或者没有能力清偿债务。对于此类案件，如果完全按照通常的民事诉讼程序来解决的话，无疑会增加诉讼成本，有悖诉讼经济和诉讼效率的原则。因此，我国在借鉴德国、日本等大陆法系国家的立法经验基础上，建立并逐步完善督促程序，这是既不同于普通的民事诉讼程序，又不同于特别程序的略式诉讼程序。基于此，1992年《民事诉讼法》规定了督促程序，并且，经过近二十年的司法实践，2012年修订的《民事诉讼法》对督促程序进行了必要的修改完善，即增加了普通程序与督促程序在一定条件下相互转换的有关内容，并在督促程序中增加了人民法院对当事人异议的审查，从而进一步完善了督促程序。

督促程序设立的主要目的在于，通过适用一种简单而迅速的程序，使那些在当事人之间没有争议的以给付一定金钱、有价证券为标的的已经到期的债权得以快速实现。司法实践中，人民法院在适用督促程序处理这类案件时，通过书面审查即可催促债务人履行给付义务，如果债务人在法定期间内不履行债务又没有提出书面异议，债权人可以向人民法院申请强制执行，从而使债务纠纷方便快捷地得到解决。因此，督促程序对方便当事人诉讼和方便法院办案，提高诉讼效率，节约当事人实现债权的成本，及时保护当事人的合法权益，具有重要的意义。

二、督促程序的特点

（一）督促程序的非讼性

督促程序与解决民事争议案件的一般民事审判程序不同，它以当事人之间不存在实体上的权利义务争议为前提，当事人不直接进行对抗。债权人是申请人而不是原告，其权利请求仅限于向人民法院申请以支付令的方式催促债务人履行到期债务。督促程序因债权人的申请而开始，没有对立双方当事人参加诉讼。因此，督促程序并不解决当事人之间的民事权益争议，具有非讼的特点。

（二）督促程序适用范围的特殊性

按照《民事诉讼法》第214条的规定，债权人请求债务人给付金钱、有价证券的，可以向人民法院申请支付令。督促程序仅适用于请求给付金钱和有价证券的案件。此外，按照《民诉法司法解释》的规定：债权人向人民法院申请支付令，应当符合下列条件：（1）请求给付金钱或汇票、本票、支票、股票、债券、国库券、可转让的存款单等有价证券；（2）请求给付的金钱或者有价证券已到期且数额确定，并写明了请求所根据的事实、证据；（3）债权人没有对待给付义务的；（4）债务人在我国境内且未下落不明；（5）支付令能够送达债务人的；（6）收到申请书的人民法院有管辖权；（7）债权人未向人民法院申请诉前保全。申请支付令必须附有一定的条件限制，如债权人没有对待给付义务、支付令能送达债务人等，它不像处理民事争议案件的审判程序对民事案件具有普遍的适用性。所谓金钱，是指作为流通手段和支付手段的货币，通常是指人民币，在特定的情况下也包括外国货币。所谓有价证券，是指汇票、本票、支票、股票、债券、国库券以及可以转让的存款单。

此外，从诉的角度来看，督促程序仅适用于以金钱、有价证券为标的的给付之诉，不适用于确认之诉和变更之诉。

（三）督促程序的可选择性

债权人请求债务人给付金钱、有价证券，符合条件的，可以选择适用督促程序。但是，法律并没有强制规定这类案件必须适用督促程序，当事人可以选择通常诉讼程序或督促程序来解决。只是选择通常的诉讼程序周期较长，不利于问题的快捷简便解决。同时，需要注意的是，如果当事人选择了通常诉讼程序的，人民法院通过适用第一审普通程序或者简易程序进行审理，此时，当事人就不能再选择督促程序。可见，督促程序不是解决这类案件的必经程序或唯一程序，法律赋予了当事人程序选择权。

（四）督促程序审理的简捷性

根据《民诉法司法解释》第430条规定，人民法院受理申请后，由审判员一人进行审查。经审查申请不成立的，应当在15日内裁定驳回申请，该裁定不得上诉。根据该司法解释的规定，人民法院适用督促程序审理案件，仅对债权人提出的申请和债权债务关系的事实和证据进行书面审查，不传唤债务人，也不开庭审理。对符合条件的，人民法院直接向债务人发出支付令，督促其履行给付义务；对不符合条件的，人民法院裁定驳回债权人的申请。督促程序的审判组织采用独任制的形式，审级上实行一审终审。因此，与通常的诉讼程序相比，督促程序具有简便、快捷的特点。

（五）支付令生效的附条件性

人民法院向债务人发出的支付令只有符合一定的条件才能生效。这些条件包括两个方面：一是期限上的要求，即债务人自收到支付令之日起15日届满不提出异议，支付令才能生效；二是行为上的要求，即债务人在上述期限届满前不清偿债务，也不提出书面异议的，支付令才能生效。只有同时具备这两个条件，支付令才发生强制执行的法律效力。

第二节　支付令的申请、受理、审查和处理

一、支付令的申请

根据民事诉讼法以及最高人民法院司法解释的规定，债权人向人民法院申请支付令，必须符合下列条件，这些条件包括：（1）必须由债权人自己提出；（2）申请人的请求只能是以请求给付金钱、有价证券为标的；（3）请求给付的金钱或者有价证券

所依据的债权已到期且数额确定;(4)债权人与债务人之间没有其他债务纠纷;(5)支付令能够送达债务人，能够送达是指能实际送达，因此支付令不可以公告送达，但支付令可以适用留置送达;(6)债权人的申请必须向有管辖权的基层人民法院提出;(7)债权人申请人民法院发布支付令，应当提交书面的申请书，并附有相关的债权文书。

二、支付令申请的受理

根据我国《民事诉讼法》第215条规定:“债权人提出申请后，人民法院应当在五日内通知债权人是否受理。”人民法院接到债权人的申请后，应当及时进行审查，这种审查只是形式性的。

三、对支付令申请的审查

我国《民事诉讼法》第216条第1款规定，人民法院受理申请支付令的申请后，应当对债权人提供的事实、证据进行审查。这种审查不同于支付令申请的受理前的审查，两者的区别在于:

1. 内容不同

受理前的审查的内容是查明债权人的申请是否符合申请条件，是对立案条件的形式性审查;而受理后的审查的内容则是对债权债务关系是否明确、合法以及有无相应的证据等方面的审查，即是对申请人与被申请人间的权利义务关系等实质问题的非实质性审查。

2. 目的不同

受理前的审查是以决定是否应当受理为目的，而受理后的审查则是以决定是否应当发布支付令为目的。

3. 后果不同

受理前的审查的后果是向债权人发出是否受理申请的通知;而受理后的审查的结果，如认为债权债务关系明确、合法，则应发布支付令，如认为债权债务关系不明确、不合法，则应裁定予以驳回。

四、对申请支付令案件的处理

(一)发出支付令

1. 支付令的发出

支付令，是指在督促程序中人民法院发出的，旨在限令债务人在规定期限履行债务或者提出书面异议的法律文书。若债务人在法定期间内既不履行债务，又不提出确有理由的异议，则发生强制执行的法律效力。支付令是督促程序中最重要的法律文书，根据我国《民事诉讼法》第 216 条规定，人民法院受理申请人的申请后对其进行审查，对债权债务关系明确、合法的，应当在受理之日起 15 日内向债务人发出支付令。

2. 支付令的内容

根据《民诉法适用意见》的规定，支付令应记明以下事项：（1）支付令名称及编号；（2）债权人、债务人姓名或名称等基本情况；（3）债务人应当给付的金钱、有价证券的种类、数量；（4）清偿债务或者提出异议的期限，及异议向哪个人民法院提出；（5）债务人在法定期间不提出异议的法律后果。

此外，支付令由审判员、书记员署名，加盖人民法院印章，并应写明支付令发布的年、月、日。

3. 支付令的效力

支付令的法律效力主要体现在两个方面：

（1）支付令具有督促债务人在法定期间履行清偿债务的效力。债务人收到支付令之后，必须按照支付令的要求，在法定期限内，即收到支付令之日起 15 日内履行清偿债务的义务，此时，支付令实际上与生效裁判起到同等作用。

（2）支付令具有同生效判决相同的法律效力。债务人在收到支付令后 15 日内既不清偿债务，也不提出异议，支付令即发生与生效的判决相同的法律效力。具体包括拘束力、确定力和执行力。其中，债权人可以根据生效的支付令依法向人民法院申请强制执行。

（二）裁定驳回申请

人民法院受理申请后，经审查债权人提出的事实、证据，认为债权人的申请不符合法定条件的，裁定予以驳回。人民法院驳回申请的裁定，申请人不得上诉。

第三节　被申请人异议及督促程序的终结

一、被申请人异议

被申请人异议即债务人异议，是指对于人民法院签发的支付令，债务人在法定期间内依法向发出支付令的人民法院表明不服支付令所确定的给付义务的一种诉讼行为。被申请人对支付令提出异议，是被申请人在整个督促程序中行使陈述权和抗辩权的唯一机会，是被申请人行使诉讼权利的最重要的保障。

（一）提出异议的条件

根据我国民事诉讼法以及最高人民法院司法解释的规定，被申请人提出异议，必须符合下列条件：（1）提出异议的主体只能是被申请人；（2）提出异议的形式必须是书面形式，口头异议无效；（3）异议必须在收到支付令之日起 15 日内提出；（4）异议的内容应当是对申请人要求履行债务的主张在实体权利方面予以否定，包括全部否定或部分否定；（5）异议必须向发出支付令的人民法院提出。

（二）部分异议的效力

被申请人收到支付令后，对支付令的异议可能及于支付令的全部，也可能只及于部分，即对支付令提出部分异议，其效力则应区别对待。

1. 效力仅及于该项请求

债务人对支付令中的一项请求提出异议，则异议效力仅及于该项请求，其他请求仍然产生确定的效力。如支付令中载明两项请求，给付 5 万元人民币和某公司的 1 万股股票，如果债务人仅对 5 万元人民币的债权提出异议，而没有对 1 万股股票提出异议，那么，该异议的效力就仅对于 5 万元人民币的请求产生效力，而对于 1 万股股票的请求则不产生效力，即 5 万元人民币的请求自动失效，而 1 万股股票的请求则仍然有效。

2. 异议的其他效力

异议的其他效力有：（1）支付令自动失效；（2）债务人不能以支付令为依据申请法院强制执行，只能按普通诉讼程序提起诉讼：（3）督促程序终结，人民法院应依法作出终止督促程序的裁定。

（三）异议审查

1992 年《民事诉讼法》增设规定督促程序以来，督促程序的实施效果并不理想，其中，一个重要的原因即原有法律规定了当事人异议的绝对效力，即只要被申请人提出了符合形式要件的异议，人民法院对该异议并不进行实质审查，而是直接裁定终结督促程序。这种情况下，实践中，大量出现被申请人滥用异议权的现象，严重影响督促程序的实施效果。针对此问题，2012 年修订的《民事诉讼法》第 217 条规定，人民法院收到债务人提出的书面异议后，要对该异议进行必要的审查，从而加大了对当事人异议的审查力度，方便了当事人，降低了诉讼成本。

应当注意的是，虽然 2012 年《民事诉讼法》增加规定了人民法院对当事人异议的审查程序，但该审查环节的目的在于摒除被申请人滥用异议权，而不是对当事人之间争议的处理解决，当双方当事人就债权债务是否存在发生争议时，人民法院不能对当事人之间的是非曲直进行评判，而仍应终结督促程序。

二、督促程序的终结

督促程序在下列情形下终结：（1）自然终结。债务人在支付令送达之日起 15 日内向债权人清偿债务的，督促程序自然终结。（2）驳回终结。申请人的申请经审查不成立的，人民法院裁定驳回申请，督促程序终结。（3）撤回终结。人民法院发出支付令前债权人撤回申请的，人民法院裁定终结督促程序。（4）裁定终结。裁定终结分两种情况：人民法院受理支付令申请后在一定期限内无法将支付令送达债务人的，应根据实际情况依职权裁定终结督促程序；债务人在支付令送达之日起 15 日内依法向人民法院提出确有理由的异议的，人民法院应当裁定终结督促程序，支付令自行失效。（5）生效终结。债务人在支付令送达之日起 15 日内，既不提出异议又不履行义务的，支付令生效，督促程序终结。

三、督促程序与诉讼程序的相互转换

2012 年《民事诉讼法》增加了普通程序与督促程序在一定条件下相互转换的内容。该法第十二章第一审普通程序第 133 条第 1 款规定，人民法院受理的案件，当事人没有争议，符合督促程序规定条件的，可以转入督促程序。此规定使案件在受理环节，即可以进行诉讼程序向督促程序的转换；同时该法第 217 条规定，人民法院收到当事人异议，经审查，异议成立的，应当裁定终结督促程序，支付令自行失效。支付令失效的，转入诉讼程序，但申请支付令的一方当事人不同意提起诉讼的除外。在被申请人提出确有理由的支付令异议时，即当事人之间发生民事权利义务的争议，原法律规定，人民法院裁定终结督促程序，当事人可以就双方的债权债务另行起诉，这一规定显然对债权人极为不利，债权人在付出了申请支付令的经济成本以及时间成本后，一旦债务人提出异议即化为乌有，这种规定必然会使得债权人对督促程序望而却步。新修订的民诉法借鉴了大陆法系国家的普遍做法，规定了督促程序向诉讼程序的自动转化程序，显然是一个进步。

本 章 小 结

督促程序，是指人民法院根据债权人的申请，以支付令的方式，催促债务人在法定期间内向债权人履行给付金钱和有价证券义务，如果债务人在法定期间内未履行义务又不提出书面异议，支付令就发生法律效力，债权人可以根据支付令向人民法院申请强制执行的程序。

与其他民事审判程序相比较，督促程序具有以下特点：非讼性、适用范围的特殊性、可选择性、审理的简捷性以及支付令生效的附条件性等特征。

督促程序只适用于债权人请求债务人给付金钱、有价证券的案件。申请支付令的条件之一是支付令能够送达债务人，能够送达是指能实际送达，因此支付令不可以公告送达。但支付令可以适用留置送达。

普通程序与督促程序在一定条件下可以相互转化。

思考题

1. 简述督促程序的特点。
2. 简述适用督促程序的条件。
3. 简述支付令的生效条件。
4. 简述债务人对支付令提出异议的条件和后果。

案例分析题

[案情简介] 2017 年 1 月底，申请人北京市甲酒厂委托被申请人张林购买汽油，交给张林转账支票 2 张，金额为 16 万元。后因张林提供的汽油不符合双方商定的质量标准，申请人未提货。2017 年 3 月 28 日，申请人与被申请人达成归还购油款的协议，协议约定：张林应于 2017 年 5 月 5 日还款 8 万元，一个月后再还 8 万元；逾期还款，追加利息。之后，被申请人张林未按协议规定履行还款义务。于是，申请人于 2017 年 6 月 15 日，向北京市某区人民法院提出支付令申请，要求债务人张林返还购油款 16 万元。申请人考虑到被申请人的经济能力，申请放弃对欠款利息的请求。

某区人民法院接到申请后，经审查，认为符合受理条件，决定予以受理，并按规定向债务人张林发出了支付令。张林收到支付令后，向法院提出了书面异议，认为他同申请人达成的归还购油款协议，并非其真实意思表示，是在申请人欺骗的情况下签字同意的，不同意付款。法院对支付令异议审查后认为，被申请人张林未提供任何能够证明欺诈的证据，其异议的理由不成立，予以驳回。

[分析问题]

1. 该支付令是否发生法律效力?

2. 法院的做法是否正确?

延伸阅读

章武生:《督促程序的改革与完善》,载《法学研究》2002年第2期。

第十九章　公示催告程序

本章知识要点：公示催告程序是一种非讼程序，适用于解决可以背书转让的票据遗失、被盗或者灭失后的公示催告以及除权问题。该程序的设立使得票据持有人丧失票据或其他事项权利人因非法律上的原因对该事项的权利丧失控制权时，拥有了法律上的救济途径。本章应着重掌握公示催告程序的特点、申请及受理条件、除权判决的作出等。

第一节　公示催告程序概述

一、公示催告程序的概念

公示催告程序，是指人民法院根据申请人的申请，以公示的方法，告知并催促不明确的利害关系人在一定期限内申报权利，到期无人申报权利的，则根据申请人的申请依法作出除权判决的程序，也称之为除权程序。公示催告程序是一种非讼程序，它不解决当事人之间的实体争议，只是用公示的方式，从程序上解决票据被盗、遗失或者灭失等原因而引发的有关问题。该程序的设立使得票据持有人丧失票据或其他事项权利人因非法律上的原因对该事项的权利丧失控制权时，人民法院根据权利人的申请，以公告的方式告知并催促利害关系人在指定期限，向人民法院申报权利，如不申报，人民法院依法作出宣告票据或其他事项无效的程序。

二、公示催告程序的特征

与通常诉讼程序相比较而言，公示催告程序具有以下几个显著特征：

（一）程序的非讼性

从性质来看，公示催告程序属于非讼程序。适用这一程序并不能解决当事人之间因民事权利义务关系发生的纠纷，而只能确认申请人申请公示催告并在一定期限内无人申报权利这一事实。在公示催告程序中，申请人根本无法知道有无利害关系人，更不知道利害关系人是谁，因此，公示催告案件也就没有明确的被告或者被申请人。一旦明确了利害关系人，公示催告程序就因此失去了存在的基础而必须终结，申请人可以向人民法院提起民事诉讼，通过诉讼程序解决纠纷。

（二）适用范围的特定性

根据我国《民事诉讼法》第 218 条第 1 款的规定，公示催告程序仅适用于可以背书转让的票据被盗、遗失或者灭失的案件以及法律规定可以申请公示催告的其他案件。不能背书转让的票据被盗、遗失或者灭失的，不属于法律规定可以申请公示催告的事项，都不能适用公示催告程序。

（三）程序制度的独特性

公示催告程序在具体的审理制度上具有明显不同于诉讼程序及其他非讼程序的独特性。主要体现为:（1）公示催告程序由公示催告阶段和除权判决两个阶段构成。（2）公示催告程序的两个阶段必须由申请人申请方能启动。（3）公示催告程序的两个阶段，公示催告阶段可以由审判员一人独任审理，除权判决则应当组成合议庭进行审理。（4）公示催告程序主要适用书面审查和公告的方式进行审理。

三、公示催告程序的功能

公示催告程序是为满足社会经济生活的需要而逐渐发展、完善起来的。民事诉讼法对公示催告程序作专章规定，由人民法院适用法律程序解决票据被盗、遗失或灭失的问题，从而消除票据权利所处的不稳定状况，不仅有利于票据持有人正常的工作、生活和生产经营，也有利于社会的稳定和经济的发展。这一程序主要具有以下几个方面的功能：维护票据丢失人的合法权益；对利害关系人的合法权益进行救济；确保票据流通的安全。

第二节　公示催告申请的提起与受理

一、公示催告申请的提起

公示催告程序作为一种权利救济的制度与程序，人民法院不得依职权主动启动，只有权利人提出申请才能启动。

（一）申请公示催告的主体

根据我国《民事诉讼法》第 218 条第 1 款的规定，公示催告程序的申请主体必须是按照规定可以背书转让的票据持有人或法律规定可以申请公示催告的其他事项的拥有人。根据《民诉法司法解释》第 444 条的规定，票据持有人是指票据的最后持有人，即在票据流转过程中最后占有票据的人，也就是票据记载的最后背书人。

（二）申请公示催告的事项

申请人申请公示催告的事项，必须属于公示催告程序的受案范围。我国公示催告程序仅适用于可以背书转让的汇票、本票和支票以及法律规定可以公示催告的其他事项，主要包括我国《公司法》第 143 条规定的，记名股票被盗、遗失或者灭失的，股东可以申请人民法院公示催告并作出除权判决。另《海事诉讼特别程序法》第 100 条规定的，提单等提货凭证持有人，因提货凭证失控或者灭失，可以向货物所在地海事法院申请公示催告。

（三）申请公示催告的事由

根据我国民事诉讼法的规定，就票据公示催告来说，申请人申请公示催告的事由只能是票据被盗、遗失或者灭失。因为只有票据被盗、遗失或者灭失时，才会发生利害关系人不明确的状况，才有必要通过公示催告程序实现票据与权利的分离，恢复失票人的权利。不是基于以上三种原因之一，便不会发生利害关系人不明确的状况，案件即不符合公示催告程序的适用条件，申请人也就不可以申请公示催告。

（四）案件管辖

按照我国民事诉讼法的规定，公示催告案件由票据支付地的基层人民法院管辖。从级别管辖来看，公示催告案件由基层人民法院管辖，中级以上的人民法院不得管辖此类案件；从地域管辖来看，公示催告案件由票据支付地的人民法院管辖。所谓票据支付地，就是票据载明的付款地，如承兑或付款银行的所在地、收款人开户银行所在地等，票据未载明付款地的，以票据付款人的住所地或主要营业地为票据支付地。由票据支付地的基层人民法院管辖，能够确保受理案件的法院与付款人保持最近的空间距离，便于当事人提出申请，也便于受理案件的人民法院审理，并且及时通知付款人停止支付，避免票据被冒领而造成损失。

（五）申请公示催告的方式

根据《民事诉讼法》第 218 条第 2 款的规定，申请公示催告应当采取书面方式，即申请人应当向人民法院递交申请书。申请书应当载明：申请人的基本情况，票据的种类、票面金额、发票人、持票人、背书人等票据主要内容，申请的事实和理由，受理申请的法院等内容。

二、公示催告申请的审查与受理

根据《民诉法司法解释》第 445 条的规定，人民法院对申请人提出的公示催告申请，应当立即进行审查并决定是否受理。审查的内容主要包括：申请人是否具备主体资格，申请的对象是否属于公示催告程序的适用范围，申请的事由是否符合法律规定，受理申请的人民法院是否有管辖权，申请的形式是否合法完备等。总之，在决定是否受理的阶段，人民法院对审查主要是程序性审查，而不是实质性审查。

经审查，人民法院认为申请人的公示催告申请符合法定的条件和程序，即符合受理条件的，应当立即通知受理，并同时通知支付人停止支付；认为不符合受理条件的，应当在 7 日内裁定驳回申请。

第三节　公示催告案件的审理

一、发出停止支付通知和权利申报公告

（一）发布停止支付通知

根据我国《民事诉讼法》第 219 条和第 220 条的规定，人民法院决定受理公示催告申请的，应当同时通知支付人停止支付，并发布公告，催促利害关系人申报权利。停止支付的通知，是人民法院发布的告知支付人停止支付票据上所记载款项的法律文书。支付人收到人民法院停止支付的通知后，应当立即停止支付，直至公示催告程序终结。支付人收到人民法院止付通知后不停止支付的，将承担由此引起的法律后果，即除可依照《民事诉讼法》第 111 条和第 114 条的规定采取强制措施外，在判决后，支付人仍应承担支付义务。

（二）发出权利申报公告

根据我国《民事诉讼法》第 219 条的规定，人民法院受理申请人的公示催告申请后，应当在 3 日内发出公告，催促利害关系人申报权利。

根据《民诉法司法解释》第 447 条的规定，公示催告公告应当包括以下内容：公示催告申请人的姓名或名称；票据的种类、号码、票面金额、出票人、持票人、背书

人等；申报权利的期限；在公示催告期间内转让票据等权利凭证、利害关系人不申报的法律后果。

公示催告公告应当张贴于人民法院公告栏内，并在有关报纸或其他宣传媒介上刊登；人民法院所在地有证券交易所的，还应当张贴于该证券交易所。

公示催告的期间，由人民法院根据具体情况决定，但最短不得少于 60 日。公示催告的期间，其实就是等待利害关系人申报权利的期间。为了保证利害关系人有足够的时间知晓公示催告的内容，便于利害关系人申报权利，充分保护其合法权益，我国民事诉讼法对公示催告的期间作了一定的限制，即不得少于 60 日。

（三）公告的效力

人民法院发出的公示催告公告产生以下效力：第一，限制票据流通。根据我国《民事诉讼法》第 220 条第 2 款的规定，在公示催告期间，转让票据权利的行为无效。因此，公示催告实际上具有财产保全的作用，表现了程序法独特的功能，与票据法的法理并不违背。第二，推定排除其他利害关系人。经过公示催告公告规定的申报权利的期间后，仍无人申报权利的，就可以推定本案所涉及的票据没有其他利害关系人存在，票据权利则可以认定为申请人享有。

二、利害关系人申报权利

申报权利，是指受公示催告的利害关系人，在公示催告期间内向人民法院主张票据权利的行为。申报权利是利害关系人防止自己的权利免受人民法院宣告票据无效损害的重要方式，是否有人申报权利也是人民法院查明票据有无利害关系人、是否应当作出宣告票据无效的除权判决的重要标准。根据我国民事诉讼法以及《民诉法适用解释》的规定，有关利害关系人申报权利，主要涉及以下几个问题：

（一）申报权利的主体

申报权利的主体，必须同时具备两个条件，即必须与票据存在利害关系，必须是票据持有人。

（二）申报权利的地点与期间

根据我国民事诉讼法的规定，利害关系人应当向发出公示催告公告的人民法院申报权利，利害关系人向其他人民法院申报权利的，不能发生申报的法律后果。

申报权利的期间，就是利害关系人申报权利的时间限制。根据我国《民事诉讼法》第 221 条的规定，利害关系人应当在公示催告期间内申报权利。但 2015 年最高人民法院《民诉法司法解释》第 450 条则规定在申报期届满后、判决作出之前，利害关系人申报权利的，应当适用《民事诉讼法》第 221 条第 2 款和第 3 款的规定处理，事实上，使得申报的期限延长至判决作出前。

（三）申报权利的形式与内容

利害关系人向人民法院申报权利，应当采取书面形式，即应当向人民法院提交票据权利申报书。申报书应当写明申报权利请求、理由和事实等事项，并应当向人民法院出示票据正本或者法律规定的证据。利害关系人申报权利，人民法院应当通知其向法院出示票据，并通知公示催告申请人在指定的期间察看该票据。公示催告申请人申请公示催告的票据与利害关系人出示的票据不一致的，人民法院应当裁定驳回利害关系人的申报。

（四）申报权利的法律后果

利害关系人申报权利产生两种法律后果：一是申报被驳回。即利害关系人出示的票据与公示催告申请人申请公示催告的票据不一致的，表明申报人的申报与公示催告的票据无关而不能成立，人民法院应当裁定驳回利害关系人的申报。二是裁定终结公示催告程序。即利害关系人出示的票据就是公示催告申请人申请公示催告的票据，人民法院应当裁定终结公示催告程序，并通知申请人和付款人。此时，票据的对方当事人已经明确，案件不再符合公示催告程序的适用条件，因此，公示催告程序应当终结。人民法院裁定终结公示催告程序后，申请人或申报人可以向人民法院起诉，由人民法院依通常诉讼程序以票据纠纷为由进行审理。

（五）未申报权利的利害关系人的权利保护

为了避免损害票据持有人的票据实体权利，对于由于正当理由未能在规定的期间内向人民法院申报权利的票据持有人，我国《民事诉讼法》第 223 条规定了救济途径，即利害关系人因正当理由不能在判决前向人民法院申报的，自知道或者应当知道判决公告之日起 1 年内，可以向作出判决的人民法院提起诉讼，通过通常的诉讼程序对有正当理由未能及时申报的票据持有人进行救济。

三、除权判决

公示催告期间届满后，无利害关系人申报权利，或者申报被依法驳回的，人民法院应根据申请人的申请，作出宣告票据无效的判决，这种判决即为除权判决。

（一）除权判决的申请

根据《民诉法司法解释》第 452 条规定，在申报权利的期间没有人申报，或者申报被驳回的，公示催告申请人应当自申报权利期间届满的次日起 1 个月内申请人民法院作出判决。逾期不申请判决的，终结公示催告程序。公示催告与除权判决是相互衔接但又相互独立的两个阶段，未经申请人申请，公示催告阶段并不能自动过渡到除权判决阶段。因此，公示催告期间届满后，申请人必须在法定期间内提出申请，人民法院才能作出除权判决。申请人未在法定期间内申请除权判决的，人民法院应当终结公示催告程序，此后申请人无权再申请除权判决，人民法院也不会依职权主动作出除权判决。

申请人申请除权判决的，应当符合以下条件：第一，申请人必须在法定期间内提出申请，即必须在申报权利期间届满的次日起 1 个月内提出申请。第二，在公示催告期间无人申报权利，或者申报被依法驳回。在公示催告期间，有人申报权利且申报成立的，人民法院应当裁定终结公示催告程序。第三，申请人必须向原受理公示催告申请的人民法院提出。除权判决与公示催告的管辖法院应是同一个法院。对于符合上述条件的申请，人民法院应当受理，并组成合议庭进行审理。

（二）除权判决的作出与公告

申请人在法定期间内向人民法院提出除权判决申请的，人民法院应当组成合议庭对申请进行审查与评议。审查的主要内容就是申请人的申请是否符合法定的条件，是否具备作出宣告票据无效判决的条件。

合议庭经审查和评议，确信除申请人外没有其他利害关系人的，应当作出判决，宣告票据无效。除权判决应当公告，并通知支付人。

（三）除权判决的效力

人民法院根据申请人的申请作出的除权判决产生的法律后果，就是除权判决的效力。根据我国《民事诉讼法》第 222 条的规定，除权判决具有以下法律效力：

1. 票据失去效力

除权判决一旦作出并公告，被申请公示催告的票据就失去效力，票据权利即与票据本身相分离，票据付款人可以拒绝向持票人支付。同时，公告除权判决是使票据权利与票据本身相分离的法定形式，也是这种分离产生公信力的基础，因此，公告除权判决是公示催告程序必不可少的内容。

2. 失票人恢复权利

除权判决作出后，丧失票据的公示催告申请人（权利人）虽不持有票据，但通过诉讼程序恢复了票据权利。因此，即使失票人不占有该票据，也可凭除权判决向票据付款人请求支付，票据付款人不得拒绝支付。也就是说，除权判决作出后，票据付款人与不持有票据的失票人之间产生了债权债务关系，除权判决是失票人恢复票据权利的最终程序。但是，应当注意的是，除权判决并不直接确认申请人享有票据权利，而是通过宣告票据无效的方式间接承认申请人享有票据权利。因此，在内容上，除权判决只是宣告公示的票据无效，但不能确认申请人享有丢失票据的权利。

3. 公示催告程序终结

人民法院作出并公告除权判决后，公示催告程序终结。此后，利害关系人主张票据权利的，只能向人民法院起诉，而不能以申报权利的方式主张权利，也不能请求通过审判监督或再审的方式寻求救济。

四、对利害关系人权利的救济

由于除权判决只是根据在人民法院除权判决前无人申报权利这一事实，推定不存在其他的票据权利人，并且推定公示催告的申请人就是票据的权利人。这种推定可能与事实不相符，该票据的真正持有人可能并不是公示催告的申请人，其真正的权利人可能由于某种客观的原因未能在公示催告期间内申报权利。为了避免损害票据权利人的利益，对利害关系人的权利进行救济，我国《民事诉讼法》第 223 条规定，没有申报权利的利害关系人因正当理由不能在判决前向人民法院申报的，自知道或应当知道判决公告之日起 1 年内，可以向作出除权判决的人民法院另行起诉。

利害关系人另行起诉必须同时具备下列条件：

第一，利害关系人在除权判决前没有向人民法院申报权利。如果利害关系人在除权判决前已经向人民法院申报权利，只是其申报被依法驳回的，该利害关系人就不得另行起诉。

第二，利害关系人没有申报权利有正当理由。利害关系人没有在法定期间内申报权利，必须具有正当的理由，并由利害关系人为此承担举证责任。利害关系人故意或者因过失未能在公示催告期间申报权利的，不得另行起诉。

第三，利害关系人必须在法定期间内另行起诉。即知道或者应该知道判决公告之日起 1 年内另行起诉。超过该期间的，不得另行起诉。

第四，利害关系人必须向作出除权判决的人民法院提起诉讼。

第五，利害关系人以公示催告申请人为被告另行起诉。利害关系人另行起诉，其实质是请求人民法院行使审判权，就其与公示催告申请人之间因票据产生的纠纷进行裁判，因此，利害关系人另行起诉的对方只能是公示催告申请人。

人民法院受理利害关系人的另行起诉后，经审理认为利害关系人的起诉理由成立的，应当判决撤销除权判决，并确认票据的权利人；认为利害关系人的另行起诉理由不成立的，应当判决驳回起诉。

本章小结

公示催告程序，是指人民法院根据申请人的申请，以公示的方法，告知并催促不明确的利害关系人在一定期限内申报权利，到期无人申报权利的，则根据申请人的申请依法作出除权判决的程序，也称之为除权程序。

公示催告程序是一种非讼程序，它不解决当事人之间的实体争议，只是用公示的方式，从程序上解决票据被盗、遗失或者灭失等原因而引发的有关问题。该程序的设立使得票据持有人丧失票据或其他事项权利人因非法律上的原因对该事项的权利丧失控制权时，人民法院根据权利人的申请，以公告的方式告知并催促利害关系人在指定期限，向人民法院申报权利，如不申报，人民法院依法作出宣告票据或其他事项无效的程序。

与通常诉讼程序相比较而言，公示催告程序具有以下几个显著特征：程序的非讼性、适用范围的特定性、程序制度的独特性等特征。

公示催告程序是为满足社会经济生活的需要而逐渐发展、完善起来的。它对于维护票据丢失人的合法权益，对利害关系人的合法权益进行救济，确保票据流通的安全的等方面具有重要意义。

特别程序的学习中要注意理解公示催告程序的概念、特点、适用范围，掌握公示催告程序中利害关系人提出申请涉及的有关问题，除权判决的作出及其意义等内容。

思考题

1. 什么是公示催告程序？简述其适用范围和特点。

2. 申请公示催告与申请除权判决有何区别与联系？

3. 利害关系人申报权利应符合哪些要求？人民法院对利害关系人的申报应如何处理？

4. 什么是除权判决？它有什么法律效力？

5. 公示催告案件与票据纠纷案件有何主要区别与联系？

案例分析题

[案情简介] 某市商业公司将一张号码为 DW368740、金额为 220 万元的银行转账支票遗失后，于 2013 年 1 月 3 日向甲区人民法院申请公示催告，甲区法院于 1 月 4 日受理案件并指派张审判员审理此案。1 月 9 日，张审判员向付款人甲区某银行发出

停止支付通知，并发出公示催告公告，公告期为60天。公示催告期间届满后，因没有人前来申报权利，张审判员就于2013年3月17日作出判决宣告市商业公司所遗失的银行转账支票无效。

[分析问题] 在本案审理过程中，存在哪些程序性错误。

延伸阅读

刘学在:《论公示催告程序的立法完善》，载《辽宁大学学报（哲学社会科学版）》2003年第4期

第二十章 民事执行程序

本章知识要点：民事执行程序是法院强制义务人履行生效法律文书所确定义务的法律程序。本章主要介绍民事执行原则、执行管辖、执行根据、执行异议、执行担保、执行承担、委托执行、协助执行、执行措施、执行中止、执行终结、执行和解、执行监督等制度。学习重点是有关执行管辖、执行根据、执行异议、执行中止等的法律规定。

第一节 民事执行程序概述

一、民事执行程序的概念

民事执行程序，也称民事强制执行程序，是指人民法院的执行机构依照法律规定，运用国家强制力，强制义务人履行生效法律文书所确定的实体义务的法律程序。

民事执行程序中，有权依据生效法律文书向人民法院申请执行的人，称为申请执行人，对方当事人称为被执行人。由于申请执行人在实体权利义务关系中是债权人，而被执行人则是实体权利义务关系中的债务人，所以，执行当事人双方也分别被称为债权人和债务人。

民事执行程序的发生，须具备如下条件：（1）须有执行根据，包括人民法院制作的判决书、裁定书、调解书、支付令和法律规定由人民法院执行的其他机构制作的法律文书；（2）执行根据须有给付内容，即法律文书确定一方当事人负有向另一方当事人交付财物或完成行为的义务；（3）执行根据须已发生法律效力；（4）负有义务的一方当事人拒不履行生效法律文书确定的义务。

执行程序与审判程序的关系可以从二者的联系与区别两方面来理解。就前者而言，执行程序与审判程序同属于民事诉讼的范畴。一方面，审判程序是执行程序的前提和基础，经审判程序而作出的生效法律文书是执行程序的根据；另一方面，执行程序是审判程序的继续和完成，如果没有执行程序作为保障，审判程序所确定的实体权利义务则会因义务人的拒绝履行而落空。二者的主要区别在于程序的基础和目的不同。审判程序是以人民法院的审判权为基础，以确定实体权利义务关系为目的的程序；执行程序的基础则是人民法院的民事执行权，其目的是强制实现生效法律文书所确定的实体权利关系。

二、民事执行的原则

一般认为，民事执行的原则是指对整个民事执行程序起指导作用的人民法院和当事人均须遵守的行为准则。我国民事执行的原则主要有：

1. 执行合法原则

执行合法原则是指执行活动必须以生效的法律文书为依据，并且依照法定程序和方式进行，执行合法原则要求人民法院的执行活动既要符合实体法，又要符合程序法。

2. 执行及时原则

效率是民事执行的首要价值，民事执行程序要尽量缩短办案周期，尽可能迅速实现债权人的债权。

3. 执行标的有限原则

执行标的，即执行行为指向的对象。民事执行的标的应当限于财物或者行为，而不包括人身。

4. 基本人权保障原则

基本人权保障原则是指民事执行不仅要实现债权人的权利，同时也不能剥夺债务人依据宪法所应享有的基本人权。《民事诉讼法》第 243 条第 1 款规定："被执行人未按执行通知履行法律文书确定的义务，人民法院有权扣留、提取被执行人应当履行义务部分的收入。但应当保留被执行人及其所扶养家属的生活必需费用。"第 244 条第 1 款规定："被执行人未按执行通知履行法律文书确定的义务，人民法院有权查封、扣押、冻结、拍卖、变卖被执行人应当履行义务部分的财产。但应当保留被执行人及其所扶养家属的生活必需品。"

三、民事执行的法律渊源

目前我国民事执行程序的法律渊源主要有：《民事诉讼法》第三编、《民诉法司法解释》的第二十一部分、2008 年《最高人民法院关于适用〈中华人民共和国民事诉讼法〉执行程序若干问题的解释》（简称《执行程序解释》）、1998 年《最高人民法院关于人民法院执行工作若干问题的规定（试行）》（简称《执行规定》）、2004 年 10 月《最高人民法院关于人民法院民事执行中查封、扣押、冻结财产的规定》（简称《查封、扣押、冻结财产规定》）和《最高人民法院关于人民法院民事执行中拍卖、变卖财产的规定》（简称《拍卖、变卖财产规定》），2011 年《最高人民法院关于人民法院委托评估、拍卖工作的若干规定》、2010 年《最高人民法院关于限制被执行人高消费的若干规定》以及 2005 年 11 月《最高人民法院关于人民法院执行设定抵押的房屋的规定》等。

第二节　执行管辖

执行管辖，是指划分各级人民法院之间以及同级人民法院之间民事执行案件的分工和权限。根据民事诉讼法及相关司法解释，我国民事执行案件管辖的具体内容包括：

（1）依据《民事诉讼法》第 224 条第 1 款，发生法律效力的民事判决、裁定，以及刑事判决、裁定中的财产部分，由第一审人民法院或者与第一审人民法院同级的被执行的财产所在地人民法院执行。（2）发生法律效力的支付令，由制作支付令的人民法院执行。

（3）仲裁机构作出的仲裁裁决、公证机关依法赋予强制执行效力的公证债权文书，由被执行人住所地或被执行财产所在地的人民法院执行。根据《最高人民法院关于适用〈中华人民共和国仲裁法〉若干问题的解释》第 29 条，当事人申请执行仲裁裁决案件，由被执行人住所地或者被执行的财产所在地的中级人民法院管辖。

（4）在国内仲裁过程中，当事人申请财产保全，经仲裁机构提交人民法院的，由被申请人住所地或被申请保全的财产所在地的基层人民法院裁定并执行；申请证据保全的，由证据所在地的基层人民法院裁定并执行。在涉外仲裁过程中，当事人申请财产保全，经仲裁机构提交人民法院的，由被申请人住所地或被申请保全的财产所在地的中级人民法院裁定并执行；申请证据保全的，由证据所在地的中级人民法院裁定并执行。

（5）专利管理机关依法作出的处理决定和处罚决定，由被执行人住所地或财产所在地的省、自治区、直辖市有权受理专利纠纷案件的中级人民法院执行。

（6）国务院各部门、各省、自治区、直辖市人民政府和海关依照法律、法规作出的处理决定和处罚决定，由被执行人住所地或财产所在地的中级人民法院执行。

（7）外国法院作出的发生法律效力的判决、裁定，需要中华人民共和国人民法院承认和执行的，可以由当事人直接向被执行人住所地或财产所在地的中级人民法院申请承认和执行。

（8）国外仲裁机构的裁决，需要中华人民共和国人民法院承认和执行的，应当由当事人直接向被执行人住所地或者其财产所在地的中级人民法院申请。

两个以上人民法院都有管辖权的，当事人可以向其中一个人民法院申请执行；当事人向两个以上人民法院申请执行的，由最先立案的人民法院管辖。两个人民法院之间因执行管辖权发生争议的，由双方协商解决；协商不成的，报请双方共同的上级人民法院指定管辖。《民事诉讼法》第 228 条第 3 款规定："人民法院根据需要可以设立执行机构。"人民法院的执行机构负责办理民事执行事务。

第三节　执行根据

执行根据，是指由人民法院和其他有关机构依法制作的、载明债权人债权的，债权人据以申请执行和人民法院据以执行的生效法律文书。民事执行根据可分为人民法院制作的生效法律文书和其他机构制作的生效法律文书两大类。

一、人民法院制作的生效法律文书

由人民法院制作的生效法律文书具体有如下几种：

（1）发生法律效力并具有给付内容的民事判决书、裁定书、调解书、民事制裁决定书和支付令。《民诉法司法解释》第 462 条规定，发生法律效力的实现担保物权裁定、确认调解协议裁定、支付令，由作出裁定、支付令的人民法院或者与其同级的被执行财产所在地人民法院执行。

（2）发生法律效力并具有给付内容的刑事判决书、裁定书和调解书，以及刑事附带民事判决书、裁定书和调解书。我国刑罚的种类除了生命刑、自由刑之外，还有财产刑，如罚金、没收财产等，这些具有财产执行内容的刑事判决书、裁定书以及刑事自诉案件中的调解书，均由人民法院执行机构依照民事执行程序予以执行。刑事附带民事判决书、裁定书和调解书从性质上讲属于民事判决书、裁定书和调解书的范畴，亦适用民事执行程序予以执行。

（3）发生法律效力并具有给付内容的行政判决书和裁定书。

（4）人民法院依据仲裁法有关规定制作的财产保全和证据保全裁定。《仲裁法》第28条第2款规定："当事人申请财产保全的，仲裁委员会应当将当事人的申请依照民事诉讼法的有关规定提交人民法院。"根据《仲裁法》第46条和第68条的规定，当事人申请证据保全的，仲裁委员会应当将当事人的申请提交证据所在地的人民法院。

（5）经人民法院裁定承认其效力的外国法院制作的判决、裁定，以及国外仲裁机构制作的仲裁裁决。根据国家主权原则，一国法院的判决、裁定和仲裁机构的裁决原则上只能在该国领域内产生法律效力，没有域外效力。因而，外国法院制作的判决、裁定以及国外仲裁机构制作的仲裁裁决如果要在我国领域内得到执行，必须首先经过我国人民法院的审查及承认。《民事诉讼法》第282条规定："人民法院对申请或者请求承认和执行的外国法院作出的发生法律效力的判决、裁定，依照中华人民共和国缔结或者参加的国际条约，或者按照互惠原则进行审查后，认为不违反中华人民共和国法律的基本原则或者国家主权、安全、社会公共利益的，裁定承认其效力，需要执行的，发出执行令，依照本法的有关规定执行。违反中华人民共和国法律的基本原则或者国家主权、安全、社会公共利益的，不予承认和执行。"第283条规定："国外仲裁机构的裁决，需要中华人民共和国人民法院承认和执行的，应当由当事人直接向被执行人住所地或者其财产所在地的中级人民法院申请，人民法院应当依照中华人民共和国缔结或者参加的国际条约，或者按照互惠原则办理。"

（6）法律规定由人民法院执行的其他法律文书。

二、其他机构制作的生效法律文书

其他机构制作的生效法律文书具体有：

（1）依法应由人民法院执行的行政处罚决定、行政处理决定。根据《执行规定》第13条和第14条，依法应由人民法院执行的行政处罚决定、行政处理决定包括，专利管理机关依法作出的处理决定和处罚决定，国务院各部门、各省、自治区、直辖市人民政府和海关依照法律、法规作出的处理决定和处罚决定。

（2）我国仲裁机构制作的具有给付内容的生效仲裁裁决书和调解书。《仲裁法》第62条规定："当事人应当履行裁决。一方当事人不履行的，另一方当事人可以依照民事诉讼法的有关规定向人民法院申请执行。受申请的人民法院应当执行。"《民事诉讼法》第237条规定，对依法设立的仲裁机构的裁决，一方当事人不履行的，对方当事人可以向有管辖权的人民法院申请执行。受申请的人民法院应当执行。被申请人提出证据证明仲裁裁决有下列情形之一的，经人民法院组成合议庭审查核实，裁定不予执行：① 当事人在合同中没有订有仲裁条款或者事后没有达成书面仲裁协议的；② 裁决的事项不属于仲裁协议的范围或者仲裁机构无权仲裁的；③ 仲裁庭的组成或者仲裁的程序违反法定程序的；④ 裁决所根据证据是伪造的；⑤ 对方当事人向仲裁机构隐瞒了足以影响公正裁决的证据的；⑥ 仲裁员在仲裁该案时有贪污受贿、徇私舞弊、枉法裁决行为的。人民法院认定执行该裁决违背社会公共利益的，裁定不予执行。裁定书应当送达双方当事人的仲裁机构。

（3）公证机关制作的依法赋予强制执行效力的关于追偿债款、物品的债权文书。《民事诉讼法》第 238 条规定："对公证机关依法赋予强制执行效力的债权文书，一方当事人不履行的，对方当事人可以向有管辖权的人民法院申请执行，受申请的人民法院应当执行。公证债权文书确有错误的，人民法院裁定不予执行，并将裁定书送达双方当事人和公证机关。"

（4）法律规定由人民法院执行的其他法律文书。

第四节 执行异议

在执行过程中，当事人、利害关系人认为执行行为违反法律规定的，或者案外人对执行标的的全部或一部分主张实体权利的，可以向执行法院提出书面异议。

执行异议制度包括两种类型：一种是程序上的异议，即对于违法执行行为的异议；另一种是实体上的异议，即案外人异议。

一、执行行为异议

《民事诉讼法》第 225 条规定，当事人、利害关系人认为执行行为违反法律规定的，可以向负责执行的人民法院提出书面异议。

在执行过程中，如果人民法院采取强制执行措施违反法律规定或者执行未遵循合法程序，如违法、超额查封，冻结、划拨与案件无直接关系人员的存款，拍卖、变卖违反法律规定，违法中止、终结案件等，难免会对当事人、利害关系人的合法权益造成侵害。因此，法律有必要赋予当事人、利害关系人申请救济的权利。

执行行为异议的提起主体可以是当事人或利害关系人。其中"当事人"是指执行当事人，即申请执行人和被执行人，不仅包括执行依据上所列明的当事人，也包括在执行过程中被人民法院依法变更、追加为当事人的公民、法人或其他组织。“利害关系人”指的是不受执行根据约束的，但其法律上的权益因执行行为而受到侵害的人。当事人、利害关系人须采用书面形式提出异议。异议书应当载明异议的对象和理由。

依据《民事诉讼法》第 225 条，当事人、利害关系人提出书面异议的，人民法院应当自收到书面异议之日起 15 日内审查，理由成立的，裁定撤销或者改正；理由不成立的，裁定驳回。当事人、利害关系人对裁定不服的，可以自裁定送达之日起 10 日内向上一级人民法院申请复议。

依据最高人民法院《执行程序解释》第 10 条，执行异议审查和复议期间，不停止执行。被执行人、利害关系人提供充分、有效的担保请求停止相应处分措施的，人民法院可以准许；申请执行人提供充分、有效的担保请求继续执行的，应当继续执行。

二、案外人异议

案外人异议，是指在执行过程中执行当事人以外的公民、法人或其他组织对执行标的主张所有权或者其他足以阻止执行标的转让、交付的实体权利。

（一）提出案外人异议的条件有：

（1）应当在执行过程中提出，即执行开始后到结束前。《民诉法司法解释》第 464 条规定，根据《民事诉讼法》第 227 条规定，案外人对执行标的提出异议的，应当在该执行标的执行程序终结前提出。（2）有权提出执行异议的主体应当限于案外人，即执行当事人以外的，认为其法律权益因执行行为而受损害的利害关系人。（3）异议理由应当是案外人对执行标的主张实体权利，既包括主张全部权利，也包括主张部分权利。案外人对执行标的提出异议，多数是基于所有权；但其他足以阻止执行标的转让、交付的实体权利，如承包经营权、宅基地使用权、建设用土地使用权等，也可成为案外人异议的事由。（4）执行异议应当向执行法院提出。（5）案外人提出执行异议应当采用书面形式，并提供相应的证据。

（二）对案外人异议的审查和处理

在执行过程中，案外人对执行标的提出书面异议的，人民法院应当自收到书面异议之日起 15 日内审查。审查期间人民法院不得对执行标的进行处分，但查封扣押等保全性执行措施不受影响。审查之后分别情况作出不同处理。

1. 异议的理由成立的，裁定中止对该标的的执行《民诉法司法解释》第 465 条第 2 项：案外人对执行标的享有足以排除强制执行的权益的，裁定中止执行。

2. 异议理由不成立的，裁定驳回异议《民诉法司法解释》第 465 条第 1 项：案外人对执行标的不享有足以排除强制执行的权益的，裁定驳回其异议。

驳回案外人执行异议裁定送达案外人之日起 15 日内，人民法院不得对执行标的进行处分。

这两种处理方式是执行法院对案外人异议进行初步审查之后所做的初步处理结果。该处理结果既影响案外人的利益，又影响当事人的利益。因而，对于案外人和当事人，法律又规定了进一步的救济途径。

（三）对裁定的救济

1. 案外人的进一步救济途径有以下两种：

（1）申请再审。案外人对上述裁定不服，认为原判决、裁定错误的，依照审判监督程序办理。例如，案外人认为判令交付特定物的裁判有错误，在交付特定物的执行中，案外人对该交付物主张实体权利，请求法院停止对该特定物的执行。执行法院经审查，裁定驳回其异议后，案外人不仅对执行裁定不服，还认为作为执行依据的判决、裁定本身也有错误。此时，案外人可按照审判监督程序申请法院再审，以最终确定该标的物的归属。

（2）另行诉讼。案外人对上述裁定不服，与原判决、裁定无关的，可以自裁定送达之日起 15 日内向执行法院提起诉讼。例如，案外人对执行法院将其认为属于案外人所有的具体标的物作为被执行人财产予以执行提出异议，但对原判决、裁定无异议的，在该案外人异议被驳回的情况下，案外人可自裁定送达之日起 15 日内，向执行法院另行提起诉讼，要求确认该执行标的物属案外人所有，来排除执行法院对该标的物的强制执行。

案外人提起异议之诉，应当以申请执行人为被告；被执行人反对案外人对执行标的所主张的实体权利的，应当以申请执行人和被执行人为共同被告。执行法院依照诉讼程序审理后，认为理由不成立的，判决驳回其诉讼请求；理由成立的，根据案外人的诉讼请求作出相应的裁判。

该诉讼进行期间，不停止执行。案外人的诉讼请求确有理由或者提供充分、有效的担保请求停止执行的，可以裁定停止对执行标的进行处分；申请执行人提供充分、有效的担保请求继续执行的，应当继续执行。案外人请求停止执行，请求解除查封、扣押、冻结或者申请执行人请求继续执行有错误，给对方造成损失的，应当予以赔偿。

2. 案外人提出异议，执行法院经审查认为异议成立，裁定中止对标的物执行的，执行当事人可以进一步寻求以下两种救济途径：

（1）申请再审。如果申请执行人或被执行人对该裁定不服，并且认为原判决、裁定错误的，则申请执行人或被执行人可以通过审判监督程序申请再审，以最终确定对系争标的物能否执行。

（2）另行起诉。如果执行当事人对生效裁判无异议，仅对执行法院支持案外人异议的裁定不服。例如，执行法院认为案外人以执行标的物归其所有为由提出的异议成立，而对该标的物中止执行或解封，申请人、被执行人却认为该标的物属于被执行人所有的，申请人、被执行人可以在该裁定送达之日起 15 日内向执行法院起诉要求确权。

申请执行人请求对执行标的许可执行的，应当以案外人为被告；被执行人反对申请执行人请求的，应当以案外人和被执行人为共同被告。执行法院依照诉讼程序审理后，认为理由不成立的，判决驳回其诉讼请求；理由成立的，根据申请执行人的诉讼请求作出相应的裁判。

第五节　执行担保和执行承担

一、执行担保

执行担保，是指在执行程序中被执行人向人民法院提供担保，并经申请执行人同意，人民法院可以决定暂缓执行的制度。执行程序的发生通常基于义务人拒不履行生效法律文书确定的义务，有时义务人虽有履行能力，但及时履行却存在一定困难，需要暂缓履行义务的期限，此时如果义务人提供担保，人民法院应当根据实际情况予以准许。

执行担保应当具备以下条件：（1）由被执行人向人民法院提出申请，并提供财产担保或者由第三人担保。《民诉法司法解释》第 470 条，根据《民事诉讼法》第 231 条规定向人民法院提供执行担保的，可以由被执行人或者他人提供财产担保，也可以由他人提供保证。担保人应当具有代为履行或者代为承担赔偿责任的能力。他人提供执行保证的，应当向执行法院出具保证书，并将保证书副本送交申请执行人。被执行人或者他人提供财产担保的，应当参照物权法、担保法的有关规定办理相应手续。

（2）须经债权人同意。

（3）人民法院决定暂缓执行的期限，暂缓执行的期限应当与担保期限一致，但最长不得超过 1 年。《民诉法司法解释》第 469 条规定，人民法院依照《民事诉讼法》第 231 条规定决定暂缓执行的，如果担保是有期限的，暂缓执行的期限应当与担保期限一致，但最长不得超过 1 年。被执行人或者担保人对担保的财产在暂缓执行期间有转移、隐藏、变卖、毁损等行为的，人民法院可以恢复强制执行。

被执行人或者其担保人以财产向人民法院提供执行担保的，应当根据《担保法》的有关规定，按照担保物的种类、性质，将担保物移交执行法院，或者依法到有关机关办理登记手续。

执行担保裁定书生效后，原生效法律文书暂缓执行，被执行人应在执行担保裁定书所确定的期限内履行义务。债务人在人民法院决定暂缓执行的期限届满后仍不履行的，人民法院有权直接执行债务人的担保财产或者裁定执行担保人的财产。债务人或者担保人对担保的财产在暂缓执行期间有转移、隐匿、变卖、毁损等行为的，人民法院可以恢复强制执行。此外，依据《执行规定》，人民法院在审理案件期间，保证人为被执行人提供保证，人民法院据此未对被执行人的财产采取保全措施或解除保全措施的，案件审结后如果被执行人无财产可供执行或其财产不足清偿债务时，即使生效法律文书中未确定保证人承担责任，人民法院也有权裁定执行保证人在保证责任范围内的财产。

二、执行承担

执行根据的效力，原则上只及于法律文书所确定的权利人和义务人，一般情况下，只有法律文书确定的权利人和义务人为执行当事人，人民法院也只对法律文书确定的义务人实施强制执行，但在执行程序中执行当事人也可能因某些原因而发生变更或追加。执行承担，就是指在执行程序中，案外人因实体法上的原因承受执行当事人地位，享有申请执行人的权利或者承担被执行人的义务。执行承担包括权利的继受和义务的承担两个方面，狭义上的执行承担仅指后者。依据《民事诉讼法》《民诉法司法解释》和《执行规定》，被执行人发生执行承担的情形主要包括：

（1）执行中作为被执行人的法人或者其他组织分立、合并的，其权利义务由变更后的法人或者其他组织承受。被执行人按法定程序分立为两个或多个具有法人资格的企业，分立后存续的企业按照分立协议确定的比例承担债务；不符合法定程序分立的，裁定由分立后存续的企业按照其从被执行企业分得的资产占原企业总资产的比例对申请执行人承担责任。

（2）执行中作为被执行人的法人或者其他组织被撤销的，如果依有关实体法的规定有权利义务承受人的，可以裁定该权利义务承受人为被执行人。被执行人被撤销、注销或歇业后，上级主管部门或开办单位无偿接受被执行人的财产，致使被执行人无遗留财产清偿债务或遗留财产不足清偿的，可以裁定由上级主管部门或开办单位在所接受的财产范围内承担责任。

（3）被执行人无财产清偿债务，如果其开办单位对其开办时投入的注册资金不实或抽逃注册资金，可以裁定变更或追加其开办单位为被执行人，在注册资金不实或抽逃注册资金的范围内，对申请执行人承担责任。被执行人的开办单位已经在注册资金范围内或接受财产的范围内向其他债权人承担了全部责任的，人民法院不得裁定开办单位重复承担责任。

（4）其他组织在执行中不能履行法律文书确定的义务的，人民法院可以裁定执行对该其他组织依法承担义务的法人或者公民个人的财产。被执行人为无法人资格的私营独资企业，无能力履行法律文书确定的义务的，人民法院可以裁定执行该独资企业业主的其他财产。被执行人为个人合伙组织或合伙型联营企业，无能力履行生效法律文书确定的义务的，人民法院可以裁定追加该合伙组织的合伙人或参加该联营企业的法人为被执行人。被执行人为企业法人的分支机构不能清偿债务时，可以裁定企业法人为被执行人。企业法人直接经营管理的财产仍不能清偿债务的，人民法院可以裁定执行该企业法人其他分支机构的财产。

（5）在执行中，作为被执行人的法人或者其他组织名称变更的，人民法院可以裁定变更后的法人或者其他组织为被执行人。

（6）作为被执行人的公民死亡，其遗产继承人没有放弃继承的，人民法院可以裁定变更被执行人，由该继承人在遗产的范围内偿还债务。继承人放弃继承的，人民法院可以直接执行被执行人的遗产。

变更或追加被执行主体，由执行法院的执行机构办理。

第六节　委托执行和协助执行

一、委托执行

委托执行，是指有管辖权的执行法院对于债务人或者被执行的财产在外地的案件，委托当地人民法院代为执行的制度。在委托执行中，被委托代为执行的当地法院是受托法院；受理执行案件并将该案委托给当地法院代为执行的人民法院是委托法院。

依据《民事诉讼法》《执行规定》和2000年《最高人民法院关于加强和改进委托执行工作的若干规定》，委托执行应当遵守下列程序：

（1）委托执行一般应在同级人民法院之间进行。经对方法院同意，也可委托上一级法院执行。被执行人是军队企业的，可以委托其所在地的军事法院执行。执行标的物是船舶的，可以委托有关海事法院执行。

（2）委托法院应当向受委托法院出具书面委托函，并附送据以执行的生效法律文书副本原件、立案审批表复印件及有关情况说明，包括财产保全情况、被执行人的财产状况、生效法律文书履行的情况，并注明委托法院地址、联系电话、联系人等。

委托法院明知被执行人有下列情形的，应当及时依法裁定中止执行或终结执行，不得委托当地法院执行：无确切住所，长期下落不明，又无财产可供执行的；有关法院已经受理以被执行人为债务人的破产案件或者已经宣告其破产的。

案件委托执行后，未经受托法院同意，委托法院不得自行执行。

（3）受托法院接到委托后，应当及时将指定的承办人、联系电话、地址等告知委托法院；如发现委托执行的手续、资料不全，应及时要求委托法院补办，但不得据此拒绝接受委托。

（4）受托法院应当严格按生效法律文书的规定和委托法院的要求执行，无权对委托执行的生效的法律文书进行实体审查。受托法院认为委托执行的法律文书有错误，如执行可能造成执行回转困难或无法执行回转的，应当首先采取查封、扣押、冻结等保全措施，必要时要将保全款项划到法院账户，然后函请委托法院审查。受托法院按照委托法院的审查结果继续执行或停止执行。

（5）受托法院在执行中，对执行担保和执行和解的情况以及案外人对非属法律文书指定交付的执行标的物提出的异议，可以按照有关法律规定处理，并及时通知委托法院；对债务人履行债务的时间、期限和方式需要变更的，应当征得申请执行人的同意，并将变更情况及时告知委托法院；认为需要变更被执行人的，应当将有关情况函告委托法院，由委托法院依法决定是否作出变更被执行人的裁定；受托法院认为受托执行的案件应当中止、终结执行的，应提供有关证据材料，函告委托法院作出裁定，受托法院提供的证据材料确实、充分的，委托法院应当及时作出中止或终结执行的裁定。

（6）受托法院在收到函件后，必须在15日内开始执行。执行完毕以后，应当将执行结果及时函复委托法院；在30日内如果还未执行完毕，也应当将执行情况函告委托法院。受托法院自收到函件之日起15日内不执行的，委托法院可以请求受托法院的上级人民法院指令受托法院执行。受委托人民法院的上一级人民法院在接到委托人民法院指令执行的请求后，应当在5日内书面指令受委托人民法院执行，并将这一情况及时告知委托人民法院。受委托人民法院在接到上一级人民法院的书面指令后，应当立即执行，将执行情况报告上一级人民法院，并告知委托人民法院。

（7）委托执行案件的实际支出费用，由受托法院向被执行人收取，确有必要的，可以向申请执行人预收。委托法院已经向申请执行人预收费用的，应当将预收的费用转交受托法院。

二、协助执行

协助执行，是指受理执行案件的人民法院要求有关人民法院、有关单位或者个人协助执行生效法律文书所确定的内容的法律制度。协助执行有广义和狭义之分。狭义的协助执行是指人民法院内部的一种司法协助；广义的协助执行，除了人民法院之间的协助执行外，还包括有关单位的协助执行和公民个人的协助执行。

（一）人民法院之间的协助执行

被执行人或者被执行的财产在外地的，可以委托当地人民法院代为执行，也可以直接到当地执行。直接到当地执行的，负责执行的人民法院可以要求当地人民法院协助执行。当地人民法院应当根据要求协助执行。在协助执行中，执行法院以自己的名义采取执行措施，实施执行行为，当地法院只是起配合、支持、帮助等辅助作用。执行法院异地直接执行案件需要当地法院协助执行时，应当出具协助执行公函、介绍信，出示执行公务证，阐明要求协助的内容和准备采取的执行方案。当地人民法院应当积极配合，协同排除障碍，保证执行人员的人身安全和执行装备、执行标的物不受侵害。

（二）人民法院以外的其他单位和个人的协助执行

有关单位或者个人的协助执行，主要有下列情形：

1. 登记机关按照协助执行通知书所实施的行为

人民法院在执行中需要办理房产证、土地证、山林所有权证、专利证书、商标证书、车辆执照等有关财产权证照转移手续的，可以向有关单位发出协助执行通知书，有关单位必须办理。

2. 被执行人所在单位、银行及非银行金融机构和其他有储蓄业务的单位依法协助法院执行的行为

被执行人未按执行通知履行法律文书确定的义务，人民法院可以直接向金融机构查询、冻结、划拨被执行人的存款。人民法院决定冻结、划拨存款，应当作出裁定，并发出协助执行通知书，金融机构必须办理。被执行人未按执行通知履行法律文书确定的义务，人民法院有权扣留、提取被执行人应当履行义务部分的收入。人民法院扣留、提取收入时，应当作出裁定，并发出协助执行通知书，被执行人所在单位、银行、信用合作社和其他有储蓄业务的单位必须办理。被执行人未按执行通知履行法律文书确定的义务，人民法院有权向有关单位查询被执行人的债券、股票、基金份额等财产情况。人民法院有权根据不同情形扣押、冻结、划拨、变价被执行人的财产。人民法院决定扣押、冻结、划拨、变价财产，应当作出裁定，并发出协助执行通知书，有关单位必须办理。

3. 案外人按照人民法院的协助执行通知书或者通知交付执行标的物

有关法人或其他组织持有法律文书指定交付的财物或者票证的，应当根据人民法院的协助执行通知书转交，拒不转交的，强制执行，并可依照法律规定予以制裁。有关公民持有该项财物或者票证的，人民法院通知其交出，拒不交出的，强制执行。

执行法院要求有关单位和个人协助执行时，应当发出协助执行通知书，协助执行通知书中应当载明所需要协助的具体事项。

《民事诉讼法》第 114 条规定，有义务协助调查、执行的单位有下列行为之一的，人民法院除责令其履行协助义务外，并可予以罚款：（1）有关单位拒绝或者妨碍人民法院调查取证的；（2）有关单位接到人民法院协助执行通知书后，拒不协助查询、扣押、冻结、划拨、变价财产的；（3）有关单位接到人民法院协助执行通知书后，拒不协助扣留被执行人的收入、办理有关财产权证照转移手续、转交有关票证、证照或者其他财产的；（4）其他拒绝协助执行的。人民法院对有前款规定的行为之一的单位，可以对其主要负责人或者直接责任人员予以罚款；还可以向监察机关或者有关机关提出予以纪律处分的司法建议。此外，依据《执行规定》，有关单位或个人违反法院协助执行通知，协助被执行人转移财产，或者擅自向被执行人支付或清偿，或者因过错使标的物毁损或灭失，从而损害债权人利益的，还应当承担相应的民事责任。

第七节 执行开始和执行措施

一、执行开始

根据我国《民事诉讼法》的规定，执行程序的开始有两种形式，即申请执行和移送执行。

依据《执行规定》第18条，无论是申请执行，还是移送执行，人民法院受理执行案件应当符合下列条件:（1）申请或移送执行的法律文书已经生效;（2）申请执行人是生效法律文书确定的权利人或其继承人、权利承受人;（3）申请执行人在法定期限内提出申请;（4)申请执行的法律文书有给付内容，且执行标的和被执行人明确;（5）义务人在生效法律文书确定的期限内未履行义务;（6）属于受申请执行的人民法院管辖。

（一）申请执行

申请执行，是指生效法律文书中的实体权利人在义务人拒绝履行义务时于法定期限内向人民法院请求强制执行的行为。申请执行是执行程序开始的主要方式。

《民事诉讼法》第239条规定，申请执行的期间为2年，从法律文书规定履行期间的最后一日起计算；法律文书规定分期履行的，从规定的每次履行期间的最后一日起计算；法律文书未规定履行期间的，从法律文书生效之日起计算。申请执行时效的中止、中断，适用法律有关诉讼时效中止、中断的规定。

当事人申请执行，应当向人民法院提交下列文件和证件:（1）申请执行书，写明申请执行的理由、事项、执行标的以及申请执行人所了解的被申请人的财产状况;（2）生效法律文书副本;（3）申请执行人的身份证明;（4）继承人或者权利继受人申请执行的，应当提交继承或者继受权利的证明文件;（5）其他应当提交的文件或者证件。

人民法院收到当事人的执行申请后，应当及时进行审查。审查后，认为符合受理条件的，应当在7日内立案；不符合受理条件的，应当在7日内裁定不予受理。

《民事诉讼法》第226条规定，人民法院自收到申请执行书之日起超过6个月未执行的，申请执行人可以向上一级人民法院申请执行。上一级人民法院经审查，可以责令原人民法院在一定期限内执行，也可以决定由本院执行或者指令其他人民法院执行。

（二）移送执行

移送执行，是指人民法院的审判庭将具有给付内容的生效法律文书依职权直接交付执行机构执行，从而引起执行程序发生的行为。

人民法院可以依职权移送执行的案件，有以下三类：一是发生法律效力的具有给付赡养费、扶养费、抚育费内容的法律文书；二是民事制裁决定书；三是刑事附带民事判决书、裁定书、调解书。

二、执行措施

执行措施，是指人民法院依照法定程序所采取的实现生效法律文书中所确定的债权人权利的方法、途径、步骤、程序。

执行开始后，人民法院执行机构可以通过各种途径查明被执行人的财产状况：法院依职权向有关单位或个人进行调查以发现被执行人的财产；法院对被执行人隐匿的财产进行搜查；由申请执行人提供被执行人财产状况或线索；要求被执行人申报财产；等等。《民事诉讼法》第 241 条规定，被执行人未按执行通知履行法律文书确定的义务，应当报告当前以及收到执行通知之日前一年的财产情况。被执行人拒绝报告或者虚假报告的，人民法院可以根据情节轻重对被执行人或者其法定代理人、有关单位的主要负责人或者直接责任人员予以罚款、拘留。书面财产报告的内容有:（一）收入、银行存款、现金、有价证券;（二）土地使用权、房屋等不动产;（三）交通运输工具、机器设备、产品、原材料等动产;（四）债权、股权、投资权益、基金、知识产权等财产性权利;

其他应当报告的财产。被执行人自收到执行通知之日前一年至当前财产发生变动的，应当对该变动情况进行报告。被执行人在报告财产期间履行全部债务的，人民法院应当裁定终结报告程序。

《民事诉讼法》第 240 条规定：“执行员接到申请执行书或者移交执行书，应当向被执行人发出执行通知，并可以立即采取强制执行措施。”

（一）对被执行人存款、债券、股票、基金份额等财产的执行

《民事诉讼法》第 242 条规定，被执行人未按执行通知履行法律文书确定的义务，人民法院有权向有关单位查询被执行人的存款、债券、股票、基金份额等财产情况。人民法院有权根据不同情形扣押、冻结、划拨、变价被执行人的财产。人民法院查询、扣押、冻结、划拨、变价的财产不得超出被执行人应当履行义务的范围。人民法院决定扣押、冻结、划拨、变价财产，应当作出裁定，并发出协助执行通知书，有关单位必须办理。

金融机构擅自解冻被人民法院冻结的款项，致冻结款项被转移的，人民法院有

权责令其限期追回已转移的款项。在限期内未能追回的，应当裁定该金融机构在转移的款项范围内以自己的财产向申请执行人承担责任。被执行人为金融机构的，对其交存在人民银行的存款准备金和备付金不得冻结和扣划，但对其在本机构、其他金融机构的存款，及其在人民银行的其他存款可以冻结、划拨，并可对被执行人的其他财产采取执行措施，但不得查封其营业场所。

（二）对被执行人收入的执行

《民事诉讼法》第243条规定："被执行人未按执行通知履行法律文书确定的义务，人民法院有权扣留、提取被执行人应当履行义务部分的收入。但应当保留被执行人及其所扶养家属的生活必需费用。人民法院扣留、提取收入时，应当作出裁定，并发出协助执行通知书，被执行人所在单位、银行、信用合作社和其他有储蓄业务的单位必须办理。"作为被执行人的公民，其收入转为储蓄存款的，应当责令其交出存单。拒不交出的，人民法院应当作出提取其存款的裁定，向金融机构发出协助执行通知书，并附生效法律文书，由金融机构提取被执行人的存款交人民法院或存入人民法院指定的账户。被执行人在有关单位的收入尚未支取的，人民法院应当作出裁定，向该单位发出协助执行通知书，由其协助扣留或提取。有关单位收到人民法院协助执行被执行人收入的通知后，擅自向被执行人或其他人支付的，人民法院有权责令其限期追回；逾期未追回的，应当裁定其在支付的数额内向申请执行人承担责任。

（三）对被执行人其他财产的执行

执行被执行人的财产，可采取查封、扣押、冻结、拍卖、变卖、搜查的方式。查封，是指人民法院将作为执行对象的财产加贴封条就地或者异地予以封存，禁止被执行人转移处分的执行措施。扣押，是指人民法院将作为执行对象的财产运送有关的场所，从而使被执行人不能占有、使用和处分的执行措施。冻结，是指人民法院对被执行人的存款、资产、债权、预期应得的股息或红利、投资权益或股权和知识产权（财产部分）所采取的禁止其提取或处分的执行措施。拍卖，是指人民法院对已查封、扣押的财产以公开竞价的方式将标的物卖给出价最高者并将所得交付债权人的执行措施。变卖，是指人民法院将已被查封、扣押的财产强制出卖并将所得交付债权人的执行措施。搜查，是指人民法院对不履行法律文书确定的义务并隐匿财产的被执行人的人身及其住所地或者财产隐匿地依法进行搜索、查找的执行措施。

《民事诉讼法》第247条规定："财产被查封、扣押后，执行员应当责令被执行人在指定期间履行法律文书确定的义务。被执行人逾期不履行的，人民法院应当拍卖被查封、扣押的财产；不适于拍卖或者当事人双方同意不进行拍卖的，人民法院可以委托有关单位变卖或者自行变卖。国家禁止自由买卖的物品，交有关单位按照国家规定的价格收购。”

根据《民事诉讼法》《民诉法司法解释》《执行规定》《查封、扣押、冻结财产规定》和《拍卖、变卖财产规定》，查封、扣押、冻结、拍卖、变卖和搜查应遵循以下程序规则：

（1）人民法院查封、扣押、冻结被执行人的动产、不动产及其他财产权，应当作出裁定，并送达被执行人和申请执行人。采取查封、扣押、冻结措施需要有关单位或者个人协助的，人民法院应当制作协助执行通知书，连同裁定书副本一并送达协助执行人。

（2）人民法院对被执行人的下列财产不得查封、扣押、冻结：① 被执行人及其所扶养家属生活所必需的衣服、家具、炊具、餐具及其他家庭生活必需的物品；② 被执行人及其所扶养家属所必需的生活费用，当地有最低生活保障标准的，必需的生活费用依照该标准确定；③ 被执行人及其所扶养家属完成义务教育所必需的物品；④ 未公开的发明或者未发表的著作；⑤ 被执行人及其所扶养家属用于身体缺陷所必需的辅助工具、医疗物品；⑥ 被执行人所得的勋章及其他荣誉表彰的物品；⑦ 根据《缔结条约程序法》，以中华人民共和国、中华人民共和国政府或者中华人民共和国政府部门名义同外国、国际组织缔结的条约、协定和其他具有条约、协定性质的文件中规定免于查封、扣押、冻结的财产；⑧ 法律或者司法解释规定的其他不得查封、扣押、冻结的财产。对被执行人及其所扶养家属生活所必需的居住房屋，人民法院可以查封，但不得拍卖、变卖或者抵债。

（3）查封、扣押、冻结被执行人的财产，以其价额足以清偿法律文书确定的债权额及执行费用为限，不得明显超过标的额查封、扣押、冻结。《民诉法司法解释》第 487 条规定，人民法院冻结被执行人的银行存款的期限不得超过 1 年，查封、扣押动产的期限不得超过 2 年，查封不动产、冻结其他财产权的期限不得超过 3 年。申请执行人申请延长期限的，人民法院应当在查封、扣押、冻结期限届满前办理续行查封、扣押、冻结手续，续行期限不得超过前款规定的期限。人民法院也可以依职权办理续行查封、扣押、冻结手续。

（4）在执行程序中，被执行人的财产被查封、扣押、冻结后，人民法院应当及时进行拍卖、变卖或者采取其他执行措施。人民法院对查封、扣押、冻结的财产进行变价处理时，应当首先采取拍卖的方式（法律、司法解释另有规定的除外）。人民法院拍卖被执行人财产，应当委托具有相应资质的拍卖机构进行，并对拍卖机构的拍卖进行监督（法律、司法解释另有规定的除外）。对查封、扣押、冻结的财产，当事人双方及有关权利人同意变卖的，可以变卖。金银及其制品、当地市场有公开交易价格的动产、易腐烂变质的物品、季节性商品、保管困难或者保管费用过高的物品，人民法院可以决定变卖。当事人双方及有关权利人对变卖财产的价格有约定的，按照其约定价格变卖；无约定价格但有市价的，变卖价格不得低于市价；无市价但价值较大、价格不易确定的，应当委托评估机构进行评估，并按照评估价格进行变卖。

（5）被执行人不履行生效法律文书确定的义务，人民法院有权裁定禁止被执行人转让其专利权、注册商标专用权、著作权（财产权部分）等知识产权，上述权利有登记主管部门的，应当同时向有关部门发出协助执行通知书，要求其不得办理财产权转移手续，必要时可以责令被执行人将产权或使用权证照交人民法院保存，对前款财产权，可以采取拍卖、变卖等执行措施。对被执行人从有关企业中应得的已到期的股息或红利等收益，人民法院有权裁定禁止被执行人提取和有关企业向被执行人支付，并要求有关企业直接向申请执行人支付。对被执行人预期从有关企业中应得的股息或红利等收益，人民法院可以采取冻结措施，禁止到期后被执行人提取和有关企业向被执行人支付，到期后人民法院可从有关企业中提取，并出具提取收据。对被执行人在其他股份有限公司中持有的股份凭证（股票），人民法院可以扣押，并强制被执行人按照公司法的有关规定转让，也可以直接采取拍卖、变卖的方式进行处分，或直接将股票抵偿给债权人，用于清偿被执行人的债务。对被执行人在有限责任公司、其他法人企业中的投资权益或股权，人民法院可以采取冻结措施，冻结投资权益或股权的，应当通知有关企业不得办理被冻结投资权益或股权的转移手续，不得向被执行人支付股息或红利，被冻结的投资权益或股权，被执行人不得自行转让。被执行人在其独资开办的法人企业中拥有的投资权益被冻结后，人民法院可以直接裁定予以转让，以转让所得清偿其对申请执行人的债务。对被执行人在有限责任公司中被冻结的投资权益或股权，人民法院可以在征得全体股东过半数同意后，予以拍卖、变卖或以其他方式转让，不同意转让的股东，应当购买该转让的投资权益或股权，不购买的，视为同意转让，不影响执行，人民法院也可允许并监督被执行人自行转让其投资权益或股权，将转让所得收益用于清偿对申请执行人的债务。对被执行人在中外合资、合作经营企业中的投资权益或股权，在征得合资或合作他方的同意和对外经济贸易主管机关的批准后，可以对冻结的投资权益或股权予以转让，如果被执行人除在中外合资、合作企业中的股权以外别无其他财产可供执行，其他股东又不同意转让的，可以直接强制转让被执行人的股权，但应当保护合资他方的优先购买权。有关企业收到人民法院发出的协助冻结通知后，擅自向被执行人支付股息或红利，或擅自为被执行人办理已冻结股权的转移手续，造成已转移的财产无法追回的，应当在所支付的股息或红利或转移的股权价值范围内向申请执行人承担责任。

（6）在执行中，被执行人隐匿财产、会计账簿等资料的，人民法院除可依照《民事诉讼法》第 111 条第 1 款第（六）项规定对其处理外，还应责令被执行人交出隐匿的财产、会计账簿等资料。被执行人拒不交出的，人民法院可以采取搜查措施。人民法院对被执行人及其住所或者财产隐匿地进行搜查，必须符合以下条件：生效法律文书确定的履行期限已经届满；被执行人不履行法律文书确定的义务；认为有隐匿财产的行为。搜查人员必须按规定着装并出示搜查令和身份证件。人民法院搜查时禁止无关人员进入搜查现场。搜查对象是公民的，应通知被执行人或者他的成年家属以及基层组织派员到场；搜查对象是法人或者其他组织的，应通知法定代表人或者主要负责人到场，有上级主管部门的，也应通知主管部门有关人员到场。拒不到场的，不影响搜查。搜查妇女身体，应由女执行人员进行。

（四）强制迁出房屋和强制退出土地

强制迁出房屋和强制退出土地，是指人民法院执行机构强制被执行人取走在特定房屋内或者土地上的财物，并将该房屋或者土地交付权利人的执行措施。

强制迁出房屋或者强制退出土地，由院长签发公告，责令被执行人在指定期间履行。被执行人逾期不履行的，由执行员强制执行。强制执行时，被执行人是公民的，应当通知被执行人或者他的成年家属到场；被执行人是法人或者其他组织的，应当通知其法定代表人或者主要负责人到场。拒不到场的，不影响执行。被执行人是公民的，其工作单位或者房屋、土地所在地的基层组织应当派人参加。执行员应当将强制执行情况记入笔录，由在场人签名或者盖章。强制迁出房屋被搬出的财物，由人民法院派人运至指定处所，交给被执行人。被执行人是公民的，也可以交给他的成年家属。因拒绝接收而造成的损失，由被执行人承担。

（五）对指定交付财物、票证的执行

《民事诉讼法》第 249 条规定："法律文书指定交付的财物或者票证，由执行员传唤双方当事人当面交付，或者由执行员转交，并由被交付人签收。有关单位持有该项财物或者票证的，应当根据人民法院的协助执行通知书转交，并由被交付人签收。有关公民持有该项财物或者票证的，人民法院通知其交出。拒不交出的，强制执行。"有关单位或者公民持有法律文书指定交付的财物或者票证，在接到人民法院协助执行通知书或者通知书后，协同被执行人转移财物或者票证的，人民法院有权责令其限期追回；逾期未追回的，应当裁定其承担赔偿责任。有关单位和个人持有法律文书

指定交付的财物或者票证，因其过失被毁损或者灭失的，人民法院可以责令持有人赔偿；拒不赔偿的，人民法院可以按被执行的财物或者票证的价值强制执行。

（六）对指定行为的执行

被执行人拒不履行生效法律文书中指定的行为的，人民法院可以强制其履行。对于可以替代履行的行为，可以委托有关单位或他人完成，因完成上述行为发生的费用由被执行人承担。对于只能由被执行人完成的行为，经教育，被执行人仍拒不履行的，人民法院应当按照妨害执行行为的有关规定处理。

（七）其他执行措施

1. 责令支付迟延利息、迟延履行金

依据《民事诉讼法》第 253 条的规定，被执行人未按判决、裁定和其他法律文书指定的期间履行给付金钱义务的，应当加倍支付迟延履行期间的债务利息（在按银行同期贷款最高利率计付的债务利息上增加 1 倍）。被执行人未按判决、裁定和其他法律文书指定的期间履行其他义务的，应当支付迟延履行金。

被执行人迟延履行的，迟延履行期间的利息或迟延履行金自判决、裁定和其他法律文书指定的履行期间届满的次日起计算。被执行人未按判决、裁定和其他法律文书指定的期间履行非金钱给付义务的，无论是否已给申请执行人造成损失，都应当支付迟延履行金。已经造成损失的，双倍补偿申请执行人已经受到的损失；没有造成损失的，迟延履行金可以由人民法院根据具体案件情况决定。

2. 对被执行人到期债权的执行

人民法院执行被执行人对他人的到期债权，可以作出冻结债权的裁定，并通知该他人向申请执行人履行。被执行人不能清偿债务，但对本案以外的第三人享有到期债权的，人民法院可以依申请执行人或被执行人的申请，向第三人发出履行到期债务的通知（简称履行通知）。履行通知必须直接送达第三人。第三人在履行通知指定的期限内没有提出异议，而又不履行的，执行法院有权裁定对其强制执行。此裁定同时送达第三人和被执行人。第三人收到人民法院要求其履行到期债务的通知后，擅自向被执行人履行，造成已向被执行人履行的财产不能追回的，除在已履行的财产范围内与被执行人承担连带清偿责任外，可以追究其妨害执行的责任。

3. 执行辅助措施

《民事诉讼法》第 255 条规定，被执行人不履行法律文书确定的义务的，人民法院可以对其采取或者通知有关单位协助采取限制出境，在征信系统记录、通过媒体公布不履行义务信息以及法律规定的其他措施。此外，依据 2010 年《最高人民法院关于限制被执行人高消费的若干规定》，被执行人未按执行通知书指定的期间履行生效法律文书确定的给付义务的，人民法院可以限制其高消费。

4. 参与分配

参与分配，是指在执行程序中，因债务人的财产不足以清偿各债权人的全部债权，申请执行人以外的其他债权人凭有效的执行根据也申请加入已开始的执行程序，各债权人从执行标的物的变价中获得公平清偿的制度。被执行人为公民或者其他组织，在执行程序开始后，被执行人的其他已经取得执行依据的债权人发现被执行人的财产不能清偿所有债权的，可以向人民法院申请参与分配。对人民法院查封、扣押、冻结的财产有优先权、担保物权的债权人，可以直接申请参与分配，主张优先受偿权。申请参与分配，申请人应当提交申请书，申请书应当写明参与分配和被执行人不能清偿所有债权的事实和理由，并附有执行根据。执行法院应当制作财产分配方案，并送达各债权人和被执行人。债权人或者被执行人对分配方案有异议的，应当自收到分配方案之日起 15 日内向执行法院提出书面异议。债权人或者被执行人对分配方案提出书面异议的，执行法院应当通知未提出异议的债权人、被执行人。

未提出异议的债权人、被执行人自收到通知之日起 15 日内未提出反对意见的，执行法院依异议人的意见对分配方案审查修正后进行分配；提出反对意见的，应当通知异议人。异议人可以自收到通知之日起 15 日内，以提出反对意见的债权人、被执行人为被告，向执行法院提起诉讼；异议人逾期未提起诉讼的，执行法院按照原分配方案进行分配。

参与分配案件中可供执行的财产，按以下顺序清偿：（1）从被执行财产中优先拨付执行费用；（2）优先权人优先受偿；（3）被执行人所欠税款；（4）被执行人所欠职工工资和劳动保险费用；（5）申请执行人和其他参与分配的债权人的债权。不足清偿同一顺序的清偿要求的，按比例分配。被执行人的财产被分配给各债权人后，被执行人对其剩余债务应当继续清偿。债权人发现被执行人有其他财产的，人民法院可以根据债权人的申请继续依法执行。

5. 执行回转

执行回转，是指已全部或者部分执行完毕后，因原执行根据被依法撤销，由执行员根据新的法律文书采取措施将被执行的财产返还给被执行人，恢复到未执行前的状态。

在司法实践中，发生执行回转的原因大致有如下几种：第一，人民法院制作的判决、裁定已经执行完毕，但该判决、裁定被本院或者上级法院经审判监督程序进行再审后依法撤销。权利人可以以发生法律效力的再审判决、裁定为依据，申请执行回转。第二，人民法院制作的先予执行的裁定，在执行完毕后，被本院的生效判决或者上级法院的终审判决所撤销，因先予执行而取得财物的一方当事人应当将执行所得返还给对方当事人。第三，其他机关制作的由人民法院强制执行的法律文书，在执行完毕后，又被制作机关或者上级机关依法撤销的，也应当由人民法院采取执行回转措施，责令一方当事人将原执行所得财产返还给对方当事人。

《民事诉讼法》第233条规定，执行完毕后，据以执行的判决、裁定和其他法律文书确有错误，被人民法院撤销的，对已被执行的财产，人民法院应当作出裁定，责令取得财产的人返还财产，拒不返还的，强制执行。

根据执行回转裁定，原申请执行人应当返还已取得的财产及其利息。拒不返还的，强制执行。执行回转应当重新立案，适用执行程序的有关规定。执行回转时，已执行的标的物系特定物的，应当退还原物。不能退还原物的，可以折价抵偿。

第八节　执行中止、执行终结和执行和解

一、执行中止

执行中止，亦称中止执行，是指人民法院依法执行案件，由于出现某种特殊情况需要暂时停止执行程序，待特殊情况消失后，恢复执行程序的法律制度。

《民事诉讼法》第256条规定，有下列情形之一的，人民法院应当裁定中止执行：（1）申请人表示可以延期执行的；（2）案外人对执行标的提出确有理由的异议的；（3）作为一方当事人的公民死亡，需要等待继承人继承权利或者承担义务的；（4）作为一方当事人的法人或者其他组织终止，尚未确定权利义务承受人的；（5）人民法院认为应当中止执行的其他情形。依据《执行规定》第102条，有下列情形之一的，人民法院应当裁定中止执行：① 人民法院已受理以被执行人为债务人的破产申请的；② 被执行人确无财产可供执行的；③ 执行的标的物是其他法院或仲裁机构正在审理的案件争议标的物，需要等待该案件审理完毕确定权属的；④ 一方当事人申请执行仲裁裁决，另一方当事人申请撤销仲裁裁决的；⑤ 仲裁裁决的被申请执行人向人民法院提出不予执行请求，并提供适当担保的。此外，人民法院按照审判监督程序提审或者再审的案件，法院应当根据上级法院或者本院作出的中止执行裁定书中止执行。《民事诉讼法》第206条规定，按照审判监督程序决定再审的案件，裁定中止原判决、裁定、调解书的执行，但追索赡养费、扶养费、抚育费、抚恤金、医疗费用、劳动

报酬等案件，可以不中止执行。

中止执行的，人民法院应制作裁定书，裁定书送达当事人后立即生效。中止执行的情形消失后，执行法院可以根据当事人的申请或者依职权恢复执行。恢复执行应当书面通知当事人。

二、执行终结

执行终结，亦称终结执行，是指在执行程序中，因发生法律规定的事由，执行程序没有必要或者不可能继续，因而依法结束执行程序的法律制度。

《民事诉讼法》第 257 条规定，有下列情形之一的，人民法院裁定终结执行：（1）申请人撤销申请的；（2）据以执行的法律文书被撤销的；（3）作为被执行人的公民死亡，无遗产可供执行，又无义务承担人的；（4）追索赡养费、扶养费、抚育费案件的权利人死亡的；（5）作为被执行人的公民因生活困难无力偿还借款，无收入来源，又丧失劳动能力的；（6）人民法院认为应当终结执行的其他情形。如在执行中，被执行人被人民法院裁定宣告破产或者作为被执行人的企业法人终止，又确无连带义务人的，执行法院应当裁定终结执行。《民诉法司法解释》第 519 条规定，经过财产调查未发现可供执行的财产，在申请执行人签字确认或者执行法院组成合议庭审查核实并经院长批准后，可以裁定终结本次执行程序。依照前款规定终结执行后，申请执行人发现被执行人有可供执行财产的，可以再次申请执行。再次申请不受申请执行时效期间的限制。

终结执行的裁定书，应当写明终结执行的原因和法律依据，裁定书送达当事人后立即生效。中止执行和终结执行裁定书都要由执行员、书记员署名，加盖人民法院印章。由二审人民法院终审的判决、裁定和调解书，需要中止、终结执行的，应当由执行员将中止、终结执行的书面报告和意见，报经二审法院或者上级法院执行组织签署意见并备案后，制作裁定书。受托人民法院对委托执行的案件，发现应当中止、终结执行的，应当出具书面报告，函请委托人民法院裁定。

因撤销申请而终结执行后，当事人在《民事诉讼法》第 239 条规定的申请执行时效期间内再次申请执行的，人民法院应当受理。

在执行终结 6 个月内，被执行人或者其他人对已执行的标的有妨害行为的，人民法院可以依申请排除妨害，并可以依照《民事诉讼法》第 111 条规定进行处罚。因妨害行为给执行债权人或者其他人造成损失的，受害人可以另行起诉。

三、执行和解

执行和解，是指在执行过程中，双方当事人自愿协商，就生效法律文书内容的履行达成协议，经人民法院批准并履行完毕后，结束执行程序的法律制度。

执行程序中，执行人员不得进行调解。双方当事人自行达成和解协议的，执行员应当将协议内容记入笔录，由双方当事人签名或者盖章。执行和解协议的内容一般包括变更履行主体、变更标的物及其数额、延长履行期限和变更履行方式等。

执行和解协议仅发生拘束执行当事人的效力，没有强制执行力。一方当事人不履行或者不完全履行在执行中双方自愿达成的和解协议，对方当事人申请执行原生效法律文书的，人民法院应当恢复执行，但和解协议已履行的部分应当扣除。申请执行人因受欺诈、胁迫与被执行人达成和解协议的，人民法院可以根据当事人的申请，恢复对原生效法律文书的执行。和解协议已经履行完毕的，人民法院不予恢复执行。

第九节　执行监督

《执行规定》第 129 条规定："上级人民法院依法监督下级人民法院的执行工作。最高人民法院依法监督地方各级人民法院和专门法院的执行工作。"上级人民法院执行机构负责本院对下级人民法院执行工作的监督、指导和协调。

依据《执行规定》，执行监督的方式主要有：指令纠正、裁定（决定）纠正、裁定不予执行、限期执行、指定执行、依审判监督程序处理、通知暂缓执行和追究责任。具体内容如下：

1. 指令纠正和裁定（决定）纠正

上级法院发现下级法院在执行中作出的裁定、决定、通知或具体执行行为不当或有错误的，应当及时指令下级法院纠正，并可以通知有关法院暂缓执行。下级法院收到上级法院指令后必须立即纠正。如果认为上级法院的指令有错误，可以在收到该指令后 5 日内请求上级法院复议。上级法院认为请求复议的理由不成立，而下级法院仍不纠正的，上级法院可直接作出裁定或决定予以纠正，送达有关法院及当事人，并可直接向有关单位发出协助执行通知书。

2. 裁定不予执行

上级法院发现下级法院执行的非诉讼生效法律文书有不予执行事由，应当依法作出不予执行裁定而不制作的，可以责令下级法院在指定时限内作出裁定，必要时可直接裁定不予执行。

3. 限期执行和指定执行

上级法院发现下级法院的执行案件（包括受委托执行的案件）在规定的期限内未能执行结案的，应当作出裁定、决定、通知而不制作的，或应当依法实施具体执行行为而不实施的，应当督促下级法院限期执行，及时作出有关裁定等法律文书，或采取相应措施。对下级法院长期未能执行的案件，确有必要的，上级法院可以决定由本院执行或与下级法院共同执行，也可以指定本辖区其他法院执行。

4. 依审判监督程序处理和通知暂缓执行

上级法院在监督、指导、协调下级法院执行案件中，发现据以执行的生效法律文书确有错误的，应当书面通知下级法院暂缓执行，并按照审判监督程序处理。上级法院在申诉案件复查期间，决定对生效法律文书暂缓执行的，有关审判庭应当将暂缓执行的通知抄送执行机构。上级法院通知暂缓执行的，应同时指定暂缓执行的期限。暂缓执行的期限一般不得超过 3 个月。有特殊情况需要延长的，应报经院长批准，并及时通知下级法院。暂缓执行的原因消除后，应当及时通知执行法院恢复执行。期满后上级法院未通知继续暂缓执行的，执行法院可以恢复执行。

5. 追究责任

下级法院不按照上级法院的裁定、决定或通知执行，造成严重后果的，按照有关规定追究有关主管人员和直接责任人员的责任。

除了法院内部监督之外，2012 年《民事诉讼法修正案》中增加了 1 条（《民事诉讼法》第 235 条规定）：“人民检察院有权对民事执行活动实行法律监督。”对于人民法院执行机构在执行过程中的违法行为，检察机关可以通过检察建议的方式向人民法院提出并要求纠正。应当注意的是，检察机关行使执行检察监督权不是代行执行权，不是要将检察机关的意志强加于执行机构，检察机关不应当干涉执行机构独立行使民事执行权。

本 章 小 结

执行程序是审判程序的保障，二者共同构成民事诉讼的有机组成部分。执行应当遵循合法原则、及时原则、执行标的有限原则和基本人权保障原则。执行须有合法有效的执行根据并由有管辖权的法院进行。

在执行过程中，当事人、利害关系人可以对违法执行行为提出执行行为异议。案外人可以对执行标的的全部或一部分主张实体权利，提出案外人异议。被执行人可以通过向法院提供担保而获得暂缓执行。

执行程序中执行当事人可能因某些原因而发生变更或追加。有管辖权的执行法院对于债务人或者被执行的财产在外地的案件，可委托当地法院代为执行。受理执行案件的人民法院可以要求有关单位或者个人协助执行生效法律文书所确定的内容。执行程序的开始有申请执行和移送执行两种形式。

执行措施包括：查询、冻结、划拨存款，扣留、提取收入，查封、扣押、冻结、拍卖、变卖、搜查财产，强制迁出房屋和强制退出土地，强制交付财物、票证，强制履行指定行为等。

当出现法定情形需要暂时停止执行程序时，人民法院可裁定中止执行。因发生法律规定的事由，执行程序没有必要或者不可能继续的，法院可裁定终结执行。

执行过程中，双方当事人通过自愿协商，可就生效法律文书内容的履行达成和解协议。

执行监督的方式主要有：指令纠正、裁定（决定）纠正、裁定不予执行、限期执行、指定执行、依审判监督程序处理、通知暂缓执行和追究责任，以及检察机关的检察建议等。

思考题

1. 试述民事执行的原则。
2. 民事执行的根据有哪些？
3. 试述民事执行管辖的内容。
4. 成立案外人异议应当具备什么条件？
5. 试述执行中止和执行终结的法定情形。

案例分析题

[案情简介] 甲公司申请强制执行乙公司的财产，法院将乙公司的一处房产列为执行标的。执行中，丙银行向法院主张，乙公司已将该房产抵押贷款，并以自己享有抵押权为由提出异议。乙公司否认将房产抵押给丙银行。经审查，法院驳回丙银行的异议。丙银行拟向法院提起诉讼。

[分析问题] 丙银行能否提出执行异议？丙银行如果对执行异议的裁定不服，并且认为原案判决、裁定错误的，应该如何做？如果案外人丙银行对执行异议裁定不

服，且认为与原判决、裁定无关的，可以如何做?

延伸阅读

1. 董少谋:《民事强制执行法学》，法律出版社 2011 年版。

2. 谭秋桂:《民事执行权配置、制约与监督的法律制度研究》，中国人民公安大学出版社 2012 年版。

第二十一章　涉外民事诉讼程序

本章知识要点：涉外民事诉讼是具有涉外因素的民事诉讼。因有涉外因素，涉外民事诉讼程序与一般国内民事诉讼程序相比有一定差异。但是作为民事诉讼法的组成部分，涉外诉讼程序同样受民事诉讼法基本原则的指导，不能违背民事诉讼法的基本精神。考虑到涉外民事程序的特殊性、国家主权及国际惯例，涉外民事诉讼程序具有自己的一系列原则。这体现在：涉外民事诉讼程序的基本原则，确定涉外民事诉讼管辖的原则，涉外民事诉讼管辖冲突解决的原则等。管辖、送达、期间和司法协助等制度，涉外民事诉讼均有相应的规定，是本章的学习重点。

第一节　涉外民事诉讼程序概述

一、涉外民事诉讼

涉外民事诉讼，即具有涉外因素的民事诉讼，是指人民法院在双方当事人和其他诉讼参与人的参加下，依法审理和裁判涉外民事案件的程序和制度。

根据最高人民法院《民诉法司法解释》第 522 条的规定，涉外因素主要包括以下三个方面：

第一，主体具有涉外因素。即当事人一方或双方是外国人、无国籍人、外国企业或者组织。主体的涉外因素体现为两种情况：一是当事人一方是外国人、无国籍人、外国企业或者组织，而另外一方是我国法人或者其他组织；二是当事人双方都是外国人、外国企业和组织。例如，中国公司与外国公司之间或者外国公司之间在我国法院进行的诉讼。

第二，争议的民事法律关系具有涉外因素。诉讼当事人之间民事法律关系的设立、变更、中止的法律事实发生在外国。例如，一方当事人的侵权行为发生在国外，或者合同的签订地或者履行地在外国的。

第三，诉讼标的物具有涉外因素。这是指民事实体法律关系的客体具有涉外因素，即诉讼标的物在外国。例如，在房屋买卖合同中，双方当事人争议的房屋在国外。

凡是具有三个涉外因素之一的民事案件，就是涉外民事案件。但也有的学者认为以三要素的涉外性来确定民事案件的涉外性并不准确，还应当考虑下列因素：（1）适用外国的民事诉讼程序规范以完成诉讼，例如，委托外国法院取证，委托方一般都要适用法院地的民事诉讼法；（2）司法审判管辖权是否与国外法院存在冲突；（3）外国人的诉讼法律地位，如诉讼行为能力，诉讼费用担保等；（4）根据冲突规范，适用外国实体法；（5）承认和执行外国法院裁判和仲裁裁决等。涉及上述程序问题和实体问题的案件，都叫涉外民事案件。①

另外，涉及华侨和港、澳、台同胞的民事诉讼，不属于涉外民事诉讼。然而根据我国人民法院司法实践的惯例，鉴于他们所处的地位特别，在主要适用民事诉讼法一般规定的同时，也可参照涉外民事诉讼程序的特别规定和其他有关规定办理。②

根据国际上公认的程序法适用法院地法的原则以及根据《民事诉讼法》第 4 条的规定，凡在我国领域内进行民事诉讼，必须适用我国的民事诉讼法。

二、涉外民事诉讼程序

涉外民事诉讼程序，是指人民法院受理、审判和执行具有涉外因素的民事案件，以及当事人进行诉讼活动所适用的诉讼程序。我国《民事诉讼法》第四编对涉外民事诉讼程序作了特别规定。

因为审理的案件具有涉外因素，所以涉外民事诉讼程序同一般国内民事诉讼程序相比存在一定的差异。这些差异主要表现为：

第一，涉外民事诉讼往往涉及国家主权。国内民事纠纷通过法院行使审判权，依靠国内的力量就能解决问题。而涉外民事纠纷常常涉及国家的主权问题，并不是一国主权范围内的纠纷，并不能只依靠一个国家的力量，而需要世界各国在相互尊重对方国家主权和当事人利益的前提下，进行司法协助。

第二，涉外民事诉讼，由于涉及多个国家，在文书的送达、当事人的传唤等程序问题上所花费的时间与国内民事诉讼相比要长些。涉外民事诉讼，因为涉及多个国家，相应诉讼活动的审批手续、条件比较复杂，加之考虑到国与国之间的地域广阔，司法协助关系的建立与否等因素，在涉外民事诉讼期间方面，时间设计一般比较长。国内民事诉讼却不存在这方面的问题，因此期限设计相对较短。

---

① 参见谭兵主编：《民事诉讼法学》，法律出版社 2004 年版，第 553 页。

② 参见江伟主编：《民事诉讼法》，高等教育出版社，北京大学出版社 2000 年版，第 395~396 页。

第三，涉外民事案件在法律适用上，会涉及准据法。即在法律的选择上，既要选择程序法，又要选择实体法。而国内民事诉讼就不存在这方面的问题。审理国内民事诉讼案件，在法律的适用上没有选择的余地，只能适用我国的民事诉讼法和相应的实体法律和法规。

尽管涉外民事诉讼程序具有一些有别于国内民事诉讼程序的特点，但涉外民事诉讼并不是完全独立于国内民事诉讼程序的，两者之间仍然存在着许多共同点。《民事诉讼法》第四编对涉外民事诉讼程序的规定只是一种相对于国内民事诉讼程序的特别规定。根据《民事诉讼法》第 259 条的规定，“在中华人民共和国领域内进行涉外民事诉讼，适用本编规定。本编没有规定的，适用本法其他有关规定”。

三、涉外民事诉讼程序的立法体例与法律渊源

各国对涉外民事诉讼程序的立法体例各有不同，大体分为以下三种：第一种是在民事诉讼法典之外另行制定涉外民事诉讼法，这是早期各国通行的做法；第二种是在民事诉讼法的相应章节中，就涉外民事诉讼程序的特殊问题进行专门规定，此种立法例以德国、日本为代表；第三种是在民事诉讼法典中设立专门的章节对涉外民事诉讼程序的特殊问题进行规定，我国就是采用此种立法例，将涉外民事诉讼程序的相关规定作为独立的一编单独规定在《民事诉讼法》中。

涉外民事诉讼的法律渊源主要由国内法和国际法两个部分构成，其中国内法是涉外民事诉讼程序的主要法律渊源。第一，国内法渊源。我国的国内法渊源即《民事诉讼法》第四编的规定以及最高人民法院有关涉外民事诉讼程序的相关司法解释。第二，国际法渊源。国际法渊源主要包括：（1）国际条约，包括双边条约和多边条约。就双边条约而言，我国与相当多的国家签订的领事条约等可以入列；多边条约有 1954 年生效的《海牙公约》、同年生效的《民事诉讼程序公约》等。[①]（2）国际惯例。我国不少法律都明确规定对国际惯例的适用。例如，我国《民法通则》第 142 条第 3 款、《海商法》第 268 条第 2 款规定：“中华人民共和国法律和中华人民共和国缔结或者参加的国际条约没有规定的，可以适用国际惯例。”

① 参见李双元、谢石松：《国际民事诉讼法概论》，武汉大学出版社 1990 年版，第 20~21 页。

第二节　涉外民事诉讼的一般原则

涉外民事诉讼的一般原则，是人民法院审理涉外民事案件的基本准则，也是涉外民事案件当事人以及诉讼参加人必须遵循的基本准则，是对整个涉外民事诉讼具有指导意义的根本性规则。根据民事诉讼法的规定，我国涉外民事诉讼的一般规则包括：适用我国民事诉讼法原则；适用我国缔结和参加的国际条约原则；司法豁免原则；使用我国通用的语言、文字原则；委托中国律师代理诉讼的原则。

一、适用我国民事诉讼法原则

审理涉外民事案件应当适用法院所在地国家的程序法，是国际通行的准则。我国《民事诉讼法》第 4 条规定："凡在中华人民共和国领域内进行民事诉讼，必须遵守本法。"第 259 规定："在中华人民共和国领域内进行涉外民事诉讼，适用本编规定。本编没有规定的，适用本法其他有关规定。"

在我国进行涉外民事诉讼，必须遵守我国的民事诉讼法，具体体现为以下三个方面：（1）外国人、无国籍人、外国企业和组织，在我国领域内进行民事诉讼，必须遵守我国的民事诉讼法。（2）根据我国的法律规定，凡属我国人民法院管辖的案件，我国人民法院均享有司法管辖权。由我国人民法院专属管辖的案件，任何外国法院无权进行审判。（3）任何外国法院的判决、裁定和外国仲裁机构的仲裁裁决，未经我国人民法院的依法承认，在我国领域内不发生法律效力。只有经过我国法院的审查并且通过裁定加以承认以后，才具有法律效力。审查的程序依照我国民事诉讼法的规定，或者根据我国缔结或参加的国际条约的规定进行。需要执行的，可以依照我国民事诉讼法的相关规定予以执行。

二、适用我国缔结和参加的国际条约原则

遵守缔结和参加的国际条约，是国际关系中的一项公认准则。国际条约是国家之间、国家和地区之间，规定相互之间在一定国际事务中的权利和义务的协定。凡是在自愿平等原则下参加条约的国家和地区，都有义务信守和实施该国际条约。国际条约成员国执行条约时，一般采用两种方式：一是制定国内法，以国内法的形式确定与保证国际条约在国内的贯彻实施；二是在国内法中规定承认和适用国际条约的原则，凡符合该原则的国际条约，必须承认其效力并履行义务。我国采用的就是第二种方式。

我国《民事诉讼法》第 260 条规定:“中华人民共和国缔结或者参加的国际条约同本法有不同规定的，适用该国际条约的规定，但中华人民共和国声明保留的条款除外。”这表明在审理涉外民事案件过程中，如果我国缔结或者参加的国际条约与民事诉讼法的规定不一致，应当优先适用国际条约的规定。但我国在缔结或参加国际条约时声明保留的国际条款，对我国不具有约束力，我国人民法院在审理涉外案件时不予以适用。

三、司法豁免原则

司法豁免原则是外交特权的一种，是指一个国家根据本国法律或者参加、缔结的国际条约，对居住在本国的外国代表和组织赋予的免受司法管辖的权利。司法豁免权建立在国家之间对等的基础之上，只有相互给予，而无单方给予。司法豁免权包括刑事司法豁免权和民事司法豁免权。刑事司法豁免权是完全的豁免权，即外交代表即使触犯驻在国的刑法，也不受驻在国的司法机关管辖。而民事豁免权则是不完全的，有限制的。

我国《民事诉讼法》第 261 条规定:“对享有外交特权与豁免的外国人、外国组织或者国际组织提起的民事诉讼，应当依照中华人民共和国有关法律和中华人民共和国缔结或者参加的国际条约的规定办理。”中华人民共和国的有关法律是指 1986 年我国制定的《中华人民共和国外交特权与豁免条例》等规定。中华人民共和国缔结或参加的国际条约包括我国 1946 年参加的《联合国特权与豁免公约》,1947 年的《联合国专门机构特权与豁免公约》,1961 年的《维也纳外交关系公约》以及 1963 年的《维也纳领事关系公约》。

享有外交特权与豁免权的外国人包括:(1)外国驻我国的外交代表。外交代表如果是中国公民或者获得在中国永久居留资格的外国人，则仅就其执行外交公务的行为享有司法豁免权。(2)与外交代表共同生活的配偶和未成年子女。如果与外交代表共同生活的配偶和未成年子女不是中国公民的，享有与外交代表同等的司法豁免权。(3)使馆行政技术人员、领事官员和领馆行政技术人员。(4)来中国访问的外国元首、政府首脑、外交部长及其他具有同等身份的官员。(5)其他依照我国参加或缔结的国际条约享有司法豁免权的外国人、外国组织或者国际组织。

凡对享有司法豁免权的外交代表及与其共同生活的配偶和未成年子女提起的民事诉讼，我国人民法院不予受理，但下列情形除外：第一，享有司法豁免权的外国人，其派遣国政府明示放弃民事豁免；第二，外交代表以私人身份进行的遗产继承诉讼；第三，外交代表在中国境内从事公务范围以外的活动或者商业活动引起的诉讼；

第四，外交代表以私人名义涉及在中国境内的私有不动产的诉讼，但以派遣国代表身份所拥有的为领馆使用的不动产不在此限；第五，因车辆、船舶或者航空器在中国境内造成的事故涉及损害赔偿的诉讼；第六，外交代表和领事官员等如果主动提起民事诉讼，则与本诉直接有关的反诉，不得援用民事管辖豁免。

四、使用我国通用的语言、文字原则

《民事诉讼法》第 262 条规定：“人民法院审理涉外民事案件，应当使用中华人民共和国通用的语言、文字。当事人要求提供翻译的，可以提供，费用由当事人负担。”使用法院所在国语言文字进行诉讼，是各国通行的原则，也是各国独立行使司法权的内容之一。我国人民法院审理涉外民事案件使用我国通用的语言、文字，是维护国家主权和尊严的重要内容。根据该原则在涉外民事诉讼中，如果外国当事人提出诉讼文书或者外国法院委托我国法院代为送达、协助执行的诉讼文书，必须附有中译本。

五、委托中国律师代理诉讼的原则

律师制度是国家司法制度的重要组成部分，一国的司法制度只能适用于本国，而不能延伸于国外。任何一个主权国家都不允许外国司法制度干涉其本国的司法事务，这是国际上公认的一条原则。因此，任何国家的律师只能在其本国领域内从事诉讼代理业务，而不能到外国法院以律师身份代理诉讼。我国《民事诉讼法》第 263 条规定：“外国人、无国籍人、外国企业和组织在人民法院起诉、应诉，需要委托律师代理诉讼的，必须委托中华人民共和国的律师。”可见，我国不允许外国律师在我国代理诉讼。

外国当事人委托中国律师或者其他人代理诉讼的，必须根据我国法律规定，办理有关授权委托手续。《民事诉讼法》第 264 条规定：“在中华人民共和国领域内没有住所的外国人、无国籍人、外国企业和组织委托中华人民共和国律师或者其他人代理诉讼，从中华人民共和国领域外寄交或者托交的授权委托书，应当经所在国公证机关证明，并经中华人民共和国驻该国使领馆认证，或者履行中华人民共和国与该所在国订立的有关条约中规定的证明手续后，才具有效力。”

根据最高人民法院《民诉法司法解释》第 528 条、529 条的规定，在涉外民事诉讼中，外籍当事人需委托代理人进行诉讼的，可以委托本国人为诉讼代理人，也可以委托本国律师以非律师身份担任诉讼代理人。外国驻华使、领馆官员，受本国公民的委托，可以以个人名义担任诉讼代理人，但在诉讼中不享有外交特权与豁免权。涉外民事诉讼中，在作为当事人的外国国民不在我国领域内的情况下，外国驻华使、领馆可以授权其本馆官员以外交代表身份为其本国国民在我国聘请中国律师或者中国公民代理民事诉讼。

根据国务院制定的《外国律师事务所驻华代表机构管理条例》的规定，经国务院批准，外国律师事务所在我国可以设立代表机构、派驻代表。但外国律师事务所的代表机构及其代表只能从事不包括中国法律事务的下列活动：（1）向当事人提供该外国律师事务所律师已获准从事律师执业业务的国家法律的咨询，以及有关国际条约、国际惯例的咨询；（2）接受当事人或者中国律师事务所的委托，办理在该外国律师事务所律师已获准从事律师执业业务的国家的法律事务；（3）代表外国当事人，委托中国律师事务所办理中国法律事务；（4）通过订立合同与中国律师事务所保持长期的委托关系办理法律事务；（5）提供有关中国法律环境影响的信息。

第三节　涉外民事诉讼管辖

一、涉外民事诉讼管辖的原则

（一）涉外民事诉讼管辖的概念

涉外民事诉讼管辖权，是指一国法院处理涉外民商事案件的审判权限和各级人民法院受理第一审民事案件的分工和权限，是一种国际民事诉讼管辖权。与国内民事诉讼管辖权不同，涉外民事诉讼的管辖往往涉及国家主权问题。没有合法管辖权的案件往往得不到外国法院的承认与执行，也很难得到外国法院提供司法协助，因此确定涉外民事诉讼的管辖权具有重要意义。

首先，确定涉外民事诉讼的管辖，有利于维护国家主权。涉外民事诉讼的管辖是以国家主权为前提的。确定我国人民法院对涉外民事案件的管辖范围和权限，有利于国家主权的行使，有利于通过司法手段维护国家利益。其次，正确确定涉外民事诉讼的管辖问题，有利于更好地保护当事人的合法利益。案件由不同的国家法院管辖与判决，往往得到不同的结果，当事人为了获得对自己有利的判决，都希望选择在对自己有利的国家进行诉讼。明确涉外民事诉讼的管辖，能正确、及时解决纠纷，维护当事人合法权益。最后，涉外民事诉讼管辖的确定，可以避免各国法院发生管辖争议，保障诉讼活动的正常进行。

（二）涉外民事诉讼管辖的原则

各国在确定涉外民事诉讼管辖问题上一般遵循以下几个原则：

1. 属地原则

属地原则是指一国法院对其所属国主权领域内的一切人和物以及法律事件和行为具有管辖权限的原则。属地原则以国家主权为基础，强调当事人及案件事实与法院地国的地域上的联系，例如，当事人的住所、诉讼标的所在地、被告财产所在地等都是决定一国法院是否具备管辖权的连接因素。美国、德国、奥地利和北欧国家都是以该原则作为确定涉外民事管辖权的基本原则。

2. 属人原则

属人原则以当事人的国籍作为确定法院涉外司法管辖权的标准，强调一国法院对本国国民有管辖权限的原则。属人原则强调以当事人的国籍作为确定管辖权的标准，侧重于保护本国公民的利益。

3. 专属管辖原则

专属管辖原则主张一国法院对与其本国具有特殊利益或事关公序良俗的特定涉外民事案件具有管辖权，排除其他国家对该涉外案件的管辖权。通常规定专属本国法院管辖，绝对排除他国法院的管辖权。比如，德国在不动产方面的物权和所有权的诉讼、继承案件、租赁案件、再审案件、特定的婚姻案件、禁治产案件、某些有关执行和破产的案件规定有专属权限。希腊规定对因公司与股东及股东与股东之间的内部关系而发生的纠纷、有关司法机构的管理行为方面的纠纷、有关物权的纠纷或者有关继承的纠纷、相互诉讼产生的诉讼、与担保合同有关的诉讼以及共同原告之间或被告之间的纠纷有专属管辖权。[①]

4. 有效控制原则

有效控制原则又称长臂管辖原则，是英美法系国家普遍适用的管辖原则，是指只有当被告和诉讼标的、财产等处于法院国的有效控制之下时才能确立管辖权的原则。英国法律规定，只要被告证明在英国短暂逗留并进行了送达，英国法院即可行使管辖权；美国甚至有判例认为，只要飞机飞越美国上空时将传票送达给被告，美国法院就有管辖权。[②]

我国在确定涉外民事案件管辖问题上，一方面应当保障并积极行使对涉外民事

① 参见李双元、谢石松：《国际民事诉讼法概论》（2版），武汉大学出版社2001年版，第195~198页。

② 参见黄进主编：《国际私法》，法律出版社1999年版，第895页。

案件的管辖权，另一方面也要加强国际间管辖权冲突的协调，既达到有利于维护国家主权的目的，又要减少与外国司法机关间的管辖冲突。我国民事诉讼法确定涉外民事诉讼管辖时，主要遵循三项原则：

1. 诉讼与法院所在地实际联系原则

这一原则是指凡是诉讼与我国法院所在地存在一定实际联系的，我国人民法院都有管辖权。例如，因合同纠纷或者其他财产权益纠纷引起的诉讼，只要与我国法院所在地存在一定实际联系的，我国人民法院均有管辖权。如当事人所在地、合同签订地、合同履行地、诉讼标的物所在地等，上述地点都属于与法院所在地有实际联系的地点，据此我国法院都可享有管辖权。

2. 尊重当事人原则

即无论当事人一方是否为中国公民、法人和其他组织，在不违反级别管辖和专属管辖的前提下，都可以选择与争议有实际联系地点的法院管辖。修订前的《民事诉讼法》第 244 条规定："涉外合同或者涉外财产权益纠纷的当事人，可以用书面协议选择与争议有实际联系的地点的法院管辖。" 2012 年修订后的《民事诉讼法》删除了此条，但涉外合同或涉外财产权益纠纷适用第 34 条的规定。

3. 维护国家主权原则

对涉外民事诉讼案件行使专属管辖权，充分体现了维护国家主权的原则。我国《民事诉讼法》第 266 条规定，对三种特殊的涉外民事案件行使专属管辖权，是维护国家主权原则的重要表现形式。

二、涉外民事诉讼管辖的法定类型

（一）一般地域管辖

涉外民事诉讼中的一般地域管辖，我国民事诉讼法没有专门的规定。根据《民事诉讼法》第 259 条的规定，涉外民事诉讼程序中没有规定的，适用民事诉讼法的其他有关规定。因此，涉外民事诉讼的一般地域管辖以被告所在地法院为管辖法院。被告的住所地与经常居住地不一致的，如果经常居住地在我国境内，经常居住地法院也有管辖权。

（二）特殊地域管辖

我国民事诉讼法关于涉外民事诉讼中的特殊地域管辖，主要涉及涉外合同纠纷和其他财产权益纠纷的管辖。《民事诉讼法》第 265 条规定："因合同纠纷或者其他财产权益纠纷，对在中华人民共和国领域内没有住所的被告提起的诉讼，如果合同在中华人民共和国领域内签订或者履行，或者诉讼标的物在中华人民共和国领域内，或者被告在中华人民共和国领域内有可供扣押的财产，或者被告在中华人民共和国领域内设有代表机构，可以由合同签订地、合同履行地、诉讼标的物所在地、可供扣押财产所在地、侵权行为地或者代表机构住所地人民法院管辖。”

可见，我国对于合同纠纷或者其他涉外财产权益纠纷案件的管辖确定原则分为以下几种情况：(1) 合同在我国领域内签订或者履行的，由合同签订地或者履行地人民法院管辖；(2) 侵权行为或者损害结果发生在我国领域内，由侵权行为地或者结果地人民法院管辖；(3) 当事人双方争讼的财产在我国领域内，由诉讼标的物所在地人民法院管辖；(4) 被告在我国领域内有可供扣押的财产的，由被告可供扣押的财产所在地人民法院管辖；(5) 被告在我国领域内设有代表机构的，由代表机构所在地人民法院管辖。

关于涉外民事诉讼的特殊地域管辖规定，需要注意的是：第一，只适用于合同纠纷或者其他财产权益纠纷案件；第二，被告在我国领域内没有住所地。

（三）协议管辖

协议管辖，是指某些涉外民事案件由双方当事人协商约定由某个国家的某个法院对案件行使管辖权。协议管辖制度充分体现了对双方当事人意愿的尊重，当事人可以选择任何一方所在国法院管辖，也可以选择与诉讼有特定联系的第三国法院管辖。修订前的《民事诉讼法》第 244 条规定：“涉外合同或者涉外财产权益纠纷的当事人，可以用书面协议选择与争议有实际联系的地点的法院管辖，选择中华人民共和国法院管辖的，不得违反本法关于级别管辖和专属管辖的规定。”2012 年修订后的《民事诉讼法》删除了此条，但涉外合同或涉外财产权益纠纷适用第 34 条的规定。

（四）专属管辖

专属管辖，是指对于特定的涉外民事诉讼案件，只能由法院地国法院行使司法管辖权。根据我国《民事诉讼法》第 266 条规定，属于我国人民法院专属管辖的涉外民事案件有：(1) 在我国履行的中外合资经营企业合同纠纷；(2) 在我国履行的中外合作经营企业合同纠纷；(3) 在我国履行的中外合作勘探开发自然资源合同纠纷。属于我国人民法院专属管辖的案件，具有排他性，其他任何国家的法院均无管辖权。当事人也不得通过协议管辖方式来改变专属管辖。但根据《民诉法司法解释》第 531 条的规定，属于我国人民法院专属管辖的案件，当事人不得用书面协议选择其他国家法院管辖，但协议选择仲裁裁决的除外。

（五）集中管辖

集中管辖，是指对于部分民商事案件只能由法律规定的人民法院管辖。2002 年 2 月 25 日最高人民法院颁布《关于涉外民商事案件诉讼管辖若干问题的规定》，对部分民商事案件进行集中管辖，以更好地保护当事人的合法利益。

根据该规定对于下列案件实行集中管辖：（1）涉外合同和侵权纠纷案件；（2）信用证纠纷案件；（3）申请撤销、承认与强制执行国际仲裁裁决的案件；（4）审查有关涉外民商事仲裁条款效力的案件；（5）申请承认和强制执行外国法院民商事判决、裁定的案件。但发生在与外国接壤的边境省份的边境贸易纠纷案件，涉外房地产案件和涉外知识产权案件，不适用本规定。

可以管辖上述涉外民商事案件第一审的人民法院有：（1）国务院批准设立的经济技术开发区人民法院；（2）省会、自治区首府、直辖市所在地的中级人民法院；（3）经济特区、计划单列市中级人民法院；（4）最高人民法院指定的其他中级人民法院；（5）高级人民法院。

三、涉外民事诉讼中的特殊管辖

（一）涉及国外华侨离婚案件的管辖

涉及国外华侨的离婚纠纷，如果双方就离婚事宜达不成协议，或虽能达成协议，但一方无法亲自回国办理协议离婚的，只能选择诉讼离婚。

1. 华侨同内地居民诉讼离婚的管辖法院

华侨同内地居民之间一方要求离婚的，不论哪一方向人民法院提起离婚诉讼，国内一方住所地的人民法院都有管辖权。如国外一方在居住国法院起诉，国内一方向人民法院起诉的，受诉人民法院有管辖权。

2. 华侨之间诉讼离婚的管辖法院

华侨之间的离婚诉讼，原则上应向居住国有关机关申办离婚手续。但居住国因某种原因不受理时，根据《民诉法司法解释》第 13 条、14 条的规定：

（1）在国内结婚并定居国外的华侨，如定居国法院以离婚诉讼须由婚姻缔结地法院管辖为由不予受理，当事人向人民法院提出离婚诉讼的，由婚姻缔结地或一方在国内的最后居住地人民法院管辖。

（2）在国外结婚并定居国外的华侨，如定居国法院以离婚诉讼须由国籍所属国法院管辖为由不予受理，当事人向人民法院提出诉讼的，由一方原住所地或在国内的最后住所地人民法院管辖。

如果涉侨婚姻的当事人的结婚登记不是在中国内地办理，当事人在内地提起诉讼离婚的，对于当事人的结婚登记注册证书，也要履行相关的公证、认证手续。

涉侨离婚案件中的一方或双方，如果不能回国办理离婚事宜的，可以委托律师代为办理离婚案件。但当事人必须向法院出具委托书和意见书，委托书和意见书须经当地公证机关公证、我驻外使领馆认证，亦可由我驻外使领馆直接公证。意见书包括同意离婚或不同意离婚的书面意见，要求离婚或同意离婚的，还要出具公证后的对有关财产的分割、子女抚养等的书面处理意见。

（二）涉及港、澳、台同胞民事案件的管辖

根据民事诉讼法关于地域管辖、涉外民事诉讼管辖的规定以及最高人民法院的有关司法解释，对于涉及港、澳、台同胞民事案件的管辖作出以下规定：

第一，双方当事人在我国内地结婚，现一方居住在港、澳特别行政区，另一方居住在内地，提起离婚诉讼，由原告住所地或者经常居住地人民法院管辖；港、澳一方向港、澳特别行政区法院提起离婚诉讼，内地一方向人民法院起诉的，受诉人民法院有权管辖。

第二，居住港、澳一方当事人向港、澳特别行政区法院起诉离婚的，该法院作出离婚的判决，只要不违反我国法律的基本精神，且双方当事人均无异议的，该判决对双方均有拘束力；如该判决要在内地执行，须由港、澳特别行政区法院按我国民事诉讼法的有关规定，委托内地人民法院协助执行。

第三，涉台离婚案件的管辖，一般应以原告住所地或者居所地法院作为管辖法院。下列三类案件，均由原告住所地或者居所地人民法院管辖：一是大陆一方要求与在台湾地区一方离婚的案件；二是大陆一方与在台一方分离后未办理离婚手续，一方或者双方分别在大陆和台湾地区再婚的，如果其中一方当事人（大陆一方）提出与原配偶离婚的案件；三是回大陆定居一方要求与在台一方离婚的案件。

第四，凡是内地人民法院享有管辖权的案件，港、澳特别行政区法院对该案的受理，并不影响当事人就同一案件在内地法院起诉；但是否受理，应视案件具体情况作出决定。根据《最高人民法院关于人民法院认可台湾地区有关法院民事判决的规定》，案件虽经台湾地区有关法院判决，但当事人未申请认可，而是就同一案件事实向人民法院提起诉讼的，应予受理。

如果涉港、澳、台婚姻的当事人的结婚登记不是在内地办理，当事人在内地提起诉讼离婚的，对于来自香港特别行政区、澳门特别行政区、台湾地区的结婚登记注册证书，也要履行相关的公证、认证手续。以香港特别行政区为例，该结婚注册证书，要经司法部委托的香港公证律师进行查证，后出具蜡封的公证文书，再加中国法律服务（香港）有限公司的转递章后，才可有效地在中国法院使用。

需要指出的是，根据最高人民法院《民事诉讼证据规定》第 11 条的规定，“当事人向人民法院提供的证据是在香港、澳门、台湾地区形成的，应当履行相关的证明手续”。具体方法是，在内地无住所的香港当事人从内地以外寄交或者托交的有关诉讼材料，需经我国司法部委托的香港律师公证；在内地无住所的澳门当事人从内地寄交或者托交的有关诉讼材料，应盖有中国法律服务（澳门）有限公司证明事务专用章。在我国大陆无住所的台湾地区当事人从台湾地区寄交或者托交的有关诉讼材料，应当经台湾当地的公证机构或者其他部门、民间组织、律师出具证明，个人可以由其工作单位出具证明。此外，台湾当事人也可以通过香港特别行政区、澳门特别行政区当事人采用的办法办理公证事宜。

港、澳、台地区诉讼文书认定的事实对大陆地区法院一般不具有预决的效力，但当事人对已为人民法院认可的台湾地区有关法院作出的民事判决所认定的事实无需举证。但如果对方当事人有相反证据足以推翻该判决所确认的事实的，则不能免除当事人的举证责任。对于香港特别行政区、澳门特别行政区法院的诉讼文书确认的事实，亦照此原则办理。

第四节　涉外民事诉讼的期间和送达

一、涉外民事诉讼的期间

在涉外民事诉讼中，当事人在我国领域内没有住所，诉讼文书的往来、办理委托他人代为诉讼等事项与国内民事诉讼相比需要较长的时间。为了给涉外民事诉讼当事人充分的时间行使权利，参照国际惯例，我国民事诉讼法对涉外民事诉讼的期间问题根据不同的情形作了不同的规定。

（一）被告答辩的期间

《民事诉讼法》第 268 条规定，被告在我国领域内没有住所的，人民法院应当将起诉状副本送达被告，并通知被告在收到起诉状副本后 30 日内提出答辩状。被告申请延期的，是否准许，由人民法院决定。

（二）当事人上诉和答辩的期间

《民事诉讼法》第 269 条规定，在我国领域内没有住所的当事人，不服第一审人民法院判决、裁定的，有权在判决书、裁定书送达之日起30日内提起上诉。被上诉人在收到上诉状副本后，应当在30日内提出答辩状。当事人不能在法定期间提起上诉或者提出答辩状，申请延期的，是否准许，由人民法院决定。

根据《民诉法司法解释》第538条的规定，对第一审人民法院判决、裁定的上诉期，居住在我国领域内的为15日、10日。双方的上诉期均已届满没有上诉的，第一审人民法院的判决、裁定即发生法律效力。

（三）案件审理的期限

涉外民事诉讼中，在送达诉讼文书、调查取证等方面所花费的时间一般要比审理国内民事案件的时间长，因此《民事诉讼法》第270条规定，人民法院审理涉外民事案件的期间，不受本法有关期限规定的限制。第一审不受6个月内审结的限制，第二审不受3个月内审结的限制，对裁定的上诉案件不受30日内审结的限制。这一规定明确了人民法院适用普通程序审理涉外民事案件没有审限的限制。

二、涉外民事诉讼的送达

涉外民事诉讼中的送达，是指人民法院依照法定方式，将诉讼文书送交当事人或其他诉讼参与人的行为。包括域外民事诉讼文书的域内送达和域外送达两种。当事人在我国领域内有住所或经常居住地的，按照国内民事诉讼送达方式送达。如果当事人在我国领域内没有住所的，人民法院可采用下列方式送达：

（一）依照受送达人所在国与我国缔结或者共同参加的国际条约中规定的方式送达

受送达人所在国与我国缔结了司法协助协议的，按照协议规定的方式送达。受送达人所在国与我国共同参加了《关于向国外送达民事或商事司法文书和司法外文书公约》（又称《海牙公约》）的，按照公约规定的方式送达。根据该公约有关的送达程序是：我国法院如果请求公约成员国向该国公民或第三国公民或者无国籍人送达民商事司法文书，由有关中级人民法院将请求书和所送达的司法文书，送有关高级人民法院转最高人民法院，由最高人民法院送司法部，转送给该国指定的中央机关；必要时，也可由最高人民法院送我国驻该国使领馆转送给该国指定的中央机关。

（二）通过外交途径送达

我国和其他有双边司法协助关系的国家以及和我国共同加入《海牙公约》的国家之间的送达，均按照国际条约规定的方式送达。和我国没有国际条约关系的，正式的送达仍需要通过外交途径进行。

1986年8月14日，最高人民法院、司法部、外交部联合颁布《关于我国法院和外国法院通过外交途径相互委托送达法律文书若干问题的通知》，对我国人民法院通过外交途径向国外当事人送达诉讼文书的程序作出了具体要求。即由我国省、自治区、直辖市的高级人民法院，将应当送达当事人或者其他诉讼参与人的诉讼文书，送交我国外交机关，由我国外交部领事司送交当事人所在国驻我国的外交机构，再由其转交给该国的外交机关，然后按照该国法律规定的方式送达。

（三）委托我国驻外使领馆代为送达

对具有中华人民共和国国籍的受送达人，可以委托中华人民共和国驻受送达人所在国的使领馆代为送达。根据《海牙公约》，我国法院如果要向居住在国外的中国公民送达民商事司法文书，可以由我国人民法院直接委托我国驻当事人所在国的使领馆代为送达，我国驻外国使领馆可以接受人民法院的委托，向所在国的中国籍当事人送达。送达证明按原途径退回有关法院。

（四）向受送达人的诉讼代理人送达

向受送达人委托的有权代其接受送达的诉讼代理人送达。在一般情况下，人民法院将需要送达的诉讼文书交给受送达人委托的诉讼代理人，即为送达完成。除非该受送达人事前明确表示其诉讼代理人无权代其接受诉讼文书。

（五）向受送达人在我国领域内设立的代表机构或者有权接受送达的分支机构、业务代办人送达

外国企业和组织在我国领域内常设的代表机构、分支机构或者业务代办人，是外国企业和组织的中国事务代办，向它们送达诉讼文书简便易行，迅速及时，也是国际通行的一种送达方式。

《最高人民法院关于向外国公司送达司法文书能否向其驻华代表机构送达并适用留置送达问题的批复》规定，当受送达人在中华人民共和国领域内设有代表机构时，不必履行向国外送达程序，人民法院可以根据《民事诉讼法》第247条第（5）项的规定向受送达人在中华人民共和国领域内设立的代表机构送达诉讼文书。

（六）邮寄送达

受送达人所在国的法律允许邮寄送达的，可以邮寄送达，自邮寄之日起满6个月，送达回证没有退回，但根据各种情况足以认定已经送达的，期间届满之日视为送达。邮寄送达，是一种简便易行的送达方式，但必须是受送达人所在国允许才可适用。

（七）电子送达

电子送达，是指在涉外民事诉讼中，通过传真、电子邮件等方式给能够确定接受送达人送达的方式。电子送达是新增的送达方式，其方式的确定以能够确定受送达人知悉为前提，法院与当事人必须事先进行协调，制定特定的诉讼文书的电子内容进入特定的系统，即为送达。当事人与法院有约定特定系统的，以数据电文第一次进入该系统的时间为送达时间，没有指定特定系统的，以数据电文进入收件人能收到的任何系统的时间为送达时间。

（八）公告送达

适用上述七种方式不能送达，或者受送达人住所不明或者下落不明的情况下，可采用公告送达。自公告之日起满 6 个月，即视为送达。

公告送达时，应当通过国内外公开发行的报纸或者其他新闻媒体进行。自公告之日起满 6 个月的，即视为送达。

根据《民诉法司法解释》第 534 条规定，对在中华人民共和国领域内没有住所的当事人，经用公告的方式送达诉讼文书，公告期满不应诉，人民法院缺席判决后，仍应当将裁判文书依照《民事诉讼法》第 267 条第（八）项规定公告送达。自公告送达裁判文书满 3 个月之日起，经过 30 日的上诉期当事人没有上诉的，一审判决即发生法律效力。

第五节　司法协助

一、司法协助的概念

随着世界经济一体化的发展，各国在诉讼上的合作也越来越多，司法协助制度随之产生。所谓司法协助，是指不同国家的法院之间，根据本国缔结或者参加的国际条约，或者按照互惠原则，在司法事务上相互协助，代为一定诉讼行为的制度。

我国民事诉讼法规定司法协助的根据有两个，一是中华人民共和国缔结或者参加的国际条约。与我国缔结或者参加同一司法协助的国际条约的国家和我国即具有司法协助关系。没有参加条约的国家不能要求别国法院接受其司法委托。二是互惠原则。互惠即相互之间给予对等的优惠待遇。如果某一国家协助我国为一定的司法行为，我国也应当协助该国为相对等的司法行为。

各国之间的司法协助，是以各国缔结或者共同参加的国际条约，或者互惠原则为基础的。司法协助分为一般司法协助和特殊司法协助。一般司法协助包括送达司法文件、询问证人、搜集证据等。特殊司法协助主要指对外国判决和仲裁裁决的承认与执行。

二、一般司法协助

（一）一般司法协助的概念

一般司法协助，是指我国法院和他国法院之间互相请求，代为完成一定诉讼行为的制度。一般司法协助包含三项内容：一是代为送达诉讼文书。如送达起诉状、答辩状、上诉状、传票、判决书等。二是代为调查取证。如代为询问证人、当事人，代为调取证据、现场勘验等。三是提供有关法律资料。

一般司法协助内容的实现和完成取决于两个方面：一是委托方提出请求，二是受托方实施协助。受托方实施协助即完成诉讼行为时，一般应适用本国法律。例如，代为询问证人，如本国法律明令证人必须宣誓，获取证言前应该让证人宣誓，但条约有特殊规定的除外。

但是对于外国法院请求协助的事项有损我国主权、安全或者是社会公共利益的，人民法院不予执行。

（二）一般司法协助的条件

1. 一般司法协助的依据

一般司法协助的前提和依据是必须在请求国与被请求国之间存在共同缔结或参加的国际条约，或者两国之间存在互惠原则。

2. 一般司法协助的禁止内容

根据《民事诉讼法》第 276 条第 2 款规定："外国法院请求协助的事项有损于中华人民共和国的主权、安全或者社会公共利益的，人民法院不予执行。"因此，外国法院请求我国人民法院给予司法协助的，请求协助的事项不得有损我国的主权、安全或社会公共利益，否则，我国法院不予协助执行。

3. 一般司法协助的途径

根据《民事诉讼法》第 277 条规定，我国人民法院与外国法院之间进行一般司法协助应遵循以下途径：

第一，依照我国缔结或者参加的国际条约所规定的途径进行。第二，没有条约关系的，通过外交途径进行。两个已建立外交关系的国家，在没有达成双边条约和参加共同的国际条约时，当需要彼此之间进行司法协助时，可根据互惠原则通过外交途径进行。第三，外国驻我国使领馆可以向该国公民送达文书和调查取证，但不得违反我国的法律，并不得采取强制措施。除了外国使领馆依法可以向该国公民送达文书和调查取证外，未经我国主管机关准许，任何外国机关或者个人不得在我国领域内送达文书、调查取证。

4. 一般司法协助的程序

根据《民事诉讼法》第 278 条、279 条的规定，一般司法协助的程序如下：

我国人民法院提供司法协助，依照我国法律规定的程序进行。外国法院请求采用特殊方式的，也可以按照请求的特殊方式进行，但请求采用的特殊方式不得违反我国法律。

外国法院请求我国人民法院提供司法协助的请求书及其所附文件，应当附有中文译本或者国际条约规定的其他文字文本。

人民法院请求外国法院提供司法协助的请求书及其所附文件，应当附有该国文字译本或者国际条约规定的其他文字文本。

三、特殊司法协助

特殊司法协助，是指我国人民法院与外国法院之间在一定的前提下相互承认并执行对方法院制作的生效裁决和涉外仲裁机构制作的生效裁决的制度。特殊司法协助除了涉及国家之间的司法制度外，还涉及当事人的利益，因此各国都对特殊司法协助作了严格的规定。

（一）对外国法院判决的承认与执行

1. 我国人民法院的裁判在外国的承认和执行

《民事诉讼法》第 280 条第 1 款规定，我国人民法院的裁判在外国的承认和执行，必须具备如下条件：

（1）必须是我国法院已经生效的裁判。依据我国法律已经生效的裁判才具有执行效力，才能申请得到外国法院的承认与执行。《民诉法司法解释》第 550 条规定：“当事人在中华人民共和国领域外使用中华人民共和国法院的判决书、裁定书，要求中华人民共和国法院证明其法律效力的，以及外国法院要求中华人民共和国法院证明判决书、裁定书的法律效力的，作出判决、裁定的中华人民共和国法院，可以本法院的名义出具证明。”

另外，调解是我国民事诉讼中的特有制度，调解书的效力在国际上得不到承认，因此《民诉法司法解释》第 530 规定："涉外民事诉讼中，经调解双方达成协议，应当制发调解书。当事人要求发给判决书的，可以依协议的内容制作判决书送达当事人。"

（2）被申请执行人或被申请执行的财产不在我国领域内。

符合上述条件的当事人可以直接请求外国法院的承认与执行，也可以由我国人民法院依照我国缔结或者参加的国际条约的规定，或根据互惠原则，请求外国法院的承认和执行。

2. 我国人民法院对外国法院裁判的承认和执行

《民事诉讼法》第 281 条的规定，我国人民法院承认和执行外国法院裁判应满足以下条件：

（1）前提。该外国与我国有缔结或共同参加的国际条约关系或者互惠关系。

（2）条件。外国法院判决需要在我国得到承认与执行，应具备以下条件：第一，外国法院判决已经发生法律效力；第二，外国法院判决是依照法定程序作出的；第三，被执行人或者被执行财产在我国境内；第四，承认与执行外国法院判决不损害我国主权、安全和社会公共利益；第五，该外国法院判决不违反我国法律的基本原则。

（3）对外国裁判的审查处理。根据《民事诉讼法》第 282 条的规定，我国人民法院对申请承认和执行的外国法院裁判审查的标准是看其是否违反我国法律的基本原则或者国家主权、安全、社会公共利益。审查的结果有两种：其一，认为符合条件的，裁定承认其效力。需要执行的，发出执行令。其二，认为不符合条件的，将申请书退回请求国的当事人或法院。

《民诉法司法解释》第 544 条和第 549 条规定了两种特殊情况：第一，当事人向我国有管辖权的中级人民法院申请承认和执行外国法院作出的发生法律效力的判决、裁定的，如果该法院所在国与我国没有缔结或者共同参加国际条约的，也没有互惠关系的，当事人可以向我国人民法院起诉，由有管辖权的人民法院作出判决，予以执行。第二，与我国没有司法协助协议又无互惠关系的国家的法院，未通过外交途径，直接请求我国法院司法协助的，我国法院应予退回，并说明理由。

（4）申请执行的途径。根据《民事诉讼法》第 281 条的规定，外国法院判决在我国得到承认后可通过以下两个途径执行：第一，依据该判决享有权利的当事人直接向被执行人住所地或者被执行财产所在地中级人民法院提出申请；第二，外国法院可依照该国与我国缔结或者参加的国际条约的规定，或者按照互惠原则，直接向我国上述有管辖权的中级人民法院提出请求。

（二）对外国仲裁机构仲裁裁决的承认与执行

《民事诉讼法》第 283 条规定，国外仲裁机构的裁决，需要我国人民法院承认和执行的，应当由当事人直接向被执行人住所地或者其财产所在地的中级人民法院申请，人民法院应当依照我国缔结或者参加的国际条约，或者按照互惠原则办理。

我国已于 1986 年 12 月 2 日加入《承认及执行外国仲裁裁决的公约》(《纽约公约》)，因此各成员国的仲裁裁决需要在我国得到承认与执行的，可以按照公约的规定办理。具体的条件和途径，与外国法院判决在我国得到承认与执行的条件与途径相同，在此不加赘述。

本章小结

我国自改革开放以来，涉外民事案件的数量急剧增加，案件的类型也明显增多，已经由传统的一般国际买卖合同纠纷、投资纠纷，发展到现在的股权纠纷、海事赔偿纠纷等新型案件。为了更好地保护当事人的合法利益，维护国家主权尊严，我国在《民事诉讼法》中设专编对涉外民事诉讼程序进行了专门规定。同时为了与国际接轨，使涉外诉讼有效进行，裁判结果得以执行，我国缔结并参加了一系列的双边条约和国际公约。

根据民事诉讼法的规定，我国涉外民事诉讼的一般原则包括：适用我国民事诉讼法原则；适用我国缔结和参加的国际条约原则；司法豁免原则；使用我国通用的语言、文字原则；委托中国律师代理诉讼的原则。

涉外民事诉讼管辖权，是指一国法院处理涉外民商事案件的审判权限和各级人民法院受理第一审民事案件的分工和权限。涉外民事诉讼管辖权的确定，有利于维护国家主权，有利于更好地保护当事人的合法利益，可以避免各国法院发生管辖争议，保障诉讼活动的正常进行。因此，我国法律对涉外民事案件的管辖作了明确规定，分为一般地域管辖、特殊地域管辖、协议管辖、专属管辖和集中管辖。

涉外民事诉讼中，当事人在我国领域内没有住所，诉讼文书的往来，办理委托他人代为诉讼等事项与国内民事诉讼相比需要较长的时间。参照国际惯例，我国民事诉讼法对涉外民事诉讼的期间和送达都作了比较宽容的规定，以给涉外民事诉讼当事人充分的时间行使权利。

为了保障将来的生效判决和仲裁裁决得以有效执行，我国在涉外民事诉讼中规定了财产保全制度。

随着世界经济一体化的发展，各国在诉讼上的合作也越来越多，司法协助制度也随之产生。司法协助分为一般司法协助和特殊司法协助。一般司法协助包括代为送达诉讼文书、代为调查取证、提供有关法律资料等。特殊司法协助主要指对外国判决和仲裁裁决的承认与执行。

思考题

1. 什么是涉外民事诉讼？我国涉外民事诉讼程序有哪些一般原则？

2. 我国民事诉讼法规定的司法协助有哪些前提和条件？

3. 我国人民法院对外国法院裁判的承认和执行应满足什么条件？

案例分析

[案情简介] 德国西门公司以技术、设备投资，中国长青有限责任公司提供土地使用权、劳动力和资金。双方签订期限为3年的合作经营合同，在北京成立龙宇有限责任公司。合作经营合同约定：如果合同发生争议，当向德国法院起诉。在合同履行过程中，中方发现德方提供的设备老化，严重不符合合同要求。在中方多次要求德方更换设备未果的情况下，中方向北京市中级人民法院提起诉讼。德方以合同有协议管辖条款为由，提出管辖权异议称：中国法院无管辖权。

[分析问题]

1. 该合同纠纷应该由何种法院管辖？

2. 我国法律对这类问题有何规定？

延伸阅读

1. 周道鸾编著：《港澳地区司法制度与港澳和外国法院裁判文书》，人民法院出版社2003年版。

2. 徐宏：《国际民事司法协助（修订版）》，武汉大学出版社2006年版。

参考文献

1. 江伟 . 民事诉讼法学关键问题 . 北京：中国人民大学出版社，2010.

2. 江伟主编 . 民事诉讼法专论 . 北京：中国人民大学出版社，2005.

3. [日] 新堂幸司 . 新民事诉讼法 . 林剑锋译 . 北京：法律出版社，2008.

4. [日] 高桥宏志 . 民事诉讼法：制度与理论的深层分析 . 林剑锋译 . 北京：法律出版社，2003.

5. [德] 罗森贝克 . 德国民事诉讼法 . 李大雪译 . 北京：中国法制出版社，2007.

6. 王亚新 . 对抗与判定：日本民事诉讼的基本结构 . 北京：清华大学出版社，2002.

7. 章武生等 . 司法现代化与民事诉讼制度的建构 . 北京：法律出版社，2000.

8. 李祖军 . 民事诉讼目的论 . 北京：法律出版社，2000.

9. 肖建国 . 民事诉讼程序价值论 . 北京：中国人民大学出版社，2000.

10. 李浩 . 民事诉讼法学 . 北京：法律出版社，2016.

11. 张卫平 . 民事诉讼法 . 北京：法律出版社，2016.